FRANZ PRINZ ZU SAYN-WITTGENSTEIN

Südtirol und das Trentino

FRANZ PRINZ ZU SAYN-
WITTGENSTEIN

Südtirol
und das
Trentino

Prestel
MÜNCHEN · NEW YORK

Auf dem Umschlag: Thomas Ender,
Die Zenoburg bei Meran, um 1845
(Ausschnitt), siehe Seite 49

Die Deutsche Bibliothek – CIP-Einheitsaufnahme
Sayn-Wittgenstein, Franz zu:
Südtirol und das Trentino / Franz Prinz zu Sayn-Wittgenstein. –
10., überarb. Neuaufl. – München : Prestel, 1998
ISBN 3-7913-1961-2

Gestaltung: Karin Mayer

Zehnte, überarbeitete Neuauflage 1998
Prestel-Verlag · Mandlstr. 26 · 80802 München
Telefon (089) 38 17 09-0 · Telefax (089) 38 17 09-35
Satz: Reinhard Amann, Aichstetten
Druck und Bindung: Gorenjski Tisk
ISBN 3-7913-1961-2

INHALT

EINLEITUNG

Notizen zur Geographie und Geschichte

In west-östlicher Richtung zieht sich der Hauptkamm der Alpen von der Silvrettagruppe bis zu den Hohen Tauern hin, begleitet von parallelen Gebirgsstöcken, zahllose Täler nach allen Seiten hin schickend. Er bildet das Rückgrat des alten Landes Tirol, das vom Karwendel im Norden bis an den nördlichen Rand des Gardasees im Süden reichte, und dessen südlichen Teil – das heutige Südtirol, das Trentino und das Dolomitengebiet – wir bereisen wollen.

Südtirol umfaßt also zwei Hauptgebiete der Ost-Alpen: die westlichen Hauptteile der Zentralalpen und einen kleinen nördlichen Teil der südlichen Kalkalpen bis zur Salurner Klause. Das Trentino umgreift den weiter südlich gelegenen Teil der südlichen Kalkalpen. Zu den großen Südtiroler Tälern gehören heute das ganze obere Etschtal, das Eisacktal und das Pustertal mit ihren Nebentälern. Zum Trentino gehören das südliche Etschtal, das Brentatal oder Val Sugana, der Nonsberg, die Täler Judikariens und der Dolomiten. Einen großen Teil des Landes bedecken schroffe unfruchtbare Hochgebirge, darunter die noch vor zweihundert Jahren fast ganz unzugänglichen Dolomiten, die heute teilweise zur Provinz Belluno gerechnet werden.

Die großartigen Gebirgsmassive zu beiden Seiten des Brennerpasses sind nie eine Volkstumsgrenze gewesen. Die von allen Himmelsrichtungen her in die Alpentäler einwandernden Völkerschaften haben sich um sie jahrhundertelang nicht gekümmert. Als angrenzende Länder werden im Jahr 1600 genannt: im Norden Bayern und die Gebiete der Bischöfe von Freising (Werdenfels) und Augsburg, gegen Westen die österreichischen Herrschaften Sonnenberg und Feldkirch, die rätischen Bünde und das Herzogtum Mailand, gegen Süden die Republik Venedig, gegen Osten das Herzogtum Kärnten und das Erzbistum Salzburg. Die uns heute so geläufigen Benennungen ›Südtirol‹ und ›Nordtirol‹ finden sich zuerst in Stafflers Landesbeschreibung von 1839. Das Land hatte seit

1286 den offiziellen Titel ›Gefürstete Grafschaft Tirol‹. Etwa 1360 wird erklärend hinzugefügt: »... Tirol, das Land an der Etsch und im Inntal und im Gebirge.« Seit 1867 hieß es Kronland Tirol.

Über die wichtigsten Pässe des Landes – Brenner und Reschen – ziehen die Straßen in nordsüdlicher Richtung; sie wurden schon in römischer Zeit benutzt. Anders als heute führte lange Zeit die Brennerstraße von Norden her aber nur bis Klausen und von dort über den Ritten nach Bozen. 1314 verlieh Herzog Heinrich, Graf von Tirol, dem Heinrich Kunter das Recht, einen Weg zwischen Bozen und der Trostburg im Eisacktal anzulegen und dort Zoll zu erheben. Es ist ›der Kuntersweg‹, die Fortsetzung der Brennerstraße nach Bozen. Weitere Pässe im Süden ermöglichen die Übergänge in das Val Sugana und zum Gardasee im Süden. Nach Westen kann man über das Stilfser Joch und den Passo Tonale ins Veltlin und ins Tessin fahren; im Osten führen weitere Pässe über Cortina hinaus bis ins Piavetal und die oberitalienische Tiefebene. Tirol ist also ein Land der Pässe, die auch für die politischen Ordnungen von Wichtigkeit gewesen sind, da gewisse Engstellen, Klausen genannt, zu wechselnden Herrschaftsgrenzen wurden. Die dort errichteten Zollstellen bildeten wertvolle Einnahmequellen für die jeweiligen Landesherren. Noch 1556 bestätigte Kaiser Karl v. die Zugehörigkeit der Grafschaften von Arco und Lodron zur Grafschaft Tirol, da *es zur Erhaltung der Päss der Grafschaft Tirol teutscher Nation nötig sei.*

Für Siedlungen boten die Talsohlen reichlich Raum, ebenso die zu den Gebirgen ansteigenden Lehnen mit ihren Wäldern und Wiesen. Die Römer nannten das gesamte Gebirge ›Alpes‹. Im 8. Jahrhundert bezeichnet man die als Weideflächen nutzbaren Teile des Gebirges als Alpen oder Almen, und im 14. und 15. Jahrhundert hieß das Hochgebirge ›Pirg‹ zum Unterschied zu den besiedelten Landstrichen. Seit dem 12. Jahrhundert nennen Urkunden die höchsten Erhebungen ›summitas alpium‹ oder ›juga alpium‹, also Alpenjoche, wobei ›Joch‹ sowohl Gipfel wie Übergang bedeuten kann; eine Bezeichnung, die sich bis heute erhalten hat. Sicher trugen einzelne Gipfel im Volksmund schon lange Namen, wie Rosengarten, Schlern, Ortler oder Marmolata, aber die einheitliche Benennung von Gebirgsgruppen finden wir erst in Landesbeschreibungen des 17. Jahrhunderts; ihre systematische Einteilung und Benennung erfolgte dann im 19. Jahrhundert.

Das ist in kurzen Zügen das geographische Bild Tirols. Nun zu seiner Geschichte.

Das ›Land im Gebirg‹, wie es auch genannt wurde, also das Gebiet zwischen Kufstein und Gardasee, zwischen Lienz und Tonalepaß, ist Schauplatz der Tiroler Geschichte. Tirol war ›Brücke und Schlüssel‹ zwischen Deutschland und Italien. Die ersten Siedler gehörten der mediterranen Rasse an; es waren Menschen von kleinem, zierlichem Wuchs, die nach der Eiszeit einwanderten. Von Norden, Osten und Süden kamen Angehörige des veneto-illyrischen Stammes, die auch im mittleren und unteren Donaugebiet saßen, in Venetien und im Hinterland der Adria. Um 500 vor Chr. drangen von Westen her die Kelten ins Etschtal. Zur allerältesten Bevölkerung gehören sicher auch Angehörige des etruskischen Stammes, die um 400 vor Chr. durch den Vorstoß der Gallier in die Poebene auf die Alpen zurückgedrängt wurden; und schließlich sind die Gallier selbst, allerdings wohl nur in geringer Zahl, doch in mehreren Wellen, von Norden und Süden ins Land gekommen. Römische Autoren nennen für das erste nachchristliche Jahrhundert als Stämme im späteren Tirol die ›Tridentini‹ um Trient, die ›Anauni‹ am Nonsberg, die ›Venostes‹ im Vintschgau, die ›Isarci‹ am Eisack, die ›Breones‹ im Oberinntal, die ›Genaunen‹ im Unterinntal. Strabo ordnet die Stämme in Rätien den Illyrern zu, während Livius die Räter – so nannten die Römer das im Gebirge lebende Volk – von den Etruskern abstammen läßt. Um 113 vor Chr. erschienen in Kärnten die Zimbern, die Marius 101 bei Vercellae in der Poebene besiegte, worauf sie sich ins Gebirge zurückzogen. Um 36 vor Chr. war die Stadt Trient bereits gegründet und das ›Tridentinum‹ entstanden – die römische Schlüsselstellung, die die Basis für das weitere Vordringen der Römer nach Norden darstellte. Um 15 vor Chr. erschienen hier Drusus und Tiberius mit dem Auftrag, das Alpenland zu unterwerfen. In der Gegend von Bozen schlugen sie die Isarker. Drusus zog über den Brenner, wo er mit den Genaunen zu kämpfen hatte; Tiberius marschierte über den Reschenpaß ins Inntal und weiter über den Fernpaß nach Deutschland. Das Land Tirol gehörte dann zu den römischen Provinzen Rätien, Vindelicien und Noricum. Zur Zeit der Völkerwanderung, zwischen 375 und 568 nach Chr., sah Tirol die Franken. Etwas später saßen die Langobarden in Oberitalien und gründeten auch im Trentino ein Herzogtum; doch den stärksten Anteil an der germanischen Besiedlung Tirols haben die Bayern gehabt, die im 7. Jahrhundert über die Alpen vorstießen und das gering bevölkerte Land nahezu friedlich einnehmen konnten. Mit der rätischen Bevölkerung in den großen Tälern haben sie sich dann vermischt.

Das Christentum hatte schon früh Eingang in die rätischen Täler gefunden, doch wurde es in den ersten nachchristlichen Jahrhunderten immer wieder von römischen Kaisern verfolgt. Sankt Kassian, legendärer Bischof und Gründer von Säben bei Klausen, war ein Opfer der letzten Christenverfolgungen unter Kaiser Diokletian. Als die Völkerwanderung mit dem Eindringen der Langobarden in Oberitalien ausklang, erschienen neue Missionare. Um das Jahr 400 wirkte in Trient als Bischof der Trientiner Sankt Vigilius, der von den heidnischen Bewohnern des Rendenatales erschlagen wurde. Zur Zeit der bajuwarischen Landnahme wirkte der Heilige Ingenuin als Bischof von Säben. Im 10. und 11. Jahrhundert werden noch ›mansi latini‹ und ›hobe italice‹, also Höfe romanischer Leute, im Eisack- und Pustertal genannt. 1160 schenkten die ›latini‹ Meribord, Ditmar, Giselmar dem Kloster Neustift bei Brixen Güter im Oberinntal. Auffällig ist es, daß diese ›latini‹ germanische, Leibeigene dagegen romanische Vornamen trugen. Vermutlich folgten demnach bayerische Herren römischen Besitzern auf den Gütern. Nur die als Ladiner bekannten Reste der alten rätischen Bevölkerung, vor allem in den Dolomitentälern, blieben frei. Sie haben sich in Enneberg, im Grödner- und Gadertal bis heute erhalten, ebenso in Buchenstein, im Fassatal und Fleimstal sowie in den Ampezzaner Dolomiten.

Was sich in der Geschichte Tirols dann abspielte, unterscheidet sich nicht wesentlich von den Ereignissen in anderen Ländern des Reichs. Es entstanden Klöster, Burgen, Städte, und nach und nach entwickelte sich dieser Schmelztiegel so vieler verschiedener Völkerstämme zu einem eigenen politischen Gebilde. Die fränkische Grafschaftsverfassung gliederte auch Tirol in Verwaltungsbezirke: Grafschaft Andechs im Unterinntal, Grafschaft Oberinntal, Grafschaft Norital (Eisacktal und Inntal westlich des Zillers und Bozener Becken links der Etsch), die 1027 an das Bistum Brixen verliehen wurde und seit 1210 Lehen der Grafen von Tirol war; Grafschaft Bozen, die 1027 dem Bistum Trient übertragen und etwa 1140 von

Trient, zugleich mit der Vogtei über das Bistum, den Grafen von Tirol übergeben wurde; Grafschaft Pusteral, die 1094 an Brixen fiel, 1170 von Brixen den Andechsern zu Lehen gegeben wurde und 1248 an Tirol fiel; Grafschaft Vintschgau, seit 1140 im Besitz der Grafen von Tirol. Aus dem Gebiet des langobardischen Herzogtums Trient gingen hervor: Grafschaft und Bistum Trient, Grafschaft Eppan-Ulten, Grafschaft Feltre im Val Sugana, 1412 unmittelbar mit Tirol vereinigt, Grafschaft Cadore, die zu Venedig gehörte, während der nördliche Ampezzaner Teil 1509 mit Tirol verbunden wurde, und schließlich am Gardasee die einige Zeit reichsunmittelbaren Grafschaften Arco und Lodron.

In Trient werden Bischöfe seit dem späten 4. Jahrhundert, in Säben-Brixen erstmals um 570 nach Chr. genannt. In Urkunden aus der Zeit um 1200 werden die beiden Bistümer als Fürstentümer der Länder, die Bischöfe als Herzöge, Markgrafen oder Grafen bezeichnet.

Seit dem 15. Jahrhundert war Tirol in ›Viertel‹ eingeteilt; das Etschviertel reichte bis zum Avisio und zum Noce im Nonstal, die ›welschen Confinen‹ umfaßten die Gebiete des Val Sugana und um Rovereto. Trient war Reichsfürstentum und bildete ein eigenes Viertel ›Stift Trient‹, wie auch Brixen Reichsfürstentum geworden war. Im 18. Jahrhundert wurden die Kreisämter geschaffen, und 1803 kam Trient zu Tirol. Der Etschkreis reichte nun bis Salurn, das seither in administrativer und sprachlicher Hinsicht als Grenze zwischen Südtirol und Trentino gilt, wie auch beide Teile schon vor zweihundert Jahren ›das teutsche und das welsche Tirol‹ hießen. Heute ist das die italienische Region ›Trentino-Südtirol‹ mit den autonomen Provinzen Bozen (Alto Adige) und Trient (Trentino).

Seit den Schenkungen der deutschen Könige um die Jahrtausendwende besaßen die Bischöfe von Brixen und Trient die Gewalt im Lande. Zur Ausübung der hohen Gerichtsbarkeit bestellten sie Vögte aus vornehmen Familien. Das waren zunächst die Gründer Innsbrucks, die Grafen von Andechs, Herzöge von Meranien – was aber nichts mit Meran zu tun hat, sondern mit Gebieten in Istrien. Diese bedeutende bayerische Familie erlosch 1248; Erbe ihrer Besitzungen wurde der Schwiegervater des letzten Grafen von Andechs, Albert III. von Tirol, der im gleichen Jahr auch Eppan-Ulten erbte. Nach allgemeiner Überzeugung stammen die Grafen von Tirol aus Kärnten; sie waren seit dem 12. Jahrhundert Vögte von Trient und seit 1210 Vögte von Brixen, wodurch sie Grafschaftsgewalt im Nori- oder Eisacktal erhielten. Einige Genealogen rechnen die Grafen von Görz und Tirol dem alten bayerischen Haus der Aribonen zu. Nach Alberts Tod teilten seine Schwiegersöhne, die Grafen von Görz und die bayerischen Grafen von Hirschberg, 1254 das Erbe, wonach den Hirschbergern in Südtirol auch die Vogtei über Brixen zufiel, alles übrige südlich des Brenners gelegene Gut erhielt Meinhard I. von Görz-Tirol. Meinhard II., der Stiefvater Konradins von Staufen, erwarb von den Hirschbergern alles Allodgut im Inn- und Wipptal und die Vogtei über Brixen. 1282 wird Tirol als selbständiges Reichsland anerkannt. Seit 1286 war Meinhard II. auch Herzog von Kärnten. Ihm gelang es, das ganze Etschtal von Bozen bis zum Avisio in seine Hand zu bringen. Unter diesem Fürsten erlangte Tirol seine von da an geltende politische Gestalt. 1254 erscheint Tirol zum erstenmal als geschlossenes Land mit dem Namen: ›dominium comitis Tyrolis‹, 1271 als ›comitatus et dominium Tyrolis‹, und Meinhard II. Söhne werden um 1300 als Landesfürsten bezeichnet. Der letzte Graf von Görz-Tirol, Heinrich, führte den Königstitel, da er, verheiratet mit der Tochter Wenzels II. von Böhmen, kurze Zeit König dieses Landes war. Diese Wahl hat aber der Kaiser nie anerkannt, und sein Königtum verlor Heinrich an die Luxemburger. Seine Tochter Margarethe, als ›die Maultasch‹ bekannt geworden, wurde zuerst mit Johann, dem Bruder des Luxemburger Böhmenkönigs, vermählt, dann mit dem Sohn Kaiser Ludwigs des Bayern, Markgraf Ludwig von Brandenburg. Der einzige Sohn aus dieser Ehe, Meinhard III., starb früh und kinderlos. 1363 stellten die ›Maultasch‹ und ihre Räte gemeinsam eine Urkunde aus, in der das Land an den Habsburger Rudolph IV. übergeben wurde. Von da an regierten drei habsburgische Seitenlinien nacheinander Tirol selbständig. Die ›Maultasch‹ aber lebte bis zu ihrem Tod 1369 in Wien, wo sie wohl wie eine Gefangene gehalten wurde. Herzog Leopold, Regent aus der ersten Linie, hatte gegen die bayerischen Ansprüche zu kämpfen; er erwarb Gebiete im Vorarlberg und in der Schweiz und fiel 1386 in der Schlacht bei Sempach gegen die Eidgenossen. 1406 folgte als Graf von Tirol der energische Herzog Friedrich ›mit der leeren Tasche‹, der den eigenwilligen Tiroler Adel bezwang und dem Land eine straffe Verwaltung gab. Sein Nachfolger wiederum war Herzog Sigismund ›der Münzreiche‹. Unter ihm erlebte Tirol eine hohe künstlerische Blüte. Ich nenne in diesem Zusammenhang nur einen Namen: Michael Pacher, den großen Bildschnitzer und Maler aus der Brunecker Gegend. Da der Herzog sehr verschuldet war, übergab er auf Drängen der Stände 1490 sein Land dem späteren Kaiser Maximilian I., der Tirol besonders geliebt hat. Erst von 1564 an regierte dann wieder eine Seitenlinie des Hauses Habsburg Tirol bis zu ihrem Erlöschen 1665, seitdem unterstand das Land direkt dem Kaiser des Heiligen Römischen Reiches Deutscher Nation, später dann dem Kaiser von Österreich, mit Ausnahme des bayerischen Intermezzos von 1805 bis 1815. 1919 wurde Tirol geteilt. Der nördliche Bereich blieb bei Österreich, der südliche wurde dem italienischen Staatsgebiet einverleibt.

Diesem Ende eigenständiger Südtiroler Geschichte gingen abenteuerliche Unternehmungen voraus. Im Jahre 1890 hielt Professor Giovanni Marinelli in Florenz einen Vortrag, in dem er erklärte, die für Südtirol einzig mögliche Nordgrenze gefunden zu haben, nämlich die adriatische Wasserscheide. Alles Land, dessen Flüsse in die Adria münden, müsse mit Italien vereint werden – dies wäre dann die ›natürliche‹ Grenze des Staates. »*Dieser Theorie liegt die Vorstellung zugrunde, daß alle wichtigen Ströme auf den höchsten Gipfeln der Alpen entspringen und daß diese Gipfel eine durchgehende Kette bilden, die als natürliche Grenze zu gelten hat*«, führt Karl Springenschmidt in seinem Buch ›Schicksal Südtirol‹ dazu an. Italienische Wissenschaftler hielten die Theorie für unsinnig, aber der Keim zu einer nicht mehr enden wollenden Propaganda war gelegt, denn Ettore Tolomei aus Rovereto, er starb 1952, ein Schüler Marinellis, nahm diese Theorie auf und verfocht sie fanatisch bis zum Erfolg. Ihm ist es letztlich zu verdanken, daß Italien am Brenner steht. Er hat dem italienischen Volk den Brenner als Grenze bewußtgemacht. Das venezianische Rovereto war erst durch Kaiser Maximilian I. an Österreich gekommen, die Erinnerung an Venedig war dort immer lebendig und anti-österreichisch geblieben. Tolomei kaufte sich bei Neumarkt den Bauernhof Glen, den er Gleno nannte, und baute daneben einen italienischen Turm. Südtirol gab er einen neuen Namen: Alto Adige – Hochetsch. In Tirol hielt man ihn für einen Querkopf und verschrobenen Irredentisten, aber auch in Italien hatte er

1

Ludwig Ferdinand Schnorr von Carolsfeld
(1788-1853)

Landschaft bei Sterzing, 1830
Öl auf Leinwand
Innsbruck, Tiroler Landesmuseum Ferdinandeum
(Foto: Museum)

Unter dem – angesichts der dramatischen Szene – nichts-
agenden Titel verbirgt sich ein Vorgang aus dem Tiroler
eiheitskampf: Andreas Hofer erhält beglückt die Nach-
ht vom bevorstehenden Eintreffen österreichischer
ppen (die Vereinigung mit dem Tiroler Landsturm
gte bei Sterzing am 22. Mai 1809). Während der
virt, rechts davon sein Adjutant, der Bachwirt Josef
ecken aus Bozen, und der streitbare Kapuziner-
aspinger namentlich bekannt sind, lassen sich
gen Gestalten nicht identifizieren und dienen
onalen Ausdeutung dieses im Rückblick ge-
reignisses. Die Landschaft – und um derent-
eses Bild hier wiedergegeben – muß Schnorr
ld aus anderen Veduten übernommen ha-
ie es heißt – bis dahin die Örtlichkeit noch
sucht hatte. Trotz dieser indirekten Über-
weiter Hand bringt dieses Gemälde ein
d einfühlsames Landschaftsporträt des
les. Vom Standpunkt südlich von Ster-
n auf die Burgen Reifenstein (links)
die Kapelle Sankt Zeno, gegenüber
n Bildrand Burg Sprechenstein. Im
sich nach links zu, wo es ins Rid-
baier Alpen mit Wetterspitze und
echts steigt das Wipptal an und
. dessen Hausberg, der Hühner-
lugt.

scharfe Gegner. Sogar die Irredentisten erklärten, die natürliche Nordgrenze läge bei der Salurner Klause. Tolomei ließ sich nicht beirren, er wirkte in Wort und Schrift und, um seine Theorie zu erhärten, schreckte er sogar vor historischen Verdrehungen und Lügen nicht zurück. ›Bis zum Brenner‹ war Tolomeis Schlachtruf. 1904 wanderte er durch das rauhe, bei Bruneck gelegene Ahrntal. Dort bestieg er den Glockenkarkopf, auf dessen Gipfel er zum Staunen des Bergführers ein ›I‹ einmeißelte – Italien. Er nahm also den Berg für Italien in Besitz, weil hier der nördlichste Punkt der Wasserscheide zur Adria liegt, und er gab ihm den Namen ›Vetta d'Italia‹
– Spitze Italiens. Tolomei erreichte, daß dieser Name in die Atlan
ten und Kartenwerke aufgenommen wurde. Aber alles das wa
nicht genug, auch die Geschichte des seit 1300 Jahren deutsch besi
delten Landes mußte verändert werden. Es war vor der Inbesi
nahme durch die Bayern Bestandteil des römischen Reichs ge
sen, aber nie von Römern besiedelt, die ihre Garnisonen nörd
des Brenners anlegten. Also mußte Tolomei die Ortsnamen änd
Aus Franzensfeste wurde Fortezza, aus Bruneck Brunico, aus
xen Bressanone, aus Kaltern Caldaro und so fort, wie sie dann
eingeführt worden sind.

Das Trentino, wozu Rovereto einst nicht gehört hatte, ga
Italienern als ›terra irredenta‹, unerlöstes Land, doch die Tr
wollten davon nichts wissen und hielten bis zum Kriegsen
zur habsburgischen Monarchie.

Es gab noch einen Mann, der von sich reden machte
Battisti aus Trient. Er kämpfte für die Loslösung Trients v
reich und forderte die Salurner Klause als Grenze. 188
Dreibund zwischen Italien, Deutschland und Österreich
sen worden; 1915 verlangte Italien als Preis für das Fe
dieser Koalition den Brenner als Grenze. Tolomei schü
Österreich befand sich in einer Zwangslage. Da die r
fensive in Galizien erfolgreich verlief, mußten alle
Truppen dorthin geworfen werden. Kaiser Franz Jose
sich schweren Herzens Italien das Trentino anzubiete
nister Sonnino aber lehnte ab, da er bereits geheime V
mit der Entente in London führte und mehr erhof
schen Regierung wurde ein Memorandum über di
Gebietsansprüche vorgelegt, die als zu hoch bef

Merkwürdigerweise sträubte sich vor allem Rußland dagegen, das sowieso nichts von Italien hielt, doch schließlich stimmte man zu, um Italien zum Beitritt zu bewegen. Von diesem Geheimvertrag wurden in Rom weder Regierung noch Parlament unterrichtet. Er wurde erst bekannt, als Trotzky 1917 die russischen Archive öffnen ließ. 1915 gelang es, die russische Offensive zurückzuschlagen. Österreich bot noch einmal die Abtretung Tirols an, soweit es italienisch besiedelt war. In Rom bemühten sich der ehemalige deutsche Reichskanzler Fürst Bülow und der österreichische Gesandte vergeblich, die Zustimmung der italienischen Regierung zu erlangen, die am 23. Mai 1915 den Krieg erklärte.

180000 Mann standen unter dem Befehl des Generalstabschefs Luigi Cadorna bereit in Südtirol einzufallen. Der General hätte das Land in einem Ansturm überrennen können, doch er wartete zu lange, und die Tiroler Standschützen retteten das Land. Jedes Dorf hatte seine Standschützen, die nun aufgerufen wurden. Es meldeten sich 12000 Mann, so daß schließlich 35000 Österreicher 180000 Italienern gegenüberstanden. Dazu gehörten auch die Trentiner, die erklärten: »siamo Tirolesi«. Die Abwehrkämpfe waren außerordentlich hart und verlustreich, so zum Beispiel in dem von Innichen südostwärts führenden Sextental mit den Gebirgsstöcken des Neunerkofels, der Rotwand, des Elfers und des Gsellknotens. Dort verlief die Grenze gegen Italien, vom Sattel des Kreuzbergs bis zu den Drei Zinnen.

Sepp Innerkofler, ein Gastwirt und Bergführer, hat in jener Zeit Berühmtheit erlangt. Er schlug vor, den Paternkofel zu besetzen, was von seinen Vorgesetzten jedoch abgelehnt wurde. Erst als einige Alpini – übrigens auch Bergführer, die sich alle persönlich kannten – den Paternkofel eingenommen hatten, erhielt Innerkofler den Befehl zum Sturm auf den Kofel, bei dem er schließlich fiel.

Ebenso heftig waren die Kämpfe an der Südfront auf der Hochebene von Lavarone über dem Caldonazzosee, die von vier Sperrforts beherrscht war. Luis Trenker schildert diese Kämpfe in seinem Buch ›Rocca Alta‹. Die Forts hießen Cima di Vezzema, Rocca Alta Verle, Lusern, Gschwendt und, weit vorgeschoben zwischen Verle und Cima, der Basson. Gegenüber und höher lagen die italienischen Forts Verena und Campolongo. Die Forts lagen ununterbrochen unter dem Feuer schwerer italienischer Artillerie, aber alle

Angriffe blieben stecken. Cadorna wollte erst die Forts zerstören, ehe er den Durchbruch zu unternehmen gedachte. Die Sperrforts verwandelten sich in zäh verteidigte Ruinen. »*Aus Wäldern und Schluchten brüllt das Feuer seiner schweren Geschütze, zuckt es aus den Panzerkuppeln seiner Forts, die mit ihren langen Schiffskanonen und der Überhöhung ihrer Lage weithin unsere Straßen und Anmarschwege beherrschten; es schmettert mit Steilschüssen in den splitternden Beton der Sperrwerke und wirft ungeheuere Rauchwolken gegen den Himmel.*«

Cesare Battisti wurde im Verlauf der Kämpfe gefangengenommen und als Landesverräter in Trient hingerichtet.

1917 erfolgte die großangelegte deutsch-österreichische Offensive im Isonzotal, doch blieb sie nach anfänglichen Erfolgen stekken, und dann kam der Zusammenbruch, das Ende der Kaiserreiche.

1919 begannen die Friedensverhandlungen in Paris. Die Zehn Punkte des amerikanischen Präsidenten Wilson wiesen darauf hin, daß die künftige italienische Grenze nach klar erkennbarer Scheidung von Nationalität und Sprache zu ziehen sei. Italien aber gelang es darzustellen, daß ganz Südtirol vorwiegend italienisch besiedelt sei. So mußte Österreich 1919 den Frieden von Saint-Germain unterzeichnen. Tolomei hatte sein Ziel erreicht.

Durch den Friedensvertrag von Saint-Germain wurde eine alte kulturelle und politische Einheit mit einem Federstrich zerstört. In diesem Jahr versicherte der italienische Senatspräsident Tittoni, daß der Regierung der Gedanke einer Unterdrückung und Entnationalisierung der Südtiroler Bevölkerung durchaus fern läge: »*Wir können der Bevölkerung von Südtirol die Versicherung geben, daß nie ein Polizeiregiment eingeführt wird, mit Verfolgungen und Willkürherrschaft.*«

Mussolini dachte anders. Für das Programm der Italianisierung holte er sich Tolomei. Verboten wurde der Gebrauch der deutschen Sprache; deutsche Beamte wurden pensioniert oder in andere Provinzen versetzt, die Ortsnamen wurden nach Tolomeis Katalog italianisiert, die Selbstverwaltung der Gemeinden aufgehoben, die Bürgermeister durch Italiener ersetzt. Man erhoffte Hilfe von Hitler, vor allem 1938, als er Österreich ›Heim ins Reich‹ holte. Aber ihm waren die Südtiroler trotz allen Geschwätzes von ›Blut und Boden‹ ganz gleichgültig; zudem wollte er sich Mussolini nicht zum Feind machen. Feierlich verkündete er die Anerkennung der Brennergrenze und schloß 1939 mit Italien einen Vertrag, in dem auch die Aussiedlung der deutschen Bevölkerung behandelt wurde. Abenteuerliche Pläne wurden erwogen. So dachte man daran, die Südtiroler in Burgund anzusiedeln, das einmal zum Reich gehören würde, oder, wie 1942, auf der Krim! Im ganzen haben 70 000 Südtiroler, meist solche, die kein Land besaßen, das Land verlassen.

1946 wurde ein neuer Vertrag mit Österreich über die zukünftige Behandlung Südtirols geschlossen. Volle Gleichberechtigung des deutschen Volksteils, Wiedereinführung der deutschen Sprache waren darin zugesagt. Mit dem Autonomiestatut von 1948 wurden diese Zusagen gebrochen, Deutsch geriet im Amtsverkehr zur Hilfssprache, Staatsbedienstete waren fast ausschließlich Italiener. 1960 brachte Österreich die Südtirolfrage vor die Vereinten Nationen. Ungeduld über die sich hinschleppenden Verhandlungen führte zu Gewalttaten.

Das sogenannte ›Südtirol-Paket‹ von 1969, das die ›Autonome Provinz Bozen‹ mit nun wirklich weitgehender Selbstverwaltung mit sich brachte und im Bozner Landtag mit knapper Mehrheit der christlich-demokratischen Südtiroler Volkspartei angenommen wurde, beruhigte die Gemüter. 1992 wurden die Autonomieverhandlungen für abgeschlossen erklärt, Italien und Österreich erkannten formell vor der UNO die Bestimmungen des ›Südtirol-Pakets‹ als erfüllt an. Heute sieht besonders die Jugend Südtirols die Dinge mehr aus europäischer Sicht, wenngleich die Kritik sowohl auf deutscher als auch auf italienischer Seite keineswegs völlig verstummt ist. Gerade im Blick auf Europa gibt es eine Forderung, Süd-, Nord- und Osttirol zu einem eigenen Staat in Europa zusammenzuführen.

NACH SÜDTIROL ÜBER DEN BRENNER

Tirol gleicht einem groben
Bauernrock, er ist wohl rauh
und faltig – aber er hält warm.
Kaiser Maximilian I.

Das Land Tirol

Wir alle bewahren in uns eine Fülle von Erinnerungen aus unseren Kindertagen, von denen viele oft schon vergessen zu sein scheinen; aber in geeigneten Augenblicken tauchen sie in unserem Bewußtsein wieder auf wie der Teufel aus dem Kasten. So ging es mir vor Jahren mit Tirol. Als ich einmal von München mit dem Ziel Trient abfuhr, erinnerte ich mich urplötzlich eines Reisespiels, das ich als Kind geliebt hatte. Es handelte sich um eine Reise von München nach Innsbruck. Da gab es Namen von märchenhaftem Klang, und die Zauberwirkung wurde noch gesteigert durch farbige Bilder. Vor allem zierten München und Innsbruck in bunter Pracht die Tafel. Man sah die Maria-Theresien-Straße der Tiroler Hauptstadt hinab, sah Pferdedroschken dahinfahren, Fahnen wehen, in der Ferne den Glanz des Goldenen Dachls und im knallblauen Himmel über den schroffen Bergwänden weiße Wolken schwimmen. Zwischen beiden Städten zog der verschlungene Reiseweg, dem man mittels der Würfel folgen mußte. Würfelte man dann, in Innsbruck angelangt, eine Sechs, so tat sich der Weg zum Brenner auf, worunter ich mir damals eine Art Tor zum Paradies vorstellte. Dann las ich als Junge in den Heldensagen die Geschichten von König Laurin und seinem Rosengarten, von Dietrich von Bern und den Venedigermännlein, und so wurde Südtirol für mich zum wunderreichen Land, noch ehe ich es selbst gesehen hatte.

Später stellte ich dann fest, daß dies Land nicht nur wirklich ein Land der Wunder ist, sondern auch ein Reiseland par excellence. Das ist es geblieben bis auf den heutigen Tag, denn durch Tirol führt ja die Straße in den Süden, nach Italien, das für alle Nordländer seit jeher besondere Anziehungskraft besitzt. Sie beginnt ja nicht erst am Brenner, aber sie überfällt jeden auf dem Weg in den

Süden an dieser Wasserscheide in besonders starkem Maße. Burgen rechts und Burgen links, alte Städte und idyllische Dörfer, geheimnisvolle Täler und gewaltige Berge begleiten ihn, und überall begegnen wir Geschichten aus der Geschichte: von der häßlichen Herzogin Maultasch und dem Herzog Friedrich mit der leeren Tasche, von Walther von der Vogelweide und Oswald von Wolkenstein, vom Konzil von Trient, von frommen Heiligen und von großen Herren. Hier bauten schon die Römer, und hier zogen sechsundsechzigmal die deutschen Könige nach Italien hinüber, um sich die Kaiserkrone zu holen oder Streitigkeiten zu schlichten. Hier wurden ritterliche Fehden ausgetragen, und hier marschierten deutsche, österreichische, spanische, französische, italienische und, in unseren Tagen, englische und amerikanische Truppen, hier donnerten die Kanonen im Ersten und krachten die Bomben der Flugzeuggeschwader im Zweiten Weltkrieg. Hier also öffnet sich das Buch Südtirol: ein riesiges Bilderbuch der Geschichte, erhaben und innig zugleich.

Der Brennerpaß

Der Name Brenner soll vom Brennerhof, der im 14. Jahrhundert den Brennern gehörte, stammen; 1388 sei der Personenname auf den Paß übergegangen. Es ist jedoch wahrscheinlicher, daß der vor der römischen Landnahme in Tirol ansässige Stamm der Breonen, die wir schon kennen, dem Paß zu seinem Namen verhalf.

Einst befand sich die alte Zollstätte in **Lueg**, etwa fünf Kilometer nördlich vom Brennerpaß entfernt. Das alte Zollschloß, die Ruinen der Burg am Walenberg und die Sperrmauern über die Straße sind heute verschwunden. In Lueg, am Zollfeld, wie die Örtlichkeit auch genannt wird, zog einst die ganze Welt vorüber. Hier mußten die Fuhrleute aus Italien und dem Reich die Waren verzollen, und im ständigen Wechsel begegneten sich vornehme Kaufherren, Landsknechte, Ritter und fahrendes Volk. Reges Leben herrschte, Geschrei und Peitschenknallen, Raufhändel und Saufereien. Auf der großen Waage konnten die schwersten Fuhrwerke mit allen ihren Lasten gewogen werden, berichtet der Mönch Felix Faber 1483. Es ist nicht die einzige Zollstätte an der großen Handelsstraße gewesen, es gab deren auch solche in Lurx bei Sterzing, in Mauls,

Brixen, Klausen und Bozen. Um 1300 wurden in Lueg etwa dreitausend Tonnen verzollt, um 1500 etwa fünftausend Tonnen, und 1734 zogen rund siebenunddreißigtausend Wagenpferde etwa zehntausend Tonnen Waren durch den Ort. 1809 ließ der französische General Lefèvre, der in Nordtirol auch Schwaz auf dem Gewissen hat, Zollhaus und Schloß niederbrennen. 1551 floh der von Kurfürst Moritz von Sachsen arg bedrängte Kaiser Karl v. von Innsbruck über den Brenner, kehrte aber bald zurück und zog mit seinen Truppen nach Augsburg. Die Haller Chronik erzählt von den Märschen über den Paß:

Jeden Tag kamen neue Zuzüge über den Brenner und über Finstermünz. Dreiundzwanzig große Nothschlangen und Karthaunen, sowie acht Riesenkarthaunen, jede von sechsundzwanzig Pferden gezogen, eröffneten den Zug. Zwei große Mauerbrecherinnen, jede mit dreißig Pferden bespannt, folgten nach. Dann kamen zehn Stück mittlerer Größe und elf gezogene Falkonetten. Am 10. August zogen zwölfhundert welsche Reiter und ein zahlreicher Troß vorüber, am 11. August trafen zweiundzwanzig Fähnlein Spanier ein, dreizehntausend Mann, mit vielen Weibern, deren mehrerteil deutsche und schwäbische Frauen gewesen sind …

Wer vor 1867 über den Brenner fuhr – in jenem Jahr wurde die Eisenbahn in Betrieb genommen –, der traf Vorbereitungen wie für eine Weltreise, denn er mußte die Postkutsche für die lange Fahrt in den Süden nehmen. Viele gingen auch zu Fuß wie 1840 der junge Wiener Hans von Perthaler:

Auf dem Grenzpunkte der südlichen und nördlichen Gewässer machen wir Halt und schauen umher. Des Mondes Viertelbild leuchtet herab, der Abend ist im Sinken, das felsige Alpengebirge schaut rings in hohe Talgründe, der Turm des Kirchleins lugt bescheiden unter dem Mondbild hervor. Die Senner kommen von der Alpe, sie rufen hinüber und sie antworten. Hinter ihnen kommen ein paar Dirnen. Wir jodeln hinüber, sie herüber und von beiden Seiten klingt ein ›Gut Nacht‹ und das Echo sagt es uns nach und nun wandern wir an der Seite des Eisack die Brennerberge hinab. Eben läutet das Alpenglöckchen das Alpenvolk zur Ruhe.

Sehr viel früher, 102 vor Chr., überschritten die Zimbern den Paß, und Plutarch berichtet, daß sie, um ihre Stärke und Abhärtung zu zeigen, splitternackt im Schneetreiben auf ihren breiten Schilden die steilen Abhänge hinabrodelten. In Wirklichkeit scheinen sie aber einen anderen Weg genommen zu haben, nämlich über den Reschen; vielleicht haben sie dort ihren Wintersport betrieben.

Heute ist die Paßhöhe mit Kasernen und Baracken besetzt, mit Bahnhof und Zollgebäuden und häßlichen Mietshäusern, so daß man gern und schnell diesen unwirtlichen Ort verläßt. Wir betreten Südtirol nicht mehr auf so romantische Weise wie Perthaler und hatten, vor dem Bau der großartigen Autobahn nach Verona, im Heerwurm der Automobile keine rechte Freude an der Fahrt auf der alten Chaussee, die im steten Gefälle über dem auf dem Brenner entspringenden Eisack südwärts führt. Die Autobahn hat Erleichterung gebracht, wenn sie auch das schöne Tal bis Bozen einigermaßen verunstaltet und den Anwohnern ununterbrochenen Verkehrslärm zumutet.

Wir aber wollen der alten Straße folgen, die nun angenehmer zu befahren ist als einst. Zu beiden Seiten ragen Bergwände auf, teils nackter Fels, teils waldige Höhen, und immer wieder erscheinen hier und dort schneebedeckte majestätische Gipfel. Zuerst kommen wir nach **Brennerbad.** Schon um 1400 wird ein ›Wildbad am Brenner‹ genannt, es erhielt dann 1607, anläßlich seiner Erneuerung durch den Reichspfennigmeister Zacharias Geizkofler, eine Stiftung für arme Badegäste. Vor dem Aufkommen des allgemeinen Fremdenverkehrs zählte Brennerbad zu den bevorzugten ›Sommerfrischen‹ in Tirol.

Dann wird **Gossensaß** durchfahren, einst ein bedeutender Bergwerksort, der schon im Hauptbuch des Nürnberger Patriziers Paul II. Behaim von 1587 verzeichnet ist. Immer fällt mir der dumme Schleifenreim ein:

Ein Auto fuhr durch Gossensaß,
und zwar durch eine Soßengaß,
so daß die ganze Gassensoß
sich über die Insassen goß.

Hier hat der große norwegische Dramatiker Henrik Ibsen mehrere Sommer verbracht, und so verwundert auch nicht, daß Gossensaß in der ›Hedda Gabler‹ erwähnt wird. Das Dorf zeigt einige hübsche Häuser mit Erkern des 16. Jahrhunderts, und in der 1750 bis 1754 von Franz de Paula Penz gebauten *Pfarrkirche Mariä Empfängnis* gibt es Deckenfresken des Augsburgers Matthäus Günther von 1751 zu sehen. Sie zeigen die Marienkrönung und die Vertreibung der Händler aus dem Tempel, im Chor die Anbetung des Allerheiligsten.

In der neben der Pfarrkirche gelegenen *Barbarakapelle* steht ein Flügelaltar (um 1520) aus der Hand eines unbekannten Meisters. Im Schrein sehen wir die Heiligen Barbara, Laurentius und Sebastian. Die Altarflügel bieten Szenen des Marienlebens; innen in Reliefschnitzerei mit Anklängen an Wolf Hubers Holzschnitte, außen in etwas derben Gemälden. Die Predellaflügel tragen außen die Relieffiguren der Heiligen Vitus und Nikolaus und zwei Gemälde, die die Heiligen Barbara und Katharina zeigen. Diese werden Matheis Stöberl zugeschrieben. Die Bergknappenszenen auf den Innenseiten wurden um 1520 geschaffen.

Linker Hand erscheint die Ruine Straßberg und beim Dorf **Ried**, an der Straße gelegen, das *Geierhaus*, dessen Fassade ein Fresko des 15. Jahrhunderts schmückt, die Schutzpatrone der Wanderer und Pilger, Sankt Christophorus und Sankt Jakobus, darstellend. Und nun erscheint im weiten, stillen Wiesental, gesäumt von Bergwäldern und überragt vom Hochgebirge, Sterzing. Vormals füllte ein See dies Tal, der später versumpfte und das Sterzinger Moos bildete, das 1875-1877 trockengelegt worden ist. *Hall versinkt – Innsbruck verbrinnt – Sterzing ertrinkt*, so lautet eine alte Prophezeiung, weil das Moos früher oft verheerende Überschwemmungen verursachte.

Sterzing

Kommen wir vom Brenner herunter, so möchten wir nicht glauben, daß die von oben so klein und unansehnlich wirkende schindelgedeckte, ins Tal geduckte Siedlung eine Stadt sein soll, und dazu eine so überraschend schöne. Ihr Ursprung scheint legendenhaft. Felix Faber erzählt in seiner Beschreibung der Wallfahrt des Herrn Hans Wesli von Zimbern ins Heilige Land, *daß er den Wirth allhie um den Ursprung des Nahmens gefragt, der ihm geantwortet habe, daß ein krummes, höckrichtes Männlein, Stertzlin geheißen, allhie zum ersten seine Wohnung und Häuslein gehabt, daher die Leute zu dem Stertzlein gebauet haben, bis da eine Stadt worden seye.* Ein anderer Chronist, Warmund Igl von Voldersthurm, will in seiner ›Beschreibung Tyrols‹ wissen, *daß der Ort römischen Ursprungs sei und Vipitenum geheißen habe*, ein Name, der in der italienischen Ortsbezeichnung

›Vipiteno‹ noch heute nachzuklingen scheint. Es war jedoch der bereits erwähnte Tolomei, der diesen Namen erfand. Er nahm einen römischen Namen zum Vorwand, um einen italienischen – scheinbar in Tradition – zu kreieren.

Da liegt **Sterzing** nun in der weiten, grünen, nördlich kühl wirkenden Landschaft. Man sollte den Ort – er erhielt 1304 das Stadtrecht – von Süden her betreten, denn da liegt die Neustadt, der schönste Teil des historischen Stadtkerns, direkt vor uns, im Norden abgeschlossen vom Stadt- oder Zwölferturm von 1468. Wer Rattenberg, Hall und Innsbruck kennt, wird hier ähnliches finden, denn alle diese Städte verdanken ihren Aufstieg dem Bergbau und dem Handel und drücken gleiches Wesen aus. Wie in Rattenberg befinden wir uns gleichsam in einem Gehäuse behaglichster Art, in dem der Gegensatz zwischen Gegenwart und Vergangenheit, zwischen Alt und Neu, gar nicht spürbar wird.

Sterzing, so schreibt Heinrich Noë in seinem ›Brennerbuch‹ um 1880, *ist gerade das Gegenteil einer langweiligen Kurstadt mit modernen und geradlinigen Häusern.* So ist es auch noch heute. Aneinandergedrückt stehen die Häuser des 15. und 16. Jahrhunderts über Bogengängen, keinen Zwischenraum lassend. Die Fronten in Grau, Weiß und Hellblau tragen vielfach einen Dekor des 17. und 18. Jahrhunderts. Sie sind belebt von zahllosen Erkern, und manche Stirnmauer trägt einen Zinnenkranz. Hohe Flure führen zu dämmrigen Höfen, und in vielen Häusern sind Wandgetäfel und Stukkaturen erhalten geblieben. Vor dem Rathaus steht die bewegte Rokokobildsäule des Heiligen Nepomuk.

Die Fassade des *Rathauses* über schwerem, gewölbtem Laubengang trägt zwei Erker, deren einer reich geschmückt ist mit den Wappen des Pflegers Freundsberg und denen von Tirol, Österreich und Sterzing zwischen schönem Fischblasenmaßwerk. Die Wappen wurden von Adam Scheiter in Sterzinger Marmor gemeißelt, der Erker wurde nach einem Entwurf von Jörg Kölderer, dem Baumeister des ›Goldenen Dachl‹ in Innsbruck, errichtet. Der im Renaissancestil ausgetäfelte Ratssaal ist heute Museumsraum. *Sein Glanzstück ist das ›Lusterweibchen‹, ein aus zwei Steinbockshörnern gebildeter und in der Gestalt der Lucretia auslaufender Deckenleuchter, der zu den qualitätsvollsten Werken der deutschen Früh-Renaissance zählt und dem Augsburger Meister Sebastian Loscher nahesteht.* (Erich Egg)

1539/40 wurde das Rathaus an seiner Rückseite mit dem Theaterbau verbunden. In dem Hof dazwischen befindet sich an der Südwand ein antikes Relief des 3./4. Jahrhunderts, mit der Opferung des Stiers aus dem Mithraskult. Von ihm wird noch die Rede sein. An die Zeit, da Sterzing noch ein beliebter Rastplatz für viele Warenzüge hin und her über den Brenner war, erinnern die zahlreichen behäbigen Gasthäuser mit den prachtvoll geschmiedeten Auslegern, deren goldener Zierat in der Sonne blitzt. Wie Ausrufungszeichen sind sie in die Straße gesetzt, und im Verein mit all den Erkern hüllen sie die lange Häuserfront in ein zauberisches Spiel von Licht und Schatten. Einst besaßen die Fugger die ›Alte Post‹, und wo die Fugger saßen, da rollte das Geld, da gab es Verdienst, denn sie waren hier am Bergbau auf Silber und Blei beteiligt. Das Bergwerk am Schneeberg oben ist mit 2350 Metern das höchste Europas.

Die Neustadt, nach einem verheerenden Stadtbrand im Jahr 1443 wieder aufgebaut, wird nördlich vom Stadt- oder Zwölferturm abgeschlossen. Dahinter breitet sich der neu gestaltete Stadtplatz aus, von dem der Straßenzug der Altstadt ausgeht. Kontraste bildet hier die moderne Fassade des Athesia-Hauses, die mit heutigen Formen trotzdem das Traditionelle zitiert. Einen kostbaren Schatz birgt die Spitalkirche zum Heiligen Geist, einen großartigen Freskenzyklus, den zwischen 1400 und 1415 der Meister Hans von Bruneck geschaffen hat, der Begründer der *Pustertaler-Brixner-Schule*, deren bedeutendster Meister dann Michael Pacher wurde.

Noch einmal zurück in die Neustadt, in die Kapuzinergasse. Dort steht der *Jöchlsturm*, ein adeliger Ansitz, dessen Hauptsaal eine prachtvolle spätgotische Schnitzdecke überspannt. Sehenswert ist auch die gotische Hauskapelle Peter und Paul. Das zinnengekrönte Gebäude erwarb um 1460 die aus dem Pustertal eingewanderte Familie Jöchl. Seit 1992 ist hier ein Teil des Landesbergbaumuseums untergebracht.

In Sterzing war die zu den vornehmsten Gewerken der Stadt gehörende Familie der Geizkofler zu Hause, deren Gruben später in den Besitz der Fugger übergingen, mit denen sie von da an eng zusammenarbeiteten. Lukas Geizkofler, juristischer Berater der Fugger in Augsburg, hat Notizen über seine Familie und Kindheitserinnerungen an Sterzing hinterlassen. So erfahren wir, daß sich sein Vater 1525 auf dem nahegelegenen Schloß Sprechenstein, dem Stammsitz der Herren von Trautson, mit Barbara Kugler von Hohenfirnberg vermählte.

Deren Vater Hans Kugler von Hohenfirnberg ist röm. Kays. Maj. Maximilians des ersten dises namens Rath, obrister Haus Zeug und Fischmeister der ober und niederösterreichischen Landen, auch Heubmeister zu Feldkirchen und ihre Mutter die Elisabeth von Sonleiten gewesen ... Dieweil ihre beide Eltern schon damalen nit mehr am leben waren, ist sie als die einzige Tochter der alten frau Trautsonin, freyfrau zu Sprechenstein ... commendirt worden, bey welcher sie auch so lang verblieben, bis ihrem bräutigam und ihr zu ehren die hochzeit in dem Trautsonischen Schloß Sprechenstein bey Sterzingen gehalten worden. Dabey sind ihre bluetsfreund und bekannte, als Joachim und Elisabeth von Rowätsch, Agnes Söllin und Constantia von Pellaus, desgleichen Herr Jerg Seidel, item Herr Rumbel von Liechtenwert, auch Herr von Roßt, ein Schenk von Schenkenstein, item Jörchel und viel andere adelige und burgundische Geschlechter, Manns und weibs Personen erschienen, unter andern auch der Bergrichter zu Sterzingen und eine gesellschaft von wolgepuzten Erzknappen, welche ihre schöne weiße hemeter oder Röcklen mit seiden ausgenäht, auch darüber silberne ketlen und silberne halsring anhatten, und gute singer, die schöne bergreime singen, bei sich gehabt ... Mit obgedachter Barbara hat er kinder ehelich erzeugt, nemlich fünf töchter und zwelf Sün, darunter der erst geboren Joerg und vier nach den vier Evangelisten und vier nach den vier Erzengeln, und drey nach den heiligen drey Königen benannt worden ...

Zu den bemerkenswertesten Gestalten dieser an scharfprofilierten Persönlichkeiten so reichen Familie gehört vor allem Zacharias Geizkofler, Sohn des Brixener Stiftamtmanns, späteren salzburgischen Münz- und Pfennigmeisters und Leiters aller hochstiftischen Bergwerke. Schon als Kind wurde er seinen Onkeln Michael und Lukas in Augsburg anvertraut, wo er eine gründliche humanistische Erziehung erhielt. 1573, erst dreizehn Jahre alt, zog er mit seinem Onkel Lukas zum Jurastudium nach Padua, das er in Ingolstadt, Basel und Straßburg fortsetzte, ging dann nach Bourges, praktizierte ein Jahr am Reichskammergericht zu Speyer und trat 1584 in die Dienste der Fugger. Am Hofe des Erzherzogs Ferdinand von Tirol war man aber auf den hochbegabten jungen Mann aufmerksam geworden und zog ihn als Rat in habsburgischen Dienst.

Von nun an vermittelte Zacharias nicht nur ansehnliche Kredite der Fugger an das Erzhaus, er wurde auch für wichtige diplomatische Sendungen herangezogen. Bald ist er kaiserlicher Rat, und mit 29 Jahren wird ihm das bedeutende, verantwortungsvolle Amt des Reichspfennigmeisters übertragen, dessen wichtigste Aufgabe es war, die von den Reichs- oder Kreistagen genehmigten Hilfsgelder für den Türkenkrieg einzutreiben. Er war der oberste Steuereinnehmer des Reichs. Sowohl bei den Fuggern als auch bei Kaiser Rudolf II. genoß er höchstes Vertrauen, denn er war nicht allein klug, sondern auch fleißig, energisch, sehr gewissenhaft und vor allem treu, wie die genau geführten Abrechnungen zeigen. Sein Amtssitz war Augsburg, das ihm zur zweiten Heimat geworden war. Dort saßen die Welser und Fugger als größte Financiers des kaiserlichen Hauses und der kaiserlichen Politik. Eine eigentliche Reichsfinanzverwaltung gab es damals erst in den Anfängen, es fehlte vor allem der dazu notwendige Beamtenapparat. Die ungeheure Arbeitslast – später erhielt Geizkofler auch noch das Amt des Obersten Proviantmeisters in Ungarn – lag also allein auf den Schultern des Reichspfennigmeisters. Die sogenannten Legstädte Nürnberg, Leipzig, Frankfurt und Straßburg waren die Orte, wo die Reichs- und Kreishilfen niedergelegt wurden. Sie leiteten die eingezahlten Summen gegen Quittung an den Reichspfennigmeister weiter, der wiederum regelmäßig der kaiserlichen Hofkammer Bericht erstatten und das Geld an sie abliefern mußte. Geizkofler gelang es zum erstenmal, auch Gelder außerhalb der vom jeweiligen Reichstag bewilligten Summen zu erhalten. So erwirkte er, daß 1592 die sechs östlichen Reichskreise 444 171 Gulden für die Verteidigung der von den Türken bedrohten Provinzen aufbrachten. Zwei Jahre später zahlten die Kreise Schwaben, Franken und Obersachsen 341 000 Gulden, ohne daß der Reichstag erst seine Zustimmung gegeben hätte. Das alles waren persönliche Erfolge des Reichspfennigmeisters, der das Vertrauen der Fugger besaß, wodurch es ihm leichter fiel, die geschäftlichen Beziehungen zwischen diesen und den Habsburgern zur Finanzierung des Türkenkrieges zu nutzen. Abgesehen von seiner hohen Besoldung, die er aber teilweise zur Bezahlung der ihm untergebenen Helfer verwenden mußte, brachte das Amt manche Risiken für Geizkofler, denn oft genug bürgte er mit seinem eigenen Vermögen für die dem Kaiser gewährten Kredite. Ständig reiste er zwischen Augsburg und dem Prager Kaiserhof hin und her, ging er an die ungarische Front, um die Verwendung der Hilfsgelder an Ort und Stelle zu überwachen.

An äußeren Ehren fehlte es Zacharias Geizkofler nicht. Er war geadelt worden und durch seine Ehe mit einer Rehlingen in nahe Beziehungen zum stolzen Augsburger Patriziat getreten. Sein Vermögen legte er in Grundbesitz an; unter anderen Gütern kaufte er 1600 die Herrschaft Haunsheim bei Lauingen an der Donau und machte sich sofort daran, dort eine standesgemäße Wohnung einzurichten. Nicht nur Finanzfragen beschäftigten seinen Geist, er stand in Verbindung mit den Künstlern Augsburgs, denen er Aufträge am Kaiserhof verschaffte. In Haunsheim ließ er die schöne evangelische Pfarrkirche von dem Graubündner Johann Alberthal unter Beratung von Elias Holl bauen. Außerdem baute er das hochgelegene Schloß im Geschmack der Zeit um, auch ließ er 1600 über der neuentdeckten Heilquelle das Brennerbad bauen, dem er den Charakter einer Familienstiftung gab.

Die glänzende Laufbahn dieses Südtirolers, seine Klugheit, Tatkraft und energische Handhabung der ihm anvertrauten Ämter hatten ihm Feinde in Augsburg und am kaiserlichen Hof geschaffen, die ihm nach seinem Rücktritt Unterschleife und Betrügereien nachzuweisen suchten. Doch trotz aller Anstrengungen scheiterten sie kläglich, da sich die Redlichkeit des Beschuldigten klar herausstellte. In Prag ist der Reichspfennigmeister gestorben, in der Haunsheimer Pfarrkirche befindet sich sein prächtiges Grabmal.

Von ganz anderer Art war ein weiterer Sterzinger, der 1490 geborene Michael Gaismair. Die Geschichte geht stiefmütterlich mit ihm um, überläßt die Rolle des Tiroler Volkshelden ausschließlich dem Sandwirt Andreas Hofer. Gaismair entstammte gleich Geizkofler einer begüterten Sterzinger Gewerkenfamilie, trat auch in die weltlichen Dienste des Fürstbistums Brixen. Als es aber wegen zu arger Bedrückung im Mai 1525 auch im heutigen Südtirol zum Bauernaufstand kam, trat Michael Gaismair an die Spitze des Bauernhaufens und stellte Forderungen nach einer demokratisch geführten Bauernrepublik auf, absolute Utopie für die damalige Zeit. Als der Südtiroler Haufen nach anfänglichen Erfolgen aufgerieben und viele Bauern grausam gemartert und hingerichtet wurden, floh Gaismair und fiel bald mit einer Art Guerillatruppe ins Fürsterz-

2

Rudolf von Alt (1812-1905)

Die Hauptstraße in Sterzing, 11. September 1865
Aquarell
Wien, Graphische Sammlung Albertina
(Foto: Viktor Harrandt, Wien)

Der Wiener Rudolf von Alt war für die europäische Vedutenmalerei ein ausgesprochener Glücksfall, gleichbedeutend mit Canaletto oder Bellotto. Wie kein anderer hat er auf zahllosen Reisen in seinem langen Leben die Schönheiten Österreichs und der Nachbarländer in einer wunderbaren Mischung von topographischer Treue und künstlerischem Feingefühl gestaltet und überliefert. Seine Liebe zum Detail und sein Gespür für das Atmosphärische zeigen sich besonders auch in den Reisebildern von einem Aufenthalt am 11. und 12. September 1865 in Sterzing, die er »in großen Flächen, breit und naß« hinmalt »und doch von einer Präzision und Finesse, die ihresgleichen suchen« (Walter Koschatzky). Die Situation kann der Besucher heute noch sehr wohl nachvollziehen, denn das Erscheinungsbild der Hauptstraße durch die einstens der ganze Italienverkehr über den Brenner flutete, ist heute beinahe unversehrt erhalten. In der Mitte das 1468-73 entstandene Rathaus mit seinem prachtvollen Erker von Jörg Kölderer und den von Adam Scheiter entworfenen Wappenreliefs von 1524; davor das 1739, also genau zehn Jahre nach der Kanonisation des Heiligen, gestiftete Denkmal des Johann Nepomuk.

bistum Salzburg ein. Auch hier wurde er geschlagen und stellte sich und den Rest seines Haufens in die Dienste von Venedig. Bei Padua wurde er 1532 von gedungenen Mördern erstochen.

Michael Gaismair stand auch der Wiedertäuferbewegung nahe, deren geistiger Anführer der in Moos bei Bruneck geborene Jakob Hutter war, den man 1536 in Innsbruck hinrichtete. Besonders in Nordamerika haben sich bis heute ›Hutterer Gemeinden‹ erhalten, die auf Gewaltlosigkeit und strenge Gütergemeinschaft schwören.

Der Multscher-Altar

Draußen vor der Stadt **Sterzing**, an der Straße nach Ridnaun, liegt das ›Spital‹, vormals Kommende des Deutschen Ordens, eine Dreiflügelanlage des 15. bis 18. Jahrhunderts. Komturwohnung, Grafenzimmer und Kapitelsaal haben reichstuckierte, vertäfelte und ausgemalte Räume. Die dazugehörige Kirche *Sankt Elisabeth*, ein barocker Zentralbau, 1729 bis 1733 von dem Bozener Joseph Delai gebaut, zeigt in der Kuppel Fresken von Matthäus Günther von 1733: Allegorien der Tugenden, die Dreifaltigkeit, darunter die Heiligen Elisabeth und Georg als Ordenspatrone. Die Stukkaturen schuf wohl um dieselbe Zeit Anton Gigl aus Innsbruck. Das Hochaltargemälde mit Maria, den Heiligen Elisabeth und Georg malte Günther. Den Seitenaltar von 1598 hat Georg Trabl aus Brixen gefertigt.

Dicht dabei steht die Pfarrkirche *Unserer Lieben Frau im Moos*, deren Chor zwischen 1420 und 1455 von Hans und Friedrich Feur neu gebaut worden ist. Kaiser Maximilian I. legte 1497 den Grundstein zum Schiff. Es ist eine mächtige dreischiffige Hallenkirche mit reichprofiliertem Südportal, dessen Bogenfeld die thronende Muttergottes über den Wappen des Reiches, Österreichs und Tirols zeigt. Marmorne Rundpfeiler tragen das Gewölbe, dessen Rippen abgeschlagen wurden, um Platz für die Fresken des Rokokomalers Adam Mölk (Mariä Himmelfahrt, Esther als Vorbild, Maria als Fürbitterin, König David) zu schaffen. Von ihm sind auch die reichen Rocaillerahmungen und Kartuschen mit Kardinal- und göttlichen Tugenden gemalt. Als 1546 zwanzigtausend Mann und vierhundert Reiter aus Italien über den Brenner marschierten, hausten sie übel, wie eine Klageschrift an den Tiroler Landtag berichtet.

Die Pfarrkirch von Sterzing haben sie entehrt und verwüstet. Ein Fähnlein Landsknechte hat sie in einen Stall- und Lagerplatz verwandelt, wo sie sogar Feuer aufmachten.

Die Kirche birgt Reste des berühmten *Sterzinger Altars* des Ulmer Bildschnitzers Hans Multscher. Im neugotischen Hochaltar steht in edler Schlankheit mild und vornehm die Muttergottes, Mutter und Königin zugleich, neben ihr die gedrungeneren Gestalten der Heiligen Barbara, Ursula, Apollonia und Katharina. *Hier ist die große und sichere, heitere und ernste Form wiedergefunden, ja, ein Adel, der nahezu an das Staufische erinnern kann,* sagt Wilhelm Pinder von ihnen, der bedeutende Kenner deutscher Plastik. An der Schiffswand dann der kreuztragende Christus, das Antlitz schon vom Leiden gezeichnet, gefolgt von Simon von Kyrene, eine Gruppe von eindrucksvoller Plastizität und tragischer Gewalt. Sie wird Multscher zugeschrieben.

Wie ist der Ulmer Meister Hans Multscher nach Sterzing gekommen? Im Januar 1456 hatten zwei Bürger des wohlhabenden Sterzing in Innsbruck mit dem berühmten Meister verhandelt und einen Vertrag zur Lieferung des Altars geschlossen. Die reiche Stadt rechnete es sich zur Ehre an, ein Werk des berühmten deutschen Meisters zu besitzen. Zweieinhalb Jahre arbeitete Multscher an dem großen Werk, das fünfunddreißig Bildwerke schmückten. Im Hochsommer des Jahres 1458 traf Multscher mit seinen Gehilfen und den fertigen Teilen des Altars in Sterzing ein. Bis zu Beginn des folgenden Jahres arbeitete der Meister mit seinen Gesellen und einheimischen Handwerkern, darunter dem Schmied mit dem bezeichnenden Namen Hans Schwinghammer, an der Vollendung und Aufrichtung des Flügelaltars. Farbenprächtig und goldglänzend erhob sich dieser zwölf Meter hoch. Bei geschlossenen Flügeln zeigte er die Passion: Gethsemane, Dornenkrönung, Geißelung, Kreuztragung. Standen die Flügel offen, sah man Szenen aus dem Marienleben: Verkündigung, Geburt Christi, Anbetung der Könige und Tod Mariä. In hellen Farben gehalten – Rosa, Blau, Apfelgrün, Grau und Weiß vor leuchtenden Goldhintergründen –, fügten sich die Tafeln harmonisch in die farbig gefaßten plastischen Bildwerke ein. Multscher hat die Tafeln nicht selbst gemalt, aber ihre Entstehung überwacht.

Der spannungsvolle Zusammenhang zwischen Plastik und Malerei, der dieses Altarwerk einst auszeichnete, ist heute zerrissen.

Plastische Teile befinden sich im Bayerischen Nationalmuseum in München, als Leihgaben des Bundes im Museum in Innsbruck (Schmerzensmann, Maria und Johannes aus dem Gesprenge), in Basler Privatbesitz und im Sterzinger Multscher-Altar-Museum. Der Altar hat nämlich eine bewegte Geschichte. Acht Jahre vor Ausbruch der Französischen Revolution wurde er abgebrochen, da er dem Geschmack der Zeit nicht mehr entsprach, und die einzelnen Stücke wurden in alle Winde zerstreut. Die bedeutendsten Teile landeten im Speicher des Rathauses oder fanden Platz in anderen Sterzinger Kirchen. Allein die Muttergottes hat die Pfarrkirche nie verlassen. Sie blieb zunächst im neuen Hochaltar, der dem gotischen gefolgt war, und als auch dieser verschwand, kam sie in den neugotischen Schrein, wo sich dann auch die heiligen Frauen wieder zu ihr gesellten. Von den Altartafeln, sie sind von einem Werkstattmitglied Multschers gemalt, blieben nur vier in Sterzing. Die Odyssee der Sterzinger Altarflügel dagegen war in unserem Jahrhundert noch nicht zu Ende. 1941 schenkte Mussolini die Tafeln Hermann Göring, obgleich sie Eigentum der Stadt waren. Die Gemeinde konnte sich dem Wunsch des Diktators nicht widersetzen, und die Tafeln kamen nach Karinhall. Gleich nach Beendigung des Krieges bemühte sich das Denkmalamt in Trient um die Rückgabe der Bilder, wofür sich schon die deutschen Kunsthistoriker Peter Halm, Eberhard Hanfstaengl, Ludwig Heinrich Heydenreich, Hans Jantzen und Theodor Müller in München eingesetzt hatten. Die Rückgabe sollte als ein *Akt der Freiwilligkeit und im Sinne der Wiederanknüpfung alter Beziehungen zwischen Italien und Deutschland bewertet werden.*

1948 kehrten die Tafeln nach Italien zurück und wurden zuerst in Florenz ausgestellt. Die Stadt Sterzing mußte noch recht lange um die Rückgabe ihres Besitzes kämpfen, die immer wieder hinausgezögert wurde, bis Ministerpräsident Segni 1959 energisch die Auslieferung anordnete. Zunächst im Sterzinger Spitalgebäude aufgestellt, befinden sich die Tafeln und einige Skulpturen des Altars heute im *Multscher-Museum,* das mit den Sammlungen des *Städtischen Museums* in den Räumen der ehemaligen Kommende des Deutschherrenordens untergebracht ist, in direkter Nachbarschaft zur *Pfarrkirche zu Unserer Lieben Frau im Moos* also. Wir sehen dort die vier Engel, die das Tuch hinter der Madonna hielten, die zwei herrlichen, sehr eleganten, gepanzerten Figuren der Heiligen Georg und Florian, zwei Prophetenbüsten und die Flügelbilder.

So hat man denn in Sterzing heute wieder den Genuß an den großen Resten des einstigen Hochaltars, in dem sich einerseits das starke Selbstbewußtsein der Bürgerschaft spiegelt, in dem aber andererseits sich ein ehrfurchtsvoller Dienst am Heiligen mit fröhlicher Bejahung der Welt durchdringt. In den edlen Gestalten der Heiligen Georg und Florian aber, die vormals die anmutige, zärtliche Gottesmutter treulich bewachten, lebt noch ritterlicher Geist.

In der Umgebung von Sterzing

Reizvoll sind die Hochtäler in der Umgebung der Stadt, in denen Dörfer mit seltsamen, an die rätischen Ureinwohner erinnernden Namen liegen: *Stilfes, Telfes, Mareit, Ridnaun, Flans, Trens* und viele andere. Einsam auf einem das Ridnauntal abriegelnden Bergsporn liegt die **Sankt-Magdalenen-Kapelle** mit dem prächtigen, 1509 von Matheis Stöberl vollendeten Hochaltar. Skulpturen, Fialen und Rankenwerk sind auf das wundersamste ineinander verschlungen: einer der schönsten Schnitzaltäre Südtirols.

An der Straße nach Ridnaun liegt bei Mareit das **Schloß Wolfstum** der Freiherren von Sternbach, die einzige größere Barockanlage Südtirols. Auf einer Terrasse erhebt sich die 1730 bis 1740 geschaffene Dreiflügelanlage mit zwei Ecktürmen unter schöngeschweiften Dachhauben. Die Fresken in der Schloßkapelle sind von Matthäus Günther. Im Schloß ist seit 1996 das *Landesmuseum für Jagd und Fischerei* eingerichtet.

In der nächsten Nachbarschaft von Sterzing steht auf felsigem, mit Fichten und Lärchen bestandenem Hügel im Moos die **Burg Reifenstein,** seit 1813 Besitz der Grafen Thurn-Valsassina und Taxis. Diese heute noch bewohnte Veste sollte man besuchen, um ein wohlerhaltenes Stück des mittelalterlichen Lebens in Südtirol kennenzulernen. Oftmals war ich daran vorübergefahren, immer mit dem Wunsch, sie einmal anzusehen. Eines Tages war es soweit. Ich klomm den steilen Pfad zum Burgberg hinan, betrat nach der Brücke und dem äußeren Tor der in Trümmern liegenden Vorburg durch das zweite Tor den Burghof, um den herum noch ganz unberührt die Wohngebäude gelagert sind. Es ist eine Anlage von großem Reiz. Scheint die Zeit hier nicht stehengeblieben, unsere Welt der technischen Vollkommenheiten nicht weit entfernt zu sein?

Als ich die freundliche Kastellanin fragte, ob die Burg besichtigt werden könnte, rief sie: »Gräfin! Grääfin!« – »Ja, was ist«, antwortete eine Stimme, und die Gräfin beugte sich aus dem Fenster. Auf mich deutend, sagte die Frau: »Gräfin, der da will sie.« Nun wurde ich liebenswürdig empfangen und in eine Stube des Palas geführt, deren Wände eine prachtvolle Täfelung mit reichem Maßwerk und Rankenornamenten aus dem Beginn des 16. Jahrhunderts schmükken. Auch die Wandschränke und Kästen sind damit geziert. An Qualität stehen diese Holzarbeiten denen auf Burg Tratzberg im Inntal nicht nach. Lustig ist auch der schwere Kastentisch, der sich mit ein paar Griffen in eine Wiege verwandeln läßt. Im ›Grünen Saal‹ wurde die Balkendecke 1499 mit Ranken, Rebzweigen, Blumen und Früchten bemalt, ebenso auch die Wände, wo im schwungvollen Rankenwerk Pagen und Schalksnarren herumklettern, um Nester auszunehmen und nach Vögeln zu greifen. Diese sogenannte ›Grünmalerei‹ findet sich in Südtirol häufig. Mit ›Terra verde‹ sind die Flächen überzogen, Figuren und Ornamente sind in schwarzer Farbe aufgetragen, und Menschen und Tiere haben weiße Schraffuren. Die Schraffuren vermitteln Rundung, der schwarze Schattenrand Tiefe, während ockerfarbige Linien die Strichkonturen betonen. Die Signalfarben von Früchten und Blumen beleben diese Malerei.

Ein wundervoll geschnitztes, farbig gefaßtes Holzgitter mit Rankenwerk und durchbrochenem Fischblasenmaßwerk führt zur Kapelle. Aus seinem Schlafzimmer kann der Burgherr durch ein holzvergittertes Fensterchen gerade auf den Altar schauen. Vorhanden sind noch die alten Küchen für Herrschaft und Gesinde und im dreigeschossigen Wohnturm eine Holzkonstruktion, wie ich sie noch in keiner Burg gesehen habe. Es sind lange, fast mannshohe solide Kästen, unterteilt in rechteckige Gelasse, die durch Schiebetüren verschlossen werden können. Es heißt (und das wäre durchaus möglich), daß es sich um die Schlafkojen der Knappen und Knechte handelt, die in diesem unheizbaren Turmraum Schutz und Wärme in den Holzkästen, die mit Stroh ausgelegt waren, fanden.

Aus den Fenstern schaut man ringsum ins Tal hinaus, hinüber nach Sterzing und zur **Burg Sprechenstein** hoch droben auf der anderen Seite des Eisack. Sprechenstein war ein tirolisches Lehen der Herren von Trautson, von denen sie im 18. Jahrhundert durch Erbschaft an die Auersperg überging.

Beide Burgen verbindet eine hübsche Sage. Die Herren von Reifenstein und Sprechenstein lagen ständig im Streit miteinander. Schließlich verabredeten sie einen Zweikampf, der mit Pfeil und Bogen von den Türmen der Burgen her ausgetragen werden sollte. Als aber die Pfeile der feindlichen Nachbarn auf halbem Wege in der Luft zusammenstießen und zur Erde fielen, erkannten die Ritter darin ein Zeichen des Himmels und versöhnten sich miteinander.

Das Mithras-Heiligtum von Welfenstein

Das Mithras-Relief in Sterzing, das wir schon erwähnten, mag daran erinnern, daß Darstellungen aus diesem spätantiken Kult, der einstmals in lebhafter Konkurrenz mit dem Christentum gestanden hat, in dieser Gegend keine Seltenheit waren. Josef Mayrhofer beschreibt in seinem Buche ›Über den Brenner‹ (München 1868) die Schicksale dieses Mithras-Steines, der sich ehedem bei Mauls im Eisacktal südlich von Sterzing befunden hat; bei ihm finden wir auch eine schöne Erklärung der symbolischen Bildinhalte des Reliefs, der hier ebenfalls ihr Platz zugewiesen sei.

Am merkwürdigsten ist das Denkmal, welches den Gott Mithras auf dem Stiere mit dem Opferdolche sitzend und die darauf bezüglichen symbolischen Gestalten und Handlungen in der Mitte und an den Seiten darstellt. Dieser Mithrasstein wurde im Jahre 1589 auf einem Berge bei Mauls, in einer Gegend, die den gewöhnlichen Orten des Götterdienstes sehr entspricht, von Hirten entdeckt. In Folge abrutschender Felsenmassen stürzte er zum Eisack hinunter und blieb dort nahezu zweihundert Jahre liegen; von dieser ausgiebigen Platzveränderung werden die Beschädigungen an den Ecken herrühren. Endlich fiel es in ruhigen Stunden den Beamten der damaligen nahen Zollstätte ein, ihn herüberzuschaffen und an der äußeren Wand des Wachthauses einzumauern. Von dort ist der Stein auf Umwegen über Innsbruck und Wien nach Sterzing gelangt.

Mithras war bekanntlich in der indischen und Zend-Religion der Perser die Gottheit (Ized) des Lichtes, die belebende und befruchtende Wärmekraft. Sein Kultus fand gleich anderen Überlieferungen auch bei den Römern Eingang, die ihn in vielen Denkmälern verherrlichten.

Auf unserem geht das Opfer in einer Höhle (die Welt) vor. Ein athletischer Jüngling (Mithras) mit fliegendem Gewande und der persischen Mütze drückt einen sich wehrenden Stier (die Erde) zu Boden, faßt ihn mit der linken Hand an den Nüstern und stößt ihm mit der Rechten einen Dolch (die Lichtstrahlen) in die Brust. Es quillt Blut hervor, und ein Hund (alles Lebende, das sich von der Mutter Erde ernährt) leckt daran; eine gekrönte Schlange (die Ewigkeit der Natur) springt aber unter dem Bauche des Schlachtopfers hervor und richtet sich gleichsam zur wiederbelebenden Versöhnung gegen die Wunde in die Höhe. Der Schweif des Stieres endet in Kornähren (wie das Blut die Fruchtbarkeit der Erde andeutend), und seine Zeugungstheile werden von den Scheren eines Krebses zusammengehalten (Winterschlaf). Zwei andere Männer (Osten und Westen?) von minder kräftigem Äußeren stehen mit gekreuzten Füßen an den Seiten der Grotte. Über dem Gewölbe ist rechts ein Rabe, links ein Löwe (die Symbole der Priester des Mithrasdienstes) nahe bei einem Palmbaum und Gesträuchen sichtbar. Die oberen Winkel nehmen zwei Büsten ein, die eine bestrahlt (Sonne), die andere (Mond) mit der Mondsichel bezeichnet. Die obere und untere Binde enthält mystische Zierrathen und einen Stier und Widder (die Sternbilder des Thierkreises im Frühling).

Die Seiten schmücken zwölf Tafeln, die die Mysterien des Ritus, die zwölf Stufengrade der Einweihung in den Mithrasdienst versinnbildlichen und durch diese Vollständigkeit den Werth des Denkmals bedeutend erhöhen.

ÜBER DEN JAUFENPASS INS PASSEIERTAL

Fahrt auf den Jaufen

Nach Bozen kann man auch über den **Jaufenpaß** fahren, der Sterzing mit Meran verbindet. Die Straße steigt am Eingang des Ridnauner Tals, das nach Norden zu von den Stubaier Gletschern abgeschlossen wird, in zahlreichen Kehren hoch hinauf, bis auf rund 2000 Meter. Die großartigste Alpenlandschaft zeigt sich hier, denn oberhalb der Baumgrenze liegt weit hingestreckt die Welt der Stubaier, Ötztaler, Zillertaler und Sarntaler Berge. Dunkelblau, Rot, Grau, Braun und Grün sind die Farben, und wenn die Wolken ziehen, glüht bald hier eine Spitze rosig auf und sinkt bald dort eine Wand in tiefe blaue Schatten. Bis ins 14. Jahrhundert war der Jaufen der am meisten benutzte Weg von Sterzing nach Süden, und die Talbewohner verdienten nicht schlecht an der Säumerei. Diese Einnahmequelle aber versiegte, als zu jener Zeit der Bozener Kaufherr Kunter eine Straße von Bozen durch das Eisacktal bis Waidbruck bauen ließ, den ›Kuntersweg‹.

Im Passeier

Die Straße führt hinunter ins Wannser Tal und erreicht bei Sankt Leonhard das **Passeiertal.** Es ist ein rauhes Land. Dörfer und Höfe liegen oft hoch an den steilen Lehnen. Die Passer hat ganz den Reiz eines schäumenden Gebirgsflüßchens, über Geröll und Felsbrokken herabstürzend, immer wieder neue Bilder zeigend. Das Passeiertal war auch ein armes Land, dessen Bewohner sich mühsam mit Viehhandel durchbrachten. Beda Weber erzählt, daß nicht selten ein armer Passeirer, *der für nichts gut stehen kann, mit fünfzehn Paar Ochsen aus Algund, Marling und Obermais, deren jedes 300 Gulden unter Brüdern werth ist, nach Verona, Vicenza, Padua, ohne der italienischen Sprache mächtig zu sein, auf Märkte zieht, wo ein gewandter Geist* *nothwendig ist, um seines Vortheils wahrzunehmen. Fälle, wo der Vertrauensmann mit seinen 4500 Gulden ausblieb, sind unerhört, gewiß ein Zeugnis für unser Land, das wir nicht hoch genug anschlagen können in einer Zeit, wo zu oft das schönste Vertrauen getäuscht wird.*

Schildhöfe

In der Umgebung von Sankt Leonhard finden sich die berühmten, schon im 14. Jahrhundert erwähnten Schildhöfe *Happberg, Ebion, Buchenegg* und *Gomion,* deren Besitzer noch bis ins 19. Jahrhundert adlige Privilegien, auch eine Vertretung im Tiroler Landtag, hatten. Diese oft burgartigen Höfe waren landesherrliche Lehen, womit ein besonderer Dienst beim Fürsten verbunden war, nämlich dem Landesherrn Schutzdienst zu leisten. Als Ausgleich gab es adelsgleiche Vergünstigungen. Diese Rechte umfaßten den eigenen Schild, einen besonderen Gerichtsstand, die Teilnahme an Ritterversammlungen, das Recht auf Jagd und Fischerei, Befreiung von jeglicher Steuer und endlich die Freiheit, bei Gericht und in der Kirche bewaffnet zu erscheinen. Der Sage nach hat Graf Albert von Tirol, als er 1154 mit Friedrich Barbarossa vor Mailand lag, die zwölf tapfersten Passeirer als Schildknappen mitgenommen und ihnen zum Dank für ihre treuen Dienste adlige Rechte verliehen. Seither heißen ihre Höfe Schildhöfe. Dort liegen auch die Reste der *Jaufenburg,* Sitz der Herren von Passeier, und die *Heiliggrabkapelle Sand,* welche Kaspar Hofer, ein Vorfahr des berühmten Andreas, nach seiner Heimkehr aus dem Heiligen Land im 17. Jahrhundert entwarf und baute.

Weiter zieht die Straße durch das Tal hin nach **Sankt Martin** mit seinen hübschen, teilweise erkergeschmückten Häusern und einer spätgotischen Kirche, die außen und innen originellen Stuck des 18. Jahrhunderts zeigt. Beda Weber, der große Historiograph Südtirols, war hier lange Zeit als Pfarrer tätig. Das *Heimatmuseum* Sankt Martins besteht im wesentlichen aus einer Sammlung bäuerlicher Möbel und Geräte. Auch in diesem Gebiet gibt es Schildhöfe, wie *Lahntaler, Pseirer, Gereut,* schon 1288 genannt, und *Baumkirch.* Droben am Hügel steht der stattliche Schildhof *Steinhaus,* der um 1500 Erker und Türmchen erhielt, und das schöne Herrenhaus *Saltaus* mit seinem Zinnengiebel.

Passeier! Das hat einen besonderen Klang, denn wir erinnern uns sofort: Zu Mantua in Banden... Ehe man Sankt Martin erreicht, passiert man den **Sandhof** an der Passer, wo Andreas Hofer 1767 geboren wurde und daheim gewesen ist. Er war Wirt, trieb Vieh und Weinhandel; ein biederer, ehrlicher, heiterer Mann, der auch Erfahrungen als Politiker und in militärischen Dingen hatte. Durch den Preßburger Frieden mit Napoleon, 1805, war Tirol an Bayern gefallen, was den Tirolern nicht gefiel, denn Bayerns König erwies sich – wohl unter dem Einfluß seines Ministers Montgelas – als strenger Herr, der dem Land seine alte Verfassung nahm. Die Bezeichnung ›Tirol‹ wurde verboten und durch ›Südbayern‹ ersetzt, Klöster wurden säkularisiert, Prozessionen und Christmetten verboten. Der Haß in Tirol wuchs. Als Österreich 1809 Krieg gegen Napoleon begann, kam es zur Volkserhebung in Tirol, die vom Oberkommandanten Andreas Hofer geleitet wurde. Bei Ausbruch des Krieges rückten 15000 Österreicher in Tirol ein. Zusammen mit den Tirolern schlugen sie die erste der berühmten Schlachten am Berg Isel bei Innsbruck siegreich. Sechstausend Bayern und Franzosen kamen in Gefangenschaft. Das Land war frei. Doch der Krieg zwischen Österreich und Frankreich mit seinen Verbündeten stand nicht gut, die österreichischen Truppen mußten sich vor der anrückenden französischen Übermacht wieder zurückziehen. Zwei bayerische Divisionen unter französischem Oberkommando schlugen das österreichische Korps und drangen nach Innsbruck vor. Durch Hofer und seine Kampfgefährten wurde Innsbruck in der Zweiten Schlacht am Berg Isel, die vier Tage dauerte, wieder befreit. Im Juli 1809 erlitten die Österreicher bei Wagram eine schwere Niederlage; die Waffenstillstandsbedingungen verlangten, daß Tirol von österreichischen Truppen geräumt werden müsse. Napoleons Truppen besetzten daraufhin mit 20000 Mann das Land und nahmen wieder Innsbruck. Hofer war die Stütze der Tiroler. Im oberen Eisacktal bei Mittewald (Sachsenklemme) schlug er ein sächsisches Regiment, das den südlichen Landesteil erobern sollte. Kurz darauf schlugen die Tiroler den Feind am Berg Isel zum drittenmal und befreiten Innsbruck ohne österreichische Hilfe. Nun übernahm Hofer das Oberkommando über Tirol, das jedoch nach dem Friedensschluß von Kaiser Franz I. wieder abgetreten werden mußte. Obwohl Österreich die Tiroler vor einer Fortsetzung des Kampfes, der jetzt rechtlich gesehen eine Rebellion war, warnte, wollten sich diese nicht fügen. Am 1. November 1809 kam es zur vierten Berg-Isel-Schlacht, die die geschwächten Tiroler verloren.

Über dem Dorf Sankt Martin liegt die **Pfandler-Alm.** Dort hielt sich Hofer versteckt, bis er durch den Verrat des Bauern Raffl – des ›Judas von Tirol‹, der später bei Ingolstadt lebte und bis zu seinem Tod eine Pension von Bayern bekam – von den Franzosen verhaftet, nach Mantua gebracht und auf Befehl Napoleons am 20. Februar 1810 erschossen wurde. Später erklärte Napoleon dem österreichischen Gesandten in Paris: *Das ist eine häßliche Sache und gegen meine Wünsche und Interessen geschehen. Hofer war ein tapferer Mann, ich zählte auf ihn, um Tirol zu befrieden. Bringen Sie Ihrem Herrn meine Entschuldigung vor. Aber Sie sehen, daß ich ebenso schlecht bedient werde wie andere.* Im Grunde verhielt sich der französische Kaiser nicht anders als nach der Erschießung des Herzogs von Enghien. Im Wirtschaftsgebäude des **Gasthofs Sandwirt** befindet sich heute das *Andreas-Hofer-Museum* mit Dioramen, Gemälden und Erinnerungsstücken. Lassen wir nun Ludwig Steub von seinem Besuch im Sandhof 1843 erzählen:

Wir betreten die Schwelle, die Kellnerin kommt und bringt den Wein, fragt allenfalls auch gesprächsweise, ob wir ›des Sandwirths Sachen‹ besehen wollen, und wir vertrauen uns ihrer Leitung. Zuvörderst führt sie uns in ein Gemach, wo er und seine Frau geschlafen haben. Die Bettstellen sind noch dieselben. An der Wand hängt das Bleistiftporträt seiner schönen Tochter, die ledigen Standes als Fräulein gestorben. Dort ist ferner ein Facsimile des bekannten Briefs, den er vor seinem Tode von Mantua an den Herrn von Pichler schrieb. »Ade mein schnede Welt«, sagt der Sandwirth da, »so leicht khomt mir das sterben vor, das mir nit die Augen naß werden.« Es ist eine gewöhnliche Bauernhandschrift ohne Zittern und ohne Correctur, ruhig und fest, wie er selbst war in der letzten Stunde seines Lebens. Dann läßt man sich auch Hofers Gewand zeigen, sein grünes ›Hemd‹, das ist seine Joppe, seine Hosen und seine Hosenträger, seine Sporen und seinen Hut mit den gestickten Worten: ›Andre Hofer, Oberkommandant von Tirol‹ – ein Werk der Englischen Fräulein zu Meran; seinen Gürtel, der die Anfangsbuchstaben der nämlichen Worte zeigt. Dieses Gewand hat der Schwiegersohn des Sandwirths bei der Huldigung auf

Schloß Tirol im Jahre 1838 zum letzten Mal öffentlich getragen. Sonst hat man immer große Sorge, es vor den Engländern zu hüten, welche verschiedene Summen dafür geboten, auch verstohlener Weise schon manchen Fleck weggeschnitten haben, gleichwie sie in Italien und Griechenland von den Bildsäulen die abgeschlagenen Nasen mitzunehmen pflegen.

Burg Schenna und Zenoburg

Ehe wir den Wallfahrtsort **Riffian** erreichen, beginnt sich die Vegetation südlich zu verändern. Weinberge tauchen auf und Edelkastanien von ungewöhnlicher Größe und Schönheit des Wuchses, Obstbäume zeigen sich, und über die Felswände hängt Efeu herab. Das gesegnete Etschtal kündigt sich an. Die um 1400 gebaute Friedhofskirche von Riffian enthält reichen Freskenschmuck, den laut Signatur am Pfingstbild ein Meister Wenzlaus 1415 gemalt hat, der gleiche, der auch im Adlerturm in Trient am Werk war.

Zusammen mit der Pfarrkirche, deren heutiger Bau um 1670 ausgeführt und im Innern im 18. Jahrhundert reich stuckiert wurde, sowie mit den den Kirchplatz umgebenden schönen alten Häusern bildet das Ganze eine Baugruppe von besonderem Reiz. Im Innern der Pfarrkirche eine bedeutende Pietà, um 1400.

Das Tal wird jetzt eng, und zu beiden Seiten seines Ausgangs bei Meran treten phantastische Felsbildungen nahe aneinander, die Passer in eine Schlucht zwingend. Wie zwei Torhüter thronen links und rechts die Schlösser Schenna und Zenoburg. Von der **Zenoburg**, auf steilem, nach zwei Seiten jäh abfallendem Felsen über der Passerschlucht, stehen noch Bergfried und Kapelle aus romanischer Zeit. 1288 kaufte Meinhard II. von Görz-Tirol die Burg und baute sie als landesfürstliche Residenz aus. Im Böhmenkrieg von 1347, davon wird noch die Rede sein, wurde sie zerstört. Ein massiver Bau ist **Schenna**, unmittelbar über dem Dorf gelegen, erbaut um 1350, einst Besitz der mächtigen Herren von Schenna, unter denen Petermann als Burggraf von Tirol und Vertrauter der Herzogin Margarethe Maultasch eine Rolle gespielt hat. Von ihm erbten es die Starkenberger, und 1422 hielt Ursula von Starkenberg, eine geborene Truchsessin von Waldburg, wochenlang der Belagerung durch Herzog Friedrich stand. 1844 kaufte Erzherzog Johann von Österreich das Schloß, und heute gehört es seinen Nachkommen, den Grafen Meran. Am Steilhang gegen die Passer steht die neugotische **Sankt-Johannes-Kapelle,** Grabmal des berühmten Erzherzogs, der 1859 gestorben ist. Wir werden dieses Schloß später, von Meran aus, nochmals besuchen und dem Erzherzog Johann wieder begegnen. Auch die Wegstrecke von Meran nach Bozen wird erst von Meran aus beschrieben.

Die Schönheit des unteren Passeiertals zeigt sich ganz auf einem prachtvollen Spaziergang, den man von Schenna aus leicht unternehmen kann. Hinter dem Schloß folgt man einem schmalen Pfade passeraufwärts bis zum *Schloß Thun.* Dann im Zick-Zack durch den Wald abwärts mit herrlichem Blick auf Riffian und das Passeiertal. Der Weg führt schließlich durch Wiesen und Obstgärten hinunter zum Fluß, den man auf einer hölzernen Brücke überschreitet. Auf der anderen Flußseite führt ein bequemer Weg hinauf nach Riffian, das wir eben beschrieben haben.

Vom Kirchhof in Riffian läßt sich besonders gut beobachten, wie das Meraner Becken durch den Küchlberg und durch den Abhang des Bergrückens, der Schenna trägt, vom Passeiertal abgeriegelt wird. Der *Schennaberg* ist heute durch eine Seilbahn leicht zugänglich, die den Benutzer bis in knapp 1500 m Höhe zum sogenannten Taser trägt. Von dort herrliche Fernsicht.

Doch kehren wir nach Sterzing zurück!

ÜBER DAS PENSER JOCH INS SARNTAL

Schildhöfe in Sarnthein

Ein anderer Weg nach Bozen führt von Sterzing über das **Penser Joch** und weiter durch das Sarntal. Von der Paßhöhe erreicht man über den Gänskragen, dann vorüber an den Steinwandseen in zwei Stunden das Weißhorn, 2705 Meter hoch. Wer nicht soviel Zeit hat, der kann sich auch mit dem Hühnerspiel (2372 Meter) oder dem Zinseler (2422 Meter) begnügen.

Ein nicht eben heiteres Tal öffnet sich uns; vielleicht war auch das Wetter daran schuld, denn die Wolken ließen nur hie und da die Sonne durch. Dann glühten die gelben Erlen auf, die roten Buchen und die goldenen Ahorne. Dunkle Wälder an den Bergwänden, weite, stille Wiesen verleihen dem oberen Teil des Tals, dem Pensertal, einen schwermütigen Ernst. Doch stehen die Dörfer und Höfe im Sarntal nicht weniger schwer und ernst in der Landschaft, aus schwarzbraunem Holz über gemauerten Untergeschossen massig gefügt. Dieser Ernst ist so vordringlich, daß man zunächst gar nicht die Blumen sieht, die hier an den Fenstern blühen: Nelken und Geranien. Düster stehen diese Höfe da, festgebaut als Schutzhaus gegen Stürme und strenge Winter. Das mächtige, oft mit Steinen beschwerte Dach liegt weit vorkragend über der Altane.

Da steht in **Sarnthein,** gleich bei der *Kellerburg,* der prächtige Hof *Meier am Grafen,* schon 1328 erwähnt. Die Jahreszahl ist auch in die Vertäfelung der Stube eingeschnitten. Durch die rundbogige Tür betritt man Wirtschaftsräume; das Obergeschoß enthält links vom gepflasterten breiten, durch die Tiefe des Hauses führenden Flur die getäfelte Wohnstube mit dem behaglichen Ofen, der eine aus Brettern gefügte Schlafstätte trägt. Auf der gleichen Seite befindet sich die rußig-schwarze Küche, deren Wände glänzen wie von schwarzen Kristallen bedeckt, denn noch werden in ihr Schinken und Würste geräuchert, und der Rauch zieht durch die offene Esse ab. Außerhalb des Ortes am Hang liegt der ansehnliche

3

Thomas Ender (1793-1875)

Die Zenoburg bei Meran, um 1845
Öl auf Leinwand (Ausschnitt)
Graz, Landesmuseum Joanneum, Neue Galerie
(Foto: Fürböck, Graz)

Als Kammermaler Erzherzog Johanns (von 1828 bis 1859) und Professor der Wiener Kunstakademie (von 1837 bis 1851) konnte Thomas Ender Jahr für Jahr ausgedehnte Exkursionen unternehmen, die ihn zumeist in die Alpenregionen Österreichs und der Nachbarländer, aber auch nach Italien, Griechenland, in die Türkei und nach Rußland führten und ihm eine überaus reiche künstlerische Ausbeute ermöglichten. War Rudolf von Alt (vgl. Tafeln 2 und 16, Seiten 33 und 337) der geborene Architekturmaler, so Thomas Ender der geniale Landschafter und damit ein Hauptvertreter des Wiener Realismus, der topographisch genau überprüfbare Wiedergabe mit romantisch überhöhter Naturstimmung zu verbinden trachtete. Obwohl überwiegend dem Aquarell verschrieben, arbeitete er auch in Öl. Eines der schönsten Zeugnisse dieser Auseinandersetzung ist diese Ansicht der Zenoburg über den rauschenden Wassern der Passer. Die schon im 12. Jahrhundert nachweisbare Burg diente seit 1288 neben Schloß Tirol (vgl. Tafel 12 auf Seite 225) als Residenz der Landesfürsten, wurde aber 1347 im Böhmenkrieg zerstört. Erhalten sind der Bergfried und die romanische Burgkapelle.

Hamacherhof, darüber die schöne Gruppe des *Fuchs- und Lothhofes* mit teilweise noch strohgedeckten Scheunen, mit Backöfen und Getreidekästen im Freien. Der Fuchshof ist im Innern dem Meier am Grafen ähnlich, nur ärmlicher.

Im Gegensatz zu den strengen, düsteren Häusern tragen die Menschen hier noch farbenfrohe Tracht, vor allem die Frauen und Mädchen, während die Männer im weißen Leinenhemd, schwarzer Lodenhose, pfauen- oder gänsekielgestickten Gürteln und Hosenträgern einhergehen oder wenigstens die leuchtend blaue Tiroler Schürze tragen. Auf den Köpfen sitzen die Gupfhüte, die bei verheirateten Männern mit grüner Schnur, bei unverheirateten mit roter, bei Männern in Trauer mit schwarzer Kordel umwunden sind.

In Sarnthein war übrigens Aeneas Silvius Piccolomini, der spätere Papst Pius II., als Pfarrherr tätig, und hier, auf der **Burg Reinegg,** gewöhnlich Sarnthein genannt, saßen die Augsburger Wagner, die 1681 zu Grafen von Sarnthein erhoben worden waren. Das im 13. Jahrhundert gebaute Schloß ist über eine Zugbrücke, dann durch den Torturm und den dahinterliegenden Zwinger zugänglich. Es hat seinen mittelalterlichen Charakter noch fast unberührt erhalten.

Sankt Cyprian in Sarnthein

Mitten in **Sarnthein,** gegenüber einem behäbigen alten Gasthaus mit schönen spätgotischen Stabdecken, liegt die kleine *Sankt-Cyprians-Kapelle,* die man, wenn irgend möglich, besuchen sollte. Den Schlüssel bewahrt der Küster der neuromanischen Pfarrkirche Mariä Himmelfahrt. Sankt Cyprian ist ein reizvolles gotisches Kirchlein, dessen Inneres mit Fresken aus der Bozener Schule bedeckt ist. Sie geben recht gut den Eindruck eines spätgotischen Südtiroler Gotteshauses wieder, wie sie zu Dutzenden im ganzen Land verstreut stehen. Den Inhalt der Fresken an der nördlichen Langhauswand – sie sind um 1390 entstanden, während die übrigen Fresken im Kircheninneren rund hundert Jahre jünger sind – bildet die Geschichte vom Leben und Martyrium des Heiligen Cyprianus von Antiochien und der Heiligen Justina, die in der ›Legenda aurea‹ des Jakobus da Voragine aufgezeichnet ist. Sie möge ihrer Seltenheit wegen, und um dem Besucher das Lesen der Bilder zu erleichtern, hier erläutert und erzählt werden:

Die Geschichte von den Heiligen Cyprian und Justina

Der Heilige Cyprian von Antiochien wird immer in Verbindung mit der Heiligen Justina genannt, so wie Faust und Margarethe – es heißt ja auch, Cyprian habe für die mittelalterliche Faustsage als Quelle gedient. Es ist nun nicht ganz sicher, ob dieser Heilige Cyprian mit dem Beinamen ›der Zauberer‹ nicht doch identisch ist mit Cyprian, dem Bischof von Karthago, der als Canon-Heiliger im Heiligenlexikon gesondert genannt und dessen Fest etwa seit dem 11. Jahrhundert am 16. September gefeiert wird. Jedenfalls ist er oft mit diesem verwechselt worden, selbst von Gregor von Nazianz. Das Fest des Magiers ist seit dem 8. oder 9. Jahrhundert der 26. September.

Die Legende von den beiden Heiligen Cyprian und Justina entstand im 4. Jahrhundert. Schon in den Teklaakten werden die beiden erwähnt. Ein weiteres Zeugnis der Legende findet sich in einer Predigt des Heiligen Gregor von Nazianz. Darin erzählt er seiner Gemeinde ausführlich das Leben des berühmten Magiers, seine Bekehrung und schließlich das Martyrium der beiden Heiligen. Die gelehrte Kaiserin Eudoxia von Byzanz, Gemahlin von Theodosius II., hat dann Mitte des 5. Jahrhunderts alle überlieferten Einzelheiten der Legende gesammelt und mit dichterischer Ausschmückung in drei Büchern vereint, von denen uns große Bruchstücke erhalten sind. Natürlich findet sich die Geschichte bald auch in den Legendensammlungen und Martyrologien des lateinischen Mittelalters. Mit einiger Sicherheit kann angenommen werden, daß Calderon den Stoff zu seinem Schauspiel ›Der wunderbare Magier‹, das er 1637 für das spanische Hoftheater in ›Buen Retiro‹ schrieb, der ›Legenda aurea‹ des Jakobus da Voragine entnommen hat. Einige Stellen weisen darauf hin, daß auch er die Predigt des Gregor von Nazianz gekannt hat.

Der Heilige Cyprianus war aus Antiochia gebürtig und wurde von seinen Eltern, die dem alten Aberglauben frönten, in allen Geheimnissen heidnischer Zauberkunst unterrichtet. Um sich noch weitere Kenntnisse zu erwerben, unternahm der junge Cyprian Reisen nach Athen, auf den Berg Olymp und an andere Orte. Er ergab sich einem lasterhaften Leben und benutzte seine Kunst vornehmlich zur Verführung schöner Jungfrauen. Zu Antiochia lebte aber zu der Zeit eine durch Geburt und Schönheit ausgezeichnete Jungfrau, für die der heidnische Jüngling Aglaides in heftiger Leidenschaft entbrannt war. Dieser beauftragte den Magier

Cyprianus, sie durch Zauberei für sich geneigt zu machen. Jedoch versagte an Justina, die samt ihrer Familie sich zum Christentum bekehrt hatte, seine Kunst, doch wurde er selbst bald von der gleichen Leidenschaft zu ihr erfaßt und bot alles auf, um ihre Gunst für sich zu gewinnen. Obschon der Satan ihr mächtig zusetzte, blieb Justina standhaft. Mit Wachsamkeit und Gebet bestand sie siegreich alle Anfechtungen und trieb den bösen Feind in die Flucht. Cyprianus, der sich durch eine höhere Kraft besiegt sah, fing an, über die Schwäche der bösen Geister nachzudenken und widersetzte sich ihnen. Er geriet aber alsbald in eine furchtbare Schwermut, ja Verzweiflung, aus der ihn erst die Hilfe des Priesters Eusebius zu retten vermochte. Dieser nahm ihn liebreich auf, erquickte ihn mit leiblicher und geistiger Speise und führte ihn schließlich zu den Christen, deren Anblick solchen Eindruck auf ihn machte, daß er sogleich sein gottloses Leben bereute, sich bekehrte und die Taufe empfing. Auch Aglaides wurde Christ. Justina aber lobte Gott. Sie ließ sich zum Zeichen, daß sie Gott ihre Jungfrauenschaft weihte, die Haare abschneiden und verschenkte alles, was sie besaß, an die Armen. Cyprianus nahm, wie der Heilige Gregor von Nazianz beschreibt, aus Demut eines der niedrigsten Kirchenämter an, wurde dann aber zum Priester geweiht und später auf den verwaisten Bischofsstuhl von Antiochia erhoben.

In der diokletianischen Verfolgung wurde er verhaftet und vor den Statthalter geführt, vor dem auch Justina, die das gleiche Schicksal in Damaskus, wohin sie sich zurückgezogen hatte, traf, erscheinen mußte. Der Statthalter, dessen Name mit Entolmus angegeben wird, ließ den Heiligen Cyprian aufhängen und mit scharfen Werkzeugen zerfleischen, die Heilige Justina aber mit Ochsensehnen grausam mißhandeln. Da sie aber beide standhaft blieben, erhitzte man einen eisernen Kessel, der mit Pech, Wachs und Unschlitt gefüllt war. Bei diesem schrecklichen Anblick wurde die Heilige Justina von Furcht befallen, allein Cyprian sprach ihr Mut zu, und so sprang sie, sich mit dem Kreuze bezeichnend, mutig in die glühende Masse, was ihr aber nicht schadete. Auch Cyprian blieb wunderbarerweise unversehrt. Hierauf führte man sie in Ketten zum Hoflager Diokletians nach Nikomedien, woselbst der Kaiser sie zum Tode durch Enthaupten verurteilte. Das Urteil wurde an den Ufern des Flusses Gallus im Jahre 304 vollzogen. Ihre Leichen sollten den wilden Tieren vorgeworfen werden, allein die Gläubigen nahmen sie heimlich an sich und brachten sie zu Schiff nach Rom, wo man sie, wie es im ›Martyrologium Romanum‹ und im römischen Brevier unter dem 26. September heißt, in der konstanti-

nischen Kirche neben dem Baptisterium – also in der Lateranskirche – beisetzte.

Die teuflischen Anfechtungen, denen der Zauberer Cyprian Justina aussetzte, um ihre Hingabe zu erringen, werden in der ›Legenda aurea‹ ausführlich geschildert. Da heißt es, daß Cyprianus einen Teufel zu sich rief, damit er ihm die Jungfrau gefügig mache. Er sprach zu dem Teufel: »Ich liebe eine Jungfrau, die sollst du dazu bringen, daß sie mein wird.« Da sprach der Teufel: »Ich vertrieb den Menschen aus dem Paradies, ich machte, daß Kain seinen Bruder erschlug und die Juden Christum töteten; allezeit verwirrte ich den Menschen. Wie sollte ich nun nicht vollbringen, daß du die Jungfrau bekommst und nach deinem Gefallen genießen kannst? Nimm diese Salbe, streiche sie außen rings um ihr Haus; dann will ich zu ihr fahren und ihr Herz mit deiner Liebe entzünden und sie zwingen, daß sie dir fügig wird.« Und der Teufel kam des Nachts zu Justina und wollte sie zu unreiner Liebe bewegen. Als sie dies fühlte, empfahl sie sich andächtig dem Herrn und bezeichnete ihren Leib mit dem Zeichen des Kreuzes. Bei diesem Zeichen floh der Teufel voll Schrecken und verlor all seine Kraft. Als Cyprianus sah, daß er nichts ausgerichtet hatte, rief er einen stärkeren Teufel zu sich, der sprach: »Ich habe dein Gebot vernommen und sah die Schwäche des anderen Geistes, aber ich will es besser machen und deinen Willen vollbringen.« Da ging auch dieser Teufel zu Justina hinein und wollte ihr Böses raten und ihr Herz zu unziemlicher Liebe reizen. Justina aber befahl sich Gott, schlug alle Versuchungen mit dem Kreuzzeichen nieder, blies den Teufel an und trieb ihn von sich. Da floh er voll Schrecken und gestand Cyprianus, daß er all seine Kraft vor dem schrecklichen Zeichen verloren habe. Da spottete Cyprian und rief mit Hilfe seiner Kunst den Fürsten der Teufel, er solle ihm die Jungfrau holen. Dieser nahm die Gestalt einer Jungfrau an und ging zu Justina und sprach: »Siehe, ich bin gekommen, um mit dir in Keuschheit zu leben. Aber sage mir, was meinte Gott, als er sprach: seid fruchtbar und mehret euch? Ich fürchte, liebe Freundin, daß wir Gottes Wort übertreten und in Ungehorsam in schwere Verdammnis kommen werden, wenn wir jungfräulich bleiben« – und gab ihr böse Gedanken ein, wodurch ihr Herz bewegt wurde und in Liebe entbrannte; und sie stand auf und wollte mit ihm gehen. Doch zögerte sie, weil sie im Zweifel war, wer mit ihr gesprochen hatte, und machte alsbald das Zeichen des Kreuzes und blies die Jungfrau an. Da schmolz der Teufel wie Wachs, und alle Versuchungen, die sie empfunden, vergingen mit ihm.

Während des 16. Jahrhunderts fanden die Wiedertäufer im Sarntal großen Anhang. Die Bewegung fand in Tirol eine Tiefe und Kraft, die den weltlichen und geistlichen Herren großen Schrecken einflößte. Noch wird hier oben vom frommen Hirten Wendelin und vom Irscher Bauern, der mutig für seine Überzeugung starb, gesprochen. Diese Sekte verwarf die Kindertaufe, sie sah eine Zukunft des Christentums nur in der Erneuerung der urchristlichen Gemeinde. Sie nannten sich Brüder und Schwestern, ihre Zusammenschlüsse Gemeinden, sie hatten keine Regeln, sie glaubten wohl an Gott, doch nicht an die Dreifaltigkeit; sie glaubten an Christus und seine Erlösung, aber nicht als Gott, sondern als Propheten, und sie verehrten Maria als Mutter Christi, doch nicht als Gottesmutter. Sie glaubten an die Auferstehung und das Jüngste Gericht, sie hatten keine Sakramente, und die Taufe genügte, um aufgenommen zu werden; Liebe war das erste Gebot. Sie führten keine Prozesse, verabscheuten den Krieg, und das Familienleben ging im Leben der Gemeinde auf. Die abscheulichen Formen der Wiedertäuferei in Münster lehnten die Süddeutschen und Tiroler ab.

In den Jahren 1526 bis 1527 hatten sich Wiedertäufergemeinden vom Rhein bis Mähren, von Hessen bis ins Etschland gebildet. Der erste Apostel der Täufer in Tirol war Jörg ›vom Hause Jakob‹, wegen seiner Kleidung ›Blaurock‹ genannt, ein Mönch aus Chur, der sich Zwingli angeschlossen hatte, 1527 in Zürich ausgepeitscht wurde und sich dann nach Tirol begab. Überall im Land flammte das Volk für die neue Lehre auf, im Inntal, in Sterzing, Brixen, im Pustertal. 1529 wurde der Blaurock in Klausen verbrannt. Andere Führer folgten, und die Bewegung wühlte das Volk derartig auf, daß die Regierung mit Feuer und Schwert dazwischenfuhr. Georg Kirchmair, Hofrichter von Neustift bei Brixen, berichtet 1531:

Und es ward in diesem jar die sach im Reich und auch hie in diesem land mit den Ketzern, sonderlich mit den widertäufern je länger, je ärger, und ich glaub, daß allein im land Tirol und Görz tausend Menschen darum verbrannt, geköpft und ertränkt worden seien; dan die widertäufer unterstunden sich einer großen Hartnäckigkeit. Wenn ein priester meß hielt, liefen sie in die kirchen, wann schon viel volk dabei war, nahmen dem priester kelch, Sacrament und paten, warfen alles unter die füß und sagten: die kindertauf wäre unsinnig, die tauf müßt geschehen, erst wenn man glauben könnt; meß halten wär zauberei, das hochwürdige Sakrament wär nit, man betrüge die leut; Christus wäre für niemand gestorben, denn für Adam und Eva ...

Die Wiedertäufer hielten fest zusammen. Sie fanden Schlupfwinkel in den Bergdörfern und auf Almen, waren fortwährend auf der Flucht, bis sie später nach Mähren zogen, wo die Sekte zuerst eine feste Ordnung erhalten hat. Dort ist sie erst im 17. Jahrhundert ausgerottet worden.

Runkelstein

Das Tal wird nun eng, die Talfer hat sich tief in den Grund gewühlt, und zu beiden Seiten ragen graurote Felswände auf, durch die die Straße in zahlreichen Tunnels geführt ist. Links sehen wir die graue *Burg Ried*, und von der Höhe schaut *Rafenstein* herab. Kommen wir aus dem letzten Tunnel in die milde Luft des Etschtals, liegt vor uns auf steilem Fels, scheinbar mitten in der Schlucht, **Burg Runkelstein.** Dahinter erscheinen im Dunst die Häuser von Gries und die hohen Wände der Mendel.

Wie Schloß Tirol ist Runkelstein ein Tiroler Begriff. Es gehört im engsten Sinne zur Landesgeschichte, denn es veranschaulicht die geistigen und künstlerischen Ambitionen einzelner Persönlichkeiten, und ganz allgemein fixiert es für bestimmte Zeitabschnitte das Wollen und Denken jener Gesellschaftsschicht, die Träger des politischen Geschehens wie Initiator und Nutznießer auch des künstlerischen Lebens gewesen ist. Daß seine reiche Ausstattung an Wandgemälden Themen behandelt, die die Interessensphäre der Burgherren widerspiegeln, macht die Burg weit und breit zum glänzendsten Beispiel jenes Höhepunktes höfischer Kunst und Kultur, der zu Ende des 14. Jahrhunderts noch einmal die im Versinken begriffene Welt des Rittertums beschwört. Es ist mehr als verständlich, daß Kaiser Maximilian I. Sinn davon tief berührt wurde, und daß er, nachdem er 1493 als Landesfürst in den Besitz der Burg gelangt war, die Gemälde ›wegen der gueten istory‹ restaurieren ließ. (Walter Frodl)

1237 bauten die Herren von Wangen die Burg, die 1385 in den Besitz der reichen, sehr kunstsinnigen Brüder Nikolaus und Franz Vintler kam, welche das Schloß beträchtlich erweiterten. Auf steil abfallendem Felsen steht Runkelstein, gesichert durch Vorburg und tiefen Halsgraben. Zwei Palasse, Vintlertrakt oder Sommerhaus und die Kapelle umschließen den malerischen Hof. Die dem Bozener Patriziat entstammenden, in den Herrenstand hineingewachsenen Vintler ließen die neuen Bauten mit großartigem Bildschmuck versehen, dessen Themen der Heldensage, der höfischen Dichtung und dem ritterlichen Lebenskreis entnommen sind.

Besonders reich ist der westliche Palas ausgemalt. Von den Fresken des unteren Saales erkennt man nur noch einige tanzende Paare in freier Landschaft, zwei Liebespaare und einige Wappen. Der anstoßende Raum zeigt recht gut erhaltene Bilder aus dem ritterlichen Leben um 1390. Über dem die Wände bedeckenden Teppich mit Tiroler Adlern befindet sich eine gemalte Flachbogengalerie, aus deren Öffnungen sich Damen, Herren und Gaukler lehnen. Da man die Gaukler, die fleischfarbene Trikots tragen, für nackt hielt, wurde die Stube ›das Badezimmer‹ genannt. Über dieser Galerie verläuft ein weiterer Bildstreifen mit Figuren in Vierpässen. Im zweiten Obergeschoß liegt der *Festsaal* mit großer Darstellung eines Turniers, auf dem ein Vintler, ein Herzog von Österreich und ein Graf von Rottenburg zu erkennen sind. Am anmutigsten und besten erhalten ist die Darstellung des Reigens und Ballspiels, auch Jagdszenen sind teilweise noch zu erkennen. Der danebenliegende Raum trägt ähnlichen Schmuck wie das ›Badezimmer‹. Die Wände der offenen Halle des Sommerhauses sind grün in grün – in ›Terra verde‹ – bemalt; wir sehen an der Stirnwand im Erdgeschoß die Brustbilder der Kaiser von Karl dem Großen bis Sigmund, die Laibungen der beiden ersten Arkadenbögen schmücken acht allegorische Frauengestalten und die sieben freien Künste: Astronomica, Musica, Aritmetica, Geometrica, Retorica, Dialectica, Gramatica und Philosophica, während die Malereien der beiden folgenden Bögen übertüncht sind. In der Halle sehen wir Reste von Szenen aus dem Ritterroman ›Wigalois, der Ritter mit dem Rade‹. An der Söllerwand sind Medaillons angebracht mit den sogenannten ›Triaden‹: die größten Helden des Altertums: Hektor, Alexander, Cäsar – die größten Helden des Alten Testaments: Josua, David, Judas Makkabäus – die besten christlichen Könige: Artus, Karl der Große, Gottfried von Boullion. Es folgen die edelsten Ritter: Parzival, Gawein und Iwein; dann die berühmtesten Liebespaare: Herzog Wilhelm von Österreich und Aglei – Tristan und Isolde – Herzog Wilhelm von Orleans und Amelei; dann die drei besten Schwerter: Dietrich von Bern mit dem Sax – Siegfried mit dem Balmung und Dietleib mit dem Welsung; ferner drei Riesen, »von allen Ungeheuern die ungeheurigsten«, wie die Inschrift sagt: Ortwein, Struthan und Aspiran; schließlich die drei berühmtesten Riesinnen: Hilde, Vogelgard und Rachim. Über der Pforte reiten drei Zwerge, wahrscheinlich die Könige Goldemar auf kleinem Pferd, Bibunc auf einem Hirsch, Alberich auf einer Hirschkuh. O. R. von Lutterotti konnte als Schöpfer der ›Triaden‹ den Ulmer Hans Stockinger feststellen, der sich 1407 in der Terlaner Pfarrkirche als ›pichtor de bosano‹, Maler von Bozen, verewigt hat.

Über dem westlichen Erkerfenster der Halle sehen wir das Meisterzeichen W, die Inschrift ›Lib brinngt laid‹ und den Namen W. Spreng, wahrscheinlich der Maler sämtlicher Terraverdefresken. Lutterotti schließt die Möglichkeit nicht aus, daß Spreng identisch sein könnte mit Meister Wenzlaus, der 1415 den Freskenschmuck der Friedhofskirche in Riffian schuf. Durch die Pforte unter den drei Zwergen betreten wir zwei reich ausgestattete Gemächer, die Wohnräume des Burgherrn, mit Szenen zur Tristansage in Grünmalerei und zu dem von dem Salzburger Pleier um 1270 verfaßten Epos ›Garel vom blühenden Tal‹, die sicher ebenfalls dem Meister Wenzlaus zuzuschreiben sind. Daß die Burg schon früher die Besucher entzückte, verrät uns eine Vaganteninschrift an der Außenmauer der Kapelle:

> Ich sach den May mit rosen umfan
> dazu vil mangerhande vogelin ...

Das Ganze muß einst außerordentlich reich und festlich gewirkt haben. Trotz guter Restaurierung ist das heutige Bild freilich nur ein Abglanz der Zeit, als die Vintler und ihre Nachfolger hier residierten. Um so schöner ist der Blick hinaus ins Etschtal und in die enge, wilde Talferschlucht. Schräg gegenüber von Runkelstein, dem Etschtal zugewandt, steigt der Guntschnaberg empor, dessen heitere, den ganzen Tag von der Sonne beschienene Halden Reben und alte Weinbauernhöfe tragen. Bekannt ist der **Kui-Hof**, dessen Besitzer, wie alle Winzer dort oben, das Recht hat, eigenen Wein auszuschenken. Im Kui-Hof lebte vor dem Ersten Weltkrieg die

Kui-Rosl, eine berühmte Person, die viel Besuch aus Bozen hatte. Nach längerer Sitzung waren die Gäste oft nicht mehr sicher genug auf den Beinen, um den Abstieg nach Bozen ohne Stürze überstehen zu können. Die Rosl aber fand eine Lösung dieses Problems, das ›Kui-Geländer‹. Brach eine beschwipste Gesellschaft auf, so mußten zwei Knechte mit langer Stange sie begleiten, an der sich die Zecher festhalten konnten.

Einen der schönsten Höfe, den **Reichschwenterhof,** lernte ich auf einem Spaziergang kennen, weil mein Dackel, eine Katze verfolgend, dort im Haus verschwand. Als ich ihm nachlief, trat die Bäuerin aus der Tür und bat mich, einzutreten. Sie führte mich in eine geräumige Stube mit prächtiger Täfelung und einer Kassettendecke in Rautenform, in deren Mitte die Heiliggeisttaube schwebte. Über der Tür eingeschnitzt war die Jahreszahl 1721 zu lesen, und an den Wänden hingen hübsche Votivtafeln. Während ich, auf der Ofenbank sitzend, mit der Hausfrau schwatzte, flocht eine Enkelin ihrer kleinen Schwester das lange flachsblonde Haar zur Krone auf dem Kopf. Draußen rieselte der Regen, zogen dichte Nebel und verhüllten Tal und Berge, drinnen aber schnurrte die Nähmaschine als gemütliche Begleitung zu den Worten der Reichschwenterbäuerin.

Bevor wir aber nun Bozener Gebiet betreten, kehren wir nochmals nach Sterzing zurück, um der dritten, der wichtigsten Verbindungsstraße über den Brenner nach Süden, der Straße durch das Eisacktal, zu folgen.

Von Sterzing nach Franzensfeste

Wer nicht über das Penser Joch oder über den Jaufen fahren will, folgt dem Lauf des Eisack nach Bozen, vorüber an der Wallfahrtskirche *Maria Trens* und der **Burg Welfenstein** bei Mauls, wo der in Sterzing aufgestellte Mithrasstein gefunden wurde. Die Burg Welfenstein, 1271 erwähnt, war lange Ruine, wurde dann 1893 bis 1897 durch den Maler Edgar Meyer in spielerischer Form ausgebaut und ist beim Einzug der Italiener in Südtirol abgebrannt. Aus dem 13. Jahrhundert stammt der *Stafler-Wirt* in Mals, der ab dem 17. Jahrhundert mehrmals erweitert wurde. Das Haus, das eigentlich ›Zum Einhorn‹ heißt, ist von Aussehen und Geschichte eines der markantesten Beispiele eines Tiroler Fuhrmannsgasthofes, wenn es auch heute ein nobles Traditionshotel ist. Das Wirtsgeschlecht der Staffler (nur die von Mauls schreiben sich mit nur einem ›f‹), in Südtirol weit verzweigt, stammt aus Siffian am Ritten. Dörfer und Höfe schmiegen sich an die Flanken der Berge, die bei Mauls wieder mit dunklen Wäldern dicht an die Straße treten und einen Engpaß bilden, der in der Tiroler Geschichte berühmt geworden ist durch die Kämpfe gegen bayerische und französische Invasionstruppen. 1809 erlitten die sächsischen Rheinbundtruppen eine blutige Abfuhr gegen Speckbacher und seine Haufen. Man nennt den Ort Sachsenklemme.

Der Morgen des 1. August 1809 war angebrochen. Die Schützen besetzten die Peißer Brücke. Es war der strenge Befehl gegeben, keinen Schuß zu feuern, bevor der Feind die Brücke betreten habe. Am 4. August neun Uhr früh kam der französische General Rouyer mit ungefähr 2500 Mann Infanterie und Kavallerie gegen die Brücke. Die Sachsen bildeten den Vortrab. »Seppl, hau o!« Das war das Zeichen! Die Steinlawine dröhnte plötzlich auf Straße und Brücke; Schüsse krachten …

1833 begann man am Ausgang des Engpasses den Bau des gewaltigen Sperrforts **Franzensfeste,** das 1836 in Anwesenheit Kaiser Ferdinand I. eingeweiht wurde, militärisch aber nie eine Rolle gespielt hat.

Das Tal verengt sich abermals und öffnet sich erst bei Brixen zur weiten Mulde, deren Charakter schon südlicher anmutet, denn hier begegnen uns die ersten Edelkastanien und Weinberge auf diesem Wege. Allerdings heißt es vom Schabser Wein, *man müsse sich um Mitternacht auf die andere Seite legen, damit er den Magen nicht durchbrenne.* Geschätzt dagegen wird der Wein von Neustift und Elvas. Das Tal ist umgeben von Mittelgebirgen, überragt von den weißen Spitzen der Zillertaler Gletscher im Norden. Es ist ein dichtbesiedeltes Land, das schon in vorgeschichtlicher Zeit bewohnt gewesen ist.

EXKURSION INS PUSTERTAL

Von Franzensfeste zur Ehrenburg

Bei Franzensfeste verlassen wir die Brennerstraße und biegen nach Osten ab in das allmählich ansteigende Pustertal, das bei Toblach fast die Höhe des Brenners erreicht und hier die Wasserscheide der Rienz und oberen Drau bildet.

Das erste, was uns hier auffällt, ist der Wald. Dichte Bestände von Fichten, Föhren und Lärchen bedecken die Vorberge, hinter denen schneebedeckte Gipfel aufragen, ein Eindruck, der ganz ›nord-tirolisch-bayerisch‹ anmutet. Das Tal dreht und wendet sich, unaufhörlich wechseln die Bilder. Die Chaussee folgt den Windungen der Rienz, die bald kristallhell und schnell, bald langsamer und dunkelgrün durch die Wiesen dahinrauscht, die im Juni in allen Farben leuchten, vor allem aber im tiefen Lila der Glockenblumen. Alte Kirchen und weiße Höfe unter schweren Walmdächern stehen überall im Land.

Vor Mühlbach umzieht die Straße den Hügel von **Spinges,** wo die Tiroler den französischen Truppen, die 1797 von Brixen an die Drau marschieren wollten, um sich mit Bonaparte zu vereinigen, eine vernichtende Niederlage bereiteten. Die Bauern sammelten sich hier zum Widerstand. Auf den Höhen flammten die ›Kreidenfeuer‹ genannten Alarmzeichen, und nachts stiegen die Bauern über Mauls und das Valser Joch herab und weckten die französische Besatzung von Mühlbach unsanft aus dem Schlaf. Die gegen den Waldsaum stürmenden Franzosen wurden blutig abgewiesen und am anderen Tag im Kampf um Spinges geschlagen. Bei diesem Kampf zeichnete sich vor allem die Bauernmagd Katharina Lanz, das ›Mädchen von Spinges‹, aus, die mit der Heugabel von der Friedhofsmauer wacker auf die Feinde einstach. Sie wurde in ganz Tirol als eine zweite Jeanne d'Arc angesehen, die Spingeser Schützenkompanie trägt noch heute ihren Namen.

Bei Mühlbach zweigt nördlich eine Straße ab, die in das Valsertal und nach **Meransen** führt. Gerade das Gebirgsland um Meransen ist landschaftlich besonders reizvoll und bietet zahlreiche Wanderwege sowie gute Skigebiete am Gitschberg.

Die Fresken der Meranser *Pfarrkirche*, von Johann Mitterwurzer in der zweiten Hälfte des 18. Jahrhunderts gemalt, zeigen unter anderem die drei ›Meranser Jungfrauen‹ Aubet, Cubet und Guerre, die auch als Holzfiguren, um 1500 geschaffen, den südlichen Seitenaltar schmücken. Seit 1382 ist ihre Verehrung in Meransen nachweisbar. Die Legende erzählt, daß sie vor dem Hunnenkönig Attila bis nach Meransen geflohen seien, wo eine Quelle entsprang und ein Kirschbaum wuchs, um Durst und Hunger der Flüchtigen zu stillen. Sie erscheinen auch in einem Fresko um 1450 in Klerant ob Brixen. Ihre Namen dort: Ampet, Gewer und Bruen.

Wir treffen die drei Damen auch im Wormser Dom, der den ›Dreifrauenstein‹ birgt. Dort heißen sie Embede, Warbede, Willbede, auch Einbeth, Wilbeth, Worbeth. Man verehrte sie auch in Leutstetten bei Starnberg und in Alt Sankt Peter in Straßburg. In Worms hielt man sie für von den Hunnen ermordete Töchter eines Frankenkönigs, in Straßburg für Begleiterinnen der Heiligen Ursula. Sie werden in Worms auch mit einem keltischen Kult in Verbindung gebracht, da dort noch in christlicher Zeit keltische Muttergottheiten heimlich verehrt wurden, darunter die Borbes, woraus Worbede entstanden sein könnte.

Auf der anderen Seite der Rienz steht bei Mühlbach auf einem Felsen die mächtige **Burg Rodenegg** mit Ringmauern, Basteien, Rondellen und Pechnasen, einst wolkensteinisch, später im Mitbesitz des Grafen Preysing, dessen Trauung mit der Gräfin Wolkenstein Propst Josef Weingartner, der bedeutende Kenner des Landes und verdienstvolle Verfasser der ›Kunstdenkmäler von Südtirol‹, 1923 vorgenommen hat. Sein Bericht zeigt so recht die bayerisch-tirolische Struktur der Bevölkerung in allen Schichten noch in unserem Jahrhundert.

Es waren schon zahlreiche Gäste versammelt, als wir am Vortage in der Burg ankamen. Den Adel aus der Nachbarschaft, der im 17. Jahrhundert wohl noch das Hauptkontingent der Hochzeitsgesellschaft gebildet hatte, vertrat freilich nur die gräfliche Familie Künigl von Ehrenburg und ein Vetter von der Trostburger Linie – aus dem einfachen Grunde, weil das die einzigen alttirolischen Edelleute sind, die im Pustertale und Eisacktale, also in einem Umkreis von vielen Wegstunden, noch auf ihren Stammburgen sitzen. Aber die alten Eltern des Bräutigams, die aus Bayern hergekommen waren, und die Angehörigen und Freunde der Braut, darunter noch beide Großmütter, waren zugegen, und den weiten Saal, den gleichen Raum im alten Palas, der schon vor sieben Jahrhunderten die fröhlichen Burgfeste mit ansah, füllte eine stattliche Tafelrunde.

Am Abend war dann festliche Illumination des Burghofes, wofür sich besonders der die Wohntrakte verbindende Loggiengang trefflich eignete, und hierauf Theatervorstellung. Rodenegg besitzt nämlich sein eigenes Burgtheater, einen kunstgerechten, in einem ehemaligen Befestigungswerk untergebrachten Bretterbau mit Bühne, Parkett, Seitenloge und Galerie. In der Loge war diesmal das Orchester aufgestellt, im Parkett saß das Brautpaar mit den Hochzeitsgästen, die Galerie füllten die Leute aus dem Dorfe, die sich mit der Herrschaft mitfreuten und auch schon an der Hofbeleuchtung zahlreich teilgenommen hatten …

Man gab ein heiteres Volksstück, bei dem die Komtesse von der Ehrenburg, die Tochter einer sächsischen Prinzessin, in derart waschechtem Dialekt einen Pusterer Bauern gab, daß ich mich vom Staunen kaum zu erholen vermochte. Als es gegen Mitternacht ging, konnte der jüngere Teil der Hochzeitsgäste seine Tanzlust nicht mehr länger bezähmen, und um dabei ungeniert zu sein, formierte man aus den Dorfhonoratioren, die zum Abendessen geladen waren, eine Art Fackelzug, der mich in mein Nachtquartier, in den Pfarrhof, zu geleiten hatte. Am nächsten Vormittage fand die Trauung statt. Vom Loggiengang des Palas und über seine Freitreppe herab zog der Brautzug quer durch den Burghof zur Kapelle …

Burg Rodenegg ist heute in den Sommermonaten bei Führungen zu besichtigen. Sie wurde um 1140 gebaut, befand sich 1269 im Besitz der Grafen von Görz-Tirol und wurde 1491 von Kaiser Maximilian den Grafen von Wolkenstein verliehen, die sie prächtig ausbauten. Nach einem großen Brand im Jahre 1694 wurde sie wieder aufgebaut, verfiel aber dann langsam, bis die 1897 beginnende Restaurierung sie vor gänzlichem Verfall rettete. 1972/73 fand man in der ebenerdigen Trinkstube Fresken, die kurz nach 1200 entstanden und zu den frühesten Zeugnissen ritterlich-höfischer Malerei gehören. Sie zeigen zwölf Szenen aus dem Versepos ›Iwein‹ des Hartmann von Aue: Ein Riese zeigt Iwein den Weg zur Zauberquelle König Askalons, den er im Zweikampf tötet. Iwein kommt in die Burg Askalons, nimmt unerkannt an dessen Leichenfeier teil und verliebt sich in die Königinwitwe Laudine. Er entkommt der Verfolgung, schließlich heiratet er Laudine und erhält das Königreich.

Als Maler dieses sehr eindrucksvollen Freskenzyklus' vermutet man Meister Hugo, der die Brixener Frauenkirche am Kreuzgang mit Malereien geschmückt hat.

Weiter geht es durch die Mühlbacher, vormals Haslacher Klause – einst Grenze zwischen den Grafschaften Tirol und Görz, auch Dialektgrenze zwischen west- und osttiroler Idiom –, wo die Straße durch das Doppeltor einer Ruine führt, nach Vintl, Kiens und Sankt Sigmund. Hier liegt rechts des Flusses in allerschönster Lage zwischen den Waldbergen und hoch über dem Ort das weiße **Schloß Ehrenburg**, auf dem die Grafen Künigl, ein Zweig der Herren von Kiens, seit dem 12. Jahrhundert sitzen. An das sogenannte alte Schloß bauten sie im 16. Jahrhundert einen zweiflügeligen Trakt mit schönem Arkadenhof. Die Fenster der Außenseite stehen in hübschen gemalten barocken Rahmungen. Der alte Teil enthält noch Balkendecken und Türstöcke aus spätgotischer Zeit, der im 18. Jahrhundert erbaute Trakt birgt im ersten Stock einen geräumigen Saal mit großem Deckenbild von 1732, dessen reichstuckierte Rahmung mit Familienwappen geschmückt ist. Genau darüber ein zweiter Saal mit rosa-grauer Stuckierung des Regence-Stils und großen, in die Wände eingelassenen Ahnenbildern. Vor dem Schloß liegt ein kleiner Garten, an dessen Ende sich der reizende Pfarrhof aus dem Rokoko, das ›Widum‹, erhebt, mit einem geräumigen, zweigeschossigen Saal in der Mitte. Schloß Ehrenburg ist von April bis Oktober bei Führungen zu besichtigen. Im Dorf Ehrenburg steht die barocke *Propstei- und Pfarrkirche Mariä Himmelfahrt* mit herrlichen Fresken von Joseph Adam Mölk. Den Kontrast zur barocken Pracht bildet die Gruftkapelle mit dem gotischen Gnadenbild der um 1400 entstandenen *Kornmuttergottes*, auch *Ährenmadonna* genannt.

Sankt Sigmund (San Sigismondo) besitzt eine hübsche Pfarrkirche, die 1449-1489 erbaut wurde. Ihr größter Schatz ist der bedeutende spätgotische Flügelaltar, nach Weingartner *»einer der ältesten und der bedeutendsten Flügelaltäre Südtirols«*, der an Ort und Stelle erhalten geblieben ist, wie das gerade in Südtirol bei Altarwerken des 15. Jahrhunderts noch recht häufig vorkommt. Die Plastik im Schrein ist etwas derb, von den sehr schönen gemalten Altarflügeln ist der ›Marientod‹ das schönste Bild. Das ganze Werk dürfte – nach Weingartner – um 1430 bis 1440 entstanden sein, vielleicht durch Hans von Bruneck. Der Altar wurde 1978 vorzüglich restauriert, auf seiner Rückseite sind hochinteressante Votivinschriften. Von den Fresken des 16. Jahrhunderts an der Südseite der Kirche ist der prachtvolle Christophorus von 1519 besonders bemerkenswert. Die schön gemalte, reichdekorierte, portalartige Arkade, unter der er steht, zeigt in ihrem Dekor deutliche Bezüge zu oberitalienischen Frührenaissancearchitekturen, die Landschaft des Hintergrunds zu Bildern der Donauschule.

Wir kommen nach **Sankt Lorenzen** (San Lorenzo di Sebato). Dort, in der Pfarrkirche zum Heiligen Laurentius, steht die schöne Muttergottes mit Kind von Michael Pacher. Es ist dies wohl der Rest des Laurentiusaltars, den der Brunecker Meister in den Jahren 1460 bis 1465 für die Kirche schuf und dessen gemalte Flügel die Alte Pinakothek in München und das Kunsthistorische Museum in Wien bewahren. Die Straße führt nun in östlicher Richtung auf Bruneck zu. Bald nach Sankt Lorenzen erscheint die Ruine des ›Castel Badia‹ – die Sonnenburg –, von der nun die Rede sein soll.

Abtei Sonnenburg

Steil und felsig fällt der Hügel zur Rienz ab, der die Ruinen des ehemaligen stolzen Benediktinerinnenklosters **Sonnenburg** trägt; umzogen von einer Ringmauer mit zwei Rondellen und einem Türmchen, muß es ehedem mehr einer Burg als einem Kloster geglichen haben. Nur noch der Wohntrakt der Äbtissin ist unter Dach und heute ein stilvolles Hotel. Konventbau, Kapelle und Kirche liegen in Trümmern. Bei den letzten Restaurierungsarbeiten wurden in der wiederhergestellten Krypta Freskenreste der Zeit um 1200 aufgedeckt: Ein Bild zeigt den neugeborenen Heiligen Nikolaus, wie er am Freitag die Milch seiner Mutter verweigert. Von dem Kampf der stolzen Äbtissin Verena von Stuben mit Kardinal Nikolaus von Kues wird noch in Brixen zu berichten sein. Das Kloster verhielt sich auch in der Folgezeit sehr zurückhaltend gegen die Brixener Bischöfe. Immer war die Wahl einer neuen Äbtissin ein wichtiges Ereignis, denn dann erschienen die bischöflichen und landesfürstlichen Kommissare, die einander mißtrauisch begegneten. Aufgabe der landesfürstlichen Beamten war es, die Schlüssel von der Frau Dechantin, welche während des Interims Stiftsverweserin war, in Empfang zu nehmen und sie dann der neuen Äbtissin feierlich zu überreichen. Das gleiche Recht beanspruchte aber auch Brixen, und so geschah es öfter, daß sich die Beamten beider Parteien stritten. 1723, so berichtet das ›Memori-Puech‹ von Sonnenburg, war der Bischof selbst erschienen. Die Dechantin hatte derweilen die Schlüssel versteckt, da sie nicht wußte, welcher Seite sie nachgeben sollte. Brixen drohte, der neuen Äbtissin *das Placet und den Gewalt* ohne Schlüssel nicht zu erteilen, Innsbruck sprach der Dechantin *beweglich zue, daß sie die Vogteyschlüssel nit sollte Ihro fürstlichen Gnaden geben,* sonst fiele das Stift bei seinem Schutzherrn, dem Kaiser, in Ungnade. Endlich verfiel die Dechantin auf einen Ausweg, *aus sonderbarer Eingebung Gottes und des heiligen Schutzengels.* Sie gab dem Bischof die Kirchenschlüssel und zwei andere große Schlüssel, den Innsbrucker Beamten ließ sie durch den Richter von Enneberg die Vogteischlüssel überreichen, so daß beide Parteien, ohne voneinander zu wissen, der neuen Äbtissin das Placet erteilen konnten, der Bischof dazu in der Annahme, er sei noch Vogt des Klosters.

Das ›Memori-Puech‹ berichtet auch von einer Baronin Antonia von Caretto, die sich in Sonnenburg niedergelassen hatte, ohne Nonne zu werden, und nach sehr frommem Leben 1774 starb. Sie kasteite sich fortgesetzt, nur den Kaffee und Schnupftabak liebte sie. *Im Aufzug war sie die allerschlechtiste, voller Schmutz, besonders die Stauchen (Kopftuch); das Gesicht, besonders die Nasen schmierete sie mit Unschlitt oder Butter ein, wie auch den Leib; von dahero hatte sie einen übelriechenden Rauch, so daß man ihr nit viel überlästig ware, so gern als man sie sonsten besucht hätte.*

So lebte man auf Sonnenburg beschaulich, wenn auch nicht gerade im Geruch der Heiligkeit, bis im April 1785 auf Befehl Kaiser Joseph II. das Stift säkularisiert wurde. Im Juli mußten die Chorfrauen und Laienschwestern ihre alte Heimat für immer verlassen. Das Kloster wurde verkauft und größtenteils abgebrochen. Hinter Sonnenburg sieht man den malerischen **Ansitz Glurnhör** mit Türmen und Erkern und die originelle Anlage des **Sankt-Johannes-Spitals** mit seinem auf einem Felsen liegenden Kapellenanbau.

Westlich von Sonnenburg steht neben der Staatsstraße ein römischer Meilenstein (um 218 nach Chr.). In der Gegend gibt es einige Funde der Römerstadt Sebatum.

Bruneck

Schlösser wie Rodenegg und Ehrenburg auf ihren Waldbuckeln, Ruinen wie die Sonnenburg und die gegenüberliegende Michelsburg erzählen dem bedächtigen Besucher viel von alten Zeiten. Wer Eile hat, der freue sich an der ständig wechselnden landschaftlichen Szenerie des lieblichen Tales, das sich nun weit öffnet. Hier liegt der Hauptort des Tales, die Stadt **Bruneck,** vor uns, von einer Burg auf einem von Natur nur schwachbefestigten Hügel unmittelbar überragt. Die Burg wurde seit 1251 erbaut, im 14., 15. und 16. Jahrhundert zu einem Schloß ausgebaut, das heute als Schulgebäude dient.

Noch umzieht aber die mit der Burgbefestigung verbundene Stadtmauer mit ihren Toren den Ort, in dem es eigentlich nur eine einzige Straße von Bedeutung gibt, die Stadtgasse, die sich im Oberragen fortsetzt, umschlossen von schönen Häusern. Das Bürgerliche spricht sich hier breit und behäbig aus, ohne Aufwand, aber gut in den Maßen. Wahrscheinlich hat Michael Pacher für die *Stadtpfarrkirche* das schöne Kruzifix aus dem 15. Jahrhundert geschaffen. In der Kirche finden wir auch das Grabmal Kemper, eine gute Bronzearbeit des Hans Reichle von 1620, die eine Kreuzabnahme zeigt. In der *Spitalkirche,* der heutige Bau ist 1759/1760 entstanden, ist eine reiche Rokokoausstattung mit von wertvollem Rocaillestuck eingefaßten Malereien zu bewundern. Die *Ursulinenkirche,* 1411 bis 1427 erbaut, beherbergt drei Reliefs des ehemaligen gotischen Altares (Heimsuchung, Darstellung im Tempel, Anbetung der Könige), um 1430, aus dem Umkreis des Meisters von Sankt Sigmund; das vierte, der Tod Mariens, befindet sich im Diözesanmuseum Brixen. Von der Lehne des Burgbergs schaut man auf die alte Bischofsstadt. Hell leuchten die Häuser, vorspringende Erker und Simse werfen scharfe Schatten, in den Gärten vor der Mauer leuchten Blumen. Zwischen alten Bäumen ein buntes Durcheinander von Dächern, Türmen und Balkonen, und rundherum das Land in allen Schattierungen von Grün, über das das Licht und die Luft einen zarten silbrigen Schleier legen.

Mir schien es, als spiele sich ein guter Teil des Lebens in Bruneck auf dem Graben ab, der sich, bestanden mit alten Kastanien, zwischen der Stadtmauer und der Straße nach Lienz hinzieht. Sitzt man in einem der Cafés, sei es beim Hotel Post oder gegenüber, kann man alles, was geschieht, mit Muße betrachten. Elegante Carabinieri schlendern vorüber oder sitzen vor ihrem Espresso; ein hübscher junger italienischer Soldat bleibt plötzlich in der gelokkerten Haltung einer Renaissancestatue stehen, um seiner drallen tirolischen Schönen einen Kuß auf die Wange zu drücken; auf seinen Stock gestützt, schlurft ein alter geistlicher Herr vorbei; junge Mädchen ratschen und kichern am Brunnen; Kinder rennen lärmend hin und her. Ein großer Omnibus schaukelt schwerfällig heran, hält und ergießt einen Strom schwitzender Reisender. Die Männer tragen fast alle kurze Hosen, welche die nackten Beine bis weit oben frei lassen, dazu weiße Ballonmützen mit grünen Schirmen auf den Köpfen und die unvermeidlichen Kameras über den Schultern. Ohne sich weit von ihrem Fahrzeug zu entfernen, stellen sie sich breitbeinig in Positur, sehen prüfend um sich, fotografieren, steigen schnell wieder ein und – weg sind sie. Im Laub der Bäume lärmen die Spatzen, die ungeniert auf den Tischen nach Krumen suchen; ja, einer schilpt mit zornig gesträubtem Gefieder, weil er gar nichts Eßbares mehr findet.

Für diese kleine Stadt scheinen noch andere Lebensgesetze zu gelten als sonst im 20. Jahrhundert. Man spürt es gleich, wenn man durch eines der Tore in die eigentliche Stadt eintritt. Hetze und Unruhe versinken. Gemächlich schlendernd, erfreut man sich an dem schönen Bild, und ehe man es recht merkt, ist der jenseitige Stadtrand schon wieder erreicht. Daß hier noch Platz ist für wirkliche Originale, versteht sich, denn alles atmet hier noch die Atmosphäre, die Paul Tschurtschenthaler in seinen Erinnerungen beschwört.

Hier lebte eine seltsame, aber ganz schweigsame und fast geisterhafte Person, die alte Frau Seeböck. Für uns war schon ihr Haus geisterhaft genug und jedenfalls uraltertümlich, das Haus, in dem niemals ein Fenster aufging und nie sich ein Gesicht zeigte, und in dem alles so leer, tot, öde wie in einem verwunschenen Schloß schien. Zu einem solchen machte es auch die geschwätzige Sage und ließ es drinnen von rotgoldenen Schätzen funkeln, von Kisten und Truhen voll Geschmeide und Kostbarkeiten, die

die arme Frau nicht schlafen ließen, so daß man sie in tiefen Nächten oft schattengleich durch die Räume wandeln gesehen hat. Etwas Rätselhaftes war um diese einsame Frau mit den einsamen Augen und den vorweltlichen Kleidungsstücken und um ihr Leben jedenfalls, und wie viele mögen in der Stadt gewesen sein und dort jahrelang gelebt haben, ohne sie ein einziges Mal gesehen zu haben; sie schien ewig zu trauern, schien ewig Witwe, und hinter ihr schlich Melancholie und Schweigen.

Vor dem Haus, steil den Schloßberg hinan, hatte sie einen Garten, und hier sah man sie manchmal stehen, schauen und wieder verschwinden. Im Garten blühte nichts als einige violette Schwertlilien, und ein uralter Flieder streckte seine fast blattlosen Äste über ein Sommerhäuschen, das sich immer vor dem Zusammenfallen fürchtete und bei jedem Wind zum Gotterbarmen stöhnte.

Wie schon gesagt, die Alte galt als sehr reich, und die Frau ließ die Leute reden. Die Sage spann um das Haus ihre roten Rosen und ihre Dornen, wir aber standen manchmal davor, schauten zu den blind von Staub gewordenen Erkerfenstern und ließen uns gehörig gruseln. Als die Frau gestorben war, öffnete sich auf einmal das Haus, und die Sage rauschte mit allen Goldschätzen davon, die roten Rosen aber welkten. Menschen kamen, prosaische Menschen, Stimmen hörte man, frische Luft brach herein, und das alles erschreckte die Dinge, die hier waren und dies alles nicht kannten. Menschen schnupperten, räumten alle Winkel aus, suchten Schätze, aber kein Gold wollte sich zeigen und keine Schatztruhen, und bald wären die lieben, guten Menschen darüber beleidigt gewesen. Dafür aber fanden sich tausend Wunderlichkeiten, Raritäten, die die Altväter einmal liebten und an die kein Mensch mehr dachte und die nun staubbedeckte Gänge, Räume und Kästen füllten.

Mit einem Schlag war man hier in eine vormärzliche Welt, die ganz unangetastet geblieben, hineingesunken, in die Zeit der Reifröcke und gepuderten Perücken, in jene Zeit, da noch der alte, wunderliche und immer geschäftige Goldschmiedemeister und Chronist Tinkhauser gelebt und geschrieben hat. Da war noch sein Tischchen, mit allem Werkzeug darauf, mit Brautringen und Siegelstöcken, als hätte der alte Meister es eben erst verlassen, um beim Huberle oder bei der Sonne seine Vesperpause zu halten. Da war auch ein mächtiger Kasten, angefüllt mit Bratenröcken, gestickten Westen, blumigen Brautkleidern, Kränzen, selbst die ersten Zündhölzchen und Tabakpfeifen waren noch da und konnten sich nicht genug wundern, daß man sie jetzt auf einmal herausholte. Ganz in der Tiefe war wieder ein Kasten voll angehäuft mit Büchern, viel schönen und viel wunderlichen Dingen darunter, wie sie ein altes ehrenfestes Geschlecht liebte und daraus seine geistige Nahrung zog.

Das wunderlichste war aber doch die alte Küche rückwärts, rußschwarz, düster, unheimlich, nur von einem einzigen Fensterchen beleuchtet, durch das ein dünner Lichtstrahl hereinfiel und staubige Blasbälge, Fläschchen und Retorten umdämmerte – ein köstlicher Alchemistentraum, in dem es noch von Goldmachern und von Homunculusdingen witterte, ein Faustwinkel, wie die Welt keinen zweiten mehr zu sehen bekommt. Übrigens befand sich im Doppelhaus Stadtgasse 29 das Atelier des berühmten Bildschnitzers Michael Pacher. Im Ortsteil **Stegen,** westlich von Bruneck, sind die drei Mittelstatuen des Hochaltares – Werke der Pacher-Schule – um 1490 geschaffen. Sehr schnell kommen wir nach **Dietenheim,** hier liegt der Ansitz ›Mair am Hof‹ mit hohem Spitzgiebel und ausgebauchten Schmiedeeisengittern an den Balkonen; ursprünglich ein görzischer Meierhof, wurde er um 1700 von Anton von Sternbach in seine heutige Form gebracht. Es ist ein schönes Dokument des Lebens eines reichen Landadeligen jener Zeit. Dieses stattliche Anwesen ist heute Hauptgebäude des *Museums für Volkskunde* (geöffnet von Mitte April bis Ende Oktober), ein Freilichtmuseum, das mit seinen derzeit zwei Dutzend historischen ländlichen Bauwerken aus allen Teilen Südtirols nicht nur die Vielfalt der Haus- und Hofformen aufzeigen will. Anliegen dieses Museums ist es vor allem, die soziale Stellung und das einstige Leben von Landadel, Bauern, Kleinhäuslern und ländlichem Handwerk deutlich werden zu lassen. Die Kuratiekirche zum Heiligen Kassian in Percha ist nach Weingartner »ein Hauptdenkmal des Pustertaler spätgotischen Kirchenbaustils«. Der Innenraum trägt ein reiches Netzgewölbe mit üppiger Dekoration (Heilige, Rankenwerk, Wappen).

Auf dem Weg nach Osten, zur österreichischen Grenze, passieren wir bald *Olang,* den Hauptort des Skiparadieses am Kronplatz, und kommen dann nach **Welsberg.** Dessen Platz schmückt ein reizendes Bildstöckel in Tabernakelform, allerdings eine Kopie des alten, 1882 durch Hochwasser zerstörten, wobei Reste der von Michael Pacher gemalten Fresken wieder Verwendung fanden, so die Muttergottes, der Heilige Gregor, die untere Partie der Kreuzigung und der Heilige Augustin. Nicht weit vom Ort, in waldiger

Schlucht über dem Gsieser Bach, steht die Burg der Grafen Thun-Welsperg.

In Welsberg selbst wurde der berühmte Freskant *Paul Troger* (1698-1762) geboren, in der Pfarrkirche sind noch drei Altarbilder von ihm zu sehen. Nach den Lehrjahren in Italien arbeitete Troger meist außerhalb Südtirols. Seine Tätigkeit als Freskomaler spannt sich von Südtirol bis Ungarn und Böhmen; er malte unter anderem in Melk, Zwettl, Stift Altenburg, Kloster Gars und Preßburg. Sein Hauptwerk in Südtirol sind die Fresken im Dom zu Brixen. Keiner von Trogers Schülern hat später den Meister an Bedeutung erreicht; weder seine Landsleute Johann Zeiller, Franz Zoller, Christoph Unterberger noch der wohl bedeutendste Nachfolger Martin Knoller.

Bald erscheint nun **Toblach** (Dobbiaco), ansehnlich auf dem ›Toblacher Feld‹, dem höchsten Punkt des Pustertales gelegen. Die 1782 geweihte *Pfarrkirche zum Heiligen Johannes* ist ein prachtvoller Bau des Tiroler Spätbarock. Die in der Mitte konkav eingezogene Westfassade ist durch Riesenpilaster mit kräftig vorkragendem Gebälk, durch drei Rundbogenportale, ein Rundfenster und drei rundbogige Statuennischen gegliedert. Sie endet in einem bewegten Volutengiebel. Auch die Langseiten weisen Pilaster und rhythmisch gereihte Rundbogenfenster auf. Franz Anton Zeiller malte die herrlichen Fresken in den Flachkuppeln von Chor und Langhaus, im konkav ausschwingenden Vorjoch, im Triumphbogen, an der Orgelempore und in der Sakristei. Auch das Hochaltargemälde mit der Taufe Christi und die Seitenaltarbilder sind von der Hand Zeillers. Die prächtigen Altäre schuf Johann Perger 1774, von ihm ist auch der besonders schöne und reiche, freistehende Tabernakelbau.

In Toblach waren zahlreiche kleinere Edelgeschlechter ansässig, deren einfache Sitze, zum Beispiel Wiesenegg, Freising, Biedenegg, Englös, Neudenstein, noch erhalten sind, im Ortsbild jedoch nur zum Teil noch wirksam hervortreten. Ein Stück nördlich von Toblach liegt **Wahlen.** Die dortige, dem Heiligen Nikolaus geweihte Pfarrkirche ist ein Bau der späten Gotik. Er wurde 1512 von Andre Viertaler errichtet. Das Netzgewölbe im Schiff ist besonders reich und spielerisch, mit Kurvenlinien und Maßwerkrosetten statt der Schlußsteine.

Mit dem Bau der Eisenbahn entwickelte sich Toblach zu einem weltbekannten Kur- und Erholungsort. Um den Bahnhof entstand ab 1871 die noble Hotel- und Villenkolonie **Neu-Toblach** mit einem Grandhotel, das allerhöchste Herrschaften zu seinen Gästen zählte, so auch im Herbst 1887 den deutschen Kronprinzen Friedrich Wilhelm, der hier vergeblich sein Krebsleiden heilen wollte, dem er im Sommer darauf als ›Kaiser der 99 Tage‹ erlag. Abseits der mondänen Welt Neu-Toblachs hielt sich der große Komponist Gustav Mahler (1860-1911), der die drei letzten Sommer seines Lebens im nahen, aber abgelegenen und stillen **Alt-Schluderbach** verbrachte. In einem Sommerhäuschen komponierte er hier seine 9. und die unvollendet gebliebene 10. Sinfonie. Das nur in den Sommermonaten geöffnete *Gustav-Mahler-Museum* erinnert an den genialen Künstler und Pionier der modernen Musik.

Innichen

Zunächst aber fahren wir weiter nach Osten, um **Innichen** zu erreichen. Hier ist wieder klassischer Boden: bei Lienz lag die römische Kolonie Aguntum, die wichtigste römische Stadt in Osttirol und blühendste Handelsstadt Noricums. Im Südtiroler Pustertal lag das römische Sebatum, heute Sankt Lorenzen. Die große Straße von Aquileja führte ins Pustertal und über das Brixner Becken nordwärts zum Brenner. 610 erleiden die Bayern, die hier seit dem sechsten Jahrhundert in östlicher Richtung gegen die eindringenden Slawen vorrücken, eine schwere Niederlage. Aguntum wird von den Slawen zerstört. Dann aber siegen die Bayern endgültig, und sie dringen vom Pustertal aus nach Osttirol und Kärnten vor. Nach der Mitte des 8. Jahrhunderts gründete Abt Atto von Scharnitz, dem der Herzog Tassilo von Bayern 769 reiche Güter schenkte, eine Filiale seines Klosters in Innichen zur Christianisierung des östlichen Pustertales. Derselbe Atto wurde 783 zum Bischof von Freising gewählt; damit war Innichen Besitz dieses Hochstifts. 1142 entzog Bischof Otto von Freising den Benediktinern das Kloster und ersetzte es durch ein Kollegiatstift. Laut einer im 12. Jahrhundert gefälschten Urkunde, die sich aber wohl auf einen wahren Vorgang stützt, verlieh Kaiser Otto I. dem Stift die Immunität, und daher wird seiner noch heute im Gottesdienst als des zweiten Stifters gedacht. In der Folge entstand ein fast selbständiges staatliches Gebilde, das als ›Hofmark Innichen‹ bis 1803 beim Hochstift Freising verblieb.

Es gibt mehrere Kirchen im Ort, aus der Renaissance die hübsche **Propstei** und das **Stiftsarchiv** im ehemaligen ›Kornkasten‹, seit 1983 als **Stiftsmuseum** (Domschatz, Bibliothek, Archiv) mit Kunstwerken und Dokumenten aus zehn Jahrhunderten eingerichtet. Als erstes aber sehen wir die vornehme Rokokofassade der Pfarrkirche **Sankt Michael,** reichgegliedert durch Pilaster, kräftiges Gebälk, Volutengiebel und Figurennischen. Das Innere hat eine hübsche Rokokoausstattung und besitzt vor allem prächtige Dekkengemälde von Christoph Anton Mayr (um 1760).

Hinter ihr steht der großartige, ehrwürdige Bau der **Stiftskirche Sankt Candidus und Corbinian,** neben dem Dom von Trient das bedeutendste romanische Denkmal Tirols. Es ist eine andere Welt, der wir hier gegenüberstehen. Die Welt der staufischen Zeit mit ihren kraftvollen, genialen Herrschergestalten tritt uns in diesem Bau entgegen, ein Zeitalter voll weltbürgerlicher Ideen. Die Völker Europas traten damals in engere Verbindung miteinander, lernten sich näher kennen und pflegten in dem gemeinsamen Bewußtsein, als abendländische Christenheit miteinander verbunden zu sein, geistigen Austausch. Dieses ruhige Selbstgefühl, diese Hochgestimmtheit der Epoche offenbart sich auch in der monumentalen Geschlossenheit ihrer Architektur mit zwingender Eindrücklichkeit.

Bald nach einem Brand um 1200 wurde die Kirche neu gebaut, wuchtig, schwer, klar und übersichtlich. Die heutige Eingangshalle vor dem Westportal entstand zwar erst 1468, steht aber mit dem mächtigen Turm des 14. Jahrhunderts und der Nothelferkapelle von 1524 wohl auf alten Grundmauern und gehört damit zum Bauschema der alpenländischen romanischen Kirchen, die zwischen zwei Westtürmen eine Vorhalle enthalten. Drei Portale führen ins Innere: das Westportal mit einem Gemälde des 18. Jahrhunderts im Tympanon, Kaiser Otto, eine Dame (wahrscheinlich die Kaiserin Mathilde) und Herzog Tassilo, also die Stifter, darstellend, das reicher ausgebildete Südportal mit der feierlichen Majestas Domini, ganz in der Nachfolge der plastischen Kunst des Benedetto Antelami in Parma stehend, darüber ein Fresko Michael Pachers, das uns Kaiser Otto zwischen den Kirchenpatronen zeigt, schließlich das Nordportal mit einem im 19. Jahrhundert aus Resten eines italienisierenden Löwentores zusammengestellten Vorbau. Besonders eindrucksvoll ist auch die Chorpartie von außen, wo sich die drei Apsiden, Chorvorjoch und Querhaus mit Vierungsturm zu einer prachtvollen Baugruppe zusammenschließen.

Der dreischiffige Raum mit Querhaus, Vierungskuppel und drei Apsiden erfährt durch Stützenwechsel rhythmische Gliederung, die noch durch wechselnd braunroten und grüngrauen Sandstein betont wird. Langsam zum Chor schreitend, spürt man die Strenge und Schwere romanischer Architektur und, man könnte fast sagen, ihre männliche Kraft. Die alte Einrichtung fiel größtenteils dem vorigen Jahrhundert zum Opfer, das der Kirche eine häßliche neue Ausstattung gegeben hatte. Die Kirche ist zwischen 1967 und 1969 instandgesetzt worden; die dreischiffige zugeschüttete Krypta wurde unter Verwendung alter Säulen und Kapitelle wiederhergestellt. Dem neuen Hochaltar einbezogen ist der kostbarste Besitz der Kirche, das hochverehrte ›Innicher Kreuz‹ zwischen Maria und Johannes. Der Sage nach ist es eines der drei, die Herzog Tassilo auf der Jagd gefunden und den Klöstern Polling, Wessobrunn und Innichen geschenkt haben soll. In Wirklichkeit ist die Kreuzigungsgruppe um 1250 im Pustertal geschaffen worden. Nicht die Qual der Passion ist hier geschildert, sondern es ist der Sieger über den Tod dargestellt. Auf dem Haupt die Königskrone, blickt er in strenger Erhabenheit geradeaus wie in weite Fernen, in starrer Haltung am Kreuzesstamm stehend mit waagrecht ausgebreiteten Armen, die Füße auf dem Schädel Adams ruhend. Neben ihm Maria und Johannes in verhaltener Trauer, und etwas weiter entfernt standen die Statuen der Kirchenpatrone, von denen der noch vorhandene farbig gefaßte Sankt Candidus jetzt die Krypta schmückt. Die monumentale und majestätische Form der Figur des Gekreuzigten geht auf Vorschriften des zweiten, durch den Bilderstreit veranlaßten Konzils von Nicäa von 787 zurück, welches festlegte, daß Bilder nur dann einen Wert hätten, wenn sie dem Gläubigen etwas Verehrungswürdiges vor Augen stellten. Das Kreuz hing einst unter dem Chorbogen, und man kann sich vorstellen, daß die Feierlichkeit des Raumes durch den strengen Ernst der Gruppe noch außerordentlich gesteigert wurde.

Bedeutend sind die wieder freigelegten Fresken der Vierungskuppel, die die zwischen 1280 und 1284 entstandene Schöpfungsgeschichte zeigen. Im nördlichen Querschiff befinden sich eine Muttergottes, um 1480, und ein Relief des Pfingstwunders aus dem 16. Jahrhundert, im südlichen Querarm drei Reliefs des Brunecker Schnitzers Michael Parth um 1520: Anbetung, Verkündigung und Heimsuchung.

Aus der Geschichte des Stifts ist nichts Bemerkenswertes überliefert, bis auf eine Episode aus dem Jahre 1482, als zwei Bauernsöhne aus Villgraten, deren Vater vom Hofrichter des Stifts wegen rückständiger Zinsen vom Hof gejagt worden war, den Chorherren förmlich Fehde ansagten und mit Raub und Brand drohten, wenn ihnen nicht innerhalb vierzehn Tagen Genugtuung gegeben werde. *Ihre lieben Nachbarn zu Innichen* ließen sie mit dem gleichen Fehdebrief wissen, daß es ihnen gewiß leid wäre, wenn sie wegen des Streites mit den Pfaffen zu Schaden kämen. Sie sollten diese daher vertreiben. Der Graf von Görz als Landesherr und Schutzvogt ließ die beiden Burschen verfolgen, die nach Venedig entwichen, sich aber später mit den Chorherren aussöhnten.

In Richtung Bahnhof, etwas außerhalb des Ortskerns, steht die originelle Gruppe der ineinandergebauten **Altöttinger- und Heilig-Grab-Kapellen,** beide vom Gastwirt Georg Paprion nach einer Reise ins Heilige Land 1653 gestiftet. Die Grabkapelle enthält eine Nachbildung des Heiligen Grabes in Jerusalem. Im Ortskern (Peter-Paul-Rainer-Straße) ist aus privater Initiative die Sammlung *DoloMythos – Wunder der Dolomiten* entstanden. Vor allem anhand von Mineralien und Versteinerungen wird hier die Entstehung der Dolomiten demonstriert, zugleich aber wird der Mythos dieser steinernen Welt mit seinen Sagengestalten und Märchen aufgezeigt.

Von Innichen zur österreichischen Grenze sind es nur sieben Kilometer. Zwischen Toblach und Innichen liegt der *Rohrwald,* wo die Drau entspringt, der wir nun bis zur Grenze folgen. Im unmittelbaren Grenzgebiet erhebt sich der 2434 Meter hohe *Helm* (Monte Elmo), der als der schönste Aussichtspunkt des Pustertales gilt. Er bietet einen umfassenden Blick auf die Dolomiten, die Zentralalpen und die Karnischen Alpen und ist von Sexten aus mit einer Bahn leicht zu erreichen.

Von Osten nach Westen zweigen vom Pustertal in nördlicher Richtung, von Osten aus gesehen, das Gsieser, das Antholzer und das Tauferer Tal ab, schließlich auch noch das Pfunderstal und das Valstal – nach Süden das Sextental, das Höhlensteintal, das Pragser Tal und das Gader- oder Abteital.

Die Täler von **Vals** und **Pfunders** im Nordwesten waren lange wenig besucht und haben daher noch relativ gut ihren ursprünglichen Charakter in Bauweise und Volkstum bewahrt. Das behäbige Gasthaus ›Maßl‹ in Vals aus dem 17. Jahrhundert ist dafür typisch. Heute zieht der Wintersportort Meransen viele Menschen ins Valser Tal. Von Pfunders aus kann man zahlreiche Touren unternehmen, unter anderem zum *Eisbrucksee* und auf den *Hochfeiler,* der aber 3510 Meter hoch ist und nur für geübte Bergsteiger mit Führer zugänglich.

Von Olang aus besucht man am besten das grüne **Antholzer Tal,** das sich bis an die Rieserferner und die Tauern erstreckt und wo man am Ende des Tales den schönen hochgelegenen *Antholzer Wildsee* besuchen kann; über den Staller Sattel kann man von hier schließlich bis ins Defereggental in Osttirol gelangen. Der Ort **Antholz** hat drei Teile: Antholz-Niedertal, Antholz-Mittertal und Antholz-Obertal. In Mittertal ist die hübsche *Pfarrkirche zum Heiligen Georg* (erbaut 1794 bis 1798) sehenswert, im Inneren leider verändert und nicht gerade glücklich restauriert.

In **Taisten,** am Eingang zum Gsieser Tal, unweit von Welsberg, steht einer der ältesten Bauten des Gebietes, das bis auf die Zeit um 800 zurückgehende, aus dem zwölften Jahrhundert stammende *Sankt Georgskirchlein,* einst eine befestigte Burgkapelle. Sie erhielt 1498 das Gewölbe. Im Innern ist die Apsis doppelgeschossig wie in der Kapelle der Zenoburg bei Meran und in Schloß Tirol. Das Äußere trägt Fresken, so neben dem Eingang ein Haupt Christi, vermutlich von Leonhard von Brixen, 1459, an der Südostwand einen großen Christophorus und eine thronende Madonna mit Heiligen, 1495 von Simon von Taisten gemalt. Der schöne Innenraum ist ebenfalls mit Fresken geschmückt. In der unteren Apsis sehen wir den Gnadenstuhl und die Evangelistensymbole vom Anfang des 15. Jahrhunderts, darunter eine Schutzmantelmadonna und die Heiligen Martin, Florian, Georg, Silvester, Valentin, Blasius, Nikolaus und Wolfgang, 1457 bis 1469 von Leonhard von Brixen gemalt. Auf der Stirnwand stellt der gleiche Meister die Verkündigung dar. Auf dem rechten Ufer des Taistbachs steht die Pfarrkirche *Sankt Ingenuin und Albuin* mit ihrem Turm des 15. Jahrhunderts. Die Kirche wurde 1770 bis 1771 von Franz Singer, Baumeister und Stukkator aus Götzens bei Innsbruck, durchgreifend umgebaut. Die nach einem Brand 1941 weitgehend restaurierten Fresken in dem außerordentlich eleganten Raum malte Franz Anton Zeiller 1771, die Altarplastik arbeitete der Brunecker Jakob Santer. Im Rippengewölbe der Erasmuskapelle – der Grablege der Freiherren von Welsperg, mit schönen Grabsteinen des 15. und 16. Jahrhunderts – sitzt im Schlußstein eine gemalte Muttergottes, die von der Hand Michael Pachers sein könnte. Die Friedhofskapelle *Sankt Jakob* wurde 1490 erbaut und um 1500 von Simon von Taisten mit Fresken geschmückt.

Das bedeutendste nördliche Seitental ist aber das **Tauferer Tal,** das fünfzig Kilometer weit nach Norden bis zwischen die Zillertaler Alpen und die Venedigergruppe vordringt und in seinem hinteren Teil Ahrntal heißt. Bei Sand in Taufers zweigt das Raintal, bei Luttach das Weißenbachtal und bei Mühlen das bedeutendere Mühlwalder Tal ab.

Dort, wo Raintal und Ahrntal sich treffen, erhebt sich über den Orten Sand und Sankt Moritzen die gewaltige **Burg Taufers,** ein großer Komplex aus dem 13. Jahrhundert, dessen trotz mancher Abbrüche noch immer eindrucksvolle Baumasse sich wirkungsvoll vom Hintergrund der Gletscher der Zillertaler Alpen abhebt. Bei der Beschreibung der Baudenkmäler dieser Gegend folgen wir den Ergebnissen der Forschungen von Josef Weingartner, dem besten Kenner der Südtiroler Kunst.

Die Burg liegt auf einem Felsrücken, der ehemals das Tal abschloß, später von der Ahrn durchsägt wurde. Die ehemaligen Befestigungen zogen sich früher bis weit ins Tal hinunter, sie liegen seit langem in Trümmern. Ein Torbau mit Zugbrücke sichert aber heute noch den Zugang zur Burg. Ein schön gewölbter, leicht steigender Gang führt von dort durch drei Tore in den geräumigen Burghof, wo der Bergfrit und ein breiter Wohnturm dem unregelmäßigen Vieleck die architektonischen Akzente geben. Doppelbogenfenster mit schlanken Mittelsäulen gliedern die gewaltigen Mau-

ern. In der Kapelle im ersten Stock ausgezeichnete Wandbilder der Pacherschule, um 1480 gemalt, ferner ein Kruzifix aus dem 13. und Heiligenbilder aus dem 15. Jahrhundert. In den Wohnräumen, die im späten Mittelalter ausgebaut wurden, Balkendecken des 15. und 16. Jahrhunderts, zum Teil reich geschnitzt, im Burghof eine malerische Brunnenhalle mit einem Ziehbrunnen und einer Zisterne. Der sogenannte ›Kornspeicher‹, der einen Teil der neueren Wohnräume enthält, zeigt zwar über dem Erdgeschoß gotische Viereckfenster mit Steinkreuzen, daneben aber auch Spuren zugemauerter dreiteiliger Bogenfenster, war also wohl ehemals ein palastartiger Wohntrakt, dessen den ganzen Bau ausfüllende Säle im ersten und zweiten Stock durch Bogenstellungen unterteilt waren.

Obwohl die ganze Burg um 1500, mit Ausnahme des Bergfried, umgebaut, der Torbau sogar ganz neu errichtet wurde, macht sie noch immer den düster-gewaltigen Eindruck einer hochmittelalterlichen Anlage – ein trotziger Gegensatz zu der liebenswürdigen spätmittelalterlichen Churburg im Vintschgau, die in ihrer heutigen Form die heitere Lebensart der Renaissance und des frühen 17. Jahrhunderts widerspiegelt.

Die Burg ist ganzjährig in Führungen zu besichtigen. Im Obergeschoß liegt die romanische *Kapelle* mit einem eindrucksvollen Kruzifix aus dem frühen 13. Jahrhundert. Die Apsis ist mit Fresken von 1482 geschmückt, die 1956 freigelegt worden sind; sie werden der Pacher-Werkstatt zugeschrieben. Wir sehen Christus als Weltenrichter in der Mandorla, flankiert von Maria und Johannes dem Täufer. Der untere Fries rechts zeigt die Enthauptung Pauli, Paulus im Himmel, die Folterung des Heiligen Erasmus und den Heiligen Sigismund; links Petrus im Kerker, Martyrium Petri und Petrus im Himmel; oben die Darstellung Christi am Ölberg und die schlafenden Jünger. Vierundzwanzig Räume enthalten noch die alten sowie einige nach altem Vorbild neu geschaffene Vertäfelungen. Die sogenannte *Gemäldegalerie* hat eine Sammlung hübscher, auf Pergament gemalter Porträts des späten 16. Jahrhunderts. Reich ausgestattet ist der *Bibliothekssaal* mit seiner mächtigen, tiefen Kassettendecke des 17. Jahrhunderts, in welche Gemälde eingelassen sind: die Propheten Elias, Jesaias, Hosea und der arme Lazarus. Das *Fürstenzimmer* enthält eine spätgotische Vertäfelung und ein großes Gemälde Samson und Dalila aus der Schule Paolo Veroneses.

Im Ort **Sand** ist die völlig einheitliche spätgotische Pfarrkirche *Sankt Mariä Himmelfahrt* erwähnenswert, ein Hauptwerk der Pustertaler spätgotischen Kirchenarchitektur. Der heutige Bau wurde vor 1503 begonnen und 1507 durch Valentin Winkler von Pfalzen vollendet: strenge Fassade mit Radfenster mit bewegtem Maßwerk, über dem Hauptportal die Jahreszahl 1515. Im Inneren hohes, reiches Netzgewölbe. Im Südwinkel zwischen Chor und Langhaus außen ein reiches Sakramentshäuschen aus Marmor und Sandstein von 1583. Die Ausstattung ist leider fast durchweg aus dem 19. Jahrhundert.

In **Sankt Moritzen**, östlich von Sand, steht ein zweischiffiger gotischer Bau, die Kirche *Sankt Mauritius*, die schon 1443 urkundlich erwähnt wird, mit einer bedeutenden Gruppe Magdalena und Johannes, um 1430. In der näheren Umgebung finden sich dann weitere hübsche Kirchen, so *Sankt Michael am Friedhof, Sankt Walburg, Sankt Nikolaus in Kematen* und *Sankt Johann im Bad Winkel.*

Beim Bad Winkel, das eine alkalische Quelle hat, beginnt ein neu angelegter *Besinnungsweg zum Sonnengesang,* der in zehn Stationen bis zur Toblkapelle führt. Der Wanderer soll sich auf diesem Weg mit dem berühmten Hymnus des heiligen Franz von Assisi auseinandersetzen. Den Kontrast zur Ruhe dieses Weges bilden die drei Reinbachfälle, die größten und gewaltigsten in ganz Südtirol.

Unter dem Namen **Ahrntal** sammelt sich eine Reihe von Dörfern, die, wegen ihrer Lage in wunderbarer Landschaft, zu beliebten Urlaubs- und Wintersportorten geworden sind: *Luttach, Sankt Martin, Steinhaus, Sankt Jakob in Ahrn, Sankt Peter in Ahrn, Prettau* und *Kasern.* In Luttach zweigt links ein Tal nach **Weißenbach** ab, wo sich die 1480 geweihte *Sankt Jakobskirche* noch ganz in ursprünglicher Gestalt erhalten hat: eine gotische einschiffige Halle mit Spitzbogenportal, polygonalem Chorabschluß und einem Netzgewölbe. Am Außenbau ein Fresko des Heiligen Christophorus aus dem späten 15. Jahrhundert, im Chorgewölbe Evangelistensymbole in Vierpässen von Friedrich Pacher gemalt. Übrigens ist beim derzeitigen Stand der Pacher-Forschung nach wie vor ungelöst, ob dieser Friedrich Pacher in einem verwandtschaftlichen Verhältnis zum berühmten Michael stand. Nicolò Rasmo schließt ein Bruderverhältnis aus. Bemerkenswert ist weiterhin der Flügelaltar von

1516, dessen Skulpturen wie Gemälde gleichermaßen vorzüglich sind. Das marmorne Sakramentshäuschen stammt aus dem Anfang des 16. Jahrhunderts. In **Steinhaus** steht das große ehemalige Verwaltungsgebäude des Prettauer Kupferbergwerks, das 1878 geschlossen wurde. Bei der sorgfältigen Restaurierung 1974/1976 wurden hier Seccomalereien mit biblischen und mythologischen Szenen nach Virgil Solis, 1564 in Auftrag gegeben, neu aufgefunden. Am Talende liegt **Heilig Geist** mit seinem Kirchlein, das um 1450 für die Knappen von Prettau gebaut und von Kardinal Nikolaus von Kues geweiht worden ist.

Den Abschluß des Ahrntales bildet der 2913 Meter hohe Glokkenkarkopf, heute der nördlichste Punkt Italiens. Ihn hatte am 16. Juli 1904 Ettore Tolomei bestiegen, sich als ›Erstbesteiger‹ ausgegeben – der Berg war vorher schon von Doktor Fritz Kögl bezwungen worden – und den Glockenkarkopf ›Vetta d'Italia‹ genannt. Bei den Verhandlungen in Saint-Germain überzeugte dieses Argument, Südtirol wurde ohne Volksabstimmung an Italien abgetreten. Wie gesagt, das Ahrntal ist von besonderer Schönheit und bietet zahlreiche Wanderwege, so zum Beispiel von Steinhaus aus – man kann auch den Sessellift nehmen – zur Alm Kleinklaus, dann weiter über Wiesen und durch Lärchenwald zum Klaussee.

Was die nach Süden strebenden Nebentäler des Pustertales angeht, so ist das bei Innichen abzweigende **Sextental** bei Bergsteigern besonders beliebt wegen seiner mannigfaltigen Möglichkeiten für Hochtouren, wie sie die Drei Zinnen, Schusterspitze, Birkenkofel und andere Gipfel bieten. Diese sogenannte Sextener Gruppe ist schon mit den Ampezzaner Dolomiten tektonisch verbunden; Ansieital, Misurinasee und Rienztal scheiden die beiden Gruppen voneinander. Den Kern der Sextener Gruppe bilden die Drei Zinnen, von denen die mittlere die Dreitausendmetergrenze überschreitet, desgleichen tun der Elferkofel und der Zwölferkofel; andere großartige Gipfel der Gruppe liegen kaum unter dreitausend Metern und bieten herrliche Möglichkeiten für Bergtouren aller Schwierigkeitsgrade. In diesem Gebiet findet sich auch der aussichtsreichste Höhenweg der Dolomiten – die Alpinistraße, die für Schwindelfreie leicht begehbar ist. Man erreicht sie durch den Fischleinboden und das Bacherntal. Ausgangspunkte für diese hochalpinen Ausflüge sind **Sexten** und das kleine Bad Moos.

4

Karl Schuch (1846-1903)

Misurinasee, um 1880
Aquarell
Wien, Graphische Sammlung Albertina
(Foto: Viktor Harrandt, Wien)

Als Schüler des Landschafters Ludwig Halauska verbindet Karl Schuch in seiner Kunst Alt-Wiener Geschmackskultur mit den malerischen Errungenschaften Courbets und Leibls, dem er sich 1870 anschloß: Neben Wilhelm Trübner war er das wichtigste Mitglied des engeren Leibl-Kreises und fungierte sogar als dessen Theoretiker. Damit wurde er auch zum bedeutendsten österreichischen Maler am Vorabend des Impressionismus. Der engagierte Landschafts- und vor allem Stillebenmaler, der niemals eine Ausstellung beschickt und auch Zeit seines Lebens nur ein einziges Bild verkauft hat, hielt sich von 1876 bis 1882 überwiegend in Venedig auf, wo sich der ganze Tonreichtum seiner Palette entwickelte. In jenen Jahren entstand auch in tiefer Einfühlung in verhaltene Naturstimmungen diese schöne Studie vom Misurinasee, in der die ganze, gerade bei verhangenem Himmel reich nuancierte Skala von Grauwerten in voller Intensität ausgekostet wird. Im Hintergrund erscheinen von links die Dreischusterspitze, dann die Drei Zinnen und zur Mitte zu der Pomagagnon.

1969 wurde in Sexten das *Rudolf-Stolz-Museum* eingerichtet. Über 150 Werke – Studien, Skizzen, Entwürfe – des Malers Rudolf Stolz, 1874 in Bozen geboren, 1960 in Sexten gestorben, sind hier ausgestellt. Stolz war hauptsächlich Freskenmaler, der vor allem in Südtirol, aber auch in Österreich und Deutschland (Kempten) arbeitete. Sein Hauptwerk ist wohl der Freskenzyklus ›Totentanz‹ im Sextener Friedhof, der unter dem Eindruck des Ersten Weltkrieges, auch Sexten war stark zerstört worden, 1924 entstanden ist. Nicht auszudenken, was für Sexten und Umgebung die Verwirklichung der projektierten ›Alemagna-Autobahn‹ Venedig-München bedeutet hätte! Die geplante Trasse verlief mitten durch die Ortschaft und weiter über den Kreuzbergpaß.

Von Toblach führt das Höhlensteintal nach Süden auf die Dolomitenmassive zu. Am Toblacher- und Dürrensee vorbei, erreichen wir am Ende des Tales Schluderbach, wo sich die Straße teilt. Ein Arm umgeht die Cristallogruppe, übersteigt die Paßhöhe ›Im Gemärk‹ und führt vorbei an den roten Wänden der Croda Rossa nach Cortina d'Ampezzo – ein anderer durch das Knappenfußtal zum **Misurinasee.** Von dort besteigt man die *Drei Zinnen,* die aber schon zur Sextener Gruppe gehören. Die Straße führt dann weiter südwärts und gabelt sich am Tre-Croci-Paß. Der westliche Strang vereinigt sich in Cortina mit der Großen Dolomitenstraße und der Straße nach Pieve di Cadore, wovon noch die Rede sein wird.

Zwischen Toblach und Welsberg nimmt die Rienz den Pragser Wildbach auf, der aus dem **Pragser Wildsee** herabfließt. Mitten im herrlichsten Fichtenwald liegt der grünblaue, klare See, unmittelbar unter Seekofel und Herrenstein, deren rosa-gelbliche Steinwände sich im Wasser spiegeln. Es ist einer der wunderbarsten Seen Tirols, in der Hochsaison aber leider völlig überlaufen und von viel Lärm erfüllt. Als ich ihn einmal im Frühsommer besuchte, hallte der See wider vom Geschrei italienischer Mädchen, die hier an den Ufern promenierten oder kreischend sich in Booten schaukelten. »È un lago molto noioso«, hörte ich eine der Schönen schmetternd verkünden. »Schau, daß du weiterkommst«, zischte ich ihr böse zu, was sie mit fröhlichem Gelächter quittierte. Durch Fichtendickungen steigend, flüchtete ich eilig bergan in den Hochwald und gelangte über feuchte Wiesenschlenken, auf denen noch Sumpfdotterblumen und Mehlprimeln blühten, zu den Geröllhalden unter den grau-rosa Wänden, wo noch Schneereste lagen. Hier endlich herrschte feierliche Stille, sonderbar belebt vom Sausen des Windes in den Zweigen und den hellen Schreien der Kolkraben, die hoch über den Dolomitfelsen dahinstrichen.

Ein weiterer schöner Weg südwärts in die Dolomiten hinein führt durch das **Gader-** oder **Abteital,** welches bei Sankt Lorenzen – westlich von Bruneck – beginnt und sich bis Corvara hinzieht. Den Anfang bildet eine enge Waldschlucht, durch die der Gaderbach braust, der der Straße kaum Platz läßt, da ihn zu beiden Seiten steile Hänge mit Laubwäldern begleiten, die hie und da den Blick auf hochgelegene Wiesen freigeben, auf denen schmucke Höfe stehen.

Bei Zwischenwasser gabelt sich die Straße. Geradeaus zieht die Gaderschlucht weiter nach Corvara, links geht es ins Rautal nach **Enneberg.** Gleich am Ortseingang steht ein massiges Gebäude mit vier Ecktürmen. Es ist *Asch,* der Stammsitz der Herren von Prack, einer als händelsüchtig bekannten Familie. Rudolf Prack behandelte als Beauftragter des Fürstbischofs von Brixen Nikolaus von Kues die Sonnenburger Klosterfrauen in ihrem Streit mit dem Cusaner nicht gerade sehr rücksichtsvoll. Davon wird noch die Rede sein. Manche Sage wird heute noch von diesen wilden Gesellen erzählt. So lag der Ritter Franz Wilhelm von Prack in ständiger Fehde mit den Kolzen aus dem Abteital. Als er einmal von einem Besuch seiner Geliebten auf der Burg Peutelstein durch das Gebirge heimritt, hatten die Kolzen die Brücke Tavernanza abgebrochen und lagen im Hinterhalt. Prack bedachte sich nicht lange, gab dem Pferd die Sporen, setzte in mächtigem Sprung über die Schlucht und ritt davon. 1682 aber wurde er von Johann und Anton Kolz bei Corvara erschlagen.

Der *Enneberg* selbst, ein anmutiges, von kühnen Bergen umschlossenes Wiesenland, liegt schon im Herzen der ladinischen Dolomiten. Der Hauptort heißt **Sankt Vigil,** dessen dem Heiligen Vigilius, dem ersten Bischof von Trient, geweihte Kirche schon 1293 erwähnt wird. Der heutige Bau wurde 1770 bis 1780 erbaut und 1782 geweiht. Der Meister des schönen Gebäudes ist Franz Singer, der auch in der Innsbrucker Gegend gebaut hat. Das Innere des Chores und des Langhauses hat Matthäus Günther 1782 ausgemalt: im Chor mit der ›Glorie des Heiligen Franz Xaver‹, im Langhaus mit der ›Steinigung des Heiligen Vigilius im Etschtal‹ – bedeutende Spätwerke des Meisters.

Wir kehren nach Zwischenwasser zurück und folgen der Straße durch die Gaderschlucht weiter – der *Campolongostraße,* die Bruneck mit Belluno verbindet. Sie ist eine der wichtigsten Nord-Süd-Verbindungen der Dolomiten und führt mitten in die mächtigsten Gebirgsstöcke hinein, in das **Hochabteital**, wo sich die Gemeinden und Orte zur Urlaubs- und vor allem Wintersportregion **Alta Badia** zusammengeschlossen haben. Kurz vor Corvara biegen wir nach Westen ab und fahren von da auf das *Grödner Joch,* um hier den großartigen Rundblick über die ladinischen Dolomiten zu genießen. Diesem breiten Sattel zwischen Sella-Gruppe und Langkofel werden wir uns auf der Großen Dolomitenfahrt von Bozen her noch einmal nähern. Wenden wir von hier den Blick zurück über die Straße, die wir gekommen sind, so entdecken wir tief unter uns die hübsche Kirche von **Kolfuschg**, das die Italiener ›Colfosco in Badia‹, die einheimischen Ladiner aber ›Colfuschg‹ nennen.

Colfuschg wird zum erstenmal 1153 im Neustifter Urkundenbuch genannt, wo Reinbertus von Sebene an das Kloster Neustift bei Brixen Güter in ›Colphusge‹ schenkt. Damals gehörte Colfuschg zur Pfarre Lajen. Die Volkssage erzählt nun, die Colfuschger seien an jedem Samstag oder Vorabend eines Festes über die Puezalpe nach Lajen oder Brixen zum Gottesdienst gegangen. Auch ihre Toten brachten sie zur Beerdigung nicht über das nahe Grödner Joch dorthin, sondern über Puez in den Friedhof der großen Erzpfarre Albeins, nachdem sie die im Winter Verstorbenen in den Felshöhlen der Gardenazza bis zur Schneeschmelze aufbewahrt hatten. 1419 wurde auch in Colfuschg eine Kirche gebaut und 1452 geweiht. (Hermann Delago)

Als Heinrich Noë vor rund hundert Jahren seine ›Bilder aus Südtirol‹ schrieb, schilderte er die Fahrt zum ›Corfara-Joch‹, wie er es nennt, so genau und lebendig, daß man sie auch heute noch als eine treffende Beschreibung der Landschaft um Corvara bezeichnen kann. Mögen auch manche Einzelheiten – die Straßen zum Beispiel oder die Ortschaften – sich verändert haben, die Gewalt der Berge und die Geschlossenheit des Panoramas, das sich hier dem staunenden Auge darbietet, ist unverändert geblieben. Folgen wir der Schilderung Noës:

Fahrt zum Grödner Joch

Das Flußgebiet der Gader oder das Thal Enneberg hat nur einen Zugang, auf welchem es von Rossen und Wagen erreicht werden kann, den Weg, der von den waldigen Ufern der Rienz seinem eigenen Fluß entlang bis in seine hintersten Gründe führt. Von allen übrigen Himmelsrichtungen her kann es nur auf Jöchern, welche aber fast alle gar leicht zu begehen sind, erreicht werden.

Die Steige, welche sowohl nach Ampezzo, als nach Buchenstein und Gröden hinüber führen, werden sämmtlich in wenigen Stunden ohne die geringste Beschwerde durchschritten.

Nach Ampezzo hinüber wandelt man bequem über die grasige Alpe Valparola, und auch der Weg, welcher in das grüne Grödener Thal führt, gleicht eher einem abwechslungsreichen Spaziergang, als einem Jochsteige der Alpen.

Berühmt ist die merkwürdige Aussicht und die Umgebung der Alpe Valparola: die hohen Dolomitkessel, die geneigten Eisflächen der Marmolata von Wolken umschwebt, die fernen Felsenterrassen von Primiero, der hellgrüne See oben auf dem Joche mit seinen Inselchen, den mit rothem Moose besprenkelten Felsblöcken, den Legföhren und dem Edelweiß an seinen Ufern.

Nicht minder merkwürdig aber ist auch die Landschaft von der Höhe des Corfara-Joches aus betrachtet, welches im Westen die Gränzmauer gegen Gröden bildet, wie die Valparola-Alpe im Osten gegen Ampezzo.

Zwischen beiden Paßhöhen liegt die Niederung von San Cassian, Stern, Corfara und Colfosco, Thäler voll einsamer Waldschatten, rauschender Wasser, rauchender Sennhütten und verstreuter, mächtiger Kalktrümmer. In der Schlucht, welche von der Valparola aus nach San Cassian hinab führt und auch noch weiterhin, bei Stern, wo sie in das Hauptthal des Flusses einmündet, sind die Hänge mit mächtigem Waldgrün oder mit schönen Wiesen bedeckt. Vielmehr felsig und rauh dagegen ist das Thal, in welchem man westlich von Corfara, am Ufer der Colfuschger-Ache gegen das Corfara-Joch hinaufsteigt.

Man sieht nicht so gar weit in die schimmernde und glänzende Bergwelt des Südens, die hohen Kalkhäupter des Piavegebietes hinein, wie dort auf der Valparola, wenn man hier die Corfara-Jochhöhe erreicht hat. Dennoch wird der Wanderer überrascht, ja erschreckt, von der Öde des Felsenwandkreises, der ihn hier, über einander gestaffelt, wie die Sitze einer

Schaubühne des Alterthums umthürmt. Hie und da findet er auf der Hochfläche einen Ruheplatz, der von einem einsamen Felsblock beschattet wird, eine einsame Zirbe, eine graue Sennhütte und in weiter Ferne jenseits der grünen Tiefe des Grödener Thales die flimmernden Streifen der Ötzthaler Ferner, an welchen der Blick gerne haftet, weil Erinnerung wach wird an ihre blauen Eisseen, an ihre Wasserstürze, ihre tannigen, duftigen Felsgründe.

Gerade vor dem Wanderer aber erhebt sich der schreckliche Saß Lung, nächst dem Pisadul die höchste Erhebung aller Grödener Gipfel. Es ist zweifelhaft, ob diese völlig unnahbaren Wände einen mehr schrecklichen Eindruck hervorbringen, wenn man sie von der Höhe des Sellajoches, über welches man nach Fassa hinübersteigt, betrachtet, oder von unserer um so viel weiter entfernten Höhe.

VON BRIXEN NACH KLAUSEN

Nur Narren wollen stets
reisen – die Vernünftigen
wollen ankommen.
Fürst Metternich

Ankunft in Brixen

Am Brenner hatte ich einen winkenden Pfarrer mitgenommen und leichtsinnig versprochen, ihn nach Hause zu bringen – »nur fünfzehn Kilometer weiter überhalb Brixen am Berg«. Ich hatte Kopfweh, war müde, aber das Versprechen sollte gehalten werden. Es hat sich gelohnt. Schon sank die Nacht herab, als wir der zur ›Plose‹, dem aussichtsreichsten Gipfel der Brixener Bergwelt, führenden Chaussee folgend, in immer neuen Serpentinen zur Höhe fuhren. Frisch und rein wehte die Luft, erfüllt von herbsüßem Waldgeruch; am Himmel blitzten schon Sterne, und unten im Tal glänzten die Lichter der Bischofsstadt auf. Ringsum standen schwarz die Wälder, darüber die dunklen Silhouetten des Hochgebirges, und im Westen leuchtete noch ein Streifen zarten Gelbs vom Sonnenuntergang her. Wieder eine Kehre: da stand vor uns, wie von innen leuchtend, die wildgezackte zart grau- und rosafarbene Dolomitgruppe der Geislerspitzen. Bald darauf hatten wir die Pfarrei **Afers** hoch droben am Berg erreicht, und eine Stunde später lag ich unten im Tal, im Hotel ›Elefant‹ im Bett, vom Rauschen eines Brunnens sanft in Schlaf gewiegt.

Heinrich Noë beschreibt einen Ausflug auf die Plose. *Es wird von Brixen aus am heißen Vormittag der Anstieg über den östlichen Berg unternommen, auf welchem das Bad Burgstall liegt ... Man schlägt die Richtung gerade gegen Osten ein und biegt bei einer Höhle, in welcher ein lebensgroßer hölzerner Heiland im blauen Gewand kniet, gegen Süden ab ... Nach kurzer Frist gelangt man zum Anblick des Karnoler Baches, welcher sich in jähem Fall durch eine höchst malerische Schlucht stürzt ... Endlich bringt uns ein abkürzender steiler Fußpfad vor die Thür des Bades Burgstall, welchem gegenüber auf einem vereinzelten Kegel wohl einstmal eine Burg gestanden haben mag, von welcher die letzten Spuren verschwunden sind ... Auch vergnügt man sich gern mit einem Gang südlich über den ebenen Boden der Mittelgebirge gegen das Dorf Sankt Andreas hin … Solche Gänge gibt es nur in Südtirol. Man geht durch Saatfelder und durch Waldgruppen hin und schaut in eine weite Bergwelt. Im Süden ragen die Zacken der Brenta-Gruppa vom Molveno-See her, im Westen der Pflerscher Tribulaun, aus dem jüngst durchwanderten Pfitsch das Wilde Kreuz und aus den Zillertaler Gründen der weiße Herbfeiler und seine eisigen Nachbarn. Unten aus dem tiefen Tal dringt das Glockengeläute der Stadt herauf und von den Hängen glänzen die zahllosen Kapellen und Schlösser, bis im Süden, gegen den Bozener Ritten hin, alles in Duft verblaut.*

Von Burgstall wandert Noë zum Hof ›Plazbon‹ (ladinisch, guter Platz) zum Unterschied vom gegenüberliegenden ›Malfitter‹ (mal sito, schlechter, das heißt schattiger Platz). In Plazbon zahlte man damals für ›Tag und Kopf‹ acht Kreuzer. Er ist dann auf die Höhe der Plose gestiegen, von wo man sowohl den Monte Baldo am Gardasee sieht wie auch den Schafberg bei Salzburg, das Kitzbühler Horn, die Innsbrucker Berge, die Dolomiten, die Spitzen der Bernina, die Gasteiner Gletscher.

Ich war am nächsten Tag nach meinem Ausflug nach Afers wirklich in Brixen angekommen. Die Sonne schien heiß vom tiefblauen Himmel, Schwalben schossen durch die Luft – nur in Florenz habe ich so viele dieser heiteren Vögel gesehen. Nach dem Frühstück machte ich mich auf zum Rundgang durch den Ort.

Eine Stadt neu kennenzulernen, hat immer etwas Aufregendes. Man geht durch die Straßen, versucht die Eigentümlichkeiten des Stadtbildes, seine Atmosphäre zu erfassen und stellt Vergleiche an mit anderen schon bekannten Orten. Durch die Trattengasse schlenderte ich also zum Obstmarkt, kaufte dunkelrote, krachende Kirschen, ging über den Großen Graben und betrat durch ein Tor die Großen Lauben, einst das Zentrum der mittelalterlichen Bürgerstadt. Am Ende dieser Straße steht ein Eckhaus, geschmückt mit der Figur eines dreiköpfigen wilden Mannes aus dem späten 16. Jahrhundert. Hier biegt man ein in die Kleinen Lauben, die im Norden vom Säbener Tor abgeschlossen werden. In den Kleinen Lauben stößt man auf das Café und Restaurant Fink. Der Wirt, Hans Fink, ist zugleich geschätzter Volkskundler und Sagenforscher, hat 1955 in Tötschling einen Menhirstein gefunden, von dem ich später, bei unserer Fahrt zur Tschötscher Heide, mehr erzählen werde. Fink hat den Stein in seinem Haus in der ›Menhirstube‹ aufgestellt und aus diesem Raum so etwas wie ein prähistorisches Mini-Museum gemacht. Über den hellen, freundlichen Bogengängen erheben sich die rosa, hellblauen, ockergelben und grauen erkergeschmückten Fassaden der Häuser aus dem 15. und 16. Jahrhundert, wie man sie in fast allen Südtiroler Städten sieht. Eine schmale Gasse führt zum Domplatz, der, dicht mit Kastanien bepflanzt, von hohen alten Giebelhäusern gesäumt wird, unter denen das ›Pfaundlerhaus‹ aus dem Jahre 1581 mit seinem durch drei Stockwerke reichenden Fassadenerker sich als besonders stattlich präsentiert. Hier stehen wir mitten im Herzen der Stadt, die sich uns nun auch als geistliche Residenz zu erkennen gibt, denn auf der Ostseite des Platzes erhebt sich vor uns die Gruppe der bedeutendsten Brixener Kirchen: Pfarrkirche, Dom, Frauen- und Sankt-Johannes-Kirche, ein in sich geschlossener geistlicher Bezirk. Bei hohen kirchlichen Festen fuhr hier der Bischof, gefolgt vom ganzen Domkapitel, in der Karosse zum Hochamt.

Angesichts dieses zusammengedrängten Komplexes von vier Kirchen wird man sich des besonderen Charakters der alten Bischofsstadt bewußt, deren Oberhirte zugleich, seit 1027, Reichsfürst gewesen ist. *Wir von Gottes Gnaden Bischof, des Heiligen Römischen Deutschen Reichs Fürst von Brixen* lautete sein offizieller Titel.

Die ehemalige Bischofsresidenz

Seit 1265 hatten die Bischöfe ihre **Residenz**, die Hofburg, an der Südwestecke der Stadt. Sie besteht heute noch und ist ein umfangreicher, noch teilweise von Wasser umflossener Bau mit zwei kräftigen mittelalterlichen Türmen, der unter Kardinal Andreas von Österreich und Bischof Andreas von Spaur zu einem prächtigen Renaissancepalast verändert wurde. Westtrakt und Außenfassaden wurden von Graf Künigl im 18. Jahrhundert verändert. Künigl ließ auch die Hofkapelle im Westtrakt erbauen. Im Inneren ein Deckenbild von Kaspar Waldmann, 1708. Die ehemals übermalten Waldmannfresken an den Wänden wurden wieder freigelegt. Um den weiten Hof mit seinem Springbrunnen, der den Renaissancecharakter noch bewahrt hat, gruppieren sich die vier Flügel, im Norden und Süden in rundbogigen Galerien geöffnet und geschmückt mit den Terrakottastatuen von Mitgliedern des Hauses Habsburg und deren Vorfahren. Der in Schongau in Oberbayern geborene, in Florenz bei Giovanni da Bologna ausgebildete Hans Reichle erhielt 1596 dafür den Auftrag. Er nahm als Vorbild das Kupferstichwerk, das Francesco Terzio im Auftrag König Ferdinands von den Erzfiguren des Maximilian-Grabmals in der Innsbrucker Hofkirche geschaffen hatte. Unter den Brixener Statuen befinden sich ihre Wappen in Rollwerkkartuschen, darüber Rundmedaillons mit ›Maskarons‹ und symbolischen Reliefs. Es gibt einen Reisebericht des Großherzogs Cosimo III. von Toskana, der 1667 in Brixen war. »*Die Residenz bietet einen schönen Anblick. Auf jeder Seite ist sie von einem Graben umgeben, über den eine Zugbrücke zum Tor führt, wo man einige Geschütze und viele Köpfe von Bären erblickt, die in den nahen Bergen hausen. In dem sehr schönen Hof sah man nach der Sitte vieler Häuser in Deutschland einen gezähmten Storch, der mit höchster Aufmerksamkeit Wache hielt. Darauf stieg man in einen großen Saal, zu dem zwei Treppen hinaufführen; eine von ihnen ist sehr bequem nach italienischer Weise gebaut. Man besichtigte einige Räume, von denen der eine sehr schön möbliert ist. Außerdem ist ein Garten mit Statuen, Brunnen und Fischteichen vorhanden, in denen sich zahlreiche sehr fette Forellen und eine Menge anderer Fische befinden …*

Das Ganze wirkt reich und vornehm, gleich einem italienischen Palast, und in ihm hielten die Bischöfe gastlich Haus. *Wir hören*, so schreibt Propst Weingartner, *von den täglichen Einladungen zur Mittagstafel, wobei naturgemäß die adligen Domherren, die Hofkavaliere und ihre Damen die erste Rolle spielten, wir erfahren, wer dabei einen gewöhnlichen Stuhl, wer einen Sessel mit Armlehne erhielt, wie weit der Fürstbischof etwa einem illustren Gast entgegenging und ob er dabei Mantel und Hut nahm oder nicht und auch, ob es – damals noch etwas ganz Besonderes – nach dem Essen Kaffee gab oder nicht.*

1976 wurde das **Diözesanmuseum** mit seinen reichen Beständen in die Hofburg verlegt, die nach dem Umzug des Bischofssitzes von Brixen nach Bozen 1972 frei geworden und Zug um Zug restauriert worden war. Das Museum enthält im ersten Obergeschoß Gemälde und Skulpturen der Romanik und Gotik, im zweiten Obergeschoß Kunstwerke des 17. bis frühen 19. Jahrhunderts. Raum 5 ist ganz der Brixener Malerschule gewidmet, vor allem Meister Leonhard, Raum 8 dem Werk des Bildschnitzers Hans

Klocker, der 1497/98 auch Bürgermeister von Brixen gewesen ist. Die Hofburg birgt auch das prächtige **Krippenmuseum**, dessen Mittelpunkt die riesige Jahreskrippe der Brüder August Alois und Benedikt Probst bildet, die sie in der zweiten Hälfte des 18. Jahrhunderts für Fürstbischof Graf Franz von Lodron angefertigt hatten.

Der Domschatz

Der Domschatz ist heute ebenfalls Teil des Diözesanmuseums. Die meisten Gegenstände werden noch in der Kirche bei besonderen Festen gebraucht. Als hervorragendste Stücke sind wohl die silbernen, teilvergoldeten **Reliquienbüsten** zu bezeichnen. Die des Heiligen Kassian von dem Augsburger Martin Johann Maurer, 1733, ist ein Geschenk des Fürstbischofs Graf Künigl. Die Reliquie soll schon 1188 nach Brixen gekommen sein und war kostbar gefaßt. Später kam noch ein Armknochen hinzu, und Künigl ließ dafür ein neues Reliquiar anfertigen. Da ist ferner die Reliquienbüste der Heiligen Agnes. Drei Künstler haben an diesem Stück um 1490 zusammengewirkt: Hans Klocker lieferte den Entwurf, die Krone schuf Meister Christoph und die Figur Valentin Schauer. Die Büste der Heiligen Christina stammt von dem Weilheimer Kaspar Paiser, 1673. Ein Werk von Meister Heinrich ist die vergoldete Silberbüste des Heiligen Ingenuin (um 1503), der um 600 Bischof von Säben war. Die Büste des Heiligen Hartmann, der von 1140 bis 1164 Bischof von Brixen war und 1142 das Augustinerchorherrenkloster Neustift gegründet hat, entstand um 1630. Schließlich noch die Büste der Heiligen Ottilie mit aus Silberblech getriebenen Augenpaaren, Votivgaben von geheilten Augenkranken, aus dem 17. Jahrhundert. Wir sehen weiterhin ein prachtvolles **Altarkreuz** von Meister Christoph, um 1500, und ein kostbares **Vortragekreuz** mit Nielloeinlagen aus dem frühen 14. Jahrhundert. Dieses Kreuz stammt aus der Wiener Werkstatt, die zwischen 1317 und 1325 für Klosterneuburg arbeitete und dort den Verduner Altar umgebaut hat. Der Korpus des Gekreuzigten dürfte vom Oberrhein stammen. Die schönen **Monstranzen und Kelche** gehören dem 15., 16., 17. und 18. Jahrhundert an. Eine besondere Kostbarkeit stellt der silberne Reisekelch dar, der vor 1097 entstanden und 1964 beim Bau der Domheizung im Grab des 1097 verstorbenen Bischofs Albuin gefunden wurde. Nicht ganz sicher ist die Herkunft eines **Reliquienkästchens** aus Zedernholz, entstanden um 1300. Man schwankt zwischen Zypern, wohin der französische Einfluß wirkte, Frankreich selbst und dem Oberrhein. Das hölzerne, mit mattem Silber überzogene Satteldach trägt vier Reihen durchbrochener Medaillons mit Löwen, Sirenen und Evangelistensymbolen. Das Material des Filigranwerks ist vergoldetes Zinn. Ebenso gehören zum Domschatz die alten Paramente, darunter vor allem die **Kasel des Heiligen Albuin** aus purpurroter byzantinischer Seide mit eingewebten großen schwarzen Adlern, wahrscheinlich bald nach 1000 von Kaiser Heinrich II. dem Bischof geschenkt; die Kasel des Heiligen Hartmann, um 1150, aus orientalischer Purpurseide mit palermitanischer Goldborte, und eine Kasel des 14. Jahrhunderts aus Luccheser Seide mit gestickten Szenen: Kreuzigung, Auferstehung, Pfingstwunder und Begegnung in Emmaus. Auch der Kardinalshut des Nikolaus von Kues ist dort aufbewahrt.

Das Bistum Brixen

1803 wurde das Bistum Brixen säkularisiert, durch den Reichsdeputationshauptschluß verlor das Territorium seine Selbständigkeit und ging politisch im Land Tirol auf. Es hatte über achthundert Jahre bestanden. Vergegenwärtigen wir uns kurz seine Geschichte, die für die Geschichte Südtirols von so ausschlaggebender Bedeutung gewesen ist.

Das Brixener Becken war schon in prähistorischer Zeit besiedelt und wurde 15 vor Chr. von Drusus erobert. Der Legende nach hat es im 4. nachchristlichen Jahrhundert der Heilige Kassian von Imola christianisiert. Nach dem Verfall des Römischen Reiches ging das Gebiet in bayerischen Besitz über. Seit Kassian hausten die Bischöfe in der Felsenburg Säben bei Klausen, die wir noch besuchen werden. 901 schenkte König Ludwig das Kind dem Bischof Zacharias von Säben den Hof ›Prichsna‹ (Brixen) und stattete ihn reich mit Landbesitz aus, was die Bischöfe veranlaßte, ihn im Laufe des 10. Jahrhunderts zur zweiten Residenz auszubauen. Bischof Albuin verlegte seinen Sitz dann spätestens im Jahr 990 nach Brixen, das nun bald zu einer größeren Siedlung anwuchs. 1022 bis

1039 umgab Bischof Hartwig die wachsende Stadt – die erste im deutschsprachigen Tirol – mit einer Ringmauer, die zum Teil heute noch erhalten ist. Ein regelmäßiges Viereck – noch immer erkennbar begrenzt durch den Großen und den Kleinen Graben, die Stadtmauer an der Albuingasse und die heutige Bischofsburganlage – enthielt in der nördlichen Hälfte die Häuser der Handwerker und Kaufleute, in der südlichen die kirchlichen Gebäude. Bischof Albert von Enna (1323-1336) bezog inzwischen hinzugekommene äußere Stadtteile in diese Befestigung ein. Hier siedelte sich, besonders seit dem 16. Jahrhundert, der Adel, soweit er in bischöflichen Diensten stand, an, doch finden sich adlige Ansitze allenthalben auch sonst in der Stadt, so daß es nicht leicht ist, in Brixen Bürgerhäuser und Adelssitze auseinanderzuhalten.

Das geistliche Fürstentum hat bis zur Säkularisation eine bewegte Geschichte gehabt. Unter den früh- und hochmittelalterlichen Bischöfen spielte sich manch hochpolitische Episode ab, von denen eine, besonders listige, hier erwähnt sei. Sie ereignete sich in der Taufkirche Sankt Johannes am Domplatz oder vielmehr in ihrer Vorgängerin, denn der originelle, malerische Bau, den wir heute bewundern, stammt erst aus dem 13. Jahrhundert. Hier hielt Kaiser Heinrich IV. 1080 eine Synode ab, durch die er Papst Gregor VII. absetzen ließ, eine Maßnahme, die also des Kaisers Gang nach Canossa 1077 nicht hatte verhindern können.

Dieser Synode wohnte auch Bischof Benno von Osnabrück bei, freilich mehr gezwungen als freiwillig. Er wußte, daß beide Seiten sich mehr von Haß als von Vernunft leiten ließen, und da er dem König treu bleiben, dem Papst jedoch nicht ungehorsam sein wollte, beschloß er, seine Unparteilichkeit zu wahren, komme, was da wolle. Vor allem mußte er so vorgehen, daß keine Partei ihn beschuldigen konnte. Auf der Rückseite des Altars befand sich eine Nische, die einen Menschen zur Not aufnehmen konnte, verdeckt von einem Vorhang. Benno saß vor Beginn der Beratungen allein neben dem Altar und betete, als er die Öffnung entdeckte, sie als Versteck geeignet fand und kurzentschlossen hineinkroch. Der göttlichen Vorsehung dankend, zog er den Vorhang zu und blieb den ganzen Tag verborgen, betete und trauerte über die böse Welt. Als alles zur Beratung versammelt war, vermißte man den Bischof. Der König schickte vergeblich Boten nach ihm aus, er blieb unauffindbar,

Gregor VII. wurde abgesetzt und der Bischof von Ravenna gewählt, wozu Benno nie seine Zustimmung gegeben hätte, wenn er zugegen gewesen wäre. Unbemerkt verließ er am Abend sein Versteck und saß plötzlich wieder neben dem Altar. Alle staunten und bestürmten ihn mit Fragen. Benno aber sagte, er sei immerzu unter ihnen gewesen, und es gelang ihm auch, sich vor dem König zu rechtfertigen. Heinrich nahm ihm diese List nicht übel und mag über den klugen Bischof gelächelt haben, der dank seiner Schlauheit sich weiterhin der Freundschaft des Königs und beider Päpste erfreuen konnte.

Unter den Fürstbischöfen des späten Mittelalters muß der berühmte Humanist Nikolaus von Kues, einer der gelehrtesten Männer seiner Zeit, hervorgehoben werden. Wir sind ihm schon bei der Abtei Sonnenburg im Pustertal begegnet. Nun ist es an der Zeit, von seiner bedeutenden Person eingehender zu sprechen – aber auch von seiner unglücklichen Regierung, durch die das Bistum in die unerfreulichsten Kämpfe verwickelt worden ist.

Nikolaus von Kues, der Kardinal

In der römischen Kirche San Pietro in Vincoli befindet sich das Grabmal eines Kardinals. Er kniet links vom thronenden Apostel Petrus. Dieser Mann, der einen königlichen Schatz an Wissen und Weisheit in sich gesammelt hatte, gleicht einem moselländischen Bauern. Wach blicken die Augen aus dem länglichen hageren Gesicht mit der hohen Stirn, der kräftigen spitzen Nase und den scharfen Falten um den energischen, schmallippigen Mund. Aber seine Haltung ist die eines Herrn und Kirchenfürsten, dem sich die Geheimnisse der Welt erschlossen haben. So kniet Nikolaus von Kues vor uns als einer der Großen seiner Zeit.

Im frühen Mittelalter waren Politik und Religion, Macht, Recht und Gottesgnadentum noch unlöslich miteinander verbundene Begriffe. Das ganze Leben des Menschen und die ganze Fülle der Natur waren auf die Kirche und den von ihr verwalteten Bereich des Glaubens bezogen. In ihr drückt sich das Weltgesetz aus; sie stand festgefügt in hierarchischer Ordnung da, so wie die Dome und Kirchen der Zeit, scheinbar unerschütterlich und unwandelbar als geistliche und geistige Macht, der die des Kaisers im weltlichen Bereich entsprach. Diese mittelalterliche Weltordnung geriet schließlich in eine gewisse Erstarrung und Enge, welche die Fülle neuen Gedankengutes, das zusammen mit der Lust auf Abenteuer im späten Mittelalter Adel und Volk erfüllte, nicht mehr zu bewältigen vermochte. Die wachsende ritterliche und bürgerliche Kultur bewirkte große Spannungen, und der Gegensatz Staat–Kirche oder Kaiser–Papst spitzte sich durch die Bildung von Nationalstaaten wie England und Frankreich am Ende der Epoche immer mehr zu. Die mittelalterliche Universalität war damit gesprengt, und die Kirche trat in ihre schwerste Krise, deren Ergebnisse schließlich die Reformation und die Glaubensspaltung gewesen sind.

In dieser bewegten Zeit ist Nikolaus Krebs 1401 in Kues an der Mosel geboren worden, der ›Cusanus‹, die größte Erscheinung einer sich auflösenden Epoche.

In der schrankenlosen Glut seiner Werke, schreibt Willy Andreas, *flammten noch einmal die höchsten Anstrengungen dieser im Zeichen der Kirche stehenden Jahrhunderte um Erkenntnis Gottes und der Welt auf, während schon die Vorboten der heraufdämmernden Geisteswende mächtigen Flügelschlags durch seine Schriften rauschen. Eine rätselhafte Undurchsichtigkeit liegt über dieser einzigartigen Erscheinung, der einsamen Denkergröße dieses Mannes.*

Er war der Sohn eines wohlhabenden Schiffers und Winzers, sehr jung schon gefördert vom Grafen Ulrich von Manderscheid, dem späteren Erzbischof von Trier, der ihm das Studium bei den Fraterherren in Deventer ermöglichte und ihn dann in Padua Rechte und Mathematik studieren ließ. Da Nikolaus die Tätigkeit als Doktor des Kirchenrechts in der Heimat nicht befriedigte, schlug er die geistliche Laufbahn ein. Sein kometenhafter Aufstieg begann. Man wurde bald aufmerksam auf den brillanten, ernsten jungen Mann und berief ihn, etwa 1432, zum Konzil nach Basel, wo er, bestrebt, die Gegensätze auszugleichen, mit seiner Schrift ›de Concordantia Catholica‹ die Abstellung gewisser kirchlicher Mängel vorschlug und damit starken Widerhall fand. Die rein geistliche Autorität des Papstes betonend und die weltliche des Kaisers verteidigend, scheute er keine Mühe, seine Theorie zu begründen. Als hinreißender Redner übte er große Gewalt über seine Hörer, war jedoch sehr erschrocken, als seine Ansichten von den Begeisterten in radikaler Weise ausgewertet wurden. Um ein drohendes Schisma zu verhüten, schloß er sich 1437 der päpstlichen Partei an und ging, empfohlen von Kardinal Cesarini, nach Rom. Rom war damals der Ort, wo man am freiesten dachte und redete, an der Kurie, in den Palästen des Adels und der Kardinäle, in den Ateliers der Künstler. Mitten in der Auflösung und dem Verfall der mittelalterlichen Welt zeigten sich hier neue Kräfte am Werk. Vor allem war für die Kirchenreform die Bewegung der ›Devotio moderna‹ bahnbrechend, die ihren Ausgang von den Fraterherren in Deventer genommen hatte.

Ein Jahr später, 1438, zog er mit seiner Gesandtschaft nach Konstantinopel. Ziel dieser Reise war es, die Wiedervereinigung der griechisch-orthodoxen mit der römischen Kirche, die damals seit vierhundert Jahren getrennt waren, zu erreichen. Sie kam auch zustande, dauerte aber nicht lange, da die Türken 1453 Konstantinopel eroberten. Nun auch die Türken zu gewinnen – diesem Ziel galt die Sehnsucht des Cusanus während seines ganzen Lebens. *Alle Glaubensgemeinschaften*, so predigte er, *sollen sich unter Wahrung ihrer Eigenarten zusammenschließen, sofern das Eine Göttliche und Heilige Gegenstand ihrer Verehrung ist.*

Auf dem Fürstentag zu Frankfurt, 1441, wo der Zwist zwischen Papst Eugen IV. und dem Konzil in Basel beigelegt werden sollte, setzte sich Nikolaus für den Papst ein. Aeneas Silvius Piccolomini, der spätere Papst Pius II. und Freund des Cusanus, schrieb damals: *Der Herkules aller Eugenianer war, wie man allgemein zugibt, Nikolaus von Cusa, ein Mann von gründlicher Bildung und großer Lebenserfahrung, von welchem nur zu bedauern ist, daß er bei seinem ausgezeichneten Talent in diese Streitigkeiten verwickelt wurde.* Er hatte sich mit ganzer Seele der Verteidigung Eugens gewidmet, und als ein kluger und wendiger Mann wußte er bald da, bald dort Hindernisse zu beseitigen. Ein Beispiel für seine diplomatische Weisheit sei hier erwähnt: Nikolaus sagte einmal in Basel, als er sich um eine friedliche Lösung der Hussitenfrage bemühte, *man muß der Kirche immer folgen, und kommt es vor, daß sie sich täuscht, es wäre noch besser, sich trotzdem ihren Ansichten anzupassen, wenn das, was sie befiehlt, nicht unerlaubt ist; denn Gehorsam ist besser als Dünkel. Ein Ungehorsam, der bis zur Trennung geht, ist also in jeder Hinsicht verdammenswert.* In der ›Concordantia Catholica‹ entwarf er auch eine Verfassung für das Reich, welche dem Kaiser größere Macht zubilligt, einen ständigen

5

Josef Helff
(tätig um die Mitte des 19. Jahrhunderts)

Brixnerin, um 1850
Aquarell (Ausschnitt)
Innsbruck, Tiroler Landesmuseum Ferdinandeum
(Foto: Museum)

Der aus Latsch bei Bozen gebürtige Helff gehört zu den wenig bekannten Tiroler Künstlern, und seine Lebensdaten sind in keinem der einschlägigen Künstlerlexika zu finden. Wie im ganzen Alpenraum setzte die künstlerische und wissenschaftliche Beschäftigung mit der Tracht um die Wende vom 18. zum 19. Jahrhundert ein. Gegen die Mitte des 19. Jahrhunderts zu verkam die Trachtenmalerei allerdings zum gefühlsüberschwenglichen Genre und zum Versatzstück für die Alpenromantik. Josef Helff konnte sich dieser vom frühen ›Massentourismus‹ begünstigten Entwicklung entziehen und die Trachtendarstellung in der guten Tradition von Simon Warnberger, Josef Anton Kapeller, August Loder und anderen fortführen. Das hier gezeigte Blatt gibt allerdings nicht so sehr die Frauentracht der Stadt Brixen wieder, sondern mehr des Umlandes am Eingang zum Pustertal.

Reichstag und andere Reformen vorsieht. Sie wurde ebensowenig verwirklicht wie sein Reformplan für die Kurie, den er auf Wunsch Pius' II. entwarf.

1448 wurde Nikolaus in Rom Kurienkardinal von San Pietro in Vincoli, zwei Jahre später Fürstbischof von Brixen und päpstlicher Legat für ganz Deutschland. Als sittenstrenger, reformfreudiger Mann geriet er bald in heftigen Streit mit seinem laxen Domkapitel und mit Herzog Sigismund von Tirol, der gerne seinen Kanzler auf dem Bischofsstuhl gesehen hätte. Den lästigen Reformen des Cusaners setzte man allenthalben hartnäckigen Widerstand entgegen, vor allem von seiten des Benediktinerinnenklosters Sonnenburg im Pustertal, dessen Äbtissin Verena sich strikt weigerte, den bischöflichen Befehlen zu gehorchen und Mißstände abzustellen. Die adligen Klosterfrauen betrachteten das Stift nur als Versorgungsheim, hielten sich weder an Ordensregel noch Klausur, besuchten Feste auf den benachbarten Burgen, liebten es zu reisen und wollten in diesem angenehmen Leben durchaus nicht gestört werden. In einem Streit mit den Enneberger Bauern stand der Herzog dem Kloster, der Kardinal den Bauern bei. Sonnenburg aber widersetzte sich weiterhin den Befehlen aus Brixen, und schließlich verhängte der Bischof den Bann über das Kloster und setzte die Äbtissin ab, die das aber überhaupt nicht zur Kenntnis nahm. Als die Klosterfrauen so unnachgiebig blieben, befahl der Bischof im November 1455 dem Pfarrer von Sankt Lorenzen, jeden Sonn- und Feiertag unter dem Geläut der Glocken mit brennenden Kerzen und Sprengen von Weihwasser in Gegenwart des Volkes den Bannfluch zu wiederholen. Dann solle der Pfarrer die Kerzen gegen das Kloster schleudern als Zeichen ewiger Verdammnis. Es half alles nichts, selbst als der Herzog zum Nachgeben riet. Die Äbtissin warb eine Söldnertruppe und schickte diese nach Enneberg, um die Abgaben mit Gewalt einzutreiben. Nun hatte Nikolaus einen Grund, energischer durchzugreifen, und der sonst stets um Frieden und gütliche Einigung bemühte Kirchenfürst ließ sich zu den härtesten Maßnahmen hinreißen. Unterstützt vom bischöflichen Hauptmann von Prack überfielen die Landleute die Söldner und die abgabewilligen Bauern, machten sie nieder und vertrieben die Nonnen aus dem Kloster. Nun stand wiederum der Herzog den streitbaren Frauen bei, überfiel den lästigen Reformer in Bruneck, setzte ihn gefangen und zwang ihm einen Vertrag auf, den dieser nach seiner Freilassung aber sofort widerrief.

Nach dem Fehlschlag seiner so wohlgemeinten Reformen verließ der Bischof entmutigt sein Bistum und ging nach Rom. 1460 sprach der Papst über den Herzog und seine Räte den Bann aus: *ungern über einen Fürsten so ruhmvollen Hauses*, seufzte er, *allein es gebietet die Pflicht; ich darf jetzt nicht Eneas sein; auch die Sergier hatten einen Catilina, dem Ruhm des ersten Cäsars nahm Nero nichts.* Aus Orvieto schrieb Nikolaus von Kues resigniert 1461 seinem Amtsbruder in Padua: *Ich bin alt, will den Frieden und wünsche vor meinem Tode meinem Bistum den Frieden wiedergegeben zu sehen. Des Treibens der Kurie bin ich müde.* Als fünf Jahre später ein Vergleich zustande kam und das Interdikt aufgehoben wurde, war der Kardinal gerade gestorben.

Ungeheurer Schaffensdrang hatte ihn sein Leben lang erfüllt, aber auch eine innere Unruhe, wie sie dem ganzen im Aufbruch begriffenen Jahrhundert wohl eigen gewesen ist. Im Mittelpunkt seines Denkens steht das Ringen um Gotteserkenntnis und um das Geheimnis Christi, den Ursprung von allem. *Die göttliche Hoheit*, sagte er einmal in einer Predigt, *ragt so weit über alles hinaus, daß dem Geist beim Gottdenken all seine Kräfte schwinden, da Gott ja unerforschlich ist. Der Sinn nimmt ihn nicht wahr, da er unsichtbar, die Sprache kann ihn nicht fassen, da er unaussprechbar, der Ort kann ihn nicht fassen, da er unumgrenzbar, die Schrift kann ihn nicht erklären, da er unschätzbar, die Kraft kann nicht an ihn herankommen, da er unzugänglich ist. Und da es vom Endlichen zum Unendlichen kein Maßverhältnis gibt, so kann ein Geschöpf ihn nicht fassen.*

Er war aber nicht nur ein leidenschaftlicher Theologe, sondern auch ein Kenner des Altertums, Philosoph, Astronom und Mathematiker von hohem Rang, dazu ein begeisterter Sammler alter Handschriften. Er arbeitete mit Zahlensymbolen, schlug schon 1436 eine Verbesserung des Kalenders vor, entwarf eine Karte von Zentraleuropa mit einem korrekten geometrischen Netz, schrieb physikalische Abhandlungen, die ganz neue Erkenntnisse brachten, und verfaßte astronomische Schriften. So ist er der erste große Universalgeist einer neuen Zeit, an Tiefe und Weite des Denkens hat man ihn mit Leibniz verglichen, als Naturwissenschaftler ist er ein Vorläufer von Kopernikus und Kepler.

Sein astronomisches Weltbild bricht mit dem der Antike, denn für ihn ist die Erde nicht mehr Mittelpunkt eines Weltensystems, sondern ein Planet unter Planeten. *Gleichwie die Erde,* schreibt er, *sich um den feurigen Sonnenball schwingt im ewigen Kreislauf, von ihm Licht, Wärme und Leben empfangend, wie sich jeder Baum und jede Blume zum Sonnenlicht reckt, so schwingen sich unsere Seelen um Christus den Erlöser und streben ihm zu als ihrem Mittelpunkt.*

Dieser tiefe, vielseitige Geist, dieser nimmermüde Arbeiter hat sein Bistum in tiefer Enttäuschung verlassen. In Todi, auf dem Wege nach Livorno, wo er den Auslauf einer genuesischen Flotte zum Kreuzzug beschleunigen sollte, ist er 1464 gestorben, drei Tage vor seinem Freund Papst Pius II. Seine Gebeine ruhen in Rom, sein Herz aber in Kues an der Mosel.

Dom und Kreuzgang in Brixen

Da, wo das Michaelstor den Pfarrplatz abschließt, ragt der hohe, sogenannte ›Weiße Turm‹ am Chor der **Pfarrkirche Sankt Michael** empor, eines Baues der Spätgotik, dessen Inneres im Rokoko umgestaltet worden ist. Ursprünglich schon im 11. Jahrhundert gegründet, ist der heutige Bau wohl ganz dem 15. Jahrhundert zuzuschreiben; 1503 ist er geweiht worden. An seinen Außenmauern finden sich Spuren von Fresken aus dem 16. Jahrhundert. Seine Fassade schließt den Domplatz nach Norden zu ab und ist an der einzigartigen Geschlossenheit des Platzes, die wir schon bewundert haben, sehr wesentlich mitbeteiligt.

Der **Dom** zu Brixen wurde im dritten Viertel des 10. Jahrhunderts gegründet. Der erste Bau brannte 1174 ab und wurde im 13. Jahrhundert weitgehend erneuert und 1237 neu geweiht. Von diesem Bau ist an Substanz nicht mehr viel erhalten, doch sind Anlage und Maße des Ganzen wohl von ihm geprägt. Im 15. Jahrhundert wurde der Chor erneuert, 1472 geweiht. Der nördliche Turm erhielt 1612 durch Hans Reichle seinen Kuppelabschluß. 1745 bis 1755 wurde der ganze Dom umgebaut, erhöht, neu eingewölbt und unter ein einheitliches Dach gebracht. Die Grafen Künigl und Spaur waren die Bischöfe, die dies unternommen haben. An den Plänen der Barockisierung hatten Baumeister Joseph Delai von Bozen und Bildhauer Stefan Föger von Innsbruck den Hauptanteil.

Die Bauleitung führte anfangs Delai, dann Hofrat Leopold von Peißer und schließlich die baukundigen Geistlichen Franz de Paula Penz und Georg Tangl.

Der mächtigen Fassade mit ihren zwei Türmen ist eine hohe Halle vorgelagert, in deren Wände Grabsteine Brixener Bischöfe eingelassen sind. Der weite Innenraum des Doms mit mächtigem Tonnengewölbe auf kräftigen Wandpilastern, in roten, grünen und gelben Tönen gehalten, wirkt prunkvoll, doch ein wenig schwer und kalt. Paul Troger malte 1748 bis 1750 die Deckenbilder. Er muß ein recht schwieriger Herr gewesen sein, denn er weigerte sich, einen Entwurf vorzulegen, ehe der Vertrag geschlossen sei. Die Brixener Baukommission mußte sich mit ihm wegen des Honorars und sonstiger Einzelheiten so sehr streiten, daß Hofrat von Peißer erbost in sein Tagebuch eintrug: *Mir khumbate vor, das dieser gebohrne Tyroler von dem Wienerischen Hochmueth naturalisiert und von der Praesumption auf sich selbst ganz eingenomben sein muesse. Ihr hochfirstl. Gnaden, das hochwirdige Domcapitl und insgemain alle aber wollten von keinem anderen Mahler als den von Trogern wissen, mithin mueste man von ihm leges annemben und alles thuen, was er nur haben wolte.* Maler und Domkapitel haben sich später jedoch gut zusammengerauft, und es herrschte schließlich wieder Friede und Eintracht.

Leider ist das Werk Trogers und seiner Gehilfen nicht unberührt geblieben. Das Bild in der Vierung, die ehemals eine Scheinkuppel aufwies, und die Chormedaillons sind neuere Zutaten. Die barocken Bilder fielen zusammen mit der großartigen, *ursprünglichen Architekturmalerei, die die wirkliche Architektur weiterführte und die figuralen Bilder als himmlische Visionen erscheinen ließen* (Weingartner), der Restauration von 1896 zum Opfer. Damals wurde die Architekturmalerei durch Stuck ersetzt. Der kühle und etwas steife Eindruck des Innenraumes ist wohl nicht zuletzt auf diesen Umstand zurückzuführen. Schön sind die neun reich eingelegten Marmoraltäre, die alle in der zweiten Hälfte des 18. Jahrhunderts entstanden sind und zum Teil von italienischen Bildhauern und Stukkateuren angefertigt wurden. An den Altargemälden waren außer Troger noch Christoph, Franz und Michelangelo Unterberger und Josef Schöpf beteiligt. Im rechten Seitenschiff finden wir eine stehende Muttergottes mit Kind und Zepter, von Hans Leinberger um 1520 geschaffen.

Im Zusammenhang mit dem Domumbau im 18. Jahrhundert entfernte man die zum Teil hochinteressanten Grabsteine der mittelalterlichen Bischöfe und Domherren. Sie haben heute ihren Platz in der Vorhalle des Domes und an seiner südlichen Außenmauer gefunden. Im Dom selbst stehen nur noch die Grabdenkmäler der Fürstbischöfe, die nach dem Umbau des Domes regiert haben. Das schönste befindet sich im südlichen Querschiff, eine schon klassizistische Arbeit von Jakob Santer in Bruneck für den Bischof Joseph Graf Spaur (gest. 1791).

Zwischen Pfarrkirche und Dom, also an seiner Nordfront, liegt ein weiter Hof, dessen Wände – worauf wir schon hinwiesen – zum Teil dicht mit Grabsteinen von Domherren bedeckt sind. Hier findet sich auch der *Gedenkstein Oswalds von Wolkenstein,* den der Dichter und Sänger für eine von ihm gestiftete Kapelle des alten Doms hatte anfertigen lassen. Er zeigt ihn als bärtigen, vollgerüsteten Ritter.

Auf der Südseite des Doms führt ein dämmriger kühler Gang, ebenfalls ganz bedeckt mit Grabsteinen geistlicher Herren, in den **Kreuzgang,** dessen Bögen auf frühgotischen Doppelsäulchen sich in einen lichtdurchfluteten, mit Rasen und Büschen bestandenen Innenhof öffnen. Hier stehen wir also im Herzen des geistlichen Bezirks. Die regelmäßige, vierflügelige Anlage des Kreuzgangs ist südlich an den Dom angebaut und verband mit diesem die ursprünglichen Münsterbauten, den Palast des Bischofs, die Domschule und die Taufkapelle. Er wurde um 1200 erbaut und in der zweiten Hälfte des 14. Jahrhunderts eingewölbt. Diese Gewölbe tragen auf schwarzem oder blauem Grund leuchtend bunte Fresken des 15. und viele Reste von solchen aus dem 14. Jahrhundert, in denen sich südliche und nördliche Stilelemente glücklich mischen. Die Fresken im Kreuzgang wurden in zwölf Jahren bis 1970 restauriert, eine weitere Restaurierung erfolgte 1976. Da die Wandbilder nicht nach einheitlichem Programm entstanden, von verschiedenen Meistern geschaffen und meist von den hier begrabenen Domherren gestiftet worden sind, kann man beliebig bald das eine, bald das andere Arkadenjoch betrachten – wie ein Bilderbuch aus der biblischen Geschichte. Wir werden es also dem Bischof von Fuchs nachmachen, der hier, auf seinem Sarkophag ausgestreckt, das Haupt in die Hand gestützt, die Fresken mit Muße zu betrachten scheint.

Welche Fülle von Bildern und Szenen des Neuen Testamentes in Verbindung mit alttestamentarischen Vorbildern! Da sehen wir Szenen aus dem Leben der Heiligen Paulus und Johannes, die thronende Muttergottes mit den Heiligen Leonhard, Ulrich, Barbara und Katharina, darunter den grünenden Stab Arons als Sinnbild der Jungfrau, während rechts die tiburtinische Sibylle dem Kaiser Augustus neben der Sonne die jungfräuliche Mutter als ›andere Sonne‹ zeigt. In den Gewölbezwickeln die Geschichte des Syrers Naaman, den das Bad im Jordan vom Aussatz heilte, und Szenen aus der Geschichte des Moses. Wir sehen Sankt Michael mit der Seelenwaage, Gloriaengel in zierlichen Drei- und Vierpässen, in Rundmedaillons Evangelistensymbole, Propheten und Kirchenväter. Der Zauber der ›Christnacht‹ mit der Anbetung der Könige, wohl Johann von Bruneck, 1417, befindet sich heute im Diözesanmuseum; dadurch wurde leider die einheitliche dekorative Wirkung dieser Arkade zerstört. Die Auferstehungsszenen stammen vermutlich von Meister Leonhard, 1472, die Jugendgeschichte Mariä wurde 1482 von einem durch Michael Pacher beeinflußten Meister, vielleicht Rupert Potsch, gemalt. Es folgen Adam und Eva und der Teufel mit einem Lasterkatalog, Szenen aus der Passion: Christus vor Pilatus, Kreuzigung und Grablegung korrespondieren mit ihren Vorbildern aus dem Alten Testament, dem Dulder Hiob, Absalon, der, an der Eiche hängend, getötet, und Joseph, der von seinen Brüdern in die Grube geworfen wird. Daneben sieht man symbolische Tiere und Pflanzen, wie den Pelikan, der die Jungen mit seinem Blut füttert, eine Bärin, die ihren Wurf erst durch Belecken lebensfähig macht, oder den Vogel Kalander, der die Krankheiten der Menschen auf sich nimmt. Auf Maria angewendet bedeutet das: so wie der Blick des Vogels Heilung bringt, so wurde Maria durch Überschattung des Heiligen Geistes zur Mutter Gottes. Wie innig, zart und auch humorvoll ist die Verkündigung an der Arkade auf der Nordseite geschildert. Während der Engel zu Maria spricht: »Ave Maria gratia plena ...«, schießt die Taube auf das Haupt der Jungfrau herab, und oben entläßt Gottvater aus beiden Händen das Christkind, das von einer Engelwolke hinabgetragen wird. Alles das ist mit Kraft und Eleganz dargestellt, voll sinnbildlicher Bedeutung für den Beschauer.

Als ich dort stand und schaute, schlurfte gerade ein weißhaariger Alter heran, blieb vor der Statue Christi an der Martersäule stehen, verneigte sich tief, sprach ein kurzes Gebet, verneigte sich abermals und ging weiter. Es war ganz still im Geviert dieses herrlichen Raumes; nur das Triii-Triii der Mauersegler durchschnitt die Luft. Auf dem Haupt des Gekreuzigten an der Westwand des Ganges saß eine zierliche Rauchschwalbe, schlug mit den Flügeln und schwatzte, daß ihre rostbraune Kehle vibrierte, mit der Schwälbin, die aus dem Nest am Gewölbeschlußstein hervorlugte.

Der Überblick über die Brixener Malerschule der Spätgotik, den die Fresken der Kreuzgangarkaden bieten, beschränkt sich im wesentlichen auf das 15. und 16. Jahrhundert. Die Reste, die aus dem 14. hier übriggeblieben sind, geben kein rechtes Bild, und so könnten wir von der hochgotischen Wandmalerei in Brixen nur noch nach Hörensagen sprechen, wenn nicht ein glücklicher Zufall uns die bedeutenden Wandmalereien in der Taufkapelle, die an den Südflügel des Kreuzgangs grenzt, erhalten hätte.

Die **Taufkirche zum Heiligen Johannes**, aus Sicherheitsgründen nicht zugänglich, kann man nur durch ein Fenster im Kreuzgang betrachten. Hier soll 1080 das ›Afterkonzil‹ Heinrich IV., von dem schon die Rede war, stattgefunden haben. Die Kirche ist aber wahrscheinlich jünger, erst um 1200 erbaut. 1972 bis 1975 wurde sie restauriert, eine weitere Restaurierung wurde 1986 abgeschlossen. Schon von außen – vom Innenhof des Kreuzgangs aus ist der beste Blick – kann man sehen, welch originellen Bau diese Kirche darstellt. Über dem quadratischen Schiff erhebt sich ein hohes Zeltdach, an das sich in halber Höhe der achteckige Chor anschließt, über dem ein Spitztürmchen in den Himmel ragt. Im Innern ist das Schiff durch ein schweres Kreuzrippengewölbe eingewölbt, und hinter dem tief einspringenden Triumphbogen öffnet sich der Altarraum mit achteckiger Kuppel zwischen zwei Quertonnen. Hier finden sich nun die wichtigen Bilderzyklen.

An den Oberwänden des Schiffes sehen wir auf der einen Seite den Thron Salomons und gegenüber die thronende Sophia, umgeben von den Vertretern der göttlichen Weisheit, von Tugenden und Propheten, an den Seitenwänden Patriarchen und Kirchenväter. Diese Bilder zeigen im ganzen spätromanischen Charakter und sind wohl in der Erbauungszeit der Kirche, Anfang des 13. Jahrhunderts, entstanden. Wesentlicher und für die Geschichte der Brixener Malerei von ausschlaggebender Bedeutung aber ist der Zyklus der Wandmalerei auf der Nordseite des Altarraumes und in der Triumphbogenlaibung. Besonders schön ist die Komposition der ›Kreuzigung‹ und der ›Anbetung der Könige‹; in den Arkadenbögen darunter sind Heilige dargestellt. Auf dem Fresko mit der Enthauptung des Heiligen Johannes kann man gut verfolgen, wie hier mit starken Konturen noch eine fast graphische Wirkung erzielt wird. Die Fresken gehören also wohl in die Mitte des 14. Jahrhunderts und stellen stilistisch die Vorstufe zu den spätgotischen Bildern der Brixener Schule dar, die wir im Kreuzgang bewunderten.

An der Nordseite des Kreuzgangs liegt die Kirche **Unsere Liebe Frau im Kreuzgang**. Sie war ursprünglich mit ihm durch einen Gang verbunden und die Hauskapelle des Bischofs. Die Apsis des Baus, der ehemals flach gedeckt war und im 14. Jahrhundert eingewölbt wurde, springt in den Kreuzgang ein. Entstanden ist sie wohl zu Beginn des 13. Jahrhunderts. Über dem gotischen Gewölbe haben sich an den Langwänden und am Triumphbogen Fragmente eines bedeutenden Gemäldezyklus erhalten, der wohl in die Erbauungszeit der Kirche um 1200 gehört und stilistisch die Vorstufe zu den Malereien in der Johanneskirche bildet. Die Fresken stellen in allegorischer und antithetischer Form das Reich des Guten und Bösen dar: Heilige, Propheten und Sibyllen unter Rundbögen, gegliedert durch pilasterähnliche Streifen und figurale Medaillons.

Ein kurzer Weg führt vom Kreuzgang zum **Priesterseminar,** das 1764 bis 1771 nach Plan von Georg Tangl durch Franz Singer von Götzens neu erbaut wurde. Die Fassade ist durch einen dreiachsigen Mittelrisalit mit Kolossalordnung und Dreiecksgiebel gegliedert. Sehenswert im Innern ist die Bibliothek mit Gewölbemalereien von Franz Anton Zeiller aus Reutte in Nordtirol, 1772 vollendet, sowie die schöne Heiligkreuzkirche, 1767 geweiht, mit mehreren Gemälden von Zeiller.

Wir verlassen Brixen wieder und fahren noch die eingangs erwähnte Bergstraße bis zum Gipfel der Plose (2504 m) hinauf, um von hier aus den großartigen Rundblick zu genießen. Im Winter ist die Plose ein herrliches Skiparadies! Wer Zeit hat, besucht am Plose-Abhang die hübschen Kirchen von *Sankt Andrä, Sankt Johann in Mellaun, Sankt Nikolaus in Klerant, Sankt Johann in Karnol, Sankt Georg in Afers.*

Unweit von Brixen liegt der umfangreiche Komplex des Augustinerchorherrenklosters **Neustift**: eine malerische Anlage inmitten großer Gärten, umgeben von Resten der ehemaligen Befestigungen, in die nach dem Bauernkrieg auch die **Michaelskapelle** einbezogen wurde. Sie ist das erste Gebäude, dem der Besucher gegenübersteht. Ein zweigeschossiger Rundbau mit polygonaler Ummantelung und Wehrgang aus dem 12. Jahrhundert, der seinen Zinnenschmuck erst drei Jahrhunderte später erhalten hat. Die Zentralanlage geht auf östliche Bauideen zurück, die Grabeskirche in Jerusalem diente wohl als Vorbild für den Bau der Michaelskapelle. Diese merkwürdige Kapelle, auch ›Engelsburg‹ genannt, der starke gedrungene romanische Turm und der hohe mächtige gotische Chor der Klosterkirche sind die Hauptakzente der Anlage, die im wesentlichen dem 18. Jahrhundert ihre heutige Gestalt verdankt. Es war ein reiches und berühmtes Stift, 1142 von Bischof Hartmann von Brixen gegründet. Nach dem Brande von 1190 wurde es durch den Propst Konrad von Rodank erneuert. Auf Konrads Bauten geht im wesentlichen auch die heutige Gesamtanlage zurück.

Auf dem Weg zur Stiftskirche passiert man den *Stiftshof* mit Prälatur und Bibliothek. Hier steht der **Wunderbrunnen** von 1508 unter seinem von Säulen getragenen Dach. Auf den Fries malte Nikolaus Schiel 1670 nach Entwürfen von Marten van Heemskerck die sieben Weltwunder: den Koloß von Rhodos, den Dianatempel von Ephesus, das Mausoleum von Halikarnaß, die Pyramiden, die Hängenden Gärten der Semiramis zu Babylon, den Leuchtturm von Alexandrien, das Zeusbild in Olympia – und als achtes das Kloster selbst, wie es vor dem Umbau des 18. Jahrhunderts ausgesehen hat.

Die ursprüngliche **Stiftsanlage** bestand aus der Kirche mit dem südlich anschließenden Kreuzgang, dem alten Konvent und Wirtschaftsgebäuden. In der zweiten Hälfte des 17. Jahrhunderts wurde der heutige Südteil ausgebaut, dann folgten drei Flügel des großen Stiftshofes und die Prälatur (1710-1720). 1771 bis 1780 schloß der ergänzende Bibliothekstrakt die Stiftsanlage in der heutigen großzügigen Form des Barock ab.

In den Stiftsgebäuden ist manche sehenswerte Einzelheit zu finden: so die *Keller in der Prälatur* mit wuchtigen Gewölben, den hübschen Treppen und Balustraden, so im *Refektorium* das Kolossalgemälde von Stephan Keßler mit dem Gastmahl des Pharisäers, weiterhin das ehemalige *Refektorium* im alten Konvent mit einer großen Himmelfahrt Mariä aus dem Ende des 17. Jahrhunderts und schließlich die **Bibliothek** mit umlaufender Galerie und zierlichen Stuckdekorationen im Wessobrunner Stil (1775). Der schöne Bibliothekssaal mit seinen späten rosagold getönten Rokokoverzierungen birgt wertvolle illuminierte Handschriften des 15. bis 18. Jahrhunderts. Daran erkennen wir, daß die Nachbarschaft Neustifts zu Brixen auch das Kloster zu einem Zentrum Tiroler Kunst gemacht hat. Die Klosterbibliothek war eine der größten des süddeutschen Sprachraumes (70 000 Bände!), die Säkularisation dezimierte den Buchbestand auf 16 000 Bände. Handschriften und Inkunabeln gelangten damals entweder in die Bayerische Staatsbibliothek nach München oder in die Universitätsbibliothek von Innsbruck. Im Vorraum der Neustifter Bibliothek können wir heute alte Handschriften bewundern, die wieder zurückgekommen sind.

Das Stift besitzt auch eine **Gemäldegalerie** mit bemerkenswerten Tafelbildern des 15. Jahrhunderts, wie dem Katharinen- und Barbara-Altar von Friedrich Pacher, dem Augustinus-Zyklus (um 1480/90) und der Heiligen Sippe und Vertreibung Joachims vom ›Meister von Uttenheim‹. Dieser Maler, eine stark ausgeprägte Persönlichkeit aus dem Kreis Michael Pachers, setzte sich mit der gleichzeitigen italienischen Malerei auseinander. Marx Reichlich schließlich malte die bewegten, temperamentvollen Passionsszenen zum Sankt-Jakobs- und Sankt-Stephans-Altar 1506. Schließlich ist noch eine originalgroße Fotoreproduktion des Kirchenväteraltares von Michael Pacher, 1978 hierher gestiftet, zu erwähnen. Das Original, ursprünglich für Kloster Neustift geschaffen, befindet sich heute in der Alten Pinakothek in München. In den Gängen des Stifts hängen noch viele andere Gemälde des 17. und 18. Jahrhunderts, von denen die wichtigsten jedoch auch in der Gemäldegalerie vereinigt sind.

Dem Äußeren der dreischiffigen **Stiftskirche** geben, wie gesagt, der massige Fassadenturm und der stark überhöhte gotische Chor heute noch den charakteristischen Umriß. Innen- und Außenrestaurierung der Stiftskirche wurden 1982 abgeschlossen. Treten wir in die Kirche ein, die Josef Delai aus Bozen und der Innsbrucker Georg Philipp Apeller 1735 bis 1744 umbauten, die der Augsburger Matthäus Günther ausmalte und Anton Gigl mit einigen anderen Meistern stuckierte, so haben wir einen hellen, farbenfrohen Rokokoraum vor uns. Die teils romanischen, teils gotischen Verhältnisse des Baus sind zwar erhalten geblieben, aber mit dem Geschick und der Feinfühligkeit barocker Meister ist die Kirche zu diesem festlichen Raum gemacht worden. Erinnerungen an bayerische und österreichische Klosteranlagen stellen sich ein; doch zur Eigenart des Barock gehört es ja, daß diese Kirchen einander alle zwar ähnlich, aber jede doch wieder anders ist und in ihrer Art einzigartig erscheint. Hier ist die Besonderheit die großartig gelungene Synthese eines mittelalterlichen Raumes mit der Pracht und Üppigkeit des 18. Jahrhunderts, wo fröhlicher Stuckdekor, duftige Malerei und strenge Architektur eine Einheit bilden. Man glaubt schier, der ganze Raum sei aus einem Guß, so leuchtet, blitzt und funkelt es in dem hellen Lichte, das durch große Lünettenfenster einfällt. Feierlich ragt der hohe Chor mit dem prunkvollen Hochaltar, die Himmelfahrt Mariens darstellend; das Gewölbe schmückt die ›Heilige Dreifaltigkeit‹, der in den beiden Flachkuppeln des Chores ›Pfingstfest‹ und ›Verehrung Mariä durch die vier Weltteile‹, dann folgen im Langhaus Szenen aus dem Leben des Heiligen Augustinus und eine Darstellung der Gründung Neustifts.

Im Süden der Kirche, im Erdgeschoß des ehemaligen Konvents, schließt der schlichte **Kreuzgang** an mit den prachtvollen Grabsteinen des Oswalt von Säben (gest. 1464) und des Veit von Wolkenstein (gest. 1445), dessen Vetter Oswald hier auch die letzte Ruhe gefunden hat. Der Kreuzgang war ursprünglich wohl flach gedeckt und erhielt erst 1367 bis 1379 die gotischen Gewölbe; in ihm entdeckt man auch das alte romanische Portal der Kirche. In den Gewölben und an den Wänden des Kreuzganges finden sich viele mehr oder minder gut erhaltene Wandmalereien des 14. und 15. Jahrhunderts. Er ist damit ein Gegenstück zum Brixener Kreuzgang, doch nicht so bedeutend und stimmungsvoll wie dieser. Unter den Wandbildern ist in der dritten Arkade die Darstellung der Parabel vom reichen Prasser und dem armen Lazarus, wohl von Friedrich Pacher, bemerkenswert.

An das nördliche Seitenschiff wurde 1695 die **Marienkapelle** angebaut. Einst war sie ein Glanzstück Südtiroler Barockbaukunst. Leider hat sie 1945 durch einen Fliegerangriff stark gelitten, doch hat man sich bemüht, den ursprünglichen Zustand wenigstens einigermaßen wiederherzustellen. Dies war der schmerzlichste Eingriff, den der Klosterkomplex seit der Säkularisation erlitten hat, die allerdings dem alten Chorherrenstift noch tiefere Wunden geschlagen hat.

Neustift hat aber nicht nur durch die Säkularisierung gelitten, es hat schon schwere Tage im 16. Jahrhundert, im Bauernkrieg, durchstehen müssen. Luthers erstes Auftreten hat großen Eindruck in Tirol gemacht. Das eigentlich fromme und konservative Volk bekannte sich deswegen so schnell zur neuen Lehre, weil es damals von einem zuchtlosen Klerus unterdrückt wurde, gegen den schon Nikolaus von Kues vergeblich gekämpft hatte. Die Bauern forderten Abschaffung der Feudallasten, Gleichheit vor dem Gesetz und Änderung der Landesverfassung. Es gärte und kochte im ganzen Land; kleinere Revolten gingen dem großen Aufstand voraus, der 1525 unter Führung des Sterzinger Knappensohnes Michael Geismair ausbrach. Im Brixener Land sagte man: *Soweit man die Sext (große Domglocke) hört – ist kein großer Bauer.* Das ließen die geistlichen Herren der Gegend nicht zu.

Georg Kirchmair, Hofrichter, Pfleger und Amtmann von Neustift, hat uns von diesen Wirren berichtet. Obgleich ein treuer Beamter seines Propstes, beklagte auch er bitter den Verfall der kirchlichen Ordnung und daß des Erzherzogs Ferdinand Rat, der Spanier Gabriel Salamanca, die Regierung von Tirol leitete. *Ist im Land nie erhört worden, daß der Graf von Tirol selber spanisch und durch Spanier mit Verachtung der Deutschen und ohne Verstand der Sprache und Sitten so wider alle Freiheit regieren und eine welsche tyrannische Regierung einführen soll. O Tirol, o Etschland, Sarntal und Wipptal!*

Den Bischof von Brixen, Christoph von Schrofenstein, nennt er einen zwar frommen, aber geldgierigen und furchtsamen Mann. Luthers Wirken verfolgte er also voller Anteilnahme, blieb aber dem alten Glauben treu, und als 1525 der Aufstand losbrach, da schrieb er tief erschrocken: *O Gott, sieh herab zu Deinem Volk. Rechtfertige und mache demütig Deine Statthalter, zeig uns Deine Gewalt …* Die Revolte bedrohte auch das Stift mit Untergang. Die Bauern plünderten die Brixener Geistlichkeit aus, verjagten die bischöflichen Räte, und 5000 Mann zogen nach Neustift *ohn alle Ursach und begehrten von Jörgen Kirchmair, der des Propstes in des Neuenstift Richter und Amtmann gewesen, fünftausend Gulden.* Trotz aller Ermahnungen und Bitten überfielen sie am 12. Mai das Gotteshaus, vertrieben Propst Augustinus, peinigten die Chorherren und raubten im Wert von fünfundzwanzigtausend Gulden Silber, Kleinodien und Hausrat.

Die Strafe für diese Missetat fiel noch verhältnismäßig milde aus; nur den Rädelsführern wurde auf dem Brixener Marktplatz der Kopf vor die Füße gelegt. Allerdings, sagt Kirchmair, sei der Aufstand berechtigt gewesen, denn *der Mönch, Nonnen und Pfaffen Leichtfertigkeit ist gar arg gewesen.* Immerhin erreichten die Bauern eine durchgreifende Reform des öffentlichen Rechts. Die schlimmsten kirchlichen Mißbräuche wurden abgeschafft und finanziellen Übergriffen ein Riegel vorgeschoben. Alle diese bitter errungenen Vorteile gingen aber im Laufe der Zeit wieder verloren. Neustift erholte sich erst nach Jahren unter der fürsorglichen Verwaltung Kirchmairs, der weiterhin scharfe Kritik übte; noch 1538 schreibt er: *... das weiß ich aber, daß viel Unrat sich derzeit im Stift Brixen zugetragen. Es ging darin in einer gefährlichen Weltlichkeit zu. Die sieben Todsünden waren wie das tägliche Brot.* Durch die Gegenreformation wurde Brixen aber wieder ein Hort des alten Glaubens und eine Stätte hoher geistlicher Bildung, und dazu gehörte auch Neustift.

Am Südostrand des Chorherrenstifts liegt die ehemalige Wallfahrtskapelle **Sankt Viktor,** die vermutlich schon vor der Gründung von Neustift errichtet worden ist. Ihre ursprüngliche Flachdecke wurde Anfang des 16. Jahrhunderts durch ein Netzrippengewölbe ersetzt. Die Kapelle enthält bemerkenswerte Fresken, welche, in zwei Etappen gemalt, die Geschichte der Heiligen Drei Könige schildern. Sie gelten als ein Hauptwerk der Brixener Malerschule. Der in jüngster Zeit freigelegte und restaurierte Freskenzyklus beginnt an der Nordwand mit der Darstellung Joachims im Tempel. Auf der Ostwand zieht der Zug der Könige heran, auf der Südwand überbringen sie dem Christkind ihre Gaben (1350/60).

Oberhalb von Neustift liegt inmitten seiner Weingärten **Elvas,** wo die Brixener zur Zeit des Kelterns, des ›Törggelen‹, gern neuen Wein zu gerösteten Maronen und frischen Nüssen trinken, wie überhaupt der Wein um Neustift sich besonderer Beliebtheit, ja einer gewissen Berühmtheit erfreut. Er ist der erste Südtiroler Tropfen, der das Aroma besitzt, dem wir später in den gesegneten Lagen von Terlan, Kaltern und Tramin noch begegnen werden. Ein anderes hübsches Dorf am Hang der Sarntaler Alpen ist **Vahrn,** dessen Höfe und Edelsitze unter uralten Edelkastanien liegen. Die Fassade der Pfarrkirche trägt ein originelles Fresko von Leonhard von Brixen, 1474, eine Marienkrönung mit einem Engelorchester, das auf zeitgenössischen Instrumenten spielt.

Aus der Tiefe dringt das Brausen des Schalderer Baches. Steigt man weiter bergan, so liegt das reiche Tal zu unseren Füßen. Türme und Kuppeln der Stadt stehen im weichen Licht, das alle Farben ineinander verschwimmen läßt. Am gegenüberliegenden Berghang, der in der ›Plose‹ gipfelt, liegt **Milland** mit seinen Schlössern *Ratzötz* und *Winkelhof,* das auch Karlsburg genannt wird und leider stark vernachlässigt ist. Wohin man hier auch blickt: Weinberge, Wälder, Matten, Dörfer und stattliche Höfe bis hoch hinauf.

Ausflug nach Feldthurns

Überhaupt ist das Brixener Umland, das sich gut für erholsame Spaziergänge und Wanderungen eignet, reich an Kirchen, Kapellen und Ansitzen.

Wir wollen einen Ausflug nach Feldthurns machen, wählen dazu aber nicht die Staatsstraße, die dem Lauf des Eisack folgt, sondern wir nehmen die Höhenstraße. Vom Brixener Bahnhof aus überqueren wir Bahngeleise und Autobahn, und schon bald windet sich die Straße in Serpentinen in die Höhe. Etwa dreihundert Meter bevor sich die Straße Brixen-Feldthurns mit jener nach Tschötsch kreuzt, finden wir im Innenfeld einer S-Kurve hochinteressante *prähistorische Steinritzungen.* Jeweils geteerte Zufahrten führen nach rechts zur ›Neunteplatte‹, etwas weiter nach links zu einer drei Meter tiefer gelegenen Felsterrasse, auf der wir eine Steinzeichnung bewundern können, die dem Spielfeld unserer heutigen ›Mühlespiele‹ identisch ist. Hier auf der **Tschötscher Heide** wurde eine weitere Entdeckung gemacht. Bei dem auf der Höhe liegenden Weiler Tötschling fand im Dezember 1955 der Wirt des Gasthofes ›Fink‹, ein passionierter Prähistoriker, einen *Menhir,* den er schließlich im ersten Stock seines Restaurants in den Kleinen Lauben von

Brixen aufstellte. ›Menhir‹ ist ein kelto-bretonisches Wort und bedeutet ›Langer Stein‹. In Nordfrankreich findet man solche Steingiganten, ohne Inschriften, zu Tausenden aufgerichtet; Südfrankreich ist dagegen das Zentrum von Steinen mit Einritzungen und oft menschenähnlichen Formen. Solche Blöcke nennt man Menhirstatuen, ihr Vorkommen reicht bis ins Herz der Alpen, in Südtirol hat man einige entdeckt. Die Ritzung und Aufstellung dieser Gedenksteine schreibt man dem Volk der Ligurer zu und versetzt das Alter dieser Menhirstatuen in die Zeit von 2000 bis etwa 1600 vor Chr. Der Menhir von Tötschling ist ein richtiger Figurenmenhir mit eingeritzten Dolchen, Tülläxten und einem wellenförmigen Menhirgürtel. Das Ergebnis einer wissenschaftlichen Untersuchung lautete: »Figurenmenhir ligurischer Herkunft mit bronzezeitlichen Inzisionen. Alter 2000 bis 1600 vor Chr.« Damit war einer der ältesten Beweise einer menschlichen Besiedlung des Eisacktales geliefert. In den Museen von Meran und Bozen gibt es weitere Menhire zu besichtigen.

Bevor wir nach Feldthurns weiterfahren, machen wir noch einen Abstecher nach Tschötsch.

Tschötsch ist der Geburtsort des berühmten Orientalisten und Sprachforschers *Jakob Philipp Fallmerayer* (1790-1861). Das Geburtshaus mit einer Gedenktafel steht direkt an der Straße. Der hochbegabte Bub wurde als Dreizehnjähriger in die Brixener Domschule aufgenommen. Er studierte dann in Landshut Geschichte und Sprachen, wurde 1818 Lehrer am Augsburger Gymnasium und schrieb ein Buch über die Geschichte des byzantinischen Kaiserreichs Trapezunt, ein Thema, das die königliche Akademie Kopenhagen ausgeschrieben hatte. Fallmerayer erhielt den ersten Preis. 1831 war er Lehrer am Landshuter Gymnasium, doch ließ er sich beurlauben und bereiste die Türkei, Griechenland, Ägypten, den Kaukasus, Armenien, Syrien, Palästina und Italien. Aufgrund seiner Schriften wurde er Mitglied der Bayerischen Akademie der Wissenschaften. 1840 und 1841 reiste er erneut in den Orient. 1848 wurde er als Professor an die Münchner Universität berufen und zum Abgeordneten für die Frankfurter Nationalversammlung gewählt. Nach Auflösung des Parlaments ließ er sich dazu überreden, an der Rumpfversammlung in Stuttgart teilzunehmen, wurde deshalb steckbrieflich wegen Hochverrats gesucht, floh nach Sankt

6

Alexander Kanoldt (1881-1939)

Kloster Säben, 1920
Öl auf Leinwand (Ausschnitt)
Freiburg im Breisgau, Städtisches Augustinermuseum
(Foto: Museum)

Der gebürtige Karlsruher zählt zu den deutschen Frühexpressionisten. Genauso gut oder noch viel besser könnte man ihn auch als Kubisten in Anspruch nehmen. Vor allem seit 1908, als er nach München übersiedelte, entdeckte er die Alpenwelt Bayerns, Österreichs und Tirols in neuer Sehweise. Die Formenfülle der Gebirgsformationen regten seine Phantasie mächtig an und ließen ihn Kompositionen von prägnanter Abstraktion und lapidarer Wucht bauen. Wiederholt gestaltete er Motive aus dem Eisacktal, und es waren dabei besonders die elementaren Gegensätze, die ihn angezogen und deren verbindende geheime Geometrie er zu enträtseln suchte, etwa 1911 in einem Gemälde mit dem Felsdurchbruch des Eisack, 1921 in einer sehr naturhaften Lithographie von der eben restaurierten Burg Branzoll über Klausen oder im Jahr zuvor die hier wiedergegebene Ansicht von Säben, die ja auch schon Dürer begeistert hatte. In diesem Bild treibt Kanoldt die formale Reduktion noch weiter und steigert den Kontrast von scheinbar amorphem Gefels und dem Regelmaß einfacher, scharf beleuchteter Architekturkuben zu einer faszinierenden zeitlosen Landschaftsstudie zwischen Realität und Irrealität.

Gallen, durfte 1850 nach München zurückkehren und ließ sich pensionieren.

Lassen wir Ludwig Steub das Wort, der das Geburtshaus des Gelehrten im vorigen Jahrhundert besucht hat: *Hier sind wir alle geboren, sprach Herr Johann Fallmerayer, und dort im Winkel stand unsere Wiege! Dort drinnen in der Nebenkammer (sie ist fast noch gräulicher als die Wohnstube) haben Vater und Mutter geschlafen, und durch die Wand ist ein Loch und durch das Loch ein Bindfaden gegangen, der an der Wiege angemacht war, und wenn eines in der Wiege bei der Nacht geschrien hat, so hat's die Mutter mit dem Bindfaden gewiegt.*

Also hier bist du geboren, Jakob Philipp Fallmerayer! Und diese schmutzigen Wände haben deinen ersten Schrei vernommen, und diesen schmutzigen Boden hast du zuerst bekrochen, und aus diesen schmutzigen Schüsseln hast du den ersten Plenten gegessen! ...

In **Feldthurns** sollte man vor allem das gleich klingende, aber Velthurns geschriebene *Schloß* mit einer Führung besuchen. 1578 gab Kardinal Freiherr Christoph von Madruz, Fürstbischof von Brixen und Trient, den Auftrag zum Bau einer neuen Sommerresidenz, die 1587 unter seinem Nachfolger Thomas Freiherrn von Spaur vollendet wurde. Unter Leitung des Baumeisters Mattias Parlati arbeiteten drei Maler aus Brescia, Meister Horazio und Michele sowie Pietro Maria Bagnadore, in den Räumen zusammen mit Schreinermeistern aus Brixen, Bruneck und Klausen.

Nach der Säkularisation von 1803 wurde das Schloß versteigert und kam herunter. Es wurde zunächst Wirtshaus, kam 1822 in den Besitz des Freiherrn von Goldegg, der es 1875 dem Fürsten Johann II. von Liechtenstein verkaufte. Er schenkte das Schloß 1903 der Stadt Bozen, die nichts für dessen Unterhalt tat. 1978 wurde Velthurns vom Staat erworben und restauriert.

Die sehr reiche Innenausstattung zeigt das Zusammenspiel von Malerei und Schreinerwerk an intarsierten Vertäfelungen, Kassettendecken und Prunkportalen. Es finden sich Fresken, zumal im zweiten Obergeschoß, von bester Qualität. Sie zeigen die in der Renaissance beliebten Allegorien, wie die Kardinaltugenden, Laster, Jahreszeiten, Erdteile oder die Sinne. Ein Raum im zweiten Obergeschoß enthält Fresken aus dem Neuen Testament. Besonders prächtig ist das Fürstenzimmer mit der großartigen Kassettendecke aus den verschiedensten Hölzern: Nußbaum, Olive, Linde,

Buche, Esche, Kastanie, Rosenholz, Kirsche und Birne. In der Mitte sitzt das Spaurwappen mit der Jahrzahl 1581. An Vertäfelung und Decke arbeiteten Hans Spineider aus Meran, Thomas Barth aus Brixen und Peter Rumpf aus Klausen mit ihren Gesellen vier Jahre lang. Den prachtvollen Ofen setzte der Bozener Hafnermeister Paul Pidenhofer, die Kacheln schuf der Brixner Bildhauer Adam Pokh. Auch die Katharinenkapelle enthält reichen Renaissancedekor.

Wer eine ganz besonders schöne – allerdings auch etwas längere – Wanderung machen möchte, der fährt von Feldthurns weiter nach Latzfons und dann hinauf bis Steineben. Dort stellt man den Wagen ab und geht über die Klausener Hütte zur weithin sichtbaren, romantischen Wallfahrtskirche Heiligenkreuz. In einer Wirtschaft daneben kann man sich für das letzte Stück Aufstieg zur *Kassianspitze* (2581 m) stärken. Die beschriebene Hochtour dauert zwischen drei und vier Stunden. Die herrliche Aussicht, die man oben auf der Kassianspitze genießt, läßt jedenfalls eventuell aufgekommene Ermüdungserscheinungen schnell vergessen.

In Klausen und Säben

Von Brixen aus folgen wir dem Eisacktal nach Süden. Bald fahren wir am Gasthof ›Wirt an der Mahr‹ des berühmten Tiroler Aufständischen Peter Mayr vorüber. Schon 1808 tagte in seinem Gasthof ein Bauernkonvent, der eine Bittschrift an den König von Bayern beschloß. Während der kriegerischen Auseinandersetzungen befehligte der Mahrwirt immer wieder größere Kontingente. Später fiel auch er, wie Andreas Hofer, einem Verräter zum Opfer. In Feldthurns wurde er verhaftet; er hätte sein Leben durch eine Notlüge retten können, statt dessen erklärte er stolz: »ich will mein Leben durch keine Lüge erkaufen«. Nahe der Talfer in Bozen starb Peter Mayr durch ein Peloton am 20. Februar 1810 – am gleichen Tag, an dem Andreas Hofer in Mantua erschossen wurde.

Südwärts von Brixen begleiten bald näher, bald weiter entfernt waldige Mittelgebirge den Fluß, doch dauert es nicht lange, und der Eisack schäumt wieder durch ein schluchtartig verengtes Tal, in dem das Städtchen **Klausen** gerade noch Platz gefunden hat. Im Schutz des steilen mächtigen Felsens mit dem *Kloster Säben* darauf liegt die ›Klause unter Säben‹ auf schmalem Raum zwischen Fluß, Stadtmauer und dem Burgfelsen mit der *Burg Branzoll*. Klausen, das bedeutet Straßensperre – ist eine uralte, sicher schon in römischer Zeit bestehende Siedlung, und wie Sterzing war sie Sitz eines blühenden Gastwirtsgewerbes. 1027 wurde die Klause durch Kaiser Konrad II. dem Bischof von Brixen geschenkt, was im Laufe des 11. und 12. Jahrhunderts die Ausgestaltung der alten Zollstätte zu einem Marktflecken zur Folge hatte. 1205 besaß Klausen schon eine Pfarrei, und im frühen 15. Jahrhundert erhielt es Stadtrechte. Vom Ende des 15. Jahrhunderts stammt eine für Kaufleute und Rompilger angefertigte Reisekarte: »Das ist der Rom-Weg, von Meilen zu Meilen mit Punkten verzeichnet, von einer Stadt zur andern, durch deutsche Land«. Von Donauwörth über Augsburg, Mittenwald, Innsbruck und den Brenner zogen nach ihr die Reisenden über Klausen nach Bozen und Trient, und auch Albrecht Dürer folgte 1494 dieser Route, als er nach Italien ging. Er rastete in Klausen, und diesem Aufenthalt verdanken wir den schönen, 1500 bis 1503 entstandenen Kupferstich der ›Nemesis‹, auch ›Das große Glück‹ genannt. Dem Blatt ist etwas ganz Märchenhaftes eigen. In medaillenhafter Schärfe hebt sich die Gestalt der Nemesis auf der eilig rollenden Kugel vom hellen Hintergrund ab, und unter einem gekräuselten Wolkenbogen ist eine phantastisch anmutende Landschaft aufgebaut, die sich im Dämmer der Tiefe verliert: und plötzlich erkennen wir – das ist ja Klausen! Wir schauen vom Berghang über die Stadt, Burg Branzoll und Kloster Säben, und mit welch liebevoller Genauigkeit ist alles beschrieben: die Bäume und der Fluß, Kirche und Häuser, der Holzstapel auf der Wiese und das hohe Gebirge mit Burg und Kloster! Die gesamte Stadtansicht ist allerdings seitenverkehrt wiedergegeben.

Als zwei Jahre vor Dürers Aufenthalt eine venezianische Gesandtschaft auf der Reise an den Hof Kaiser Friedrichs III. in Klausen Station machte, berichtete Andrea de Franceschi von der guten Aufnahme und von einem Liedervortrag, der ihnen ausnehmend gefiel.

Es war ein Gesang, der nicht angenehmer hätte sein können, denn einige Knaben, besonders ein kleinerer, sangen mit Stimmen, so fein wie ein Klarinett und in bewunderungswürdiger Harmonie ... Dies war im Gasthaus zum ›Agnus Dei‹ in Klausen, wo ein sehr liebevoller und braver

Wirt, gelehrt in Wissenschaft und Künsten, hauste, der das Aussehen eines Edelmannes hatte …

Klausen und Burg Branzoll sind der wichtigste Handlungsplatz im Roman ›Walther von der Vogelweide‹ des Schriftstellers Franz Karl Ginskey. »Ich weiß keinen vollkommeneren österreichischen Schriftsteller als Ginskey«, urteilte Thomas Mann über ihn.

Die Lange Gasse durchzieht die Stadt; sie ist die einzige des Orts, umstanden von hohen Giebelhäusern, geschmückt mit Erkern und geschmiedeten Auslegern wie in Sterzing. Sie hat das, was Wilhelm Hausenstein ›den vollkommenen Reiz des Intimen‹ nennt: ein vollendeter Raum und eine Bühne für das städtische Leben, Schauplatz für eine geordnete, in sich geschlossene Welt. Hier ist alles da, was dazugehört: die schlichte *gotische Pfarrkirche Sankt Andreas* (Chorweihe 1494) auf dem heiteren kleinen Platz, die in die Häuserwand eingebaute *Apostelkirche,* die von der Königin Maria Anna von Spanien 1697 gegründete *Kapuzinerkirche,* der Brunnen mit der Muttergottes.

Um die Pfarrkirche gab es einmal eine bedeutende Aufregung. Da war der Kupferschmied der Stadt auf den schwindlig hohen Turm hinaufgestiegen, um den Turmknopf aufzusetzen. Verzweifelt stand seine Ehehälfte unter den vielen Zuschauern und schluchzte: »Jesses! Jesses! Sein dös Mander! Und mit so an Rausch!«

Die *Kapuzinerkirche* mit der anstoßenden *Loretokapelle* birgt den sogenannten ›Loretoschatz‹. Ein Klausener war der Kapuzinerpater Gabriel Pontifeser, Beichtvater von Maria Anna Prinzessin von Pfalz-Neuburg, der Gemahlin König Karls II. von Spanien. Nach Karls Tod im Jahre 1700 ließ die Königin an Stelle des Geburtshauses Pater Gabriels die Loretokapelle bauen, die sie mit Altarschmuck und Paramenten ausstattete. Auch Bilder und kirchliches Gerät aus dem Besitz des Paters wurden dort ausgestellt. Manches davon wurde während der bayerischen Herrschaft in Tirol zwischen 1806 und 1814 weggeführt. Um den Schatz zu sichern, ließ die Landesregierung in Bozen einen neuen Schatzraum bauen, der 1963 eröffnet wurde. Er enthält Gemälde des 16. und 17. Jahrhunderts, zum Teil aus den Schulen Rubens', Leonardos da Vinci und Tizians. Der Altarschmuck, teils spanische, teils maurische Arbeit, ist in Vitrinen ausgestellt, außerdem chinesisches Porzellan der Mingzeit (1386 bis 1644) und Schmuckstücke aus dem Besitz der Königin. Das wertvollste Stück ist der königliche Feldaltar, um 1600 in Spanien oder Italien gearbeitet. Im aufgelassenen Refektorium des Kapuzinerklosters ist seit 1980 ein Heimatmuseum aus dem Nachlaß von Pater Anselm Pernthaler eingerichtet.

Ehe man weiterfährt, kann man noch den Rundbau der *Sebastianskapelle* aus dem frühen 13. Jahrhundert besuchen, der draußen auf einer Wiese steht. Bischof Konrad von Rodank hat sie einst als Spitalskirche erbauen lassen. Der Grundriß des runden Kuppelbaus zeigt dreizehn Ausbuchtungen, wohl ein symbolischer Hinweis auf Christus und die zwölf Apostel. Das Weihedatum der Oberkirche ist 1213. Die Krypta war verschüttet; sie ist seit 1981 wieder freigelegt, wobei mehrere romanische Fensterchen mit dekorativer Bemalung und ein Apostelkopf (um 1220) entdeckt wurden.

Wer Zeit hat, sollte doch nach **Säben** hinaufsteigen. Der Burgberg von Säben ist eine Stätte ältester Besiedlung (Funde aus der frühen Bronzezeit und der Hallstattzeit). ›Der heilige Berg Tirols‹, wie Säben genannt wird, zeichnet sich vor allem durch seine Kontinuität als christlicher Kultplatz aus. Die neuesten Fundergebnisse der archäologischen Grabungen, seit 1976, geben Kenntnis von den Kirchenbauten, die vom frühen 5. Jahrhundert bis zum Jahr 1000 an drei verschiedenen Standorten am Säbener Berg existierten. Einer Gebäudeanlage des 4. Jahrhunderts auf der Terrasse vor der Liebfrauenkirche war eine spätrömisch-frühchristliche Kirche mit Taufraum im Bereich der heutigen Marienkapelle zugeordnet. Im 6. oder 7. Jahrhundert entstand ein großer Begräbnisplatz, von dem über 230 Gräber gefunden wurden, darunter auch bajuwarische Grabstellen mit reichen Beigaben. In einer weiteren großen Kirchenanlage, zerstört im 7. Jahrhundert und danach verändert wieder aufgebaut, hat man möglicherweise bereits eine Bischofskirche zu sehen. Der erste Bischof für Säben ist um 570 nachweisbar. Die bedeutendste historisch faßbare Bischofsgestalt war der Heilige Ingenuin, der um 600 starb. Sein Grab befand sich in der dritten frühen Kirchenanlage, im Vorgängerbau der späteren Heiligkreuzkirche, und wurde 1983 entdeckt. Nach der Verlegung des Bischofssitzes von Säben nach Brixen um das Jahr 1000 entstand auf der Höhe des Berges eine bischöfliche Burg, die als zentrale Festung des Hochstiftes diente (Zerstörung im 13. Jahrhundert, Ausbau im 14. und 15. Jahrhundert, 1533 Ruine). 1681 bis 1686 errichtete der Pfarrer und Spitalsherr von Klausen, Matthias Jenner, das bis heute bestehende Benediktinerinnenkloster, das in die alte Burg hineingebaut wurde. Seine heutige Gestalt erhielt das Kloster im wesentlichen bei einem Umbau um 1890. Man steigt also nicht so sehr der Klosterbauten wegen den Berg hinauf; sie sehen sich besser von unten an, auch wenn ihnen ihre verwickelte Geschichte Respekt verschafft. Unverändert blieb die *Liebfrauenkirche* mit der südlich anstoßenden romanischen Marienkapelle. Sie präsentiert sich als wuchtiger, 1652 von Jakob und Andreas Delai ausgeführter achteckiger Barockbau, der im Inneren reiche und geschmackvolle Stukkaturen von Francesco Carlone und Simon Delai aufweist. Auch die Deckengemälde, von Stephan Keßler 1658 gemalt, die Altäre, die Kanzel passen sich dem Ganzen ausgezeichnet ein. Ein Gemälde aus dem 16. Jahrhundert, auf dem der Heilige Kassian ein Götzenbild zerstört, erinnert an den ersten Bischof von Säben, der den nördlichen Teil Südtirols christianisierte und dem wir schon in Innichen begegnet sind. An ihn gemahnt auch noch der ›Kassiansturm‹, ein Rest des alten Hochschlosses, in dem der Legende nach der Heilige Kassian als Gefangener geschmachtet haben soll.

Vorüber an der 1687 bis 1697 von Johann Delai gebauten *Klosterkirche*, kommt man zur *Heiligkreuzkirche*, die eine höchst überraschende Ausstattung hat. 1679 wurde der gesamte Innenraum mit starkfarbigen illusionistischen Fresken versehen. Man sieht sich in weite Säulenhallen und Scheinarchitekturen aller Art versetzt, in denen sich die biblischen Szenen abspielen. Bei der Restaurierung der Kirche 1983/84 wurde das Grab des Heiligen Ingenuin gefunden, eine Marmorplatte am Boden weist darauf hin. Nach den neuesten Grabungen dürfte die Heiligkreuzkirche – die übrigens die höchste Stelle des Säbener Felsens einnimmt – um 1270 erbaut worden sein.

Von Klausen aus erreicht man in einer guten Stunde nach Westen zu **Villanders**, einen herrlich gelegenen Ort in 870 Meter Höhe. Als Pfarrort wird er 1324 erwähnt, doch ist die Pfarrei sicher älter. Die heutige Pfarrkirche Sankt Stephan wurde von Benedikt Weibhauser, der auch die Pfarrkirche in Klausen umgebaut hat und dort den Chor schuf, um 1500 erbaut. Der Turm entstand rund hundert

Jahre früher. Villanders besitzt noch andere Kirchen, von denen *Sankt Valentin* wegen seines Freskenschmuckes an der Fassade und (übertüncht) im Inneren erwähnt sei. Sie deuten in ihrem Stil auf die Hand des Hans von Bruneck hin, der auch im Brixener Kreuzgang, in der vierten Arkade, tätig war. Die Dorfgasse von Villanders, die in Stil und Anlage typisch ist für die hiesige Lebensweise, hat Franz von Defregger als Kulisse für sein bekanntes Gemälde ›Das letzte Aufgebot‹ gewählt.

Zahlreiche alte Häuser und Edelsitze sind über das ganze Pfarrgebiet in Villanders verstreut. Die Herren von Villanders, von denen die heutigen Grafen Wolkenstein abstammen, saßen in zahlreichen Ansitzen: in *Schloß Pardell*, in *Gravetsch*, in *Sankt Johann* usw., wo noch manche schöne malerische Häuser zu finden sind, so zum Beispiel das prachtvolle Gasthaus ›Zum Steinbock‹ aus dem 15. Jahrhundert. Man merkt, daß hier die alte Brennerstraße, von Klausen kommend, vorüberführte und über den Ritten nach Bozen weiterlief. Davon wird noch die Rede sein.

Barbian und Dreikirchen

Da wir nun schon auf der rechten Seite des Eisack sind, wollen wir auch noch Barbian und Bad Dreikirchen besuchen, die man übrigens auch von Villanders zu Fuß erreichen kann.

Kurz nach Waidbruck biegen wir rechts ab und folgen der schmalen Straße, die in Serpentinen an der steilen Bergflanke emporführt. Im Spätherbst bin ich zum ersten Male dort oben gewesen. Wie Fackeln leuchteten die Lärchen zwischen den dunklen Fichten, und wo sie in größeren Mengen zusammenstanden, bildeten sie wahrhaft goldene Wälder. Im mauerumgürteten Friedhof neben der an den Abhang geschmiegten kleinen Kirche von **Barbian** mit ihrem schiefen Turm blühten die letzten Rosen. Am Allerheiligentag zeigte er sich wie ein bunter Bauerngarten. Vor Grabsteinen und geschmiedeten Kreuzen liegen die Gräber festlich geschmückt mit Zinnien, Astern, Dahlien, Chrysanthemen, die in reizenden Mustern ausgelegt sind. Es gibt auch Gräber, bedeckt mit blaugefärbter Holzwolle, besteckt mit farbigen Blumenornamenten, die wie Teppiche wirken. An den Kreuzen hängen Kränze aus dunklem Laub, in dem rote Beeren glühen, Kränze aus künstlichen

Blumen und Perlen und Weihwasserkesselchen. Man hat keineswegs das Gefühl, auf einem Totenacker zu stehen, sondern in einem lustigen, bunten Gärtchen.

Die nächste Umgebung Barbians bietet mit ihren Bauernhöfen, von denen einige zwischen 1500 und 1550 entstanden, einen instruktiven Einblick in die frühe alpenländische Architektur. Von den noch erhaltenen Bauten ist der *Frühauf-Hof* wohl der charakteristischste. Er wurde vor einigen Jahren verständnisvoll in seiner ursprünglichen Gestalt wiederhergestellt und von entstellenden späteren An- und Einbauten befreit.

Von Barbian kann man zu Fuß, in etwa einer Stunde, **Dreikirchen** erreichen. Der Blick ist einzigartig. Immer hat der Wanderer die Schönheit des Eisacktales vor Augen mit Klausen unter dem Säbener Burgfelsen, und dahinter weitet sich das Tal in das Brixener Becken hinein. Tief unten liegt Waidbruck, darüber, wie aus einem Bilderbuch geschnitten, die Trostburg am Steilhang, die den Eingang ins Grödnertal bewacht, und im Süden schließt die mächtige Wand des Schlern das Bild ab. Schwarzblaue Wolkenstreifen standen am hellen türkisblauen Himmel, die Luft war so klar, daß Tal und Gebirge zum Greifen nah herangerückt schienen. Obstbäume begleiten den Weg, mächtige Kastanien mit leuchtend gelbem Laubwerk, Acker und Wiesen, und dann beginnt der Wald, auf dessen anderer Seite die Häuser von Dreikirchen liegen, einem der schönstgelegenen Orte dieser Gegend, er ist sogar ein ›Bad‹, dessen heilkräftigen Wassers wegen er schon seit Jahrhunderten besucht wird. Angeblich soll hier um 1315 eine Taverne gestanden haben, deren starke Grundmauern den heutigen Gasthof tragen. Im Mittelalter hieß der Ort ›Sankt Gertraud-Malgrei im Wald‹. Da der höchstgelegene Hof von Barbian ›Stangenhof‹ heißt, das bedeutet ›Hof an der Zollstange‹, ist wohl anzunehmen, daß einst hier die Straße vorüberführte, die Dreikirchen mit dem Ritten und Villanders verband.

Einige glauben, daß die drei Kirchen, von denen der Ort den Namen hat, an der Stelle eines vorchristlichen Drei-Frauen-Heiligtums stehen, zu dem man pilgerte, um Kindersegen zu erflehen. Die anmutige Gruppe der Kirchlein ist eng zusammengebaut. *Sankt Gertraud* und *Sankt Nikolaus* liegen mit ihren Giebelfronten in einer Linie, während das *Sankt Magdalena* und dem Heiligen Antonius geweihte Gotteshaus mit der Giebelseite dicht am Chor von Sankt Gertraud anschließt. Die beiden älteren Kirchen, Sankt Gertraud, deren Außenwand das überlebensgroße Bild des Heiligen Christophorus trägt, und Sankt Nikolaus, haben den gleichen rechteckigen Grundriß, flachgedeckte Schiffe, spitzbogige Chorbögen und quadratische Chöre mit Kreuzrippengewölben des 15. Jahrhunderts, aber das starke Mauerwerk der Schiffe stammt wohl noch aus romanischer Zeit. Die Wandmalereien von Sankt Gertraud sind übertüncht mit Ausnahme des ganz unberührt gebliebenen Freskos im Bogenfeld der Chorschlußwand, darstellend die Kreuzigung, darunter sechs stehende Apostel, alles in hellen, zarten Farben. Josef Ringler nimmt als Heimat des Malers Österreich an; wahrscheinlich ist es jener eine Zeitlang in böhmischen Werkstätten arbeitende ›Brixener Maler der Freisinger Dreikönigsanbetung‹ aus dem Anfang des 15. Jahrhunderts.

Der Hochaltar aus den Jahren um 1500 stammt aus der Nikolauskapelle; er kommt aus der Schule Hans Klockers aus Brixen. Die mächtige Figur des Heiligen Nikolaus in alter goldschimmernder Fassung ist wohl von Klocker selbst. An den Innenflügeln sind die Reliefs der Apostel Petrus und Paulus, an den Außenseiten – gemalt – die Heiligen Vigilius und Stephanus. In der Predella sehen wir die Pietà, an ihren Flügeln außen die Heiligen Ursula und Margaretha, innen Sebastian und Florian. Die Kirche enthält auch ein frühbarokkes Altärchen und eine Muttergottes aus dem Ende des 15. Jahrhunderts von lebendigem und innigem Ausdruck. Wie für dieses Bildwerk ist das Marienlied von Richard Billinger geschrieben:

Maria geht auf grüner Au
Und wäscht ihr Kind im Morgentau.
O Wiesenhalm, laß bei dir ein
Wie Schatten arm mein Kindelein!

Da springt die Welle aus dem Bach,
Der Welle hüpft das Fischlein nach,
Den Vogel schickt der stumme Wald,
Aus Osten prahlt die Sonne bald!
Ave Maria!

Der quadratische Chor der Nikolauskapelle trägt reichen Freskenschmuck von Rupert Potsch, Brixener Schule um 1490. An der

Nord- und Westwand sehen wir Szenen aus der Legende des Heiligen Nikolaus, in den Zwickeln des Kreuzgewölbes vier Evangelistensymbole, Engel und die Kirchenväter. Am Chorbogen innen sind der Erzengel Michael und die Heiligen Stephanus und Dorothea dargestellt, außen Kain und Abel, Heimsuchung und die Darstellung Christi im Tempel. In der bescheiden hinter den beiden älteren Kirchen verborgenen, schlichten, um 1400 erbauten *Sankt Magdalena-Kapelle* steht ein reicher spätgotischer Flügelaltar mit Predella und Gesprenge, der als Hauptgruppe zwischen umrankten Säulchen, Fialen und Rankenwerk die Krönung Mariä zeigt.

So liegt Dreikirchen noch heute fern der Unruhe der Welt in tiefer Stille und Abgeschiedenheit angesichts eines der großartigsten Landschaftsbilder von Südtirol, das von den Zillertaler Fernern, der Plose über Brixen, den Geislerspitzen, von Sella und Langkofel beherrscht wird. Steigen wir hinter dem Gasthaus noch etwas höher hinauf über die Wiesen, so haben wir von hier den hübschesten Blick auf die Gruppe der drei Kirchen und das Tavernengebäude. In ihm wird heute ein gemütliches Hotel betrieben, das von Kennern der Gegend gern besucht, ja geliebt wird. Zu den berühmtesten Gästen des Ortes, die dort immer wieder einkehrten, gehörten der Maler Defregger und der Dichter Christian Morgenstern. Wir können durch den lichten Mischwald noch etwas höher zum Gasthaus Briol steigen, von wo wir den wundervollsten Blick über die Welt der Hochalpen haben.

Von Barbian aus, in südlicher Richtung, kommen wir über eine Nebenstraße nach Lengstein. Auf einem Felsenhügel prächtig gelegen und weithin sichtbar ist die **Kapelle Sankt Verena,** sie wird 1256 erstmals erwähnt. Ihre herrliche Lage und der wundervolle Blick von dort oben haben diese Kapelle nahezu berühmt gemacht. Von Kalenderblättern und Bergbüchern kennen wir diesen Anblick, und doch ist man immer wieder von neuem fasziniert.

AM LINKEN EISACKUFER

Villnößtal

In frischer, klarer Luft steht Brixen am Anfang des unteren Eisacktals, in die Dunstschwaden seiner Industrien eingehüllt Bozen am Ende. Zwischen beiden Städten zu seiten des Flusses liegt eine Landschaft, in der Nördliches und Südliches sich anmutig mischen, die wir aber bei der Fahrt durchs Tal kaum mit dem Auge erfassen können. Da steht zwar der Ritten vor uns und ihm gegenüber der Schlern, aber auf den Hügeln und Hängen laden Burgen, Schlösser, Kirchen und Dörfer, Einzelhöfe, Laub- und Nadelwälder, Wiesen, Äcker und auch schöne Rebgärten mit gewaltigen Edelkastanien und Nußbäumen zu längerem Verweilen ein. Und hier verlocken auch die ostwärts, auf dem linken Eisackufer, tief eingeschnittenen Seitentäler zum Besuch. Sie sind sich alle sehr ähnlich. Stets beginnen sie in enger Schlucht zwischen Felsen aus Porphyr oder Urgestein, werden dann breiter und enden vor den Kalksteinwänden der Dolomiten.

Eines der unberührtesten, zugleich großartigsten und lieblichsten unter ihnen – noch vor Klausen – ist das Tal von Villnöß. Zunächst also müssen wir eine enge, vom Gießbach durchtoste Schlucht überwinden, über deren Wänden man **Gufidaun** erblickt. Der Ort liegt hoch und schön, am Rande des ladinischen Sprachgebietes; er wird überragt von der Kirche und der *Burg Summersberg*. Mit Kirche, Burg und mittelalterlichen Bauernhöfen hat Gufidaun seinen alten Charakter bewahrt. Die Burg, einst Sitz der Herren von Gufidaun, ist heute Wohnstätte der Familie Zingerle. Ignaz Vinzenz von Zingerle, einem bekannten Germanisten, verdanken wir die größte Sammlung Tiroler Sagen. Er gehörte auch zu den Verfechtern der These, daß der Geburtsort des Minnesängers Walther von der Vogelweide im ›Vogelweiderhof‹ im nahegelegenen Lajener Ried zu suchen sei. Inzwischen ist jedoch sicher, daß dieser Hof zu Zeiten Walthers noch nicht existiert hat. Zwanzig Gemeinwesen in Niederösterreich, Böhmen, Franken, Schwaben und der Schweiz streiten darum, als Heimat des bedeutenden Minnesängers gelten zu dürfen. Hier in Gufidaun ist auch der Freskant Franz Zoller geboren, der als Schüler und Gehilfe Paul Trogers viel in Österreich arbeitete.

Die Fassade der *Pfarrkirche zum Heiligen Martin* zeigt gute Wandmalereien von 1430. In der Sakristei, der ehemaligen Koburgerkapelle, wurden Fresken der Heiligen Sippe mit den Stifterfiguren der Herren von Koburg neu aufgedeckt. Die Bemalung stammt von 1425 und kommt aus der Werkstatt des Hans von Bruneck. Das Unterwirtshaus aus dem 13. Jahrhundert besitzt eine schöne Kassettendecke des 16. Jahrhunderts. Die ›Schönstube‹ im Turmwirtshaus könnte früher als Gerichtssaal – Gufidaun war bis ins 19. Jahrhundert Gerichtssitz – gedient haben. Ferdinand Gasser, der jetzige Turmwirt, ist der Gründer des 1972 eröffneten *Dorfmuseums* im Alten Schulhaus, in dem originale Bauernstuben mit altem Zubehör zu sehen sind.

Wir fahren das enge Tal weiter und schauen uns in **Sankt Valentin in Pardell** den Flügelaltar aus der Brixner Werkstatt Hans Klockers (um 1500) an. Im Schrein sehen wir Maria mit dem Christkind und die Heiligen Valentin und Wolfgang. Vier tuchhaltende Engel wurden 1975 gestohlen. Die Flügelreliefs zeigen je zwei weibliche und männliche Heilige in zwei Geschossen, die Flügelbilder schildern Szenen aus dem Leben des Heiligen Valentin. Der Meister der Gemälde mit den sehr lebhaften Farben war von Michael Pacher beeinflußt.

Hoch am Berg liegt die Kirche **Sankt Jakob am Joch.** Auch hier gibt es einen schönen Flügelaltar, Rupert Potsch zugeschrieben, zu bewundern. Die Flügelbilder sind sehr gute Arbeiten mit schönen Landschaften im Stil der Donauschule.

Bei **Pardell** weitet sich das Tal, dessen Hänge in Terrassen abfallen und bedeckt sind mit den weiß-braunen Bauernhöfen mitten in Wiesen und Feldern: eine reine, ursprüngliche Landschaft, von der man spürt, daß sie sich seit Jahrhunderten gleichgeblieben ist. So liegt sie vor uns mit ihren frischen Matten unter den dunklen ernsten Wäldern, dem grauen Stein der Gebirge. Anfang September leuchten rosenrot die blühenden Buchweizenfelder, die das Mehl für die ›Plentenknödel‹ liefern, stehen goldgelb die ›Kornmanndeln‹. Manchmal sieht man auf den Kuppen nur die Enden der Garben gegen den Himmel; das sieht aus, als ob dort oben eine Schar von blondschopfigen Kindern nebeneinandersitze.

Wir kommen in die Ortschaft **Villnöß.** Die *Pfarrkirche zu den Heiligen Petrus und Paulus,* erbaut um 1800, läßt noch Stilelemente des spätesten Rokoko erkennen. Die mit einem Volutengiebel abschließende Fassade ist mit einer gemalten Pilastergliederung geschmückt. Die Fresken der drei Kuppeln im Inneren der Kirche – Krönung Mariens, Schlüsselübergabe, Predigt des Heiligen Paulus – wurden 1798 von Joseph Schöpf gemalt. Sie werden zum Hauptwerk dieses Malers gezählt.

Die Sage erzählt, daß zuerst Riesen das Tal bewohnten, daß auf der Höhe hinter Sankt Magdalena im Frühjahr immer ein Riese erschien und ins Tal rief: »Zeit zum säen!« Heute gibt es keine wilden Männer mehr; der Bau des **Sankt-Johannes-Kirchleins,** das einsam am Talende in den Wiesen steht, soll sie vertrieben haben. Es gibt Bauern, die auf gut erhaltenen Höfen sitzen, von denen der Blick hinabgeht ins grüne Tal oder hinauf zu den Bergwäldern und Gipfeln. Schön und geräumig liegt der schon 1370 erwähnte **Ranui-Hof** am Ende des Tales. Er diente seit dem 17. Jahrhundert den Herren von Jenner, welche auch 1744 die Kapelle bauten, als Jagdhaus. Im Flur zeigen Fresken Jagd- und Küchenszenen und ornamentale Motive.

Von dem Kirchlein **Sankt Magdalena** in Villnöß erzählt man sich folgende hübsche Geschichte; Johann Adolf Heyl hat sie in seinen ›Volkssagen aus Tirol‹ aufgezeichnet:

Bevor der hinterste Weiler im Tal Villnös noch eine Kirche hatte, hörte der Bauer von Oberkantiol auf dem Kofel oben, wo die Seligen wohnten, immer an Vorabenden vor Sonn- und Festtagen Feierabend läuten. Das freute ihn, und er stellte mit dem Läuten auch gleich seine Arbeit ein. Einmal aber war er beim Garbenführen mit dem vollen Wagen gerad' vor seinem Stadel, als es auf dem Kofel läutete. »Eintun muß ich die Garben doch noch«, meint er, »weil's nicht weiter ist« – und so fuhr er geschwind noch beim Stadeltor hinein. In dem Augenblick verstummte das Läuten und ließ sich nie wieder hören. Der Bauer aber hatte kein Glück mehr und bereute sein Tun bitter. Zur Sühne ließ er das Sankt-Magdalena-Kirchlein bauen.

Zur Baustätte wurde der Probitzler Boden ausersehen. Schon waren die Zimmerleute mit dem Behauen der Werkhölzer beschäftigt, aber der hackte sich in die Hand, ein anderer in den Fuß und das Blut rann auf die Späne hinab. Da kamen seltsame Vögel geflogen und trugen die blutigen Späne auf den benachbarten Hügel hinauf, wo sie dieselben so kunstgerecht aneinanderreihten, daß jedermann leicht den Grundriß einer Kirche erkennen konnte. Nach diesem Grundriß wurde nun die jetzige Magdalenakirche auf dem besagten Hügel wirklich erbaut.

Hinter dem Ranui-Hof bei Sankt Johann hören die Siedlungen auf. Es beginnt herrlicher Hochwald, durch den in tiefer Klamm der Gießbach schäumend braust. Über den Wipfeln schießen steil die phantastisch gezackten Felstürme der Geislerspitzen auf, rosiggrau vor dem Himmel, dem wunderbaren Tal einen großartigen Abschluß gebend. Tal und Höhen, Äcker, Wälder und steile Wiesen, Strenge und Lieblichkeit, alles das scheint hier in schönstem Gleichgewicht, dem die gewaltige Geislergruppe am Schluß eine monumentale Feierlichkeit verleiht.

Wir fahren das Villnößtal wieder zurück und, bald nach Pardell, rechts die Höhe hinauf zur Ortschaft **Teis.** Hier in der Gegend kommen die berühmten ›Teiser Kugeln‹ vor. Sie sind geologisch eine Form der ›Drusen‹, rundliche Hohlräume im Gestein, die sich bei vulkanischen Prozessen gebildet haben, bedeckt mit kristallisierten Mineralien. Die schmuckartigen Gebilde schimmern in vielerlei Farben, sie haben ihren Handelswert und dürfen daher nur mit einer Genehmigung der Behörden gesucht respektive mitgenommen werden. Im Grödner Heimatmuseum in Sankt Ulrich kann man ›Teiser Kugeln‹ sehen.

Zum Abschluß unseres Ausfluges ins Villnößtal machen wir eine Wanderung auf der Höhe zwischen Villnöß- und Aferertal.

Im Grödner Tal

Bei Waidbruck erreicht man den Eingang zum Grödner Tal, der von der hoch oben über dem Ort thronenden **Trostburg** bewacht wird. Sie ist von Juni bis Oktober täglich zu besichtigen, aber man muß vom Wolkensteinplatz in Waidbruck zu Fuß aufsteigen. Möglicherweise ist der Name Trostburg ladinischen Ursprungs und kommt von ›troj‹, Weg, Straße. Marx Sittich von Wolkenstein, um 1600,

7

Thomas Ender (1793-1875)

Schloß Trostburg im Eisacktal, 1845

Aquarell (Ausschnitt)

Privatbesitz

(Foto: Ingrid Rastl)

Als Thomas Ender 1839 seine erste von insgesamt zehn Reisen durch Südtirol antrat, war gerade die Fotografie erfunden worden, die fortan die Wiedergabe der Wirklichkeit in der Kunst in Frage stellen sollte. Zunächst jedoch war es Enders Aufgabe als Kammermaler Erzherzog Johanns immer noch, die Realität von Landschaften und Sehenswürdigkeiten möglichst genau nach den Vorstellungen des Auftraggebers zu erfassen und wiederzugeben. Dennoch entfernte sich Ender zusehends von der gefälligen Vordergründigkeit des herkömmlichen Vedutisten, um betont künstlerische und ästhetische Prinzipien zu verfolgen. Dieses Bemühen macht sich vor allem in seiner Koloristik bemerkbar, wo die verbindliche Schönwetter-Ansicht sehr viel differenzierteren Stimmungen weicht. Verhaltene Farben, gedämpftes und gebrochenes Licht, dazu ungewöhnliche Perspektive und freie Pinselführung sind Zeichen solcher wachsenden Souveränität vor dem Motiv. Geradezu revolutionär aber erscheint es, daß sich Ender im vorliegenden Fall dem Nur-Imponierenden entzieht, die Burg nicht von unten, vom Tal her wiedergibt – eine Ansicht, die heute noch jeden Reisenden begeistert! –, sondern aus entgegengesetzter Richtung von oben her aufnimmt und damit in reizvollem Kontrast von ruinöser und realer Wehrhaftigkeit gestaltet.

meint, sie habe ›Straßburg‹ geheißen. Ende des 12. Jahrhunderts heißt der ganze Burgbezirk ›Trostberch‹. Die Herren von Trostburg, eine Seitenlinie der Herren von Kastelruth, haben die Burg um 1170 gebaut, mußten aber 1290 Trostburg an Herzog Meinhard II. von Tirol verkaufen. Die Trostburg wurde Gerichtssitz, dessen Befugnisse meist von den Herren von Villanders ausgeübt wurden. Eckhardt von Villanders erhielt 1322 Burg und Gericht zu Lehen. Nach dem Kauf der Burg Wolkenstein im hinteren Grödner Tal nannten sich die Villanders Wolkenstein-Trostburg. Die Nachkommen der Grafen Wolkenstein besaßen die Trostburg bis 1967, seither ist sie im Besitz des Südtiroler Burgenvereins, der Renovierungsmaßnahmen durchführen ließ. In naher Zukunft soll die Burg eine ständige ›Oswald von Wolkenstein-Ausstellung‹ erhalten und einmal das Südtiroler Burgenmuseum aufnehmen.

Ende des 16. und zu Beginn des 17. Jahrhunderts ließ Engelhard Dietrich von Wolkenstein umfangreiche Um- und Neubauten vornehmen, die die mittelalterliche Burg zu einer modernen Renaissancefestung machten; es entstanden die späteren Wohntrakte mit starken Vorwerken, der Zwinger, 1625 das Michaelstor gegen Süden, mit einer Ringmauer und Aufgang zum Wehrgang. Zwischen diesem Tor und der Hauptburg liegt eine doppelte Sperrmauer, deren innere sich zwölf Meter hoch erhebt. Der enge Burghof hat gewölbte Arkaden, und auf der Mauer darunter ist die Ahnenprobe Engelhard Dietrichs gemalt, wie wir sie ähnlich auch im Hof des Vintschgauer Schlosses Churburg sehen werden. Das Innere der ungemein malerischen Anlage besteht aus einem Gewirr von Zimmern, Kammern und Kellern. Der Palas enthält, unter anderem, die *Gewölbte Stube*, die um 1400 ausgestattet wurde. Sehenswert ist die dreipaßförmig gewölbte Zirbelholzdecke und ein großer spätgotischer Ofen mit jüngerem Aufsatz. Die *Antoniuskapelle*, datiert 1604, ist geschmückt mit zwei Deckenbildern: Versuchung des Heiligen Antonius und Muttergottes; die linke Wand trägt Fresken mit Szenen der Versuchungen des Heiligen. Das oberste Geschoß des Palas birgt die ehemaligen Repräsentationsräume. Der *Rittersaal*, einer der vornehmsten und reichsten Säle der späten Renaissance in Südtirol, ist mit Säulen und Pilastern reich gegliedert. In den Nischen befinden sich Stuckfiguren der wolkensteinischen Ahnen, die angeblich Hans Reichle aus Augsburg gefertigt hat. Den Saal überspannt eine schwere Kassettendecke mit reichen Intarsien, Rollwerkdekor mit Wolkensteinwappen, eine Arbeit des Brixener Tischlers Hans Rumpfer. Einen ähnlichen Saal ließen die Grafen von Preysing im Schloß Hohenaschau im Chiemgau einrichten.

Gegenüber der Burg, auf der Nordseite des Tals, steht im Lajener Ried der ›Vogelweiderhof‹, von dem schon kurz die Rede war. Hoch darüber der leuchtend weiße Bau der Kirche Sankt Peter hinter Lajen, die im 18. Jahrhundert errichtet worden ist.

Das ganze Tal, das die Verbindung vom Eisacktal zu den östlichen Dolomiten bildet, stand einst mehr oder weniger unter dem Einfluß der Grafen von Wolkenstein. In der schroffen Wand des Steviakopfes bei Sankt Maria am Talende ist in den Fels, unter der überhängenden Wand, die kleine **Burg Wolkenstein** hineingebaut, die 1522 einstürzte. Hier hielt sich der Dichter Oswald von Wolkenstein oft auf. Ein anderer, ehemals wolkensteinischer Sitz ist die repräsentative **Fischburg** bei Sankt Christina, eine malerische Baugruppe um zwei Loggienhöfe gelagert, die sich Engelhard Dietrich von Wolkenstein 1622 bis 1641 als Sommerburg und Jagdschloß baute. Sie ist das letzte Beispiel einer befestigten Wohnstätte in Südtirol.

O du liebes Thal von Gröden, schreibt Ludwig Steub noch vor hundert Jahren, *was sahst du so freundlich aus im Abendsonnenstrahl! Weiße kleine Häuschen mit goldenen Fensterchen und weiße große Häuser mit goldenen Fenstern hockten so heimlich auf den grünen Halden herum und zwischen den Wiesen reiften wieder goldene Kornfelder. Und zwischen Wiesen und Kornfeldern rauschte der Bach, und über dem Bach, über Häusern, Wiesen und Kornfeldern dunkelte der Wald und über der Anmuth des Thales dräuten, obwohl jetzt rosenfarb angeschienen, die geisterfarben gespenstischen Schrofen, die ja einmal insgesamt vor langen Tagen glühend aus der Erde gefahren sein sollen.*

Ludwig Steubs malerische Idylle hat sich freilich stark verändert. Die Landschaft blieb, doch das Grödner Tal ist mit seinen Hauptorten St. Ulrich (Ortisei), St. Christina und Wolkenstein (Selva) längst zu einem gut besuchten Urlaubsgebiet und international bekannten Wintersportplatz geworden. Die drei Orte sind fast schon zusammengewachsen, wenn auch die historischen Kerne noch durchaus erkennbar sind. Es wimmelt von Fremden aller Nationalitäten, und unabsehbare Autokolonnen fahren hinab zum Eisacktal oder hinauf zu den großartigen Pässen, denn die wuchtigen Dolomit-Massive der Sellagruppe und des Langkofel sperren das Tal im Osten wie eh und je ab und haben an Großartigkeit, weiß Gott, nichts eingebüßt. Wir kennen sie schon, denn auf unserem Weg vom Pustertal nach Corvara haben wir ja den Übergang zum Tal von Gröden – das *Grödner Joch* – schon betreten. Die zweite Paßhöhe, die man vom Grödner Tal erreicht, zwischen Sella und Langkofel – das Sella-Joch –, werden wir auf der Großen Dolomitenfahrt besuchen.

Viel Verkehr zieht heute auf der Straße durch das Grödner Tal. An vergangene, weniger hektische Zeiten erinnert der ›Feurige Elias‹ am Promenadenweg von Sankt Ulrich. Die Bahnlinie Klausen–Sankt Ulrich wurde 1915 gebaut, um den Nachschub zur Front garantieren zu können. Bis 1961 wurde die Kleinbahn vom ›Feurigen Elias‹ gezogen, der nach seiner ›Pensionierung‹ hier Aufstellung fand.

Zwei Dinge aber sind es vor allem, die – abgesehen von den Dolomitenausflügen, die man von hier aus unternehmen kann – den Besuch des Grödner Tales lohnen: die berühmte Schnitzerschule und die nicht weniger berühmte Sprache.

Unter den ladinischen Tälern Tirols nimmt das Gebiet von Gröden insofern eine Sonderstellung ein, als hier die Schnitzkunst, von der früher das ganze Tal lebte, noch immer lebendig ist. Der erste bekannte Schnitzer ist der um 1580 geborene Christian Trebinger. Ihm folgte Melchior Vinazer, dessen Söhne bis ins 19. Jahrhundert hinein ebenfalls als Schnitzer tätig gewesen sind. Gleichzeitig entwickelte sich, wie in Oberammergau und Berchtesgaden, eine Spielzeugindustrie, und die Grödner schickten ihre hübschen Erzeugnisse lange Zeit zum Fassen nach Oberammergau. Im vorigen Jahrhundert exportierten die Grödner Spielzeuge für etwa 250000 Gulden. Grödner Handelshäuser saßen in Pavia, Perugia, Ancona, Neapel und Lissabon; die Ware ging nach Deutschland, Holland, Frankreich, ja bis nach Amerika.

Heute wird die nicht zu verkennende Industrialisierung der Grödner Holzschnitzkunst kritisiert, die aber in anderen Regionen der Schnitzkunst auch anzutreffen ist. Damit wird eben die große Nachfrage nach erschwinglicher Schnitzerei abgedeckt. In vielen

Fällen wird ja sowieso nur ein Rohling maschinell erstellt, dem dann – sicher oft etwas fließbandmäßig – geschickte Hände die endgültige Form geben. Einen Überblick über das aktuelle Angebot bietet die *Musterschau der Grödner Handwerkskunst* im Kongreßhaus von St. Ulrich. Der Geschichte der Grödner Schnitzkunst ist auch ein Teil des *Grödner Heimatmuseums* in der ›Cesa di Ladins‹ in der Reziastraße von St. Ulrich gewidmet. Es dominieren die Werke der unglaublich begabten Vinazer-Dynastie, die vier Generationen hindurch die Holzbildhauerei des Grödner Tales prägte. Ihr Stammvater Melchior Vinazer (1622-1689) wurde schon erwähnt. Ein weiterer Museumsraum ist dem Grödner Kunstmaler Josef Moroder-Lusenberg gewidmet, einem Schüler Franz von Defreggers an der Münchner Kunstakademie.

Über die zweite Besonderheit – die ladinische Sprache – soll ein wenig ausführlicher berichtet werden. Wir sind ihr schon einmal – bei der Fahrt durchs Gadertal nach Corvara – begegnet und werden noch öfter auf Spuren von ihr treffen. Im Grödner Tal aber hat sie sich wohl am reinsten erhalten.

Die ladinische Sprache

Wie das Engadin gehört das Dolomitengebiet – einst auch der Vintschgau und das Nonstal – zum Bereich der rätoromanischen Sprache. Es umfaßt das Fassatal, das Grödner Tal, Buchenstein, das Gader- oder Abteital mit seinem Nebental Enneberg, die sich alle um die Sellagruppe lagern. Als Tiberius im Jahre 15 vor Chr. Graubünden und Tirol eroberte, saß dort ein Volksstamm, die Illyrer, die die Römer ›Räter‹ nannten. Da den Römern mehr an den Paßstraßen lag als an der Kolonisierung des Landes, dauerte die Romanisierung des Gebietes sehr lange, und es bedurfte fünfhundert Jahre, bis ein einigermaßen einheitliches rätoromanisches Idiom in diesem Alpengebiet gesprochen wurde.

Im Vintschgau saßen die Venosten, am Eisack die Isarker, die beide zum Stamm der Illyrer gehörten, und die Nachkommen dieses Stammes in den Dolomiten sind die Ladiner. Die Illyrer bildeten einst ein selbständiges Glied zwischen Italikern und Griechen. Ihre Sprache lebt außer im Alpengebiet nur noch in Albanien und in dem zur Provinz Udine gehörenden Friaul weiter. Sie wurde im Vintschgau bis ins 18. Jahrhundert gesprochen, im Ampezzotal bis zur Jahrhundertwende, in den anderen Tälern bis auf den heutigen Tag.

Die Räter oder Illyrer gelten als Verwandte der in Italien angesessenen Tyrrhener und Ligurer, die ihrerseits mit den Etruskern verwandt sind. In zwei Wellen scheinen die illyrischen Stämme aus dem Osten ins Alpengebiet gekommen zu sein, von denen die eine vor dem Jahre 2000 vor Chr., die andere um 1000 vor Chr. angesetzt wird. Zu ihnen stieß dann eine keltische Einwanderung von Westen her um 500 vor Chr., und schließlich kamen die Bayern und Franken dazu, die sich um 590 nach Chr. in Tirol niederließen. Davon war schon die Rede.

Der germanische Einfluß sowie die slawische Nachbarschaft zerstörten später die Einheitlichkeit der ladinischen Sprache. Heute findet man in ihr neben vorrömischen – illyrischen – Worten auch mittel- und neuhochdeutsche, slawische und italienische Brocken. Das Italienische, so erklärt uns der Forscher Franz Tumler, entstand aus dem in der späten Kaiserzeit purifizierten Latein, während in Gegenden, wohin das Neue nicht drang, sich das alte Vulgärlatein erhielt, so vor allem in Frankreich und Spanien. Daher müsse man mindestens zwei Äste der romanischen Sprache unterscheiden: das Ostromanische und das Westromanische. Das Ladinische sei als Fortsetzung einer schon vor dem Italienischen verbreiteten Sprache in Wortschatz und Lautbildung eher dem Französischen und Spanischen verwandt, vor allem dem Alt-Französischen, wie es zwischen dem 10. und 13. Jahrhundert gesprochen worden ist und am Ende des Mittelalters erlosch. Nur im Alpengebiet lebt es als selbständiges Glied der westromanischen Sprachenfamilie mit einem kleinen Bestand an vorrömischen Worten im Rätoromanischen bis heute fort. Franz Tumler meint dazu: *Man kann nur ahnen, was sich in Völkern vollzieht, die aus der Geschichte ausscheiden. Sie verlieren ihren Namen, aber hören sie auch auf zu leben? Manches geht in Kunstwerken und religiösen Vorstellungen weiter, aber nichts mehr geschieht im eigentlichen Sinn dieses Wortes. Nur was Geschichte wird, mit Namen festgehalten ist, ist auch geschehen; was ahistorisch fortlebt, ist schwerer zu fassen.*

Nach Franz Tumler wären die Ladiner also ein außerhalb der Geschichte stehendes Volk. Wie dem auch sei, merkwürdig und uralt klingt ihre Sprache:

Cur cha'l vin ais a cucun, ils amihs sun an matun; cur cha'l vin staliva sü, schi amihs nu's vezza pü.	Wenn der Wein im Überfluß da ist, gibt es eine Menge Freunde; wenn der Wein zur Neige geht, lassen sich die Freunde nicht mehr sehen.

Oder:

Tu-ri-tu-ri-tea Mieu bap ho nom Andrea ma mamm' ho nom Uorschletta chi mangia tuot soletta.	Tu-ri-tu-ri-tea Mein Vater heißt Andrea, meine Mutter heißt Ursel, die alles allein aufißt.

Wie viel lebendiger und fröhlicher als die Übersetzung klingt der Originaltext. In einer Studie hat Sabine Seiffert ihre Beobachtungen über das Ladinische niedergelegt. Sie sagt, man erkenne, daß die Sprachgestik nicht nur durch die elementare Lebendigkeit eines jeden Wortes gefördert würde, auch der Aufbau sei syntaktisch, klar und eindringlich. In den rhythmischen, bildhaften und musikalischen Formen scheine eine ursprüngliche Magie auf.

Sobald Texte aus dieser Sprache in eine Bildungssprache umgewandelt werden, verschwinden nicht nur ihre Nuancen, sondern es besteht sogar die Gefahr, daß dabei die entscheidende Antriebskraft des ganzen Textes ausgemerzt wird.

Kommt man in ein ladinisches Dorf und lauscht den Gesprächen der Einwohner, so glaubt man zunächst, alles verstehen zu können. Aber man versteht gar nichts. Trotzdem hat diese Sprache auch für den Nichtkenner einen märchenhaften Klang, der uns fasziniert. Er entspricht ganz der von Sagen und Geheimnissen umwobenen Herkunft der Ladiner als Volk.

Zum Abschluß ein hübsches Volkslied aus dem Grödner Tal.

Sasslong jel me un, chapel n'al degun, no d'inviern no d'instá ne s'al mei mo glacia. Sasslong i Pic i Cuca, da Bulla fin Castel, da Plan enfin a Pruca cialé s'en pon assé. Gherdeina, Gherdeina d'or stizza ti monc i luna i luna da un a l'anter dolonc.	Es gibt nur einen Langkofel, einen Hut hat er nicht; weder im Winter noch im Sommer hat er je gefroren. Langkofel und Pic und Cuca, von Pufels bis Kastelruth, von Plan bis Waidbruck kann man sie sehen. Gröden, Gröden, von Gold funkeln deine Berge und leuchten und leuchten weit von einem zum andern.

Die Seiser Alm

Ein Glanzstück an landschaftlicher Schönheit auf dem linken Eisackufer ist die **Seiser Alm** (Alpe di Siusi) mit dem Naturpark Schlern. Sie liegt zwischen 1700 und 2000 m Höhe südlich über dem Grödner Tal. Man erreicht sie mit einer von St. Ulrich ausgehenden Kabinenbahn oder auf gewundenen Straßen, die von St. Ulrich im Grödner Tal sowie aus dem Eisacktal von Waidbruck oder Blumau hinaufführen.

Stellen Sie sich eine ungeheure gebuckelte Wiese vor, 16 km lang und 12 km breit, und Sie haben die Seiser Alm! Stundenweit erstreckt sie sich, nach allen Seiten leicht ansteigend, bedeckt mit silbrig schimmernden hölzernen Stadeln, mit Schwaigen, wie man die Sennhütten hier nennt, neuen Hotels und Pensionen, zwischen moorigen Niederungen, auf denen das Wollgras nickt, hin und wieder belebt von Lärchen-, Fichten- und Zirbelwäldern, von klaren Bächen durchflossen, die sich oft tiefe Schluchten gegraben haben. Ihre höchsten Erhebungen sind der Goldknopf und die Puflatschalm.

Stundenlang kann man hier wandern, von frischer Luft umweht, und die gewaltigen Landschaftsbilder hören nicht auf, sich ständig zu erneuern; denn die in sich so lebhaft bewegte Alm läßt bald hier einen Gebirgsstock auftauchen, bald dort wieder verschwinden, je nachdem sich einer ihrer Hügel dem Wanderer vor das Auge schiebt oder zurückweicht. Steigende Matten, so weit das Auge reicht, mit Bauern darauf, die fleißig Grummet schneiden und in großen, von Tüchern umhüllten Ballen einbringen. Betäubend, süß und würzig liegt Heuduft in der Luft. Und hier und dort steht ein Wegkreuz von Grödner Schnitzkunst zwischen dem dunkelblauen Eisenhut und kräftig duftenden Kräutern. Der Reichtum dieses riesigen, lichtgrün und bräunlich getönten Wiesenlandes entläßt uns nicht aus seinem Bann. Wie auf Bildern von Kobell stehen die Menschenfiguren klein und zerbrechlich vor den riesigen Prospekten, lange Schlagschatten werfend; hier Männer und Frauen beim Heuen, dort ein Gespann auf einem Hügelrücken und Wanderer auf den sanften Kuppen, die sich scharf gegen den Himmel abzeichnen. Dazwischen im unermeßlichen Grün die blauen Schürzen und roten Jacken der Bauern als kräftige Farbpunkte.

Trotz dieser Belebtheit der Landschaft ist man für sich, und die meisten Besucher der Alm halten sich sowieso an die Hotelkomplexe und Sessellifte.

Berühmt, und mit Recht berühmt, ist die Zeit der Blüte auf der Alm. Im Mai blüht millionenfach der Krokus, es folgen dunkelblauer Becherenzian und zartgelbe Trollblumen, Mehlprimeln und vieles andere. Gerhard Nebel hat das ebenso prachtvoll wie anschaulich geschildert:

Die Alm ist auf weite Strecken hin moorig, zur Zeit der Schneeschmelze überhaupt ein einziger Sumpf, die Polster halten das Wasser fest, vielen Senken mangelt der Abfluß: aus diesen Ursachen bildet sich das berühmte botanische Eldorado. Als ich heuer im Mai oben war, blühte weiß, violett, violett gestreift der Krokus, Millionen Tupfen in der Nähe des sich zurückziehenden Schnees, seidene Zärte und Durchsichtigkeit, die gelben Staubgefäße, noch das massivste Element, aufschimmernd, wunderbar, so hinfällige Wesen am Rande des Todes zu sehen, die Kraft zu spüren, die sie dennoch ins Sein hinausschickt und sie dort erhält. Einen Monat später kam ich von Sankt Ulrich herauf, es war die hohe Zeit der Enziane und Anemonen, der Seifen- und Leimkräuter – Fingerkraut und Pyramidengünsel, gelbe Bergveilchen und blaue Soldanellen, rosa Primeln und blutige Schneeheide, weißes und schwefliges Windröschen samt vielen andern Hahnenfüßen, Steinbrechteppiche und Läusekräuter, fast alle Pflanzen trotz gegliederter Gestalt geneigt, im ganzen unterzugehen und bloßer Farbfleck des Teppichs zu sein. Sehr schön der Gegensatz der beiden beherrschenden Blüten, des Clusiusenzians und der Trollblume, der eine in einem schweren, chthonischen Blau, die andere in einem tanzenden und schwebenden Gelb, der eine geöffnete Röhre, die andere rosenhaft geschlossene Kugel. Die schönste Farbe, ein ausgelassen und hinreißend leuchtendes Azur, boten die Stielteller des Frühlingsenzian. Viele Orchideen, und unter ihnen schließlich die Begegnung, die solche Gänge zu Festen macht: Nigritella, Prunelle oder Schwärzlein genannt, eine kugelige, schwarzpurpurne, fast schwarze Blütenähre, die kleinste, die ich bisher bei Orchideen traf, einer der stärksten Bastarderzeuger der an Bastarden reichen Orchideengesellschaft, einen Vanilleduft verbreitend, den man eher im Amazonas-Urwald als auf einer Alpenwiese vermutet hätte. Noch lebhafter sprach zu mir der Geruch eines Sträuchleins, das ich in der Nähe der Proßliner Schwaige fand, gestreifter Seidelbast, den ich zuerst für eine zarte Alpenrose hielt, karminrote Blütendolden, die unmittelbar den dichten Blattrosetten aufsitzen, eigentlich keine Blüten, sondern blütenblattlose Kelche. Gerührt begrüßte ich den Bruder meines heimischen Tobel-Kellerhalses.

Ende Juni ist also die ganze Alm ein dichter Blumenteppich – ein herrliches Bild –, gerahmt von den majestätischsten Gebirgsstökken der Dolomiten, die wir hier nicht aus der Ferne sehen, sondern denen wir hier ganz nahe sind. Nirgendwo kann man vielleicht den Begriff ›Hochgebirge‹ so eindringlich erleben wie hier. Wer vergäße je das fassungslose Staunen, das jeden ergreift, wenn er zum erstenmal hier oben angesichts dieser Bergwelt steht? Im Osten leuchten über dunklen Wäldern und fahlen Schutthalden die Zacken und Türme des Langkofels, schimmert, immer wieder von Wolken verschleiert, bald hellgrau, bald violett die breite, schräg abfallende Wand des Plattkofels. Weiter drüben hockt schwer und massig die bräunliche Sella, und jenseits des hier unsichtbaren Grödner Tals fahren die scharfen Zacken der Geislergruppe gen Himmel. Unter weißem Firn dämmern die blauen Schatten in Schrunden und Karen. Im Süden erscheinen die kahlen Zähne des Rosengartenmassivs, und im Südwesten steht ungeheuer der Schlern, dessen abgesplitterte Santner- und Euringerspitzen wie aus dem Nichts aufzutauchen scheinen. Das helle Gestein der Felsen wird ständig von wechselnden Lichtern und Farben überspielt, doch abends, bei Sonnenuntergang, beginnt der Stein zu leuchten, erst gelb, dann rosenfarben, bis er in tiefem Purpur glühend über der dunkelnden Alm steht. Schwindet dann das letzte Licht, nimmt das Gebirge ein geisterhaftes, beinbleiches Aussehen an; es beginnt wie von innen her zu leuchten, und man versteht mit einem Male, daß dies Land einst ›das Land der bleichen Berge‹ hieß, daß man es für verwunschen hielt und von Geistern bewohnt, so daß man sich jahrhundertelang scheute, den engeren Bezirk der Dolomiten auch nur zu betreten, geschweige denn zu bewohnen, und daß sich Sage um Sage an sie geknüpft hat.

Wie verrufen der Ort in früheren Jahrhunderten war, mag die folgende hübsche Sage von der ›Waffensammlung des Satans im Schlern‹ belegen, die ich in der schon zitierten Heylschen Sagensammlung gefunden habe.

Zwischen der jetzt sogenannten Santnerspitze und dem Schlern soll vorzeiten der Teufel seinen Wohnsitz gehabt haben, als der Schlern noch ein beliebter Hexenplatz war. Wenn dann die Hexen auf dem Schlern sich versammelten und Gelage und Tanz anhuben, hatte der Teufel keinen weiten Weg zu machen, um auch dabei zu erscheinen. Denn der Schlern war vordem eine so auserlesene Stätte für den Hexensabbath, daß der Teufel dabei nie fehlen wollte. Der Böse hat aber auch, wie andere hohe Herren, seine noblen Passionen, und weil es nun dazumal zum feinen Ton gehörte, daß fürstliche Personen in ihren Schlössern allerlei Raritäten ansammelten, so gedachte der Satan im Teufelsloch am Schlern, nahe bei seiner Residenz, ein Waffencabinet zu errichten, wie kein zweites in allen Ländern weitum sein sollte. Er hatte aber in Erfahrung gebracht, daß die Herren der Burg Zimmerlehen oder Völs mit großem Geldaufwand sich die seltensten Waffen und Rüstungen zu verschaffen gewußt hatten, die sie nun dort mit vielem Stolz zu zeigen pflegten. Weil aber der Schatz überaus sorgsam gehütet wurde, mußte der Satan, um in dessen Besitz zu gelangen, zur Gewalt greifen. Er machte ein böses Wetter und schleuderte so fürchterliche Blitze auf die Burg, daß die Waffenhüter entsetzt die Flucht ergriffen. Jetzt packte er den gesamten Waffenvorrath zusammen und trug ihn eiligst hinauf ins Teufelsloch, wo er sich ein stattliches Waffencabinet herrichtete, das nur den Hexen zugänglich war. Seit der Zeit, sagt man, sei es auf der Burg Zimmerlehen unheimlich.

Die Scheu vor dem Geisterreich der Dolomiten verschwand seit dem Ende des 18. Jahrhunderts immer mehr, vor allen Dingen, seitdem Déodat Gratet de Dolomieu, von modernem Forschungsdrang besessen, seine mineralogischen und geologischen Untersuchungen in dem gemiedenen Gebiet begann. Nach ihm sind bekanntermaßen die ›Dolomiten‹ mit ihrem heutigen Namen benannt. Bis dahin hießen sie, wie schon erwähnt, die ›bleichen Berge‹. Über die Eroberung der Dolomiten als Reiseland im 19. Jahrhundert wird noch bei späterer Gelegenheit die Rede sein. Hier sei nur ein Besuch der Seiser Alm und eine Besteigung des Schlern wiedergegeben, die Johann Gabriel Seidel in seinem ›Handbuch für Reisende durch Tirol‹ beschreibt. Sie ist bis auf ein paar Kleinigkeiten noch heute zutreffend.

Besuch von Kastelruth und Schlern

Hat der Reisende schon früher über Waidbruck den Weg nach der Trostburg angetreten, so führt ihn von dieser ein Steig über Tagusens oder Tösenz hinüber nach Kastelruth, ein Stündchen. Bemerkenswert ist die Ruine einer alten Raubveste bei Tagusens. Sie führt den ominösen Namen ›Niemands-Freund‹ und eine Menge düsterer Sagen über die hier verübten Greuel gehen noch im Munde der Bergbewohner von Enkel zu Enkel. Auch an Sagen einer Römerstraße, welche hier bestanden, fehlt es nicht. Auch findet man wirklich unterirdische Gemäuer, Römermünzen, und, was das Sonderbarste ist, Menschengebeine von riesiger Größe. Kastelruth, romanisch ›Castell rotto‹, ist ein ansehnliches Dorf mit stattlichen Häusern. Die Kirche ist in der letzten Zeit statt der früheren für die Gemeinde zu klein gewordenen neu erbaut worden, aber nicht sehr gelungen. Die Gemälde aber sind schön, von dem Schweizer de Schwander. Über dem Pfarrhof ragt der schöne Hügel empor, der einst das Römerkastell trug, dem der Ort den Namen dankt, auf dessen Trümmern im Mittelalter die Burg Kastelruth erstand, welche nach vier Jahrhunderten, auch wieder dem Verfalle preisgegeben, an die Edelfamilie von Krausen kam, welche die Trümmer ganz wegräumen und den Hügel zum Kalvarienberg umschuf, welcher jetzt von freundlichen Anlagen umgeben ist.

Ein dritter Weg führt den Reisenden von der Poststraße an der Eisack hinauf nach Kastelruth, von Steg zwischen Atzwang und Kardaun über Völs …

Hier wollen wir den Reisenden kurz innehalten lassen.

In der *Pfarrkirche* von **Völs,** einem schönen Bau der Südtiroler Spätgotik, bewundern wir am Triumphbogen ein Kruzifix vom Ende des 12. Jahrhunderts. Seit 1980 ist in der Michaelskapelle am Friedhof das *Pfarrmuseum Völs* eingerichtet. Es ist das erste Pfarrmuseum in Südtirol, und es verdankt seine Existenz einem unerfreulichen Zustand unserer Zeit; es wurde geschaffen, um die gefährdeten künstlerischen Ausstattungen der Filialkirchen des Sprengels Völs wirksam vor Diebstahl sichern zu können. Vielleicht kann so ein Pfarrmuseum einen Weg aus der Alternative zwischen entweder versperrten oder beraubten Kirchen aufweisen. Die *Michaelskapelle* selbst weist schöne Fresken auf, die fast die gesamte Ostwand einnehmen. Dargestellt sind: Mariä Verkündigung, ein dekorativer Fries mit Medaillon des Propheten Isaias, mehrere stehende Heilige und das Stifterbild des Hans von Völs mit Wappen. Diese Fresken stammen aus der Zeit um 1415. In der kleinen Rundapsis sind Verkündigung und Krönung Mariens dargestellt (1599).

Auf einem Felskopf über Völs steht die **Burg Prösels,** einst Sitz der Herren von Völs-Colonna, die 1811 ausgestorben sind. 1981 wurde das Kuratorium Schloß Prösels gegründet, wurde die Burg instand gesetzt. Prösels wird 1279 erstmals genannt, dürfte jedoch von den Herren von Völs schon um 1200 gebaut worden sein. Leonhard der Ältere von Völs (1458-1530), Landeshauptmann an der Etsch und Burggraf zu Tirol, erweiterte den Besitz beträchtlich. Ihm war von einem Colonna das Recht verliehen worden, sich Völs-Colonna zu nennen und seinem Wappen auch das der Colonna hinzuzufügen. Die heutige Burganlage ist in der Hauptsache sein Werk, das 1517, laut Inschrift über dem äußeren Tor, vollendet war. Über der Inschrift sitzen Wappenschilde; ganz oben der Reichsadler zwischen den Emblemen des Goldenen Vlieses, darunter die Wappen Österreich, Tirol und unten das Völser-Wappen. Der Hof mit hübscher zweigeschossiger Loggia ist geschmückt mit Fresken des frühen 16. Jahrhunderts. Doch folgen wir nun wieder dem Reisenden.

Am nächsten Morgen ersteigt man sodann den Schlern selbst. Man wandert unter Fichten- und Lärchengruppen zwischen Krumholzbüschen über Dolomitgerölle gegen die Wände des Riesen hinan, an denen Steige, mühevoll und beschwerlich, aber durchaus gefahrlos, hinanführen. Hier finden wir schon in den Klüften ewige Schneelager, und nach drei Stunden Steigens finden wir wieder einen Hochalpenboden mit dem Hirtenkirchlein St. Cyprian. Zwischen mächtigen Dolomitblöcken sprudelt ein klarer Alpenborn, köstliche Labung bietend. Sehenswert ist hier in der Nähe der furchtbare Absturz der Wände, welcher ›die Klämm‹ heißt. Das Bild dieses gräßlichen Schlundes findet den überraschendsten Kontrast in dem paradiesischen Bilde der freundlichen Gegend von Kastelruth, Seiß und Völs, welche durch die Mündung dieses Dolomitrachens hereinleuchtet. Von hier erreichen wir in einer Stunde die höchste Zinne des Schlern, wo man aber noch eine Weile vorwärtswandern muß, um den besten Punkt zur Aussicht zu finden. Eine Schilderung des Bildes, welches sich hier dem Auge erschließt, liegt außer dem Bereiche des Wortes. Es genüge, zu sagen, daß die Riesen des Dolomitgebirges, der Rosengarten, der Plattenkogel, der Monte Pelmo, der Monte Antellao, die eisumstrahlte Vedretta Marmolata, kurz das ganze Gewühl dieser wundervollen Welt von Zacken, Tafeln, Pyramiden, vor dem Auge emporsteigen. Daß der Blick fernerhin außer dem blühenden Gelände in der Tiefe hier auch die drei großen Gletschersysteme, die kolossalen Eisgruppen des Ortlers, die Ötztaler und Zillertaler und die Venediger und Glockner Fernergebiete beherrscht. Sowohl für den Mineralogen als für den Botaniker ist dieser Ausflug höchst lohnend. Die Bewunderung dieser Dolomitgebiete wird den ersten überreichen Stoff zu den interessantesten Beobachtungen über dieses Gestein bieten, und an den Wänden und auf den Höhen des Schlern verschmelzen die Floren von Deutschland und Italien in einer Fülle, welche der Freund und Kenner der Pflanzenwelt nur mit der freudigsten Überraschung begrüßen wird.

Von Völs wandern wir eine Stunde nach Seiß, einem Dörfchen, dessen Umgebung zu den interessantesten Partien des Landes gehört. In seinem Süden dunkelt der majestätische Hauensteinerwald, mit seinen majestätischen, riesigen Fichten ein steiles Vorgebirge des hohen Schlern deckend, überragt von den phantastischen, geisterbleichen Zinken, Obelisken und Wänden des Schlern selbst, in seiner ganzen Dolomitenpracht. Wir stehen hier auf klassischem Boden der altdeutschen Sage- und Mythenwelt. Der Hauensteinerforst ist der ›grüne Tan‹ des alten Heldenliedes. Die Dolomitgebiete des Schlern waren der Rosengarten des Königs Laurin, das Innere des magischen Gebirges faßte die Kristallburg des Königs mit ihren unermeßlichen, von den Gnomen gespendeten Schätzen. Hier wird ein Fels gezeigt, an der Stelle des Zauberbrunnens, wo der Zugang zur Kristallburg sich öffnete, wo Dietrich von Bern einzog, der König Laurin gefangennahm und ihn als Gaukler nach Verona führte. Inmitten dieser Umgebung erhebt sich im Hauensteinerwalde, auf hohem Felsen thronend, die Burg Hauenstein, nach dem Erlöschen ihrer Erbauer, der Ritter von Hauenstein, angekauft von Oswald von Wolkenstein, der hier seinen liebsten Wohnsitz fand und auch hier starb (1445). Hier hauchte die Muse dem edlen ritterlichen Sänger jene süßen Minnelieder zu, die unter den Poesien des Mittelalters unerreicht glänzen. Nicht leicht dürfte es auch einen begeisternderen Aufenthalt für einen Dichter geben, als diese Burg.

Oswald von Wolkenstein, Ritter und Sänger

Oswald von Wolkenstein war eine der profiliertesten Persönlichkeiten der Tiroler Ritterschaft. Er lebte mitten in einer Zeitenwende, zur Zeit des ausgehenden Rittertums und der werdenden Renaissance. Die Menschen dieser Epoche erlebten die Welt noch viel bildhafter als wir, denn alle Lebensereignisse, sei es Geburt, Tod oder Hochzeit, Reisen, Empfänge, Feste oder Kriege, wurden in festgelegten Formen und Zeremonien begangen. Viel intensiver müssen sie also Licht- und Schattenseiten des Daseins empfunden haben. Dazu gab es für Elend und Krankheit weniger Heilmittel, und die scharfe Winterkälte war fühlbarer als heute; dafür wurden Ehren und Reichtum gieriger genossen. Alles in allem hatte das Leben noch etwas Märchenhaftes. Jeder Stand war durch seine Kleidung kenntlich; alles spielte sich, mehr als heute, vor den Augen der Öffentlichkeit ab, und die starken Gegensätze reizten die Phantasie. Das öffentliche Leben verlief in einer Mischung von heftiger Grausamkeit, roher Ausgelassenheit und tiefer Melancholie. Politik war noch keine Angelegenheit der Kabinette; Könige, Fürsten und Herren waren es, die sie machten – oftmals recht willkürlich, auch dann noch, als der Mechanismus der Staatsverwaltung bereits verwickelter geworden war. In einer Sphäre von Abenteuerlichkeit und Leidenschaft spielte sich also politisches und privates Leben ab.

Mitten in dieser Welt steht die merkwürdige Gestalt des um 1375 geborenen Oswald von Wolkenstein, des letzten ›Minnesängers‹. Er war ein rebellischer Herr, nicht mehr ein treuer Vasall seines Landesherrn, sondern ein unabhängiger Mensch, nur sich selbst und seiner stürmischen Natur verpflichtet. Er lebte jetzt und hier und drückte dies auch in seiner Dichtung aus, die nicht mehr höfischer Minnesang war, sondern neue, erregendere Themen hatte. Ihn beschäftigte die Vergänglichkeit alles Schönen, der ständige Abschied von allem, was er liebte in der Welt. Nichts ist für ihn von Dauer. Er ist ein ›moderner‹ Mensch in seiner Rastlosigkeit und tiefen Melancholie. *Beim Vogelweider formt die Kunst das Leben, beim Wolkensteiner das Leben die Kunst.* Die großartige, beunruhigende Landschaft der Dolomiten hat seinen Geist geprägt, und in seinen Versen rauschen die Wälder, brausen die Stürme, singen die Vögel und klagt das Herz.

8

Johann Varrone (Giovanni Varoni; 1832-1910)

Der Schlern, 1863

Öl auf Leinwand

Innsbruck, Tiroler Landesmuseum Ferdinandeum

(Foto: Museum)

Der geborene Mailänder gehört zu jenen Austro-Italienern, die ihre Ausbildung an der Kunstakademie in Wien suchten. Hier hat ihm Joseph Höger, einer der letzten Altmeister des Frühen Realismus, noch die klassische Tradition der Wiener Landschaftsmalerei vermittelt. Doch blieb nicht aus, daß sich auch Varrone dem Zug der Zeit anpassen und in seine Malerei jene neoromantischen Stimmungswerte einbringen mußte, die man in der zweiten Hälfte des 19. Jahrhunderts – auch im Zuge eines gefühlsbetonten Alpinismus im Eisenbahnzeitalter – von einem Maler der Bergwelt erwartet und gefordert hat. Diese Stilhaltung schlägt sich in dieser Ansicht unverkennbar, wenn auch verhalten, nieder. Dennoch ist das Gemälde ein wichtiges Dokument eines noch entfernt aus dem Geist der Wiener Alpenmalerei hervorgegangenen Bergporträts. Der Schlern, der heute als Inbegriff Südtirols, ja als Landmarke des Deutschtums an Etsch und Eisack gilt – auch Südtirols bedeutendste Kulturzeitschrift trägt seinen Namen –, hat in der Vergangenheit eigentlich nur selten als Motiv auf Maler gewirkt. Hier ist der Blick vom Rittner Horn nach Osten auf das Schlern-Massiv wiedergegeben. Im Hintergrund erscheinen links der Langkofel, rechts der Mitte der Rosengarten mit den charakteristischen Vajolettürmen.

Kein Wunder, daß sich Legenden um die Person dieses abenteuerlustigen, in vielen Facetten schillernden Dichters ranken. Seit alten Zeiten lebt in den Dolomiten die Sage vom *Sänger, mit dessen Wiederkunft die verheißene Zeit beginnen wird*. Diese mythische Figur, die sicher aus alträtischer Poesie stammt, verband sich für die Zeitgenossen mit der Gestalt Oswalds von Wolkenstein, der im Volksmund auch ›Eisenhand‹ genannt wird.

Der Sage nach wurde Oswalds Mutter nämlich bei seiner Geburt geweissagt, daß ihr Sohn nie Glück und Frieden finden werde, wenn er sich der Musik widmen würde. Darauf brachte Frau von Wolkenstein das Kind in die Bergwildnis des Kedùl und ließ ihm von den dort lebenden Wildfrauen die Hände verzaubern, damit er wohl Waffen, aber keine feineren Geräte gebrauchen könne. Oswald, der schon als Kind eine tiefe Neigung zur Musik hatte, konnte das Harfenspiel nicht erlernen, weil er jedes Instrument zerbrach. Deshalb nannte man ihn ›Eisenhand‹. Als nun eines Tages der junge Mann in den Bergen umherstreifte, geriet er auf eine blumige Wiese, auf der eine Elfe saß, Harfe spielte und sang. Oswald stand lange und schaute, als aber die Sonne hinter den Graten sank, schwand das Bild, um anderntags im Sonnenlicht wieder zu erscheinen. Schließlich kam er mit der Elfe ins Gespräch, erzählte ihr von seinen groben Händen und erfuhr von ihr, daß ein Zauber auf ihm liege, der nur durch großes Leid gebrochen werden könne. Als Oswald seiner Mutter mitteilte, daß er die Elfe heiraten wolle, versuchte sie, ihm sein Vorhaben auszureden, denn zwischen Menschen und Berggeistern könne es keine wahre Gemeinschaft geben. Zudem hatte die Elfe Oswald gesagt, daß er nie ihren Namen erfahren und nennen dürfe, denn dann müsse sie ihn verlassen. Eines Nachts, auf der Rückkehr von der Jagd, belauschte Oswald einige Christànes, die in den unzugänglichsten Winkeln der Berge leben, und erfuhr von ihnen den Namen seiner Braut. Als er sie anderntags wieder traf, begrüßte er sie mit ihrem Namen Antormòrya! Sie weinte und klagte, daß sie nun von ihm fortmüsse, schenkte ihm ihre Harfe und sang noch einmal das Lied, mit dem sie ihn zuerst bezaubert hatte. Während des Gesanges brach plötzlich Wasser aus dem Boden, verschlang Wiese und Elfe und bildete einen See. Oswald trauerte lange um sie. Als er dann später versuchte, selbst die Harfe zu spielen, gelang es ihm plötzlich meisterhaft. Der Zauber war zwar gebrochen, doch im Leben fand er fortan nie wieder Ruhe und Frieden.

So die Sage – das Leben des bedeutenden Mannes verlief anders. Als Neunjähriger verlor Oswald das rechte Auge, das ihm, nach den Aufzeichnungen eines Nachkommen, auf der Trostburg *in der Fasnacht, doch nicht mit Willen, ausgeschossen* worden sein soll. Ein Jahr später lief der Bub aus Abenteuerlust von zu Hause fort und trieb sich vierzehn Jahre lang in der Welt herum. Wie es ihm dabei erging, hat er selbst besungen:

Es fügte sich, ich war zehn Jahre alt
und wollt die Welt besehen.
Elend und arm hab ich in manchem Winkel
gehaust bei Christen, Griechen, Heiden.
Drei Pfennig im Beutel und ein Stückchen Brot
nahm ich mit von daheim, als ich fortlief.
Bei falschen Freunden ließ ich manchen Tropfen Blut
und dachte oft, ich müßte sterben.
Ich lief zu Fuß,
bis mir mein Vater starb,
vierzehn Jahre
bracht' ich's zu keinem Pferd.
Ein falsches Muli
stahl ich einmal,
und gleich verlor ich's wieder.
Dann war ich noch
Laufbursche, Koch,
Roßknecht,
und mußt' das Ruder ziehen.
Das war schwer
in Kreta und anderswo.
Ein schlichter Kittel war mein bestes Kleid.

Es war eine harte Zeit, die der junge Mann durchmachte. Etwa 1401 wieder in Südtirol, mußte Oswald sein Erbe antreten. Wolkenstein, Trostburg, Land in der Pfarrei Villanders und die Pfandherrschaft Kastelruth fielen an seine Brüder. Er selbst erhielt ein Drittel der Burg Hauenstein und des Hauensteiner Waldes, auch Grundbesitz bei Kastelruth. Bald nach seiner Rückkehr verliebte er sich in Sabina Jäger, Erbin eines Teils von Hauenstein, die ihm aber übel mitspielte. Als Beweis seiner Liebe verlangte sie eine Pilgerfahrt ins Heilige Land; Oswald unternahm diese beschwerliche Reise und ließ sich in Jerusalem zum Ritter des Heiligen Grabes schlagen. Als er heim kehrte, fand er Sabina als Frau eines anderen vor.

Ich hab gelebt nun 38 Jahre,
getobt, gewütet, gedichtet, gesungen.
Es währe wohl Zeit, daß ich aus der Wiege
das Geschrei eigener Kinder hörte.
Doch kann ich nimmer die vergessen,
die mir den wilden Mut gab auf der Erde.
Nirgends konnte ich eine wiederfinden, die ihr glich.

Um Sabina zu vergessen, wandte sich Oswald nun der Politik zu. Landesherr von Tirol war damals Herzog Friedrich ›mit der leeren Tasche‹, der ein straffes Regiment zu errichten suchte, was dem stolzen Adel nicht gefiel. Die Herren gründeten den ›Elefantenbund‹, dann den ›Falkenbund‹, und Oswald wurde bald einer der führenden Opponenten im Lande. 1407 ließ er im Brixener Dom dem Heiligen Oswald eine Kapelle bauen und ausmalen und im Kreuzgang den noch vorhandenen Denkstein setzen. Der Bischof machte ihn zum ›Hauptmann des Gotteshauses‹ Brixen, aber lange hielt es der unruhige Herr zu Hause nicht aus. Er ging ins Reich, nach Holland, England, Schottland, Spanien; er wurde in den Hofstaat König Sigismunds aufgenommen, der ihn zu allerlei diplomatischen Missionen verwendete.

In Tirol hatte Herzog Friedrich inzwischen den Widerstand des frondierenden Adels besiegt, seine Burgen gebrochen und begonnen, seine straffe Verwaltung durchzusetzen. Sabina war Witwe geworden, und Oswald hielt erneut um sie an; aber die ehrgeizige Dame war inzwischen die Geliebte des Herzogs geworden. Kurz entschlossen setzte sich Wolkenstein nunmehr mit Gewalt in den Besitz von ganz Hauenstein. Das war der Beginn einer langen Fehde, in deren Verlauf er mehrmals gefangengenommen wurde.

1414 sehen wir ihn im Gefolge des Bischofs von Brixen auf dem Konstanzer Konzil, wo er Feste und Turniere genoß. Mit einer königlichen Gesandtschaft reiste er an den Hof von Aragon, um dort über die Beseitigung des Schismas zu verhandeln, machte einen Abstecher nach Lissabon, zog mit dem portugiesischen König gegen Ceuta, kehrte zurück nach Perpignan, wo sich König Sigismund, Ferdinand von Aragon, Benedikt XIII. und andere Fürsten besprachen. Bei Hofe war er beliebt, weil er seine Lieder so gut vorzutragen verstand, die Königinnen von Frankreich und Aragon knüpften ihm Ringe in den Bart, kurz, er war ein gern gesehener Gast. Das fröhliche Leben wurde in Narbonne, Avignon, Lyon und Paris fortgesetzt, dann verließ er den königlichen Dienst, heiratete Margarethe von Schwangau, deren heimatliche Burg sich gegenüber von Neuschwanstein erhebt, und ließ sich auf Hauenstein nieder, wo er sich aber nach kurzer Zeit sehr langweilte.

Durch die Berberei, Arabien,
durch Armenien und Persien,
durch Tartarei und Syrien,
Byzanz in der Türkei,
Irland –
die Zeit hab ich vergessen.
Durch Rußland, Preußen, Finnland,
gen Litauen, Livland übern Strand,
nach Dänemark, Schweden, nach Brabant,
durch Flandern, Frankreich, England
und Schottland
bin ich lange nicht mehr gefahren.
Durch Aragonien, Kastilien,
Granada und Navarra
aus Portugal und Spanien
bis zum Kap Finisterre,
von der Provence nach Marseille –
in Ratzes am Schlern
blieb ich in der Ehe,
mein Elend zu mehren,
nicht gern.
Auf einem Kofel rund und schmal
mit dichtem Wald umfangen.
Viel hohe Berge und tiefes Tal,
Stein, Stauden, Stämme, Schneestangen,
seh ich täglich ohne Zahl.
Noch eines läßt mich bangen,
daß mir der kleinen Kinder Schall
die Ohren arg bedränge
durch und durch.

Es kam bald wieder zu Streitigkeiten mit Sabina Jäger. Oswald wird wieder gefangen und in Innsbruck in Gewahrsam gehalten, das er erst nach einer Amnestie verlassen konnte. Im Auftrag des Tiroler Adels reiste er nun zum Kurfürstentag nach Bingen, wo er aber wenig Interesse für die Tiroler Angelegenheiten fand. So ging er nach Preßburg, um dort König Sigismund zu sprechen, hatte aber keinen Erfolg.

Sein Leben blieb weiter unruhig; seine Starrköpfigkeit brachte ihn erneut in Gefangenschaft, bis er endlich nachgab und die verlangte Abfindungssumme für Hauenstein zahlte. Im Jahr 1445 ist er dann gestorben.

Die Komplexität der Erscheinung gehört wesentlich zu ihm. Er hat ein erfülltes, intensives Leben gelebt, hat alle Höhen und Tiefen, Freuden und Qualen der Welt gekostet, hat Unrecht gelitten und Unrecht getan. Er war ein derber Krieger und ein Dichter von unerhörtem Empfindungsreichtum, ein Mensch von unbedingter Diesseitigkeit und mit einem Hang für das Irrationale, für Fahrten, Gefahren und Ferne. (Wieland Schmied)

Sein Bildnis in der Innsbrucker Liederhandschrift zeigt ein kräftiges, breites, glattrasiertes Gesicht, gerahmt von lang herabfallenden dunkelblonden Locken. Kräftig und breit ist die Nase, das rechte Auge ist geschlossen, das linke blickt gespannt und aufmerksam. Um den fest zusammengepreßten Mund liegt ein Zug von Trotz, Energie, Menschenverachtung, fast von Brutalität. Er trägt einen roten golddurchwirkten Rock, darüber eine breite goldene Ordenskette und ein weißseidenes Ordensband. Es ist der aragonesische Kannen- oder Greifenorden, darüber liegt der ›Drachenorden‹ der von Kaiser Sigismund zum Kampf gegen die Ungläubigen gestifteten Rittergesellschaft ›societas draconica‹, und an der Kette hängt der Greif des aragonesischen Hausordens. Hören wir ihn noch einmal, wie er die Vögel singen läßt, die Lerchen, die Drosseln und die Nachtigall.

Liri, liri, liri, liri.
liri, liri lon,
so sang die Lerch,
so sang die Lerch,
ich singe hell, ein Drosselein,
ich singe hell, ein Drosselein,
das in dem Wald erklinget,
ihr lierent, zierent,
gracket und wacket
hin und her,
recht wie unser Pfarrherr.
Zidiwigk, zidiwigk, zidiwigk.

zizifigo, zizifigo, zizifigo,
die Nachtigall,
mit ihrem Gesang erringt den Gral.

Dem Ritter und Sänger zu Ehren, der so ein Leben zwischen Dichtung und Abenteuer führen mußte, hat das bereits genannte ›Kuratorium Schloß Prösels‹ neuerdings ein gewaltiges Fest gewidmet, den ›Oswald-von-Wolkenstein-Ritt‹. Der wird Anfang Juni an einem Wochenende veranstaltet. Dieses, vornehmlich auf Haflingern durchgeführte bäuerliche Reitturnier bringt Sport und Kultur zusammen. Junge Frauen und Männer in der heimischen Tracht kämpfen in mehreren Hindernis- und Geschicklichkeitsrennen um die heiß begehrten Siegestrophäen. Ein Schauspiel, herrlich und wild.

Ins Eggental und nach Sankt Helena

Wie das Villnöß- und das Grödner Tal beginnt auch das **Eggental,** das letzte der Täler links des Eisack, in einer düsteren Klamm, durch welche sich die Straße neben rauschendem Bach und unter hohen roten Porphyrwänden, die sich in der Höhe fast berühren, bergan zieht, um dann im allmählich breiter werdenden Talgrund zwischen dichten Wäldern weiterzulaufen und sich bei Birchabruck zu gabeln.

Den Eingang des Tals bewacht die pompös gelegene **Burg Karneid** – so recht ein Urbild Südtiroler Burgenromantik. Vom Eggental aus sieht man die Burg besonders wehrhaft auf dem Berghang emporragen, der auf zwei Seiten fast senkrecht in die Schlucht des Tales abfällt. Sie stammt aus der Mitte des 13. Jahrhunderts und war um 1300 im Besitz der Herren von Völs, später (seit 1760) der Grafen von Liechtenstein. Um 1880 kam sie in die Hände des Münchener Erzgießers Ferdinand von Miller, der sie geschmackvoll erneuern ließ. Sie sei als Bild von unten eindrucksvoller, als sie sich bei einem Besuch zeigen soll, sagt man; ich habe sie nie erstiegen. Weingartner erwähnt Wandgemälde in der Burgkapelle, die er als sehr gute Arbeiten aus der Mitte des 16. Jahrhunderts bezeichnet.

Hat man nach der Fahrt durch die Klamm Birchabruck (Ponte Nova) erreicht, gabelt sich, wie schon erwähnt, die Straße. Links geht es über Welschnofen zum Karersee in die Welt der Dolomiten, rechts zum hochgelegenen Berghotel Bewallerhof und nach Obereggen, dicht am Fuß des Latemar.

Wir aber folgen der Straße, die in Birchabruck die Brücke über den Fluß überschreitet und ständig durch allerschönsten Hochwald nach **Deutschnofen** ansteigt. In den neugotischen Hochaltar der dortigen *Pfarrkirche* wurden vier ganz besonders schöne Reliefs aufgenommen; sie zeigen uns die Geburt Christi, die Anbetung der Könige, die Darstellung im Tempel und den Tod Mariens. Diese hervorragenden Bildschnitzereien schuf Hans von Judenburg 1422 für die Seitenflügel des einstigen Hochaltars der Pfarrkirche von Bozen.

Man hatte uns viel erzählt von der Kirche Sankt Helena auf dem Reggelberg östlich von Deutschnofen. Als wir sie vor vielen Jahren erstmals besuchen wollten, war der Weg noch keineswegs markiert. Einheimische und Fremde wiesen uns bald hierhin, bald dortin, und wir stritten uns über den Weg. Schließlich sagte eine Bäuerin: »Gehen Sie nur da oben über die Wiese, dann durch den Wald. In zwanzig Minuten sind Sie dort.« Wir folgten ihrem Rat, immer noch leise zweifelnd, weil der Weg eigentlich gar kein Weg war, sondern ein Wiesenpfad, der sich im Kiefernwald verlor. Schöner jedoch kann kein Wald enden, denn plötzlich ist für den Wanderer die Höhe da, und zwischen den Bäumen hindurch sieht er schon kurz vorher den spitzen Kirchturm.

Wir traten aus dem Wald, und vor uns lag **Sankt Helena,** eine schlichte Kirche und ein alter Bauernhof auf einer steilen Wiesenkuppe, auf der es nach Grummet duftete. Langsam aufsteigend, blieben wir immer wieder stehen, nur um zu schauen, denn da liegt tief unten, im Wald verborgen, das Eggental, und gegenüber steigen die Hänge an zum Schlern, dem Rosengarten und dem Latemar, die im weißen, lichten Sommerduft zu schwimmen schienen.

Dann standen wir vor dem schlichten Kirchlein aus dem 13. Jahrhundert, das nach einem Umbau 1410 neu geweiht worden ist und im vorigen Jahrhundert die ebenso schlichte Vorhalle erhalten hat. Hätten wir nicht von den Wandmalereien im Inneren schon gehört, so wäre unsere Überraschung noch größer gewesen, denn was wir, als wir eintraten, hier sahen, war von selten guter Erhaltung und Frische der Farben. Diese Fresken präsentieren die geistige Haltung des frühen 15. Jahrhunderts aufs schönste. Keiner, der sie einmal gesehen hat, wird sie je vergessen. In der Apsis ist ein großer thronender Christus, dem Evangelistensymbole und Apostel beigegeben sind, zu sehen. Am Chorbogen ist die Schöpfungsgeschichte dargestellt und das Opfer Kains und Abels. Zu beiden Seiten dieses Frieses befindet sich das Stifterwappen der Niederthor. Über dem Chorbogen sehen wir dann Gottvater zwischen zwei knienden Männern, die ein Lamm und Korn darbringen. Die Kielbogentonne des Schiffes bedecken vier große Rechteckbilder in reichornamentierter Rahmung, die auch die Fresken der Wände umgibt. Die Deckenbilder zeigen die vier Evangelisten bei der Arbeit in ihrer Klause; sie sitzen an ihren Schreibpulten, in deren Fächern Bücher liegen und Karaffen, Zinnkrüge und Nuppengläser stehen. Jedes Bild enthält zudem große Medaillons in gewellten Regenbogenrahmen, welche Christi Geburt, die Kreuzigung, die Auferstehung und Christus als Weltenrichter darstellen. Die Westwand trägt im oberen Bereich das große Bild einer Verkündigung, darunter die Marter des Heiligen Sebastian und eine liebliche Sankt Helena mit Kreuz. An die Seitenwände sind Szenen aus dem Leben Jesu gemalt worden. In den Rahmungen sitzen kleine Vierpaßmedaillons mit den Heiligen Michael, Joseph, Nikolaus und Dorothea. Rings um die Wände läuft eine Sockelbemalung mit schwarzweißem Schachbrettmuster. Diese prachtvollen, innigen Malereien stellen ein Hauptwerk der Bozener Schule um 1410 dar, der Meister ist im Umkreis des Hans Stockinger zu suchen. Die äußere Westwand trägt, wohl von anderer Hand, doch aus der gleichen Zeit, eine Kreuzigungsgruppe, nochmals Sankt Helena und Sankt Christophorus. In den südlichen Vorhallenpfeiler ist ein derbes Relief mit der Heiligen Helena und dem vor ihr knienden Stifter aus dem 15. Jahrhundert eingelassen. Am Chorpfeiler der Südwand schließlich sehen wir die Muttergottes in Begleitung der Heiligen Barbara, Dorothea und Margarethe. Ein wahres Wunder aber ist, daß die Fresken bei ihrer Freilegung nicht den geringsten Schaden gelitten haben, und wir können hier wohl ahnen, welche Verluste bei den Restaurierungen der prächtigen Malereien im Brixener Kreuzgang zum Teil zu beklagen sind.

Nachdem wir lange in der Kirche verweilt hatten, lud uns die junge Bäuerin freundlich in ihr Haus ein, wo wir bei einem Glas vortrefflichen Rotweins in der hübsch getäfelten Stube neben dem großen, behaglichen Schlafofen saßen. Zum Genuß dieser entzükkenden kleinen Kirche, deren kostbarer Freskenschmuck sie hoch über das Ländliche emporhebt, tritt hier auch noch der Reiz einer ländlichen Idylle; denn uns erschien der von Kindern, Vieh, Hühnern, Hunden und Katzen fröhlich belebte Bauernhof durchaus als solche, durch die enge Nachbarschaft von Gotteshaus und Bauernhaus aufs schönste vollendet. Dies ist eine kleine Welt für sich, im stillsten Frieden mitten im Bergwald verborgen, doch nicht verloren in bedrückender Einsamkeit, sondern auf allen Seiten umgeben von der Majestät einer großen Landschaft und leicht erreichbaren menschlichen Siedlungen.

Wie mag dies Gotteshaus in diese Weltabgeschiedenheit geraten sein? Eine Sage, die sich an die Kirche von Sankt Helena anknüpft, gibt vielleicht einen Hinweis, zugleich gemahnt sie uns an eine furchtbare Katastrophe, die sich vor einiger Zeit in Südtirol, im Piavetal, ereignet hat. Ahnt man bei dieser Erzählung nicht ähnliche Schrecken, wie sie die Einwohner von Longarone 1963 erleiden mußten? Die alte Sage hat Heyl im vorigen Jahrhundert wie folgt aufgezeichnet:

Der wilde Mann in Deutschnofen

Die alte Pfarre von Deutschnoven war Sankt Helena, ›in Lien‹ genannt. Die ältesten Höfe standen alle dort oben ›in Lien‹. Auf ›Piß in Lien‹ ist auch ein Schatz vergraben, und da heroben ober dem Bühler im sogenannten ›Altgemäur‹ hatte der Heidenfürst seine Heidenburg, und ringsherum wohnten die letzten Heiden, so ihm unterthan waren. Dieser alte Heidenfürst, insgemein der wilde Mann genannt, war, wie alle seine Heiden, von Riesengröße und am ganzen Leibe behaart, auch trug er einen langen grauen Bart. Er war über die Maßen stark und führte nicht selten eine Eisenstange, lang wie ein Baum. Er jagte waldaus, waldein, thalauf, thalab und kam oft nach Deutschnoven ins Dorf, that aber den Bewohnern, obwohl sie Christen waren, nichts zuleide. Zum Tschinggerhofe kam er öfters, wenn er von der langen Jagd müde war, zu rasten. Und da rasteten dann auch seine großen und kleinen schwarzen Hunde, die er abwechselnd bei sich hatte. Da nahm er auch wohl von den Leuten etwas an, wenn sie ihm Milch, Butter oder Käse boten, und den Hunden setzten sie warme Milch vor. Wenn er seine eiserne Jägerstange an das Haus lehnte, zitterte das ganze Gehöfte und neigte sich zur Seite. Er machte überaus lange Schritte, der Wilde, mit seinen mächtig langen Beinen. Kam er von Petersberg herüber und hatten ihn die Leute eben noch beim letzten Hofe dort ins Brantenthal einbiegen gesehen, dann war er im nächsten Augenblick schon bei den ersten Deutschnovner Häusern, beim Kerer.

Zwischen ›Lien‹ und dem Wasserfall im Brantenthale war vor alters ein See, und unten, wo jetzt Leifers steht, war eine große Stadt mit Namen Nisselburg. Die Nisselburger waren überaus reich und wohlhabend und trieben in ihrem Übermuthe allerlei Frevel. Doch die Strafe blieb nicht aus. Sie kamen öfters ins Brantenthal herauf, im See zu fischen. Und da einmal der Deutschnovner Wilde mit seinen Hunden am See vorbeiging, spotteten sie seiner, und einem Hündlein des Wilden warfen sie gar Steine nach. Da entbrannte sein Zorn über Nisselburg. Er grub den See aus, und die entsetzlichen Fluten vernichteten in wenig Augenblicken die prächtige Stadt. Nur zwei Häuser von Nisselburg blieben verschont und stehen noch gegenwärtig in Leifers, das später an Stelle der zerstörten Stadt erbaut ward, nämlich die Pflege und der Burger.

Von Deutschnofen führt heute eine gute Fahrstraße nach dem Wallfahrtsort **Maria Weißenstein,** dessen Kirche 1638 bis 1673 über einer älteren erbaut wurde. Die Klostergebäude stammen aus dem 18. Jahrhundert. Die Wallfahrtskirche mit ihrer spätbarocken Einrichtung und zahlreichen interessanten Votivbildern hat Joseph Adam Mölk 1753 mit ungemein bewegten, theatralischen Deckenfresken geschmückt.

BOZEN UND UMGEBUNG

Gang durch die Stadt

Wer mit dem Auto vom Brenner oder von Meran herkommt und Bozen nie gesehen hat, wird zunächst angesichts der an den Stadträndern entstandenen gesichtslosen neuen Siedlungen denken: wie schrecklich! Aber er wird seine Meinung ändern. Wer dann nur einen kurzen Aufenthalt einlegt, um einen Spaziergang durch die Stadt zu machen, der wird sich zwar später immer der Laubengasse, der Pfarrkirche oder des Obstmarktes erinnern und des umfassenden Blicks auf die Berge rundum, besetzt mit Burgen, Kirchen, Villen, Dörfern und Weingärten; kennenlernen wird er die Stadt aber nur, wenn er Zeit hat, sie in Ruhe zu durchstreifen.

Ganz wunderschön ist die Kirche, schrieb Montaigne, als er Tirol durchreiste; und er hat recht. Der **Dom,** vormals Propstei-Pfarrkirche, liegt an der Südseite des geräumigen Waltherplatzes, ein Umbau – fast ein Neubau – des 14. Jahrhunderts mit Resten einer romanischen Kirche. Nach schweren Zerstörungen des letzten Krieges ist er vorbildlich wieder instand gesetzt worden. Grau und rosa schimmert der Sandstein in der Sonne, farbig glänzen die glasierten Dachziegel, schön gegliedert steht der Chor, und elegant strebt der schlanke, 1501 bis 1519 nach dem Entwurf des Augsburgers Burkart Engelberg unter Leitung des Paliers Hans Lutz von Schussenried gebaute Turm mit dem zierlichen durchbrochenen Spitzhelm empor. *Eine vollendete, sehr zierliche Kirche in deutschem Stil,* wie Carl Friedrich Schinkel schreibt. An den Chor angebaut, spricht die *Gnadenkapelle* des Joseph Delai von 1745 die Sprache des Barock, während an der Westseite der Kirche das – 1499 veränderte – von Comasken zu Beginn des 13. Jahrhunderts gearbeitete Löwenportal mit einem Radfenster darüber noch die Formen oberitalienischer Romanik präsentiert. Zwischen beiden, auf der Nordseite der Kirche, befindet sich das reizend verspielte spätgotische

›Leitacher Törl‹ mit maßwerkgeschmücktem Wimperg und zierlichem Skulpturenschmuck: mit Schmerzensmann, Muttergottes und Verkündigung, denen der Stifter Herzog Albrecht von Österreich mit seiner Familie, ein Winzer, ein Prophet und eine Törichte Jungfrau als Tabernakelschmuck oder als Konsolen dienen. Sie sind wahrscheinlich von dem Augsburger Meister Martin Schicht um 1400 geschaffen. So kann man am Äußeren der Kirche die schon reizvoll aus Südlichem und Nördlichem – aus deutschen und italienischen Elementen gemischte Formensprache alpenländischer Baukunst aus vier Jahrhunderten studieren.

Das Innere präsentiert sich als eine geräumige, dreischiffige Halle, in vollendeter Überschaubarkeit und Konzentration den Blick auf den majestätischen barocken Hochaltar lenkend, dessen acht mächtige Marmorsäulen im Halbrund angeordnet sind und den Chor füllen. Der Entwurf soll angeblich von Andrea Pozzo, dem genialen Jesuiten, stammen. So entstand ein heller, feierlicher, keineswegs nüchterner Raum, in dem die Farben des Außenbaus wiederkehren: Grau und Rosa in den Säulen und der schönen reichverzierten Kanzel, dazu das Dunkelbraun des Gestühls: Das ist ein Dreiklang, der an dem festlichen Eindruck der Architektur keinen geringen Anteil hat. Breit und behäbig liegt die Kirche am Platz, dessen eine Seite sie bildet, und bietet in dem brausenden Verkehr für jeden eine freundliche Zuflucht.

Schon nach wenigen Schritten in die Gassen jenseits des Waltherplatzes ist man in das Herz der **Altstadt** eingedrungen. Hier fühlt man sich liebenswürdig aufgenommen und empfindet sie als eine Stätte des Behagens. Daß die Stadt an der Stelle eines römischen Kastells entstand, ist nicht bewiesen, aber sie hatte bereits in der Frühzeit ihrer Geschichte Bedeutung als Sitz eines bayerischen Gaugrafen. Die heutige Anlage wurde wahrscheinlich erst im 12. Jahrhundert von den damaligen Herren der Grafschaft Meran, den Bischöfen von Trient, ins Leben gerufen. Die Gründung hing wohl mit dem wirtschaftlichen Aufschwung der italienischen Städte, vor allem Venedigs, zusammen und dem Handel mit Oberitalien und Florenz. Jedenfalls ist Bozen schon sehr früh ein wichtiger Handelsplatz gewesen sowohl wegen seiner für Südtirol günstigen Lage am Zusammenfluß von Etsch und Eisack als auch wegen des Verkehrs in ferne Länder über die von hier leicht erreichbaren Pässe.

Doch auch für das geistige Leben des Landes hatte Bozen Bedeutung. Im ausgehenden Mittelalter war es ein Zentrum geistlicher und weltlicher Volksschauspiele. Zu diesen großen Umzügen, veranstaltet von den Zünften und Bruderschaften, strömte das Volk hier von nah und fern zusammen. Zur Ausgestaltung dieser Aufführungen holte man sogar Handwerker aus Köln, Nürnberg, Augsburg.

So war Bozen denn zwischen den Bischofsstädten Brixen und Trient so recht ein Zentrum bürgerlicher Kultur. Seit dem 13. Jahrhundert gab es auch adlige Marktbewohner mit entsprechenden Privilegien wie die Herren von Wangen und die Herren von Lana, die späteren Grafen von Brandis. Aus dem nach gleichen Rechten strebenden Patriziat ergänzte sich der Adel laufend, so wurden zum Beispiel aus den Augsburger Wagner im 17. Jahrhundert die Grafen von Sarnthein. Diese Entwicklung hing wohl damit zusammen, daß im späten 12. Jahrhundert neben den bischöflichen Landesherren deren Vögte, die Grafen von Tirol, in Erscheinung traten. Sie wurden immer mächtiger und gewannen den Bischöfen von Trient und Brixen nach und nach viel Land ab. Um sie scharten sich dann Adel und Patriziat, und in den folgenden Jahrhunderten rissen die erbitterten Kämpfe mit den Grafen von Tirol und später ihren Erben, den Grafen von Görz-Tirol, nicht mehr ab.

Kern der alten Siedlung sind Laubengasse, Obstmarkt und Kornmarkt, an den die ehemals bischöfliche Burg grenzte. Silber- und Karnergasse ziehen wohl an Stelle des einstigen Stadtgrabens dahin. Eine Erweiterung nach Norden erfolgte in der ersten Hälfte des 13. Jahrhunderts durch die reichen, einflußreichen Herren von Wangen, begrenzt von der Binder- und Vintlergasse. Am Ende des Jahrhunderts erhielt Bozen das Stadtrecht und dehnte sich nach Süden bis zur Pfarrkirche, dem heutigen Dom, aus.

Von der gotischen Stadt ist nicht mehr viel zu sehen, und auch die Renaissance tritt hier kaum in Erscheinung. Nach einem großen Brand im 17. Jahrhundert wurde die Stadt umgebaut, und die Häuser erhielten neue Fassaden und Stiegenhäuser. Ihre Ausdehnung aber änderte sich kaum. Erst in unserer Zeit wurde die Neustadt gebaut und die alte Stadt dadurch mit Gries verbunden.

Dunkelfarbig, grau, manchmal rosa und zartgrün stehen die hohen Häuser in fein durchgebildeter Vollkommenheit an den schmalen Straßen, bürgerliches Wesen in seiner besten Form ausdrückend.

Der richtige Bozener Spießer, der ›Steß-mi-net‹, wie ihn die lieben Vettern am Inn wegen seines Bürgerstolzes benamsen, ist von Natur aus mit humorgesegnetem Mutterwitz begabt, der sich besonders in den unzähligen Spitznamen äußert, womit hier seit jeher alle Menschen und Dinge treffsicher bezeichnet werden. So hat man auch den ungekrönten Herrschern der Stadt, den Handelsherren und Großkaufleuten, den Titel ›Laubenkönige‹ verliehen, womit auf gut bozenerisch humorvoll-gemütlich die schuldige Wertschätzung für jene Hochachtung gebietende Geschäfts- und Zahlungstüchtigkeit ausgedrückt wird, die das Selbstbewußtsein der norddeutschen Hansestädte mit dem stolzen Wort ›königlicher Kaufmann‹ anerkannt hat. (Karl Theodor Hoeniger)

Die Bozener Messe war berühmt, und 1635 wurde der Stadt von der Erzherzogin Claudia, einer Medici, ein autonomes Handels- und Wechselgericht, die ›Merkantilgesellschaft‹, verliehen, das in den großen Messeplätzen Wien, Leipzig und Frankfurt nachgeahmt wurde. Von den bis 1721 in die Matrikel eingetragenen Handelshäusern, welche die Messen beschickten, saßen fünfzehn in Bozen, die anderen in Trient, Rovereto, Verona, Mailand, Sankt Gallen, Basel, Innsbruck, Nürnberg, Augsburg und Memmingen. Diese Tradition setzt die 1948 wiederbelebte *Internationale Bozner Mustermesse* fort.

Schlendern wir ein wenig durch die schöne Laubengasse, zwischen den unregelmäßigen bewegten Fluchtlinien der Straßenfronten mit den verschieden geformten Laubenbögen, dem Vor und Zurück der Erker und Balkone! Gewiß mutet das Baumotiv dieser Lauben ›südlich‹ an, aber nicht wie in Italien – etwa in Bologna – ziehen sich die Lauben in strenger Regelmäßigkeit dahin, sondern hier ist ein Bogen mal rund, ein anderer spitzbogig, einer breit, der andere schmal. So geht es im bunten Wechsel. Ein Gang unter diesen Lauben nimmt dem Besucher sofort das Gefühl der Fremdheit, das uns in einer unbekannten Stadt ja so oft überfällt. Sie ziehen einen gleichsam ins Haus hinein, unter dessen Dach wir stehen. So spannen sie sich fort und fort und locken uns wie zu einem Gang ins Vertraute, um uns dann plötzlich an ihrer Mündung ins hellste Tageslicht zu entlassen, wo uns alles viel fremder scheint.

Mitten in der Laubengasse steht als einziger barocker Palast der Stadt das **Merkantilgebäude,** das Francesco Perotti aus Verona zu Beginn des 18. Jahrhunderts gebaut hat. Er hatte die schwere Aufgabe, die anspruchsvolle Form eines italienischen Palastes nicht allein auf engen Raum, sondern auch in die Häuser der Umgebung hineinzukomponieren. Dies ist ihm vortrefflich gelungen, indem er den Typus des Bozener Hauses einfach beließ, ihn aber ins Monumentale übersetzte.

Am Ende der Laubengasse liegt der **Obstmarkt,** einer der schönsten und gemütlichsten Plätze des Landes. Eigentlich ist es gar kein Platz, sondern eine breite Straße, auf der Westseite in sanftem Bogen geschwungen, am Eintritt der Goethestraße sich erweiternd, umstanden von Fassaden mit Barock- und Rokokodekor, mit Oberlichtern hinter zierlichen Gittern, mit prächtigen Portalen und Erkern. Zu einem bunten Schauspiel öffnet sich dieser Platz dem Besucher, wo sich alles ineinanderfügt wie unter einer tadellosen Regie, so daß die Enge des Raumes in wunderbarer Weise eine unerwartete Weite gewinnt. Man fühlt sofort: hier laufen bürgerliches Leben des Landes und Welthandel zusammen. Die Stände quellen über von Früchten; es leuchtet rot, gelb, grün und blau, es duftet nach Äpfeln, Pfirsichen, Aprikosen, Trauben und Orangen. Hin und her wogt eine bunte Menschenmenge, italienisches Geplapper und Lebhaftigkeit vermischen sich mit Tiroler Deutsch und anderen Sprachen, und durch diese südliche Maske hindurch schaut doch immer das nördliche Antlitz der Stadt, denn sowohl dem Süden als auch dem Norden ist der Lebensrhythmus ihrer Bewohner verbunden. Schon Goethe hatte seine Freude daran.

Die vielen Kaufmannsgesichter freuten mich beisammen. Ein absichtliches, wohlbehagliches Dasein drückt sich recht lebhaft aus. Auf dem Platze saßen Obstweiber mit runden, flachen Körben, über vier Fuß im Durchmesser, worin Pfirschen nebeneinander lagen, daß sie sich nicht drücken sollten. Ebenso die Birnen. Hier fiel mir ein, was ich in Regensburg am Fenster des Wirtshauses geschrieben sah:

Comme les pêches et les melons
Sont pour la bouche d'un baron,
Ainsi les verges et les bâtons
Sont pour les fous, dit Salomon.

9

Adalbert Waagen (1833-1898)

›*Ruine Kühbach bei Bozen*‹, um 1870

Öl auf Leinwand (Ausschnitt)

München, Bayerische Staatsgemäldesammlungen

Neue Pinakothek

(Foto: Artothek, Planegg)

München war in der zweiten Hälfte des 19. Jahrhunderts nicht nur die Kunststadt Deutschlands schlechthin, es war vor allem auch eine Hochburg der Alpenmalerei. Freilich machte sich auch in diesem Genre eine ungeheure Stilvielfalt mit einem breiten Spektrum zwischen Kunst und Kitsch bemerkbar. Zu jenen Malern, die dem – damals sehr gefragten – Zug zur gefühlsbetonten naturalistischen Stimmungsmalerei zwar nachgaben, aber den gefährlichen Überschwang durch Formstrenge, ausgewähle Koloristik und realistisches Gespür für das noch Zuträgliche vermeiden konnten, gehörte der in München geborene und in Berchtesgaden gestorbene Adalbert Waagen, ein Schüler Albert Zimmermanns. Das Bild trägt heute den Titel der Ruine Kühbach bei Bozen, die heute mehr unter dem Namen Haselburg bekannt ist. Freilich hat der Maler hier sicherlich eine Übersteigerung oder sogar Verfremdung vorgenommen.

Daß ein nordischer Baron dieses geschrieben, ist offenbar, und daß er in diesen Gegenden seine Begriffe ändern würde, ist auch natürlich.

Bei weiteren Wanderungen durch die Stadt begegnet uns noch viel Schönes. Da ist die anmutige **Sankt-Georgs-Kirche in Weggenstein,** die um 1400 als ein zartes und schönes Werk der Gotik für den Deutschen Orden errichtet wurde und um 1790 eine neue Ausstattung erhielt. Aus weißem Marmor mit bunten Einlagen leuchtet der Altar mit dem Gemälde des Heiligen Georg von Martin Knoller, und an den Wänden hängen die Aufschwörschilde der Komture. Da ist die **Franziskanerkirche,** die in ihrem Äußeren noch manches von der Strenge ihrer Erbauungszeit – der zweiten Hälfte des 13. und der ersten des 14. Jahrhunderts – bewahrt hat. Auch der Kreuzgang aus dem 14. und 15. Jahrhundert ist sehenswert. An ihn schließen sich mehrere interessante Räume an, als wichtigster die **Marienkapelle** an der Nordseite des Kirchenchores. Sie enthält den prachtvollen Flügelaltar von Hans Klocker, den man den ›Weihnachtsaltar‹ nennt. Um 1500 hat ihn der bedeutende Brixener Meister geschaffen – und er wäre sicher der schönste Schnitzaltar Bozens, hätte nicht Michael Pacher im benachbarten, doch heute schon zum Stadtgebiet von Bozen gehörenden Gries seinen berühmten Altar geschaffen.

In **Gries** bei Bozen, in der alten *Pfarrkirche,* einem edlen schlanken Bau der Spätgotik, findet der Besucher in der Erasmuskapelle den Flügelaltar von Michael Pacher, den Vorläufer des berühmten Altars von Sankt Wolfgang am Abersee, der im gleichen Jahr, 1471, in Auftrag gegeben und 1475 vollendet wurde. In der Mitte des Schreins, vor einer chorartigen Nische, wird die Muttergottes von Gottvater und dem Sohn gekrönt, während über ihrem Haupt die Taube schwebt. Zu beiden Seiten stehen der Erzengel Michael und der Heilige Erasmus als Verkörperungen der streitenden und der leidenden Kirche. Vier reizende musizierende und zwei das Gewand Mariä haltende Engel umrahmen die mittlere Gruppe, und über allem wächst der eichene Maßwerkbaldachin, dessen Spitze vormals eine Muttergottes schmückte. Die Rückwand des Schreins bemalte um 1480 ein südwestdeutscher Maler mit Heiligen und Szenen aus dem Leben Jesu und Mariä. Sicher und ruhig, in harmonischer Verbindung miteinander, von wunderbarer Innigkeit im Ausdruck stehen und knien die Gestalten in ihrem Schrein. Gewiß wirken die Figuren von Gottvater und Christus etwas unbeholfen, aber sie sind doch von eindrucksvoller Größe und Geschlossenheit der Form. Das Altarwerk besitzt eine außerordentliche künstlerische Kraft, die den Beschauer unwiderstehlich in ihren Bann zieht. Während von dem originalen Altar Predella, Gesprenge, Schreinwächter und Seitenflügel verloren sind, haben sich doch zwei Reliefs der Flügel-Innenseiten erhalten; die Verkündigung und die Anbetung der Könige darstellend, hängen sie heute an der Wand neben dem Altar.

Mehr als 150 Jahre Forschung konnten weder Geburtsort noch -jahr von Michael Pacher ermitteln. Am überzeugendsten scheint seine Herkunft aus der Umgebung von Bruneck im Pustertal, 1467 ist er als Bürger und Werkstattinhaber in dieser Stadt dokumentiert. Seine Geburt kann »nahezu sicher in den Zeitraum von 1430 bis 1435« (Nicolò Rasmo) datiert werden. In Salzburg ist er 1498 gestorben. Pacher kannte die zeitgenössische Kunst Oberitaliens, vor allem die Mantegnas, und ist wohl auf Wanderschaft diesseits und jenseits des Brenners gewesen. Ganz sicher hat er auch den Sterzinger Altar gekannt. Aus diesen Quellen hat er den Stil seiner Malerei entwickelt. Als Bildschnitzer steht er ganz in der Tradition seiner engeren Heimat, wo – wie wir schon sahen – die Begabung für die Schnitzkunst ja zu Hause ist.

In der Kirche hängt auch ein edles Kruzifix, das Werk eines bedeutenden Meisters aus der Zeit um 1225, vielleicht ein Importstück aus dem Westen, da man Ähnlichkeiten mit den Figuren des Nordportals von Chartres feststellen zu können glaubt. Jedenfalls ist es ein höchst bemerkenswertes Werk hochmittelalterlicher Plastik.

Bevor man Gries verläßt, sollte man noch einen Blick auf und in die *Stiftskirche* zum Heiligen Augustinus werfen, die nach dem Entwurf und unter Leitung von Joseph Sartori 1769 bis 1771 erbaut wurde. Die schöne Fassade und im Inneren die Deckengemälde mit Szenen aus dem Leben des Heiligen Augustinus sind sehenswert. Die Gemälde, zwischen 1771 und 1773 geschaffen, sind Hauptwerke von Martin Knoller. Die alte Stiftskirche und die Stiftsgebäude des alten Augustinerstifts entstanden seit 1406, als Herzog Leopold den Augustinern die aus dem 12. und 13. Jahrhundert stammende stattliche Burg von Gries überließ, da ihr Kloster

›in der Au‹ unbrauchbar geworden war. Von den alten Burgbauten wurde vieles in die Stiftsgebäude übernommen, was heute noch erkennbar ist; sehenswert ist der altertümliche Kreuzgang, den die Mönche vielleicht zur Erinnerung an den ihres alten Klosters in der Au in Formen errichteten, die dem 15. Jahrhundert längst fremd geworden waren.

Hier in Bozen-Gries ist übrigens der schon öfter genannte Heinrich Noë (1835-1896) gestorben. Der gebürtige Münchner hatte einen berühmten Namen als Alpenschilderer, besonders bekannt wurde er durch seine Werke ›Das Brennerbuch‹, ›Tirol und Vorarlberg‹ und durch den ›Bozner Führer‹. Noë war selbst ein unermüdlicher Bergsteiger.

Von den weiteren Kirchen Bozens sei noch die **Dominikanerkirche** erwähnt, wie die Franziskanerkirche ein Bau der frühen Gotik aus dem Ende des 13. Jahrhunderts. Der Bau selbst ist nicht mehr sehr sehenswert, als Kirchenraum kommt er gar nicht in Betracht, da das Kloster 1785 aufgehoben wurde und bis 1924 als Magazin Verwendung fand. Dann hat das italienische Kunstamt in Trient ihn wieder instand gesetzt und dabei zahlreiche Wandbilder freigelegt. 1944 wurde der Bau leider weitgehend durch Bomben zerstört. Immerhin hat sich von den Gemälden noch manch wichtiges erhalten, wobei sich zeigt, daß die Bozener Malerei, mehr als die Brixener, am Ende des Mittelalters in Zusammenhang mit neuen Impulsen aus Italien stand. Sicher haben auch italienische Meister selbst hier gearbeitet: die Reste des Zyklus aus dem Leben des Heiligen Dominikus und die Madonna auf dem Votivfresko der Herren von Castelbarco von 1378 beweisen das.

Den italienischen Geist mitten in Bozen aber zeigen vor allem die Fresken in der noch gut erhaltenen *Sankt-Johannes-Kapelle,* die um 1330 von Nikolaus Botsch gestiftet wurden. Sie sind von italienischen Meistern ausgeführt und repräsentieren einen Stil, der deutlich von Giotto und seiner Schule ausgeht. Es handelt sich um das Hauptwerk der italienisch beeinflußten Richtung der Bozener Malerei. Pacher brauchte also nicht sehr weit zu gehen, um vom Geiste italienischer Malerei angerührt zu werden. Ist es zu phantastisch, wenn man annimmt, daß der junge Meister, lange bevor er drüben in Gries seinen Altar schnitzte, diese Fresken kannte und unter ihrem Einfluß seine Wanderschaft nach Süden, nach Padua zu Donatello und Mantegna, antrat? Daß ihm ›Die Flucht nach Ägypten‹ oder ›Das Jüngste Gericht‹ in der Kapelle diesen Weg weisen konnte, scheint einleuchtend, denn wer könnte sich der Größe dieser Bilder entziehen?

Auch das Dominikanerkloster verfügte wie das Franziskanerkloster über einen – gut wiederhergestellten – *Kreuzgang*. Um 1300 entstanden und 1500 eingewölbt, zeigt er ebenfalls Wandmalereien, doch hier wieder meistens alpenländisch-gotische Bilder. Einzig im Kapitelsaal und in der *Sankt-Katharinen-Kapelle* kann man ebenfalls italienische Maler vermuten.

Sankt Johann im Dorf aus dem frühen 14. Jahrhundert stellt ein Musterbeispiel der in der Bozener Umgebung verbreiteten Chorturmkirchen dar. Die halbrunde Apsis ist hier an den Chorturm angesetzt, das Innere ist vollkommen ausgemalt. Die Fresken des Chores, des Chorgewölbes und -bogens stammen von einem Bozener Meister um 1330, während die Malereien im Kirchenschiff 40 bis 50 Jahre jünger sind. Auch **Sankt Martin in Kampill** wurde im Stil einer Chorturmkirche erbaut und im Inneren vollständig freskiert. Die Muttergottes in der Apsis von 1403 ist ein Werk der veronesischen Schule. Mit Szenen aus dem Leben und der Passion Jesu sind die Seitenwände geschmückt. Die Malereien, um 1410, stammen vermutlich von dem Bozener Hans Stockinger. Ins Leben gerufen wurde die Bozener Schule durch die von Malern aus Padua und Bologna in der Nachfolge Giottos in der Johanneskapelle des Dominikanerklosters um 1330 geschaffenen Fresken. Diesen Stil übernahmen dann um 1400 deutsche Maler. Ihre herrliche Lage zeichnet die **Heiliggrabkirche am Kalvarienberg** aus; der Bau mit Stukkaturen und Fresken des 17. Jahrhunderts stammt von Peter und Andreas Delai, er beherbergt im Inneren eine hervorragende Pietà von 1420. Ihrer vielen und guten Fresken wegen sind auch die Kirchen *Sankt Vigil unter Weineck* und *Sankt Magdalena auf Prazöll* in Rentsch einen Besuch wert. Das **Städtische Museum** lockt mit seinem reichen Bestand. Hier sind Funde der Vor- und Frühgeschichte und der Römerzeit sowie romanische und gotische Schnitzwerke, Altäre, Stuben, Tafelbilder, Möbel und Kunsthandwerk ausgestellt.

In der nahen Umgebung von Bozen sollte man die **Burg Haselberg** oder Haselburg, früher auch Kühbach genannt, mit erhaltenen Wandmalereien eines süddeutschen Malers, vielleicht Jörg

Breus des Jüngeren, besichtigen. **Schloß Maretsch,** heute Tagungszentrum und ›Haus des Gastes‹, hat besonders reichen Freskenschmuck aus der Zeit zwischen 1520 und 1570. Die Motive umfassen ornamentale, heraldische, allegorische und mythologische Darstellungen.

Die *Kohler-Seilbahn* im Süden von Bozen ist die älteste Personenseilbahn Europas. Die Bahn auf den Berg Kohlern (1100 m) führt nicht nur zu einem traditionsreichen Ausflugsziel der Bozener, sondern sie erschließt inzwischen auch ein weitverzweigtes Wandergebiet. Die Idee zur ersten »Luftfahrt am Seil« hatte Josef Staffler, der ›Riesen-Wirt‹ zu Bozen. Er wollte unbedingt eine schnelle Verbindung zu seinem Berghotel auf dem Kohlern schaffen, um seinen Gästen die beschwerliche Anreise zu erleichtern. Im Juni 1908 konnten dann die ersten Fahrgäste die neue Seilschwebebahn benutzen, die eine *»schräge Lage«* von 1500 Metern und Vorhänge für nicht schwindelfreie Passagiere hatte.

Fahrt zum Ritten

Lautlos schwebt am steilen Hang die Drahtseilbahn empor. Die häßlichen Vororte Bozens bleiben zurück, das Weingelände von *Sankt Magdalena* und *Sankt Justina* erscheint, wo zwischen den Rebgärten Zypressen, Feigen- und Granatapfelbäume gedeihen. Jenseits des Eisack sieht man hoch über dem Eingang ins Eggental die graue Burg Karneid. Weiler und Kirchen auf abschüssigen Wiesenhängen, abenteuerlich geformte **Erdpyramiden,** die durch Auswaschung des mit eiszeitlichem Moränenschutt verbundenen Lehms entstanden sind, ziehen im Tal des Finsterbachs unter uns vorbei. Solche geomorphologische Erscheinungen kommen auch noch bei Schloß Tirol vor.

Da! Am Himmel erscheint ein gewaltiges Massiv, hart und steingrau, steigt höher und höher. Ein vorgelagerter zweiter Gipfel taucht auf; es sind Schlern und Santnerspitze. Hinter ihnen zeichnen sich die phantastischen Zacken und Grate des Rosengartens und des Latemar geisterhaft im graublauen Nebelgewölk ab. Welch ein Blick!

Unsere Gondelfahrt endet in **Oberbozen,** wohin heute auch eine gute Straße führt. Ringsum breitet sich eine Landschaft von unbeschreiblichem Reiz, denn der Blick fliegt über abfallende grüne Halden, über Felder, Waldstücke und weiße Bauernhöfe vor dem Hintergrund der riesigen Gebirgsstöcke der Dolomiten. Eine alte Zahnradbahn führt weiter nach **Klobenstein,** dem zentralen Aussichtsort des Ritten. Von Klobenstein, über dessen Sommerkolonie wir noch ausführlicher sprechen werden, lohnt ein etwa einstündiger Spaziergang nach dem herrlich gelegenen, altertümlichen Berggasthof **Kematen.** Noch eine andere Ritten-Wanderung sei empfohlen: mit dem Auto geht es bis Pemmern hinauf, von dort läßt man sich durch den Sessellift bis zum Unterhorn-Haus tragen, und in einer guten halben Stunde hat man dann den Gipfel erreicht. Die Fernsicht von hier ist großartig.

Ritten heißt diese wunderbare Mittelgebirgslandschaft über dem Eisacktal. Durch sie führte, ehe die Straße im Eisacktal, der sogenannte ›Kuntersweg‹, gebaut wurde, wie schon gesagt, die alte Verbindungsstraße zum Brenner, über die auch die deutschen Kaiser auf ihren Italienfahrten gezogen sind. Daher erklärt sich auch die Ansiedelung der Deutschherrenritter, die in **Lengmoos** eine Kommende einrichteten. Die Straße begann in Rentsch bei Bozen und zog sich über Sankt Justina nach **Lengstein** hin, wo Kaiser Konrad II. 1027 die Schenkungsurkunde ausstellte, die die Grafschaften Bozen und Vintschgau den Bischöfen von Trient übergab. Hören wir den Bericht von Heyl, der sich die Mühe nahm, die ›Alte Straße‹ abzuwandern:

Der alte Straßenzug über den Ritten

Die Rittner wissen noch allgemein zu erzählen, daß die ›älteste‹ Straße über ihren Berg geführt habe. Weil der Verfasser häufig von dieser alten Straße und von den ›uralten Zeiten‹ derselben gehört und von dem großen Verkehr, der daselbst geherrscht habe, und von den gewaltigen Heeresmassen, welche diese Straße gezogen wären, nahm er sich die Mühe, dieser ältesten Straße nachzugehen, und zwar in wörtlichem Sinne, wobei er den kundigen alten Sulzner und weiterhin den ebenfalls kundigen alten Buchner als Wegweiser mit sich genommen hat.

Um es in vorhinein gleich zu bemerken, fällt diese Straße auf weite Strecken mit der alten Römerstraße, die ja ebenfalls bekanntlich über den Riften geführt hat, zusammen, ja muß damit zusammenfallen, wie der

Augenschein lehrt, da sie auf Grund der Terrainbeschaffenheit nicht anderswo geführt haben kann.

In der Nähe des ›Plattnerhofes‹ beim Bildstöckl zweigt diese alte Straße von dem gemeinen Wege, der von Leitach herauf nach Unterinn führt, ab und zieht sich über demselben zum ›Sulznerhof‹ hin. Dieser Bauernhof ist sehr alten Ursprungs. Er bildete eine Herberge an der alten Straße und hat noch manches Alterthümliche an sich trotz des großen Brandes, der ihn bis auf die Hauptmauern zerstört hat. Das uralte Wagenhaus daneben mit seinem auffallend dicken Gemäuer ist bemerkenswert.

In der Nähe biegt der jetzige Weg durch ›die Sulz‹ in eine Thalspalte ein, während die alte Straße auf einem Viaduct mit steinernem Unterbau quer durch den Tobel leitete. Von diesem gewaltigen Unterbau ist noch ein spärlicher Rest leicht zu beobachten. Hier sind Spuren eines uralten Bergwerkes, von dem auch die Volkssage weiß. Das geräumige Knappenloch ist zum größten Theil eingestürzt, aber die Namen ›Goldgut‹ und ›Silbergütl‹ sind Belege für geschwundenen Bergbau in dieser Gegend, und das Volk läßt beim Sulzner einen Schatz vergraben sein.

Vom Sulzner fort geht die alte Straße durch Wald und dichtes Gestrüpp, durch das man sich schwer hindurchwindet. Auf dieser Strecke, vom Gebüsch völlig verdeckt, liegt sogar das Straßenpflaster streckenweise zutage. Sodann zieht sie sich durch das ›Mitterstieler Gut‹, beim ›Templ‹ vorüber, nach ›Pardung‹, von da weg quer durch den über dem ›Grafenhof‹ liegenden Acker. Der Graf weiß sich noch gut zu erinnern, wie sein Vater erzählte, daß sie im Acker oft auf schwere Steine gestoßen, die ein tiefes Radgeleise hatten, so daß er zu sagen pflegte, hier müsse die Straße gewesen sein.

Weiter hinan in mäßiger Steigung führt sie zum Ziel, von dem die Rittner behaupten, daß er der älteste christliche Bauernhof sei, und von hier auf ›Grasack‹, auf dessen jetziger Rückseite im alten sandsteinernen Thorbogen Roßeisen, Hammer, Zange und anderes Schmiedewerkzeug zu sehen sind. Der ›Grasackhof‹ fällt überhaupt durch seine alterthümliche Bauart, die überaus dicken Mauern und durch seine steinernen Thorbogen auf.

Von da weg verfolgt man sie leicht aufwärts zur sogenannten ›Ausstell‹, einem Bauernhause, wo ebenfalls eine Schmiede gestanden sein soll. Die Schlackenhaufen in der Nähe machen dies auch wahrscheinlich. Das Haus ist von alterthümlicher Anlage und trägt ein Wappen. Weiter geht die Straße das nördliche Ufer des ›Gasterer Sees‹ entlang, aber im See-

becken selbst, auf dessen dem Ufer naheliegenden Felsen man das Geleise erkennt, beim ›Maurer‹ ob ›dem Fleier‹ vorbei zum ›Moosweber‹ hinüber, schneidet hierauf den gegenwärtigen ›Klobensteiner Fahrweg‹, biegt unter dem ›Buchnerhof‹ um den Buchnerhügel herum, durchzieht das ›Koenastgut‹ und mündet beim Rößler wieder in den Fahrweg hinauf. Der ›Rößlerhof‹, sagen die Leute, sei eine Poststation gewesen und eine große Herberge an der alten Straße. Auch hier findet sich, ähnlich jenem beim Sulzner, ein uraltes finsteres Wagenhaus mit altem, dickem Gemäuer. Über ›Klobenstein‹ bis nach ›Lengmoos‹ fällt sie mit dem gemeinen Fahrweg beiläufig zusammen; erst von Lengmoos weg trennt sie sich wieder von selbem, wie die ›oltn Loas‹ – die Radgeleise – noch jetzt beweisen, und geht tief unter dem heutigen Wege durch die Thalschlucht des Finsterbaches nach ›Mittelberg‹, wo wieder die Einmündung in den jetzigen Weg durch Geleisespuren nachweisbar ist. Das Wasser frißt im Finsterbachthal von Jahrzehnt zu Jahrzehnt den weichen Boden nach oben hin aus, wie dortzulande jedermann bekannt ist, so daß auch jetzt wieder der Fahrweg nach Mittelberg weiter hinauf verlegt werden mußte. Die Geleisespuren in Mittelberg weisen beinahe in gerader Linie zurück nach Lengmoos. Jenseits Mittelbergs ging die Straße oberhalb des noch jetzt bekannten Straßackers nach ›Lengstein‹ hinab und von hier am ehemaligen ›Rothwander Schlößl‹ auf dessen Bühel nunmehr das ›Sankt-Verena-Kirchlein‹ thront, vorüber durch Rothwand und Saubach nach ›Villanders‹. An mehreren Orten werden längs der alten Straße noch heute Ackerfluren ›Straßacker‹ genannt.

Diese Straße wurde in der nachrömischen Zeit noch sehr lange befahren, auch noch nachdem der Kuntersweg erbaut war; denn fürs erste war der Kuntersweg anfangs bloß für den Transport von Saumlasten und für Fußgänger und Reiter bestimmt, bis ihn Erzherzog Sigismund erweitern ließ, und fürs zweite ward er sehr häufig durch Wasser und Murbruch zerstört, worauf immer wieder auf längere oder kürzere Zeit die alte Straße über den Ritten zu Wert kam.

Auf dem Ritten

Der Ritten ist nicht nur uraltes Siedlungsgebiet, sondern auch seit vier Jahrhunderten der beliebteste Sommeraufenthalt der Bozener. Wie es dazu gekommen ist? An einem heißen Sommertag im 17. Jahrhundert ritt der Bozener Bürgermeister von Eberschlager zu einem Rittener Steinbruch, um Material für einen Bau in der

Stadt auszuwählen. Nach der Gluthitze im Tal gefiel es ihm in der frischen Luft und dem schönen stillen Land ganz ausnehmend gut, und er beschloß, sich hier ein ›Frischhaus‹ zu bauen. Das Wort ›Sommerfrische‹ leitet sich von dieser Bezeichnung her. Da der Bürgermeister aber nicht alleine dort oben den Sommer verbringen wollte, überredete er seinen Freund, den reichen Herrn von Gumer, sich in seiner Nähe anzusiedeln, und bald folgten andere Bozener Patrizier diesem Beispiel. So entstanden im 17. Jahrhundert in *Maria Himmelfahrt* und in *Klobenstein* zwei Kolonien des Patriziats.

Einen Tag in diesen Kolonien verleben zu dürfen, gehört zu den hübschesten Erlebnissen auf dem Ritten. Man kann verstehen, daß zu den ›Acht Seligkeiten‹ der Bozener auch das ›Frischhaus‹ auf dem Ritten gehörte. Die anderen sind: eine Loge im Theater – eine Zallinger-Tochter zur Frau – ein Kirchstuhl in der Pfarrkirche – eine Familiengruft im Kreuzgang des alten Friedhofs – ein Haus und Geschäft unter den Lauben – ein Weingut in Gries und so viel Wäsche, daß nur einmal im Jahr gewaschen werden muß.

Ende Juni zog man mit dem gesamten Haushalt hinauf. Damen und Kinder fuhren in der ›Penne‹, einem Wagenkorb; die Herren machten den Weg zu Pferd.

Wir waren Gäste des Grafen Toggenburg, dessen zwei Häuser einst den Gumern gehörten. Es sind durchweg schlichte Häuser von guten Proportionen. Sie stehen auf großen Wiesen, ›Platzl‹ genannt, auf denen sich an heißen Tagen das Leben abspielt, sie sind umgeben von herrlichen alten Fichten, Lärchen, Linden und Eschen. Immer wieder sieht man von ihnen auf die stolzen Gebirge jenseits der Eisackschlucht.

»Dulcis aestatis iuvat hic vitasse furorem« ließ Peter von Hepperger 1785 über seinem Haus in Lengmoos anbringen – »wo kannst du so schön wie hier dich vor des Sommers Wut flüchten?«

Das Innere der Häuser ist ganz besonders reizvoll, sowohl wegen des schönen alten Mobiliars als auch vor allem wegen der prachtvollen bemalten Balkendecken des 17. Jahrhunderts, die in jedem Haus zu finden sind. Schweres, starkfarbiges Rankenwerk, in das Medaillons mit Heiligenbildern, Wappen oder Jagdszenen eingesetzt sind, bedecken das Holz. Einer der Maler hat seine Signatur in dem einen Toggenburghaus hinterlassen: U.G. 1683 – Ulrich Glantschnigg.

Das andere *Toggenburghaus* schmückte Martin Knoller mit heiterem Deckenbild, außerdem enthält es das sogenannte ›Freimaurerzimmer‹ aus dem 18. Jahrhundert, dessen Wände mit Emblemen dieses Ordens verziert sind. Ferner gibt es hier eine Stubentür, die das Bildnis eines alten Mannes trägt, der ins Zimmer schaut, so wie er es zu Lebzeiten zu tun pflegte, und einen Raum mit hübschen Jagdszenen, darunter das Porträt des Herrn von Gumer in ländlicher Kleidung.

Ringsum liegen weitere ›Frischhäuser‹ im parkartigen Gelände: das *Haus Amonn, Braitenberg, Grabmayr* und andere, einige mit Hauskapellen. Bei dem Ansitz des Grafen Huyn steht das polygonale Gebäude der patrizischen Bozener Schützengesellschaft, durchaus geschmückt mit interessanten alten Schützenscheiben und Fahnen. Hier geben die Bozener Familien einmal im Jahr einen Ball. Hatte einer der Söhne das achtzehnte Jahr vollendet, so durfte er das erste Mal schießen. Der als Narr gekleidete ›Anzeiger‹ machte dann nach jedem Treffer drei Purzelbäume. Nach dem Rundgang durch alle diese schönen Häuser saßen wir vor dem Essen auf dem ›Platzl‹ beim Wein, während die vierzehnjährigen Zwillingsneffen Toggenburg im Dachreiter der Kapelle saßen und das von ihnen reparierte alte Uhrwerk wieder einsetzten.

Dies ist wirklich eine verzauberte Welt, emporgehoben über den glühendheißen dunstigen Talkessel in frische Bergluft, aber auch aus unserer unruhigen Zeit in eine eigene Ruhe, die von einer noch festgefügten Gesellschaft vornehmer alter Bozener Familien und den Erben alter Geschlechter mit allen Mitteln gewahrt wird. Sie trugen zur Zeit unseres Besuches nach alter Tradition noch weite weiße Lodenmäntel, wie sie die Hirten tragen, in Maria Himmelfahrt mit roten Krägen und rotem Paspel, in Klobenstein mit schwarzer Verzierung. Graf Toggenburg meinte, daß sie aber vielleicht auf die Mäntel österreichischer Dragoner zurückgehen, in deren Regimentern die Bozener Herren gerne dienten.

Wie gesagt, befindet sich die zweite Sommerkolonie in Klobenstein, und die Bewohner beider Orte besuchten sich gerne. Die von Maria Himmelfahrt haben es leichter, weil der Weg bergab führt, über Wiesen und durch Wald, vorüber am *Wolfsgrubener See,* vorüber an den vielen alten Wegkreuzen, die, wie überall im Südtiroler Land, mit frischen Blumen geschmückt sind oder mit Immortellen,

Weidenkätzchen und Buchszweigen, den ›Ewigkeitle‹, wie der Tiroler sie nennt. Man sah geweihte Buchsbuschen auch in den Zweigen der Obstbäume angebracht. So spazierten also die Maria Himmelfahrter seit dreihundert Jahren oft nach Klobenstein, und da sie von dem langen Weg meist müde und erhitzt waren, rasteten sie kurz vor dem Ziel in einem Wald, wo sie sich erfrischten und auch umzogen. Das Gehölz heißt daher heute noch das ›Toilettenwaldl‹. Vor etwa 130 Jahren verlebte einmal ein Münchner festliche Sommertage im Hause eines Bozeners auf dem Ritten:

Es fehlte nicht an den mannichfaltigsten Einladungen. Bald war es ein Ball, bald ein kirchliches Fest, oft ein Pikenik oder ein Spazierritt in ein benachbartes Thal. Es fehlte diesen Kreisen nie an aufheiternden Elementen, und eine liebenswürdige Gutmüthigkeit trat dem Fremden überall ermunternd entgegen. Der Eindruck ist nicht zu beschreiben, wenn man nach einer Gebirgstour von 3 bis 4 Stunden, steil und hoch, an schwindelnden Abgründen vorüber, in einer Höhe von 4000 Fuß Straußische Ländler vernimmt und geputzte Damen, in wehenden Gazeschleiern, und Herren in schwarzen Fracks dazu tanzen sieht; und wie dann, in später Nacht, die Ballgesellschaft, mit dunkelrothen Flambeaux, ihren Rückweg antritt, höher steigend oder sich in Klüfte verlierend, gleich Kobolden und Gnomen. Bedeutender noch wirkt aber in diesen Regionen ein feierlicher Kreuzgang nebst Gebet und Predigt im Freien. Die Herren und Damen in modischer Tracht, das geputzte Landvolk, die flatternden Fahnen und krachenden Böller, und tief unten die Eisack und die Poststraße daneben, wie ein weißes Band, und der Eilwagen, wie ein kriechender Käfer, und darin sitzen Leute, die ihre Blicke nur fünfhundert Fuß hoch senden, und dabei sich einbilden, Tyrol kennen zu lernen.

Ungern nahmen wir Abschied von Maria Himmelfahrt und unseren Gastgebern und bestiegen wieder den Zug. Langsam versank der Schlern hinter den dunklen Waldkuppen. Bald zeigten sich wieder die mächtigen Edelkastanien, dann Weinberge, dann die Kirche von Sankt Justina und schließlich die Stadt, deren alter schöner Kern zwischen Pfarr- und Franziskanerkirche inmitten der formlosen Vorstädte selbst von hier oben noch gut zu erkennen ist.

DURCHS ETSCHTAL NACH MERAN

Reschenpaß und Malser Heide

Folgen wir der alten Via Claudia, die von Augsburg über Landeck, dem Inntal folgend, durch Finstermünz und Nauders nach Südtirol führt, bekommen wir, wenn wir den **Reschenpaß** überschreiten, ganz andere landschaftliche Eindrücke als auf der Brennerstraße. Allerdings ist heute die Landschaft hinter dem Paß erheblich verändert worden, denn ein großer Stausee bedeckt jetzt die alten Siedlungen Reschen, Piz, Arlund und Graun, nur noch der Grauner Kirchturm ragt traurig aus dem Wasser. Doch Seen hat es hier immer gegeben. Hier oben entspringt die Etsch, und hier sollen die ›Saligen Fräulein‹, freundliche, gute Feen, gewohnt haben, was sie im Feuchten immer gerne tun. Wenn wir die Staumauer erreicht haben, liegt das Land vor uns wie einst, ein weiter, lichterfüllter Raum, dessen Rand das eigenartige rauhe, windige Hochplateau der einstigen drei Seen bildet. Es ist die **Malser Heide,** die von da steil nach Süden abfällt bis fast vor die Tore von Glurns. Abgeschlossen wird das von hohen Bergen ringsum gerahmte Landschaftsbild von der Ortlergruppe, die wie eine geisterhafte Erscheinung am südlichen Horizont steht. Sie wurde zum erstenmal von dem Passeirer Jäger Joseph Pichler 1804 bestiegen. In früheren Jahrhunderten galt sie als verwunschen.

Kloster Marienberg

Am Fuß der Malser Heide liegt das Dorf **Burgeis** mit malerischen alten Höfen und einer hübschen spätgotischen Kirche. Es ist ganz auf den harmonischen Grundton sicherer Geborgenheit gestimmt, wie er den Bauernhäusern, den Burgen und Klöstern des Vintschgaus, der hier beginnt, überhaupt eigen ist.

Burgeis ist die Heimat des bekannten Barockmalers *Johann Evangelist Holzer* (1709-1740), der die Anfangsgründe der Malerei bei dem Passeirer Nikolaus Auer lernte und dann Schüler von Johann Georg Bergmüller in Augsburg wurde. Er hat hauptsächlich in Deutschland gearbeitet. In Eichstätt schuf Holzer das Deckenfresko der fürstbischöflichen Sommerresidenz, worauf er zum Hofmaler ernannt wurde. Seine größte Leistung war die Ausmalung der Benediktinerabtei-Kirche in Münsterschwarzach, einem Bau Balthasar Neumanns, der durch die Säkularisation vernichtet wurde. 1740 wurde er vom Wittelsbacher Kurfürst Clemens August von Köln berufen, starb aber noch bevor er mit der Arbeit beginnen konnte. Holzers Fresko in der Wallfahrtskirche Sankt Anton bei Partenkirchen hat Georg Dehio als das »vielleicht schönste deutsche Deckenbild des 18. Jahrhunderts« bezeichnet. So verwundert nicht, daß Johann Evangelist Holzer »ein begnadeter Verwirklicher der Kunstauffassung des süddeutschen Rokokos, ein Künstler von mozartischer Frühvollendung und Reife« genannt wird.

Dicht bei Burgeis liegt die **Burg Fürstenberg** mit malerischem Burghof, welche die Bischöfe von Chur Ende des 13. Jahrhunderts bauten. Im Inneren ist die sogenannte ›Fürstenwohnung‹ sehenswert.

Hoch über Burgeis und der Fürstenburg ragt aus dem Wald die **Benediktinerabtei Marienberg,** wie ein tibetanisches Lamakloster am Felshang über gewaltigen Substruktionen aufwachsend. Mit vielen Fenstern, in schimmerndem Weiß, steht der Bau unter dem dunklen Grau der Schindeldächer und im dunklen Grün des Waldes, mit einem hohen Kirchturm und zwei Fassadenerkern mit barocken Hauben darüber, zwischen denen golden das doppelarmige Exemtionskreuz funkelt, ein Symbol der direkten Unterstellung unter päpstliche Jurisdiktion. Von Burgeis steigt man die Berglehne gemächlich hinan zwischen Lärchen, Föhren und Fichten bis zum Hof mit den zwei Torbauten und den niedrigen Wirtschaftsgebäuden am Berghang. Hier scheint die Welt ausgeschlossen. Marienberg ist immer ein stilles, ein einsames Kloster geblieben. Mit den glänzenden Benediktinerstiften Bayerns oder Österreichs kann es nicht wetteifem, aber welches Stift liegt großartiger, welches hat eine gewaltigere Fernsicht über das Land? Da liegen tief unten Burgeis und die Fürstenburg wie Riesenspielzeuge, darüber die grüne Malser Heide, am obersten Rand Plawenn mit seinem Edelsitz, auf dem seit dem 14. Jahrhundert die Freisassen von Plawenn, heute deren Erben, wohnen. Rechts die uralten Türme von Mals und weit drüben die Churburg als heller Würfel; dazwischen Felder, Wiesen und Obstbäume und ringsum die gewaltigen Bastionen der Gebirge, fahlweiß und purpurfarben, von schwarzblauen Schattenschluchten durchschnitten.

Den Kern der Klosteranlage bilden die dreischiffige romanische, 1642 bis 1647 barockisierte Kirche und der dreiflügelige Konventbau, die zusammen den Kreuzgang umschließen. Auf den steilen Substruktionen breitet sich ein kleiner Garten, und an der Mauer steht ein hübsches rundes ›Saletl‹, wo die Schüler des Klostergymnasiums ihre freie Zeit verbringen können.

Ende des 11. Jahrhunderts gründeten die Herren von Tarasp, von denen die Grafen von Matsch abstammen, das Kloster zuerst im Engadiner Schuls. 1150 wurde es an die heutige Stelle verlegt und von Mönchen aus Ottobeuren bezogen. Die erste Kirche wurde durch die jetzige, 1201 geweihte, ersetzt. Denen von Tarasp folgten die Matscher Herren im Vogtamt. Sie versuchten, sich alsbald am Klostergut zu bereichern. Als sich Abt Hermann von Schönstein deshalb um Hilfe an den Landesfürsten wandte, fühlte sich Graf Ulrich II. beleidigt und ließ den Abt kurzerhand enthaupten. Daraufhin wurde er in Acht und Bann getan und 1309 von seinem Vetter ermordet, da er dessen Frau *minus honeste tractasset.* Ob er sie nur zu geringschätzig behandelt hat oder ob er ihr zu nahe getreten ist, geht aus dem Bericht nicht hervor. Ulrich wurde in der Marienberger Familiengruft beigesetzt, aber noch lange nachher soll das Pflaster über dem Grab des Abtmörders aufgeplatzt sein.

1598 wurde das Kloster als *von der bischöflichen Gewalt exemt* und als nur dem päpstlichen Stuhl unterworfen erklärt. Im Lauf der Zeit verarmte das Stift und kam ziemlich herunter, bis im 17. Jahrhundert der aus Weingarten berufene Abt Matthias Lanz, als zweiter Gründer hochverehrt, in jahrelanger Arbeit die Verhältnisse des Hauses besserte und reformierte. Unter ihm wurde auch der Konventbau erhöht, und sein Nachfolger, Jakob Grafinger, ließ den Kirchenraum barockisieren. Wie schlicht, ernst und klar muß der Raum mit den drei Apsiden einst gewirkt haben, als seine romanische Form noch unangetastet bestand. Das schöne Hauptportal läßt es noch ahnen. Während der Säkularisierung ließ die bayerische Regierung 1807 schonungslos die besten Stücke der Schatz-

10

Thomas Ender (1793-1875)

Gesteinsformationen am Ritten bei Bozen, 1839

Aquarell über Bleistift (Ausschnitt)

Wien, Graphische Sammlung Albertina

(Foto: Viktor Harrandt, Wien)

Im Auftrage Erzherzog Johanns (1782-1859), der durch eigene Kammermaler eine große Sammlung österreichischer Ansichten erarbeiten ließ (vgl. auch Tafel 3, Seite 49), hat Thomas Ender zwischen 1839 und 1847 Tirol auf jährlichen Reisen systematisch durchwandert und genau kennengelernt. Unter den vielen Hundert von Aquarellen, die der gesuchte Landschafter in seinem langen Malerleben geschaffen hat, stechen vor allem jene Blätter heraus, in denen er geologische und glaciale Erscheinungen darstellen konnte. Ihnen muß sein besonders engagiertes Interesse gegolten haben. Dies belegt auch diese duftige, mit sparsamen Mitteln glänzend vorgetragene Ansicht von den berühmten Erdpyramiden bei Klobenstein auf dem Ritten. Allerdings ist dieses Naturphänomen nicht nur auf den Ritten beschränkt, sondern findet sich wiederholt in Südtirol und im Trentino.

kammer und Bibliothek abtransportieren, auch die Kircheneinrichtung ist verschleudert worden.

Es war ein heißer Tag, Anfang September, als wir das Pfortenglöckchen läuteten und vom hochwürdigen Herrn Abt freundlich empfangen und köstlich bewirtet wurden – Brot, Butter, Schinken, Honig, alles im Kloster hergestellt, dazu Wein aus klösterlichem Weinberg bei Meran. Dann machten wir einen Rundgang durch die Kirche. Im Tympanon des prächtigen romanischen Portals von 1200 sitzt eine liebliche, farbig gefaßte Muttergottes, dem Christkind einen Apfel reichend. Sie ist im frühen 15. Jahrhundert entstanden, ein gutes Werk aus dem Kreis der sogenannten ›Schönen Madonnen‹. Im Inneren schäumt uns die ganze Vielfalt des Ornamentschatzes der Wessobrunner Stukkatorenschule entgegen: Vasen, Fruchtgehänge, Rosetten, Kartuschen, Putten und Engelsköpfchen sind über alle Gewölbe und Wände der Kirche ausgestreut. Doch ist mit dem Stichwort ›Wessobrunn‹ nur die allgemeine künstlerische Herkunft umrissen. Die Modelle und die Ausführung stammen wohl größtenteils von einheimischen Meistern, auch Innsbrucker Stukkateure werden genannt. Der Hochaltar stammt erst von 1822. Der Gesamteindruck ist etwas derb und ländlich; die Figuren sind ein wenig unbeholfen, aber gut komponiert, wie zum Beispiel über dem Beichtstuhl an der Benediktkapelle die hölzerne Stiftergruppe des Ulrich von Tarasp, der mit Frau und Sohn der Himmelskönigin das Klostermodell entgegenhebt.

Der bedeutendste Schmuck der Kirche findet sich aber in der 1160 geweihten *Krypta* unter dem Hochaltar, die Fresken aus der Erbauungszeit bewahrt hat und in der der byzantinische Einfluß der Malerei der Zeit denkbar deutlich wird. Die mittlere Apsis zeigt eine ernste, strenge ›Maiestas Domini‹: Christus in der Mandorla sitzt auf edelsteinverziertem Bogen. Ihm zu Füßen stehen Petrus und Paulus, und unter diesen finden sich die Evangelistensymbole: der Markuslöwe mit menschlichem Angesicht, Stier und Engel, nur der Johannesadler ist zerstört. Gerahmt wird die ganze Gruppe von je einem Engel und einem Cherubim. Links unten erscheinen der Kopf und die betend erhobenen Hände eines Mönchs, wahrscheinlich des Abtes Swiker, der 1160 starb. Zwischen den drei Apsiden führten einst Türen in den Garten. Dort sieht man noch Reste einer Malerei, welche die Stifter des Klosters, Ulrich und Uta von

Tarasp, zeigte, und schließlich trägt das sternenübersäte Gewölbe noch drei Engel.

In seiner Monographie über ›Die Maiestas in der romanischen Malerei‹ hat Hubert Schade sich ausführlich mit diesen Malereien beschäftigt. Er billigt ihnen darin einen hohen künstlerischen Rang zu, der sie unmittelbar an die Seite der Apsismalerei in Niederzell auf der Reichenau treten ließe. Ein aus dem Norden kommender Meister, so meint er, habe diese Figuren geschaffen, dessen Zusammenhang mit der künstlerisch bedeutendsten Malerschule der Reichenau nicht übersehen werden könne. Nur die spätere Verbauung der Krypta habe bisher verhindert, daß diese Fresken eine ihrer Qualität entsprechende Würdigung gefunden hätten.

Die *Kunstkammer* des Klosters enthält unter anderem eine Glokkenkasel und Stola aus arabischer Seide mit Stickereien aus dem 13. Jahrhundert, ein Missale des 12. und ein Evangeliar des 13. Jahrhunderts.

Das Stift Marienberg hat zwei Jahrhunderte hindurch, von 1717 bis 1924, das Gymnasium in Meran geführt. Aus dem Konvent von Marienberg und aus diesem Gymnasium sind der Historiker Albert Jäger (1809-1891) und der Politiker, Dichter und Landeskundler Beda Weber (1798-1854), später katholischer Stadtpfarrer in Frankfurt am Main und Abgeordneter der Frankfurter Nationalversammlung, hervorgegangen.

Mals und Glurns

Tiefer im Tal, auf dem Ausläufer der Malser Heide, liegt **Mals,** der ›Ort der sieben Türme‹, denn vormals gab es hier sieben romanische Kirchen, den Heiligen Michael, Johannes, Benedikt, Ulrich, Martin, Jakob und Nikolaus geweiht. Heute stehen davon noch der runde Bergfried der Fröhlichsburg, der Pfarrturm und drei weitere Türme. *Der Markt,* schreibt Ludwig Steub, *ist ein malerisches Durcheinander von hohen Häusern, verfallenen Mauern, von grauen Türmen, welche vielleicht die Römer erbaut haben, von Obstgärten, Grasplätzen, Kornfeldern, uralten Kirchen, lebendigen Hecken und rauschenden Bächen.*

Sankt Benedikt, eine Filiale des Klosters Müstair, ist ein karolingischer Saalbau mit drei Apsiden, die außen nicht hervortreten. Die drei im Hufeisenbogen schließenden Altarnischen bewahren Reste der karolingischen Stuckdekoration mit durchbrochenen Säulen und figurierten Kapitellen; die Altarmensen sind mit zum Teil erhaltenen ornamentierten Platten verkleidet. Die Kirche birgt noch einen großen Schatz, nämlich Fresken des neunten Jahrhunderts. Diese zählen – neben denen von Sankt Proculus bei Naturns, die wir noch sehen werden – zu den ältesten und wertvollsten Wandmalereien im deutschen Sprachbereich. Da sehen wir an der Altarwand Christus zwischen Engeln, die Heiligen Gregor an der linken und Stephanus an der rechten Seite. Märtyrer, die mit Ruten geschlagen werden, die Steinigung des Stephanus, die Bekehrung des Saulus, und in einfacher Giebelhausarchitektur stehende und schreibende Kleriker können wir an der linken Seitenwand bewundern. Zwischen den Altarwandnischen stehen zwei männliche Stifterfiguren, von denen die eine karolingische Hoftracht und einen quadratischen Nimbus trägt, was sie als eine Persönlichkeit kennzeichnet, die zur Entstehungszeit der Bilder noch lebte; die andere, ebenfalls mit quadratischem Nimbus, trägt das Kirchenmodell. Nach Egg stellt die eine den fränkischen Grafen von Churrätien, die andere den Abt von Kloster Sankt Johannes im Münstertal dar, in dessen Bezirk Mals einst gehörte. In neuerer Zeit ist Mals übrigens durch seinen Lügenlandtag bekannt geworden. Die Liebhaber phantastischer Geschichten und Aufschneidereien trafen sich hier alljährlich, um miteinander zu wetteifern.

Nahe von Mals im Talgrund der Etsch liegt das Städtchen **Glurns,** ein wahres Juwel einer alten Stadtanlage, umzogen von einer wohlerhaltenen Mauer mit drei Tortürmen, Eckbastionen und Wehrgang, *der einzigen vollständig erhaltenen Stadtbefestigung Tirols* (Weingartner). Nicht weit von hier siegten 1499 die Bündner in der blutigen Calvenschlacht über die Tiroler, und damals wurde auch Glurns ein Raub der Flammen. Auf dem Schlachtfeld sollen noch jetzt von Zeit zu Zeit seltsame Feuer aufleuchten, die da, wo sie flackern, Halbmonde ausbrennen und den Boden für ein Jahr lang unfruchtbar machen. Durchschnitten wird das Städtchen von einer Laubengasse, in der es gute alte Häuser aus dem frühen 16. Jahrhundert mit Erkern und Zinnen gibt. Im wesentlichen besteht der Ort aus dieser Straße, einer zweiten, die sie rechtwinklig kreuzt, und einem Platz in der Mitte. Die hohe Ringmauer, die das Ganze umschließt, faßt auch die Gärtchen ein, die hinter den Häu-

sern liegen. Seit 1294 Markt, erhielt Glurns 1304 das Stadtrecht und wurde mit einer Mauer umgeben. Sie hatte die gleiche Ausdehnung wie die heutige, die um 1560 auf den alten Steinen als Erneuerungsbau entstand. Die Fugger, die an der Erzausbeute der nahegelegenen Bergwerke von Fuldera und Scharl beteiligt waren, besaßen am Stadtplatz in Glurns ein Haus. Es existiert heute noch, und man sollte es sich anschauen, ebenso das ›Ballhaus‹ mit den Freskenresten des 16. Jahrhunderts in der Erdgeschoßhalle. Die Pfarrkirche, außerhalb der Stadt gelegen, ist ein ziemlich einheitlicher spätgotischer Bau. Am Abschluß ihres Turmes – wie auch an den Toren der Stadtmauer – sind die Wappen von Österreich, Tirol, Glurns und Trapp zu sehen, am Turm selbst ein großes Fresko: das Jüngste Gericht, von 1496. Das Innere ist neugotisch ausgestattet.

Exkurs ins Münstertal

Von Glurns führt eine Straße südwestwärts ins Münstertal, das sich in die Schweiz und zum Ofenpaß fortsetzt. Man kann sie auch schon von Mals aus auf einer Nebenstraße erreichen. An dieser liegt das Dorf **Laatsch** mit der originellen zweigeschossigen *Sankt-Leonhards-Kirche* von 1408, deren Untergeschoß als bogenüberwölbte Straßendurchfahrt dient. Der Außenbau zeigt Fresken des 15. Jahrhunderts; im Inneren steht ein guter gotischer Flügelaltar der Zeit um 1490, es ist vielleicht ein Werk der Ulmer Schule. Am Eingang zum Münstertal steht die **Sankt-Cäsarius-Kirche** von 1519, die einen großen prächtigen Flügelaltar mit reichem Figurenschmuck birgt; eine Figur wird für Karl den Großen gehalten. Der Kaiser soll nämlich auf dem Heimweg aus Italien unter einer Lärche bei Mals Gericht gehalten haben. Leider sind die meisten der Figuren wegen Diebstahlgefahr deponiert. In den Gewölbezwickeln reiches Rankenwerk mit Blumen, dazwischen Szenen aus dem Leben Christi. Der Altar ist von Christoph Perchtaler 1559 gestiftet.

Da, wo das Münstertal die italienische Grenze erreicht, um nach der Schweiz weiterzuziehen – über den Ofenpaß und durch den Schweizer Naturschutzpark bis nach Zernez im Engadin –, liegt in besonders schöner Lage der Ort **Taufers.** Von den Kirchen des uralten Ortes wird die *Pfarrkirche,* die dem heiligen Blasius geweiht ist, schon 1186 erwähnt. Der heutige Bau hat einen gotischen Turm, 1500 laut Inschrift von den Brüdern Giovanni und Antonio aus Pfuns errichtet. Die Kirche selbst ist ein Barockbau, von 1660 bis 1665 durch Pietro Pedino ausgeführt. Im Chor eine reiche Dekoration des 17. Jahrhunderts.

Wesentlicher ist aber ein Besuch der Kirche *Sankt Johann.* Nach der Überlieferung soll sie die Kirche eines schon im neunten Jahrhundert erwähnten, heute verschwundenen Benediktinerklosters sein. Später gelangte die Kirche in den Besitz des Johanniterordens, der hier sein 1264 erstmals genanntes Hospiz einrichtete. Der Bau wurde mehrfach verändert; die heutige Form um 1220, die westliche Verlängerung mit dem Säulenportal erfolgte etwa 1250. Im Obergeschoß des Langhauses befindet sich der ehemalige Schlafsaal der Pilger, er ist mit einem Bogen gegen den Altarraum hin geöffnet. Die Anlageform eines griechischen Kreuzes dürfte auf die durch die Johanniter vermittelten Kreuzkuppelkirchen des Ostens zurückzuführen sein. Die Kirche besitzt bedeutende romanische Fresken. An den Wänden des quadratischen Altarraumes sehen wir die zwölf Apostel unter Säulenarkaden, die Taufe und Verklärung Christi, Christus in der Mandorla; am Chorbogen erscheinen Maria und Propheten; Kirchenlehrer, Evangelistensymbole, Äbte, Fürsten und Märtyrer sind am Gewölbe dargestellt. Man glaubt diesen Bildzyklus einem einheimischen Maler um 1230 zuordnen zu können, der bei der Arbeit unter dem Einfluß der Mosaiken von San Marco in Venedig stand. Etwa 150 Jahre später dürften die Fresken im Schlafsaal der Pilger geschaffen worden sein. Wir stehen in Sankt Johann (zum zweiten Male im Vintschgau) Werken der Malerei gegenüber, die zu den frühmittelalterlichen Zeugnissen der Kunst im Alpengebiet gehören.

Nur wenige Kilometer weiter über die Schweizer Grenze hinüber – und wir können das bedeutendste Zeugnis karolingischer

Malerei bewundern, das wir überhaupt kennen: den Freskenzyklus in der Klosterkirche ›Sankt Johannes zu Müstair‹, die heute noch mit einem Benediktinerinnenstift verbunden ist.

Das Kloster Sankt Johannes in Müstair

Wenn man das ›Val Müstair‹ und den Ort Müstair betritt, fällt sofort auf, daß ein Teil der Bevölkerung noch eine Sprache spricht, die uns schon mehrfach in der unmittelbaren Umgebung der Dolomiten, im Grödner Tal und im Abteital, zu Ohren kam: das Rätoromanische. Wir haben uns über diese Sprache schon früher Gedanken gemacht – es genügt also, in diesem Zusammenhang zu bemerken, daß das Münstertal von alters her offenbar in einem Zusammenhang mit den Gebieten der Dolomiten stand. Wir weisen also nochmals auf den römischen Vorstoß hin, den 15 vor Chr. Drusus durchs Etschtal nach Norden hin unternahm. Ihm folgte der Zusammenschluß der großrätischen Provinz, deren südliche Grenze längs des Gebirgskammes, der den Vintschgau vom Nonstal trennt, verlief und bis zum Stilfser Joch reichte. Münstertal und Vintschgau bis nach Bozen hin bildeten also eine Einheit und später die Provinz ›Raetia prima‹. Wenn heute im Vintschgau selbst bis in die Dolomitengegend das Rätoromanische verschwunden ist, so liegt das daran, daß seit der Abtrennung des Etschtales und seinem Übergang in die Hände der Tiroler Feudalherren die rätische Sprache dort planmäßig unterdrückt wurde. Das Münstertal verblieb beim Bistum Chur und sprach weiter ›rumantsch‹. Heute fällt die Sprachgrenze mit der Landesgrenze zusammen.

In der karolingischen Zeit jedoch, als in Müstair das **Kloster Sankt Johannes** gegründet wurde, bestand diese Einheit noch. Die Gründungslegende setzt sie voraus, und auch die historischen Fakten belegen sie. Die Legende berichtet, daß Karl der Große auf dem Rückweg von seiner Krönung zum König der Lombardei in Mailand auf dem Umbrailpaß in ein fürchterliches Unwetter geraten sei und gelobt habe, im ersten Tal, das er sicher erreichen würde, ein Kloster zu bauen. Diese Stiftung ist aber eine historische Tatsache, denn Karl gründete das Kloster zwischen 780 und 790 während des Krieges mit dem Bayernherzog Tassilo, den er 785 bei Bozen besiegte. Nach neueren Forschungen soll er sogar schon früher, schon in den siebziger Jahren, den Grundstein gelegt haben. Jedenfalls ist das Kloster Sankt Johannes ein deutliches Zeichen für die zentralistischen Absichten Karls, der bei seiner nach Süden zielenden Papstpolitik größten Wert auf die Sicherung der Pässe legen mußte. Müstair lag aber einst am Schnittpunkt der wichtigsten Straßen von Mailand durchs Veltlin über den Umbrailpaß und der Vintschgaustraße und war also auch ein strategisch wichtiger Punkt, den die Mönche des Klosters zu verteidigen hatten. 1163 wurde die Abtei in ein Benediktinerinnenpriorat umgewandelt. Es besteht bis auf den heutigen Tag. Das um 1170 aus Stuck gefertigte, farbig gefaßte Standbild des Herrschers mit Krone, Zepter und Reichsapfel steht also ganz zu Recht unter einem Baldachin zwischen Haupt- und Südapsis der Kirche. Zu seinem Gedächtnis wird noch alljährlich am Karlstag, am 28. Januar, ein Festgottesdienst gehalten.

Die *Kirche,* ein Saalbau mit drei parallelen Apsiden, gehört – nach Linus Birchler – zu einem Typus von Kirchen, der im 5. und 6. Jahrhundert im christlichen Osten ausgebildet wurde und im 8. über das Adriagebiet und die Lombardei ins Alpengebiet vordrang. Unter ihnen ist die Klosterkirche Müstair die größte, ihre Ostpartie ist im wesentlichen unverändert geblieben – *der künstlerisch bedeutsamste Eindruck karolingischer Architektur in der Schweiz und ein mittelalterliches Bild von größter Schönheit* (Joseph Weingartner). Der nächste Verwandte des Baus steht in Mals: Sankt Benedikt – ebenfalls ein Saalbau mit drei Apsiden.

Wenn man den Klosterbezirk vom Friedhof her betritt, da, wo die um 1160 erbaute Heiligkreuzkapelle den Eingang beschützt, dann steht man dem Langhaus der Kirche, dem ein massiger Glokkenturm vorgelagert ist, unmittelbar gegenüber. Hier befindet sich der Haupteingang. Der heutige Eindruck des Inneren ist zwar feierlich, zeigt aber nicht mehr den ursprünglichen Zustand. 1492 wurde der Saalbau zu einer spätgotischen Halle mit westlicher Nonnenempore umgebaut. Dieser Umbau hat leider den umfangreichsten karolingischen Freskenzyklus, den wir kennen und der einst alle Wände und alle Apsiden bedeckte, nicht unwesentlich beschädigt. Immerhin – das, was geblieben ist, ist großartig genug. Schon lange vor dem spätgotischen Umbau ist übrigens ein ziemlich weitgehender Eingriff geschehen. 1150 bis 1170 hat man in den Apsiden den Freskenschmuck in der Formensprache dieser Zeit

›modernisiert‹. Diese Malschicht ist bei der Restaurierung nach 1947 teilweise erhalten geblieben, und man hat festgestellt, daß man im 12. Jahrhundert die gleichen Szenen anbrachte, wie man sie zu der Zeit um 800 angelegt hatte. Ja, die Übereinstimmung geht so weit, daß die Figurenumrisse der jüngeren Schicht sich mit denen der älteren fast decken.

Die Geschichte der Aufdeckung dieses Freskenzyklus, dem offensichtlich ein festes Programm zugrunde liegt, ist aufregend genug. Schon 1896 wurden die ersten Malereien oberhalb des spätgotischen Gewölbes entdeckt, abgenommen und in das Zürcher Landesmuseum gebracht. Weitere Malereien wurden während der 1947 beginnenden Restaurierung gefunden und auf das sorgfältigste freigelegt, darunter die teilweise erhaltene älteste bekannte Darstellung des Jüngsten Gerichts auf der Westwand. Die Darstellungen umfaßten 46 Szenen aus dem Leben Jesu und der Apostel, die in mehreren Zonen übereinander angeordnet waren. Einfache Rahmenbänder trennten die Bilder voneinander. Es würde zu weit führen, im einzelnen auf die Inhalte der Wandbilder einzugehen, doch befindet sich in der nördlichen Apsis ein Bilderzyklus, dessen Inhalt so selten in der Kunst erscheint, daß wir ihn näher betrachten wollen. Gegenstand der Szenen ist das Leben und Sterben der Apostelfürsten Petrus und Paulus in Rom. Die Legenden um die beiden Apostel entstanden gegen Ende des 2. Jahrhunderts, etwa gleichzeitig mit der Errichtung des Gedenksteins über dem Petrusgrab unter der Peterskirche. Immer reicher wurden die Legenden im Lauf der Zeit ausgeschmückt und schließlich zu einer Einheit verbunden. Man nimmt an, daß die Darstellungen dem aus apokryphen Schriften entstandenen ›Pseudo-Marcellus‹ entnommen sind – die älteste lateinische Handschrift des 8. Jahrhunderts liegt in München –, und deutet die Szenen als Reise des Paulus nach Rom bis zur Begegnung mit Petrus. Die Halbkuppel der Apsis zeigt, wie die Altarpatrone vom thronenden Christus Schlüssel und Buch empfangen. Die karolingischen und die romanischen, über die karolingischen Bilder gelegten Malereien zeigen nun Begebenheiten aus dem Wirken der beiden Apostel in Rom. Papst Johannes VII. ließ zwischen 705 und 707 in seinem Oratorium, neben der heutigen ›Porta santa‹ des Vatikans, diese Geschichte malen. 1606 wurde das Oratorium abgebrochen, doch kann man anhand der vom Archivar Grimaldi gemachten Nachzeichnungen feststellen, daß der wohl aus dem Gebiet von Aquileja oder Ravenna stammende Hauptmeister von Müstair dem römischen Vorbild genau gefolgt ist. Vielleicht ist der Stil dieser Fresken deshalb so ›klassisch‹. Die Fresken in Mals dagegen zeigen deutlich die Elemente der karolingischen Hofkunst – die in Naturns sind, wie wir sehen werden, dagegen primitiver, gleichsam ›irischer‹. Doch nun zur Legende:

Im Mittelpunkt der Schilderung steht das Streitgespräch Petri und Pauli mit dem Magier Simon vor Kaiser Nero. Der Apostelgeschichte zufolge war Simon von Petrus abgewiesen worden, als er die Gabe des Heiligen Geistes für Geld kaufen wollte. In der Legende tritt Simon als Schützling Satans und als böser Irrlehrer auf, der behauptete, von Gott ausersehen zu sein, Wunder zu wirken. Da wird zum Beispiel Petrus mit zwei Hunden dargestellt. Die Szene gehört zum Wettstreit vor Nero. Simon sollte die Gedanken und Taten des Apostels erraten. Als er versagte, rief er: »Große Hunde sollen ihn anfallen und vor den Augen des Kaisers verschlingen.« Riesige Hunde erschienen, aber Petrus streckte ihnen ein geweihtes Brot entgegen, das er im Ärmel verborgen hatte, und die Hunde verschwanden.

Ein anderes Bild zeigt uns den Ausgang des Streites, wie ihn die Legende erzählt. Simon sprach: »Kaiser Nero, höre! Weise die beiden Rasenden von dir. Dann will ich dir gnädig sein, wenn ich zu meinem Vater im Himmel eingehe.« Nero erwiderte: »Und welchen Beweis sollen wir dafür haben, daß du in den Himmel eingehst?« Darauf Simon: »Laß aus starken Balken einen hohen Holzturm bauen. Den will ich besteigen, und von dort werden meine Engel mich in die Lüfte tragen. Denn auf der Erde inmitten der Sünder können sie mir nicht nahen.« Da ließ Nero auf dem Marsfeld einen hohen Turm errichten und alles Volk und alle Würdenträger zu dem Schauspiel laden. Auch die Apostel befahl er in den Zuschauerkreis zu führen und sprach zu ihnen: »Jetzt wird sich die Wahrheit erweisen.« Petrus und Paulus entgegneten: »Nicht wir entlarven ihn, sondern unser Herr Jesus Christus, Gottes Sohn, für den sich der Lügner selbst ausgegeben hat.« Und Paulus wandte sich zu Petrus: »Mein Teil ist es, niederzuknien und Gott anzuflehen, dein Teil aber, es zu vollbringen. Denn du bist als Erster vom Herrn erwählt.« Jetzt stieg Simon vor aller Augen auf den Turm, breitete die Hände aus und begann zu fliegen. Ein Lorbeer kränzte ihn. Bei diesem Anblick rief Nero aus: »Ein Mann der Wahrheit ist Simon, du aber und Paulus seid Schwindler.«

Petrus blickte zu Paulus hin und sagte: »Sieh hinauf, Paulus!« Als Paulus seine Augen voller Tränen erhob und Simon fliegen sah, seufzte er: »Was säumst du, Petrus? Vollende dein Beginnen, denn es ruft uns unser Herr Jesus Christ.« Nero lachte. »Jetzt sind sie am Ende und wissen nicht mehr, was sie reden.« Petrus aber richtete seinen Blick gegen Simon und sprach: »Ich beschwöre euch, Engel des Satans, die ihr ihn durch die Luft tragt, um die Herzen der Ungläubigen zu täuschen, im Namen Gottes des Allschöpfers und Jesu Christi, den er am dritten Tage von den Toten erweckt hat: traget ihn von diesem Augenblick an nicht länger, sondern lasset ihn fahren!« Kaum waren diese Worte verhallt, stürzte Simon herab auf die Heilige Straße, wurde in vier Stücke zerschmettert und verband mit seinem Blute vier Pflastersteine zu einem zum Zeugnis des Sieges der Apostel bis auf den heutigen Tag.

An der Wand des Nordschiffs der Kirche befindet sich auch ein künstlerisch bedeutendes Relief mit der Taufe Christi. Es ist wohl im Zusammenhang mit dem ersten Umbau der Kirche entstanden und wird um 1087 datiert, etwa hundert Jahre vor dem neuen Freskenschmuck und der Figur des Klostergründers, von denen schon die Rede war.

Westlich der Kirche schließen sich zwei zum Teil karolingische, zum Teil romanische Klosterhöfe an. Das Kloster enthält schön getäfelte Räume, vor allem das Zimmer der Äbtissin von Castelmur von 1512, das sogenannte Fürstenzimmer von 1642 mit prachtvoller Täfelung und schönem alten Kachelofen und das Zimmer der Priorin Katharina Hermanin von 1751. Interessant ist auch die Sammlung von Marmorfragmenten karolingischer Architektur und abgelösten romanischen Malereien. Kloster und Kirche Müstair wurden übrigens von der UNESCO zum Weltkulturerbe erklärt.

Eine Vintschgauer Burg

Kehrt man zur großen Heerstraße ins Tal der Etsch zurück, so erreicht man kurz hinter Glurns die Kirche *Sankt Veit am Bichl* bei **Tartsch.** Hier lag schon ein vorgeschichtliches Heiligtum, von dem sich eine Votivgabe aus Hirschhorn erhalten hat. Der einfache Bau mit seiner Ringmauer macht einen sehr frühen Eindruck: Das Langhaus geht im Mauerwerk vielleicht in vorromanische Zeit zurück, während der heutige Bestand mit flachgedecktem Langhaus, Apsis und Turm aus der zweiten Hälfte des 12. Jahrhunderts stammt. Das Kircheninnere beherbergt einen Flügelaltar, der von Ivo Strigl geschnitzt wurde; die Flügelbilder sind von dessen Schwiegersohn Hans Goldschmid 1514 signiert. Leider sind die Schreinfiguren gestohlen worden. Vom Bichl schöner Blick auf den Oberen Vintschgau.

Ist die rechte Talseite des Vintschgaus von dichtem Wald und grünen Matten bedeckt, so ist die Gegenseite kahl, fast baumlos, karstig und hell. An der Flanke dieses Bergzuges, der recht eigentlich das Antlitz der Landschaft prägt, am Eingang zum Matscher Tal, steht über Schluderns unter ihrer Zackenkrone die **Churburg,** der herrschaftliche Sitz der Grafen Trapp von Matsch.

Kräftige Türme stehen in den Mauern, schützen das Tor. Aus der Mitte steigt der gewaltige Bergfried in die Höhe. Tiefblau steht der Himmel über den sonnengedörrten gelbbraunen Berghalden, die, erfrischt von eilig dahinschießenden Bächlein der Bewässerungsanlagen, Waale genannt, um Schloß und Bauernhöfe unter den Obstbäumen grün leuchten. Alte Nuß- und Birnbäume mildern die düstere Strenge der grauen Burg. Fest verschlossen ist die Pforte, kein Blick vermag ins Innere zu dringen. Abweisend ragen die Mauern empor, als wäre der Bau sich selbst genug und wehre die Neugier der Menschen ab im souveränen Hochmut einer durch Jahrhunderte von uns entfernten Haltung und Ordnung. Es hat fast den Anschein, als wäre die starrende Festung nicht ein für Menschen gebautes Haus, als habe sie gar keine Beziehung zu den Höfen ringsum auf den Halden, zu den Dörfern im Tal, den Kirchen und Klöstern. Und doch war sie einst weltlicher Mittelpunkt des Landes als Sitz eines mächtigen Geschlechtes, von dem Wohl und Wehe des Volkes abhingen, so wie Kloster Marienberg geistliches Zentrum war und heute noch ist.

Wenn wir durch das Tor in den Zwinger treten, in dem die behagliche Torwärterwohnung, der Glockenturm, die ehemalige Kapelle, die Rüstkammer und ein Eckrondell liegen, ändert sich das Bild. Da fällt rechter Hand, hinter der Mauer und nur über steile Stiegen erreichbar, ein wunderschöner Terrassengarten ab, gefüllt mit Rosen, Apfelbäumen und blühenden Stauden. Auf dem Rasen steht ein kleiner runder Brunnen. All das wird umschlossen von einer hohen Mauer, in welche die Renaissance den Taubenturm einfügte, bemalt mit den Wappen der Matsch, der Trapp und anderer Tiroler Adelshäuser.

Und noch überraschender ist der Eindruck, wenn wir im Loggienhof der Hochburg stehen, den die Trapp, Erben der Matscher Vögte, um 1520 zwischen Bergfried und Palas eingebaut haben. In zwei Geschossen umziehen diese prachtvollen Loggien den Hof. Oben tragen einfache Rundsäulen die Bögen, unten skulpierte weiße Marmorsäulen, die in ihrer Ornamentik ein Gemisch romanischer, gotischer und renaissancehafter Elemente zeigen. Wände und Gewölbe sind auf das farbigste ausgemalt. An den Wänden, über rot-weiß-gestreiftem Sockel, sehen wir einen Fries von Früchten, Gefäßen, Tierfabeln, Narrenszenen, darüber Rollwerkkartuschen, von Spruchtafeln mit klassischen lateinischen Zitaten unterbrochen. Die Gewölbe sind dicht bemalt mit Stammbäumen der Grafen von Matsch und Trapp, 1171 bis 1580. Geranien glühen auf den Brüstungen, und wenn die Sonne in das Geviert fällt, ist es von rosigem Licht erfüllt.

So finster und abweisend die Burg von außen wirkt, so wohnlich und anheimelnd ist sie im Innern. Sie ist heute noch eine herrschaftliche Wohnung mit schönen, zirbelholzgetäfelten Stuben, mit Kassettendecken und eingelegten Rollwerktürrahmen, Fresken mit Monatsbildern, guten Möbeln und Bildern, denen die heutigen Besitzer als Kinder Namen gaben, wie uns der liebenswürdige Hausherr er-

zählte. Ein Männerbildnis hieß ›der böse Oswald‹, oder eine Empiredame wurde ›Karfiol‹ genannt. Den Vorsaal im zweiten Stock schmücken riesige Panneaux mit biblischen Szenen aus dem Anfang des 18. Jahrhunderts, und die angrenzenden Räume tragen schlichten Deckenstuck, Supraporten und marmorierte Holztüren der gleichen Zeit. Im Erdgeschoß, neben der großen Küche, liegt die Landsknechtshalle, ein saalartiger Raum mit schwerer Balkendecke. Im Unterzug sind noch die Spuren der Hellebarden zu sehen, die nicht an die Wände gelehnt, sondern mit den Spitzen in den Balken gestoßen wurden. In der Kapelle des 13. Jahrhunderts steht ein zweiflügeliges Passionsaltärchen von 1415. Von großer Ausdruckskraft ist die um 1270 entstandene Madonna mit Kind über dem Altar.

Berühmt ist die Rüstkammer, die nur alten Familienbesitz in seltener Vollständigkeit enthält, herrliche Rüstungen, von Innsbrucker und Mailänder Plattnern gefertigt. Es ist die einzige an Ort und Stelle erhaltene Familien-Rüstkammer Europas, die größte private mittelalterliche Waffensammlung der Welt. Besonders auffallend ist der gotische Riesenharnisch des Ulrich IX. von Matsch, der mindestens 2,10 Meter groß gewesen ist; die Rüstung wiegt über 45 Kilogramm.

Auf den Dächern stehen hübsche Zierkamine, wie sie auch in Schloß Ambras bei Innsbruck zu sehen sind. Graf Trapp erzählte uns, daß seine Mutter auch ihnen Namen gab: Da gibt es den Koch, der über der Küche sitzt, den König und den Hofnarren, den Ritter, die Knappen und den Kaplan.

Die Geschichte der Burg ist rasch erzählt. Heinrich von Montfort, Bischof von Chur, hatte nach 1253 die Burg gegen die Vögte von Matsch gebaut, mußte sie aber diesen schon am Ende des Jahrhunderts überlassen. Bis dahin hatten die Vögte auf ihren Burgen im engen, wilden Matscher Tal gelebt, wo der Legende nach der Heilige Florinus als Sohn englischer Pilger geboren wurde, die sich auf dem Rückweg von Rom hier niederließen. Florinus wurde bei dem Pfarrer von Ramüs im Engadin erzogen und wirkte bereits als sehr junger Mann Wunder. Im Kasten, aus dem er den Armen heimlich Brot schenkte, wuchsen beispielsweise Ähren; oder als er den Pfarrwein an die Armen verschenkte und ihn durch Wasser ersetzte, verwandelte es sich alsbald in den besten Wein, so daß der Pfarrer nichts merkte.

Die Matscher Herren waren weniger fromm. Sie waren sehr mächtig und rauflustig, reichbegütert im Veltlin, in Schwaben, wo ihnen die Grafschaft Kirchberg gehörte, die später an die Fugger fiel, in der Schweiz und im Vintschgau. Zu den großen Familien des Reichs und Italiens hatten sie verwandtschaftliche Beziehungen wie zu den Fürstenberg, Kirchberg, Montfort, Werdenberg, Toggenburg, Eppan, Görz und Visconti. In heftigen Kämpfen zwangen die Grafen von Tirol diese unbequemen, gleichrangigen Nachbarn unter ihre Oberherrschaft. In Fehden und unglücklichen Unternehmungen verloren sie eine Herrschaft nach der anderen. Der letzte Graf, Gaudenz von Matsch, fiel dazu bei Herzog Sigismund in Ungnade, mußte viel Land verkaufen und starb so arm, daß die Trapp, Söhne seiner Schwester, das Begräbnis bezahlen mußten. Die Ritter Trapp, Erbhofmeister von Tirol, traten damit 1504 das Erbe an. In einer kleinen Stube der Churburg sehen wir einen der Herren vor uns, Jakob VII. Trapp. Es ist eine um 1560 gefertigte hölzerne Bildnisstatue, ähnlich den englischen ›effigies‹ in der Westminsterabtei, aber nicht als Totenbild gedacht, da sie zu Lebzeiten des Ritters, wohl von Wolf Verdroß, geschnitzt worden ist. Sie stellt Jakob Trapp als Jerusalempilger dar, der uns freundlich und zugleich ernst betrachtet; sogar der Pilgermantel aus Filz hängt noch da. Jakob Trapp muß ein unternehmender, energischer Herr gewesen sein. Ihm verdankt das Schloß unter anderem den herrlichen Loggienhof. 1560 machte er eine Pilgerfahrt ins Heilige Land, dann widmete er sich seinen Gütern und dem Dienst beim Herzog. Er hob die Leibeigenschaft auf, die damals in Tirol schon sehr selten geworden war. Aus einer Urkunde von 1363 ließ er einen Passus tilgen und setzte die Randbemerkung hinzu:

Vonwögen der unkristlichen und ungöttlichen Erzölnis der Obligationen der eigenen Leitt, damit nicht künftiglichen ain erb der dasigen mit iren tirannisiren mag ... so hab ich Jakob Trapp Ritter im 59 Jar dise Erzelnus selbst radiren lassen, mit Pitt meine Erben wollen inen dise Aigenschaft in Sunderheit lassen bevohlen sein.

Wenn die Nacht anbricht und die Fledermäuse lautlos durch die Arkaden flattern, dann blinken die Lichter der Ortschaften im Tal drunten und die Scheinwerfer der unzähligen Automobile, die noch vom Reschenpaß herunterkommen. In der Nacht knackt dann das viele alte Holzwerk, und Käuzchen rufen. Am Morgen fiel unser erster Blick durchs Fenster auf den schneeigen Ortler. Von einer kleinen Terrasse vor den Zimmern sieht man weit in die Runde, über das Dorf Schluderns zu Füßen der Burg, über den Tartscher Bichl mit der kleinen Sankt-Veits-Kapelle, über Mals und den von der Sonne hell leuchtenden Marienberg in der Ferne, der das Haus seiner ehemaligen Vögte zu grüßen scheint.

Auf der anderen Talseite sieht man jenseits der durch Auwälder und Geröllgeschiebe fließenden Etsch Glurns und die grauen Trümmer der **Burg Lichtenberg.** Sie enthielt im Palas Fresken, die 1912 abgenommen und nach Innsbruck ins Ferdinandeum gebracht wurden, aber die Farben waren so tief in den Mörtel eingedrungen, daß die Konturen nach Entfernung der obersten Schicht des Reigenbildes sichtbar blieben. Von ihnen erzählt Propst Weingartner:

Eines der Bilder, die sich heute in Innsbruck befinden, stellt das sogenannte Glücksrad dar. Zwei Gestalten, die das Schicksal bedeuten, drehen unablässig ein großes Rad, mit dem links eine gekrönte Gestalt emporsteigt. Daneben steht geschrieben: »Regnabo – ich werde herrschen.« Eine zweite Gestalt mit Krone und Zepter sitzt zuoberst auf dem Rad, und daneben heißt es: »Regno – ich regiere.« Rechts purzelt eine dritte Gestalt, der das Zepter bereits entfallen ist, mit dem Rad in die Tiefe. »Regnasi – ich habe regiert.« Zuunterst unter dem Rad aber kauert eine vierte Gestalt mit der Beschriftung: »Sum sine regno – ich bin ohne Königreich.« Der Sinn dieses Bildes braucht wohl keine lange Erklärung. Es ist die Unbeständigkeit des irdischen Glücks, das beständige Auf und Nieder des Schicksals, der ewige Wechsel im menschlichen Leben dargestellt.

Das Menschenleben als ein jäh herumsausendes Ringelspiel, wo alles ununterbrochen wechselt und nichts bleibt und nichts wichtig ist – das Bild ist so übel nicht …

Doch blicken wir hinunter nach **Schluderns.** Der hübsche Ort schart sich um die spätgotische *Pfarrkirche Sankt Katharina,* deren nördliche Schiffswand ein großes Wandbild des Marienlebens schmückt, das Jakob VI. Trapp um 1540 stiftete. Er selbst ist darauf abgebildet. Im Chor befindet sich ein mächtiges Marmorepitaph Jakobs VII. von Wolf Verdroß. Wenn der Sonntagsgottesdienst am ersten Septembersonntag zu Ende gegangen ist, beginnen die Glocken erneut zu läuten, und alles drängt auf den Kirchplatz, um sich zur Schutzengelprozession zu formieren. Voraus schreitet der Kreuzträger, es folgt der Pfarrer mit der Monstranz, dann kommen die Männer, unter ihnen Graf Trapp als Patronatsherr, dann die Frauen, teilweise in Tracht, wie auch die Musikkapelle. Langsam, feierlich ziehen sie durch das Dorf, Gebete klingen durch den Morgen, und über allem schwingt das Festgeläut der Glocken.

Im Oberen Vintschgau

Auf dem Wege nach Meran, bei Spondinig, zweigt eine Straße ab nach Prad, die ins Suldener Tal und zum Stilfser Joch führt, eine der höchsten Straßen Europas. In **Prad** schauen wir kurz in die Kirche *Sankt Johannes* hinein. Der romanische Bau birgt in Apsis und Langhaus Fresken (um 1420), die in der Anordnung ganz dem Schema der Maiestas Domini angehören. Von **Stilfs** überliefert uns der Freiherr von Hormayr im ›Taschenbuch für die vaterländische Geschichte‹, 1845, eine lustige Geschichte. Noch im 16. Jahrhundert wurden schädliche Tiere förmlich verfolgt und verflucht. So schleuderte ein sächsischer Pfarrer den Bannfluch gegen die Spatzen, die durch ihren Lärm den Gottesdienst störten, und der Rat der Stadt Bern bat den Bischof von Lausanne, die Raupen und Engerlinge auszutreiben. Dasselbe geschah im Vintschgau, wo den Übeltätern, den Mäusen, sogar ein Rechtsvertreter bestellt worden ist. Am Sankt-Ursula-Tag 1519 erschien vor Wilhelm von Haslingen, Richter zu Glurns und Mals, Simon Fließ von Stilfs, um sich für die Gemeinde Stilfs über die Mäuse, ›Lutmäuse‹ genannt, zu beklagen. Damit die Tierchen sich rechtfertigen konnten, brauchten sie einen Prokurator, und diesen solle der Richter bestellen. Das geschah in der Person des Glurnser Bürgers Hans Grinebner. Auch wurde in Gegenwart Sigmunds von Tartsch, Hans Hafners und Konrad Spergsers um das Siegel gebeten. Danach hat Simon Fließ für die Gemeinde Stilfs den Schwarz Minig von Tartsch als Prokurator bestellt und um das Siegel gebeten. Als Verhandlungstag wurde der Mittwoch vor Sankt Simon und Judas festgesetzt.

Kundschaftsrecht am Mittwoch nach S. Philipsen und Jakobi der heiligen Zwelfboten Anno 1520. Richter Conrad Spergser, Rechtsprecher Hans Hafner, Casper Metzger, Millener von Liechtenberg. Stoffl Frey, Valtin Larcher, Martin Lechtaler, Adam von Pajadt, Fliri Peter, Ludi Hans Feyerabendt, Jeremias von Prad.

An diesem Tag nun brachten die Einwohner von Stilfs ihre Klagen gegen die Übeltaten der Mäuse vor. Der Mäuseprokurator Grinebner wandte dagegen ein, *es sey aber manniglich bewußt, daß sie allda in gewisser Gewöhr und Nutzen sitzen, darum aufzulegen sey ...: Derentwegen er in Hoffnung stehe, man werde ihnen auf heutigen Tage die Nutz und Gewöhr mit keinem Urtel nehmen oder aberkennen. Müßten die Mause aber einem Urteil weichen, so hoffe er, daß man ihnen andere Wohnungen zuweisen werde, uf daß sie sich erhalten mögen: es soll ihnen auch bei solchem Abzug ein frey sicher Geleit vor iren Feinden erteilt, es seyen Hund, Katzen oder andere ihre Feind: er sey auch in Hoffnung, wenn aine schwanger wäre, daß derselben Ziel und Tag geben werde, daß ir Frucht fürbringen und alsdann auch damit abziehen möge.*

Das Urteil bestimmte, daß die schädlichen Tiere die Äcker und Wiesen von Stilfs innerhalb 14 Tagen räumen müßten und sich nie mehr dort sehen lassen dürften. Schwangere Mäuse oder ganz junge, die deshalb nicht mitwandern könnten, sollen sicheres Geleit haben, wenn sie nachfolgen. Wie dieses tierfreundliche Urteil sich ausgewirkt hat, ist leider nicht bekanntgeworden. Wir belächeln solche Berichte von Ermahnungen an unvernünftige Geschöpfe, als wären sie in der Lage, moralische Verantwortung zu erkennen. Das nahe Verhältnis zum Tier geht aber in dieser Gegend auf uralte kultische Bräuche zurück, als man das Tier noch als gleichwertiges Wesen betrachtete, in dem gute oder böse Geister gern Wohnung nahmen. So ist die Maus, wie Caminada in seinem schönen Buch ›Die verzauberten Täler, Kulte und Bräuche im alten Rätien‹ mitteilt, ein Seelentier, Orakeltier, oft die Verkörperung der Seele eines Ermordeten und nicht selten dämonischer Natur. Auch zur Zeit des Mäuseprozesses lebten die Menschen noch in enger Gemeinsamkeit mit der Schöpfung und sahen in der Kreatur Geschöpfe Gottes, denen sie mit Ehrfurcht begegnen mußten.

Der Weg zum **Stilfser Joch** führt von Prad durch das Suldener Tal nach Gomagoi, von dort geht es weiter ins Trafoier Tal. Ab Trafoi beginnt dann die eigentliche Stilfser-Joch-Straße, die im Jahr 1825 fertiggestellt wurde. Die Paßstraße führt hinauf bis zu einer Höhe von 2760 Metern, wo die Sportbegeisterten von einem Sommerskizentrum mit zahlreichen Liften erwartet werden. Durch die Braulio-Schlucht kann man weiter nach Bormio und in den ›Nationalpark Stilfser Joch‹ fahren.

Der *Ortler* ist mit 3905 Metern der höchste Berg Südtirols. Er wurde am 27. September 1804 erstmals von Joseph Pichler, einem Jäger der Churburg, bezwungen. Die Erstbesteigung ging auf die Initiative von Erzherzog Johann zurück. Pichler wagte mit zwei Begleitern von Trafoi aus den Aufstieg – ohne Pickel und Seil. Mit siebzig Jahren soll er zum letztenmal auf dem Berg gewesen sein. An der Stilfser-Joch-Straße erinnert ein Obelisk an diesen Bergsteigerpionier.

Nach Spondinig zurückgekehrt, geht es an der Ruine Tschenglsberg weiter nach Laas, wo am südlichen Berghang weißer Marmor gebrochen wird. Im Ort gibt es eine Steinmetzschule. Ein interessanter Bau der Moderne ist das neue *Rathaus,* in dessen Architektur die Formen eines nachempfundenen Marmorkrans integriert wurden. Es folgt das malerische **Kortsch,** eine uralte Siedlung, die der Heilige Korbinian im 8. Jahrhundert für Freising erwarb. Korbinian erhielt auf seiner ersten Romreise von Papst Gregor II. die Bischofsweihe und den Auftrag, in Bayern zu wirken. Als er nach seiner zweiten Romreise in der Gegend von Mais bei Meran weilte, griffen ihn Männer des bayerischen Herzogs Grimoald auf und führten ihn nach Freising, das er trotz päpstlichen Befehls immer noch nicht besucht hatte. Korbinian zwang seinerseits den Herzog, die sündige Verbindung mit seiner verwitweten Schwägerin Pilitrud abzubrechen. Der Herzog war zwar folgsam, doch Pilitrud sann auf Rache, während Korbinian das Bistum Freising gründete und verwaltete, bis ihn die Rachsucht der Herzogin zur Flucht zwang. Sie wird ihm nicht allzu schwergefallen sein, denn die Gegend um Meran, wohin er sich wandte, liebte der Heilige vor allem. Erst nach dem Tode der Feindin kehrte er nach Freising zurück. Er starb 730. In Mais lag er bis zur Überlieferung nach Freising begraben.

›... a bissel Wein und a bissel Obst‹

Auf einem Fels über dem Kastanienwald hinter dem Dorf Kortsch steht eine Sankt-Ägidius-Kapelle. Hier beginnt der liebliche weite Untere Vintschgau, wo Wein- und Obstbau in großem Maßstab betrieben wird. Der Gegensatz zwischen den kahlen Höhen und der üppig grünen Talsohle ist noch auffallender als bei Mals und Glurns.

Von Kortsch geht es steil hinab nach **Schlanders.** Das Ortsbild beherrscht die 1499 bis 1505 gebaute *Pfarrkirche Mariä Himmelfahrt,* deren Südportal 1533 von Wolfgang Teschner gearbeitet wurde. Der fast hundert Meter hohe Turm ist einer der höchsten Tirols. 1758 wurde die Kirche nach Westen verlängert, erhielt eine neue Wölbung und wurde von Adam Mölk mit Fresken geschmückt. Diese Malereien zeigen die Verkündigung, die Verehrung Mariä durch die vier Erdteile und Esther von Ahasver. Mölk schuf auch die Gewölbefresken der *Spitalkirche,* während die Langhausfresken von einem Meister um 1516 stammen.

Hoch über dem Dorf die Burg Schlandersberg, jenseits der Etsch **Göflan** mit seiner zierlichen, prächtigen *Sankt-Walpurgis-Kapelle* von 1502, und am Eingang zum Martelltal, bei **Morter,** stehen die beiden *Ruinen Unter- und Obermontani.* In den Wiesen zwischen den Häusern des Dorfes Morter, umgeben von Obstbäumen, liegt die winzige *Sankt-Vigilius-Kirche* – nach der Weiheinschrift aus dem 12. Jahrhundert – mit ihren drei kleeblattförmig angesetzten Apsiden und einer schönen spätgotischen Holzdecke im Innern. Der romanische Bau soll nach dem Vorbild der Heiligkreuz-Kapelle in Müstair errichtet worden sein.

Außerhalb des Berings von Obermontan steht die **Stefanskapelle,** die im 15. Jahrhundert einen alle Wände überziehenden Freskenschmuck erhielt, dessen Farbenpracht und gute Erhaltung alle anderen Kirchen dieses Gebietes übertrifft. Der Chor zeigt die Muttergottes, Christus in der Mandorla, Anbetung der Könige, die Evangelisten und die zwölf Apostel. Am Chorbogen Heilige, ein Teil der Ursulalegende, Verkündigung, Kreuzigungsgruppe, die Heiligen Erasmus und vielleicht Mauritius. Die Nordmauer trägt die Legende des Heiligen Stephanus, Südseite und Eingangswand Sankt Hubertus auf der Jagd, Stephanus und Sebastian, das Abendmahl, Passionsszenen, das Jüngste Gericht und Wappen der Herren von Montani mit der Jahreszahl 1487. Die Malereien sind innerhalb von etwa fünfzig Jahren von verschiedenen Meistern geschaffen und 1430 begonnen worden. Die Fresken der Nord- und Ostwand mit dem Chor – hier die frühesten Darstellungen – erscheinen vom Stil her der lombardischen Kunstregion zugewandt. Dagegen gelten die Bilder an der West- und Südwand als süddeutsch beeinflußt, die Personen sind hier individueller gezeichnet.

Die fünf auf Holz gemalten Deckenmedaillons, der spätgotische Hochaltar und der Magdalenenaltar von 1522 wurden aus Sicherheitsgründen in das Städtische Museum Bozen gebracht.

Von der Kapelle bin ich zur **Burg Obermontan** hinaufgestiegen. Die 1228 erbaute, später erweiterte Burg, Sitz der Herren von Montani, fiel an die Grafen von Mohr, die bis zur Mitte des vorigen Jahrhunderts dort lebten. Es muß eine stattliche Anlage gewesen sein, die in Trümmern gelegen war und seit 1960 gesichert und teilweise wiederhergestellt wurde. Im Hof sieht man eine Spitzbogenarkade, getragen von einer prächtigen weißen Marmorsäule mit Renaissancekapitell. Nach dem Tode des letzten Grafen Mohr fand man in der berühmten Bibliothek, die er aus dem hoch über Goldrain liegenden **Schloß Annenberg** hierhergeholt hatte, die Nibelungenhandschrift I von 1323 und eine Titurelhandschrift. Aus den Fenstern hat man den herrlichsten Blick über die Reste des etwas tiefer gelegenen Untermontan und in das Martelltal. Es war ein diesiger Märztag. Wolkenschleier zogen über die Berggipfel, hie und da drang blasses Sonnenlicht durch das Grau. Unter dem Burgberg sangen die Lerchen, lagen die Häuser in den grauen Wiesen.

Der Untere Vintschgau zeigt uns eine Überfülle reicher Dörfer mit Edelsitzen, von Burgen auf den Höhen, von Kirchen und Kapellen. Wir können nur die wichtigsten nennen. Da ist das kirchenreiche **Latsch,** dessen *Spitalkirche* den schönen gotischen Flügelaltar des Allgäuers Jörg Lederer birgt. Latsch war auch wegen seines Brotes berühmt, der sogenannten ›Vinschger Laiblen‹, die wir aber auch auf Marienberg und Churburg versuchen konnten. Es sind dünne lebkuchenbraune Scheiben, bedeckt von einer feinen weißen Glasur. Man ißt sie in altbackenem Zustand, denn die Laibe werden auf Vorrat gebacken.

Da ist **Goldrain,** einst das Hauptschloß der Grafen Hendl, im 16. Jahrhundert mit Hofarkaden, schönen Täfelungen und Holzdecken versehen, umgeben von einer Ringmauer mit vier Eckbastionen. Der letzte Graf Hendl hatte als Siebzigjähriger die ganz junge Karoline Daxer geheiratet, die drei Kinder zur Welt brachte, worüber sich die Leute nicht wenig das Maul verrissen. Nach dem Tode des Grafen heiratete Karoline Herrn Faßl, und die drei Kinder aus der Hendlschen Ehe baten, den Namen Faßl annehmen zu dürfen. So geschah es, und so erlosch die Goldrainer Linie der Hendl.

Bei Tschirland mündet die Schnals, aus einem schluchtartigen Tal kommend. In ihm liegen das Dorf Karthaus und der Wallfahrtsort **Unsere Liebe Frau zu Schnals.** Links ragen die Schlandrauner Berge, rechts blinken die Gletscher der Ötztaler Gebirge, darunter die stolze Finailspitze, unter der in zweitausend Meter Höhe der von Sagen umwobene ›Finailhof‹ liegt, wo Herzog Friedrich mit der leeren Tasche auf seiner Flucht eine Weile gehaust haben soll. Er habe dort die Schafe gehütet und mit einer schönen Schäferin gelebt. Der Bauer auf dem Hof besitzt noch heute einen Becher, den der Herzog als Gastgeschenk zurückgelassen haben soll. Den Boden des Bechers bildet eine Silbermünze mit der Inschrift: *Domine conserva nos in pace.* Ihr Rand trägt die Jahreszahl 1567.

Die Flucht des Herzogs resultierte aus dem Zerwürfnis mit Kaiser Sigismund. Friedrich hatte 1410 den Bischof von Trient gezwungen, ihm sein Fürstentum zu übergeben. Der Kaiser geriet zur gleichen Zeit mit Venedig wegen Dalmatien in einen Krieg. Herzog Friedrich und sein Bruder Ernst aber machten ihre eigene Politik, verhandelten mit Venedig und erreichten die Abtretung der großen Herrschaften Telvana und Ivano im Val Sugana. Dem Kaiser waren die Aktivitäten des Herzogs ein Dorn im Auge. Er forderte die Herzöge von Bayern und die Grafen von Görz auf, gegen Friedrich vorzugehen, aber 1412 schloß Bayern mit Tirol Frieden. In Konstanz, wo seit 1414 das Konzil tagte, verhängte der Kaiser 1415 die Reichsacht über Friedrich und das Konzil den Kirchenbann. Friedrich konnte der Haft entrinnen und soll sich auf dem ›Finailhof‹ versteckt gehalten haben. Hoch über dem Tal liegt dieser einsame Berghof.

Karthaus war einst Sitz des Karthäuser Klosters Allerengel, das 1326 gegründet und 1782 aufgehoben wurde. In den verlassenen Klostergebäuden ließen sich die Bauern nieder, und schließlich bot die Karthause das Bild eines genau dem Grundriß des Klosters folgenden Dorfes. Dieses ist 1924 abgebrannt, doch findet man in den neuen Häusern und in der Pfarrkirche viele Spolien des Klosters wie Spitzbogenportale, Reliefs, Konsolen. Hier, bei Karthaus, zweigt eine kleine Straße ab in das Pfossental, das zum Naturschutzpark Texelgruppe gehört und für seinen Reichtum an Wild bekannt ist. Dort gibt es noch Steinadler, Kolkraben und Birkwild. In Kurzras, ganz am Ende des Schnalstales, nimmt die Schnalstaler Gletscherbahn ihren Anfang. Sie führt zu einem großartigen Skizirkus und

Bergwandergebiet hinauf. In diesem Grenzgebiet zwischen Italien und dem österreichischen Ötztal fanden zwei Bergwanderer am 19. September 1991 im ewigen Eis die Mumie eines Menschen, der – wie Forscher später erkannten – vor 5300 Jahren hier ums Leben gekommen ist. Der in aller Welt als ›Ötzi‹ bekanntgewordene ›homo tirolensis‹ muß damals einer frühen Siedlungsgruppe im Schnalstal angehört haben.

Naturns und **Burg Hochnaturns,** eine kleine, wohlbefestigte Anlage, tauchen nun auf. Die Sage erzählt, daß der junge Ritter Gerold von Naturns zum Ärger seiner Verwandten die Bauerntochter Hedwig vom Steinerhof heiratete. Als er zum fünften Kreuzzug mit Kaiser Friedrich II. ins Heilige Land zog, übernahm der Onkel Kuno die Vormundschaft, ließ die junge Frau in einen Turm sperren und gab den Sohn zur Erziehung einem Bauern in Schnals. Als Gerold heimkehrte, fand er seine Frau als Gefangene wieder und seinen Sohn als jungen Bauern. Dieser bat, Bauer bleiben zu dürfen, und von ihm soll die Familie der Ladurner abstammen. Ein volkstümliches Lied hält noch heute diese Ereignisse fest:

Von dem, was Steiner Hedwig litt
im Turm zu Rabeland,
ward nach des Volkes Sprach und Sitt
der Hof ›Leidturm‹ genannt.

Man schnitzte dann ›Ladum‹ daraus
und in der Folge kam
vom Bauer Konradin heraus
ein ungeheurer Stamm.

Unweit von Naturns, einsam im Feld, steht die Kirche des Viehpatrons **Sankt Proculus.** Es ist ein bäuerlicher, ganz einfacher, rechteckiger Bau mit Altarnische. Über einem sehr alten, wahrscheinlich spätantiken Friedhof ist die Kirche errichtet. Die Entdeckung eines Waffengrabes vom Anfang des 7. Jahrhunderts läßt vermuten, daß Sankt Proculus schon zu jener Zeit gestanden hat. Auf der Außenwand sehen wir Fresken späterer Zeit, aber die eigentliche Überraschung erfahren wir erst im Innern vor den Malereien des 8. Jahrhunderts. Durch spätere Verputzspuren beschädigt, doch deutlich erkennbar, haben wir die fast modern wirkenden Wandbilder vor uns: sehr lebendige Umrißzeichnungen, die mit Farben ausgefüllt sind. Man denkt auch an die Unmittelbarkeit der Wirkung von

Kinderzeichnungen, so naiv sind die Szenen geschildert. An der Südwand bewegt sich ein Zug von Frauen und Männern auf den Altar zu. Wahrscheinlich ist der Vollzug der ›traditio‹, der Schenkung, dargestellt; denn die sich verneigenden, voranschreitenden Damen tragen Bücher, die wohl Stiftungsurkunden enthalten. Den Damen folgen als Zeugen, wie in alten Traditionsbüchern zu lesen ist, nahe männliche Verwandte. Die lustige Darstellung der Flucht des Apostels Paulus über die Stadtmauer von Damaskus dient wohl als Sinnbild für die Flucht des Heiligen Proculus, des Bischofs von Verona, der nach schwerer Mißhandlung aus der Stadt entwichen war. Um das Jahr 800 konnte der Notstand, als Bischof wegen Verfolgung seinen Sitz verlassen zu müssen, nur mit einem Hinweis auf die Flucht des Apostels aus Damaskus gerechtfertigt werden. An der Westwand ist der Zug einer Rinderherde mit Hirten, Vertretern der zwölf umliegenden Gemeinden, dargestellt. Dieses Bild deutet unmittelbar auf die Funktion der Kirche als Wallfahrtsort und die Viehprozessionen hin, die hier ihr Ende fanden. Es wird angenommen, daß die Viehprozession sogar älter ist als das Kirchlein, welches ihr zu Ehren dann gebaut worden ist. An der Nordwand sehen wir fünf Heilige und einen kraftvollen Engel, wohl den Mittler zwischen Gott und den Menschen, und an der Ostwand zwei Engel wie strenge Wächter des Allerheiligsten, zwar von anderer Hand gemalt, aber sicher zur gleichen Zeit entstanden, denn sie gehören in die genaue Komposition, die, sich steigernd, von Westen nach Osten durchgeführt ist. Herde, Pilger, Stifterfamilie und Verehrung Gottes in Gestalt der Heiligen und Engel.

Der Meister hat weder etwas mit der karolingischen Hofkunst, der wir in Mals begegneten, noch mit der römischen Tradition der Fresken in Müstair zu tun. Er steht eher unter dem Einfluß irischer Buchmalerei und soll aus dem Land zwischen Bodensee und Salzburg, dem Gebiet der iroschottischen Mission, kommen. Als um 700 die Missionare aus dem Westen kamen, wie Emmeran oder Korbinian, waren Romanen ihre ersten Helfer. Die Bayern ließen sich taufen, doch das bayerische Priestertum fing erst etwa fünfzig Jahre nach Beginn der Missionstätigkeit an. Die romanischen Priester gaben in dieser Zeitspanne an die Bayern weiter, was sie von Iren, Angelsachsen und Franken gelernt hatten.

Auf der jenseitigen Talseite liegt **Burg Dornsberg** oder **Tarantsberg** auf schmalem Hügelrücken, eine wohlerhaltene Anlage mit Vorburg, Graben, Torbau, Hauptburg und Bergfried, oftmals umgebaut und in der Renaissance wie die Churburg mit schönem Loggienhof versehen.

In der kleinen Ortschaft **Partschins** wurde 1864 von Peter Mitterhofer die Schreibmaschine erfunden. Mitterhofer war gelernter Zimmermann und passionierter Erfinder. Insgesamt baute er vier Schreibmaschinen-Modelle, zwei davon brachte er in langen Fußmärschen nach Wien. Der dortige polytechnische Verein kaufte für 150 Gulden ein Exemplar, und Mitterhofer war stolz auf das erhaltene Lob und die Anerkennung. Drei Jahre später baute eine amerikanische Firma eine Schreibmaschine, die exakt dem System Mitterhofers gleichkam. Der eigentliche Erfinder war um den Erfolg seiner Schöpfung betrogen worden. Die Partschinser Gemeinde errichtete dem findigen Zimmermann in der Dorfmitte ein Denkmal. Die spätgotische Kirche *Sankt Peter und Paul* bewahrt eine schöne Holzskulptur von 1524 mit dem Tod Mariens. Die Figurengruppe stammt vom ehemaligen Hochaltar des Jörg Lederer.

Bei der alten Zollstätte *Töll* fällt das Gelände nochmals ab zum Meraner Becken, das sich nun vor uns ausbreitet. Es ist ein ganz südlich anmutendes Land von überquellender Üppigkeit und Fruchtbarkeit. Ein weicher, weißer Dunst schwebt an heißen Tagen über den Äckern, über den dichten Obstwäldern, über Rebgärten, den waldigen Mittelgebirgen, über allen Schlössern, hochgelegenen Dörfern und Kirchen und über der alten Stadt unten im Tal. Es ist das Burggrafenamt, der alte Amtsbereich der Burggrafen von Tirol. Der gewaltige Mendelstock riegelt es nach Süden zu ab.

MERAN UND DAS BURGGRAFENAMT

Vorspiel

Unser Hotel in Meran-Obermais, dem alten römischen ›Maia‹, ist ein behagliches Haus aus der Zeit der Jahrhundertwende. Gußeiserne Säulchen tragen die Balkone, rechts und links der Gartentreppe lagern zwei rotgelbe tönerne Löwen, im Garten stehen riesige Zedern und Wellingtonien; eine ›Allee‹ recht zerzauster Palmen führt zum Gartentor. Kurz, genau das, was man in Meran sucht, wenn man sich sehr behaglich fühlen will. Durch die schönen Anlagen, über den eisernen Steg erreicht man schnell die Stadt. Die Folgen des langen, strengen Winters waren auch hier zu merken. Nichts blühte als der Winterjasmin, doch war alles schon wie überzogen vom rötlich-gelblichen Hauch des Frühlings.

Da lag also nun die alte Stadt, bewacht vom Vintschger, Passeirer und Bozener Tor, dem dicken Pulverturm, den Resten der Zenoburg über dem Fluß, und aus dem Gewirr der Dächer steigt elegant und schlank der hohe Pfarrturm mit seiner barocken Haube empor. Als ›Mairania‹ wird die Stadt zum ersten Male in einer Urkunde von 857 genannt. Etymologisch sind die Namen ›Marling‹, ›Maretsch‹ und ähnliche gleicher Herkunft; sie bedeuten ›Schuttkegel‹ oder ›Mure‹, wie ja auch der obere Stadtteil Merans auf solchem Gelände gebaut ist. Zu Beginn des 14. Jahrhunderts erhielt die Stadt ihre Befestigungen, und ab 1418 war sie Landeshauptstadt. Hofhaltung und Regierung wurden dann 1420 nach Innsbruck verlegt. Karl Theodor Hoeniger hat die Geschichte Merans bis zu diesem Zeitpunkt meisterlich zusammengefaßt:

Alte Landeshauptstadt Meran

Als Meran im Jahre 1418 von dem Habsburger Herzog Friedrich mit der leeren Tasche zur Hauptstadt der Grafschaft Tirol erhoben wurde, war diese in dem schmalen steinigen Raum zwischen der Passer und dem um

200 Meter höheren Küchelberg sich hinziehende Siedlung als ›Stadt‹ nur ein weniges über hundert Jahre alt, wogegen die am linken Passerufer sich ausbreitenden Ortschaften Ober- und Untermais schon in vorgeschichtlicher Zeit zum Teil und seit ihrer Eroberung durch die Römer im Jahre 15 vor Chr. ununterbrochen verhältnismäßig dicht besiedelt waren, ja sogar ihren wohl schon von den Römern übernommenen uralten Namen ›Maia‹ oder ›Maies‹ bis heute beibehalten haben. Mutmaßlich wurde mit diesem an eine Wachstumsgottheit erinnernden Wort damals noch das ganze so fruchtbare Gebiet von der Töll bis zur Naifschlucht bezeichnet, das zu Füßen der 3000 Meter hohen Schutzwand der Texelgruppe hier wie kaum anderswo am Südhang der Zentralalpen den Unterschied zwischen ›Kühl-‹ und ›Warmeuropa‹ zu allen Jahreszeiten erfreulich sichtbar und angenehm fühlbar macht.

Als diese heute klimatisch so bevorzugte Gegend nach dem Eisfreiwerden der Alpentäler – ein beachtlicher Gletscherschliff am Tappeinerweg erinnert noch an jenes Erdzeitalter – von Menschen entdeckt und dauernd bewohnt wurde, was nach den bisherigen Funden allerdings erst in der späten Jungsteinzeit vor etwa 4000 Jahren geschah, dürften zunächst Ligurer hier gesiedelt haben. Um das Jahr 1000 vor Chr. drangen dann Illyrer von Süden, Osten und Norden her in die tirolischen Alpen ein – noch heute künden etliche Berg-, Orts- und Flurnamen von ihrer längst verklungenen Sprache.

Diese illyrischen Räter haben als die Letzten im ganzen Alpenwall ihre Selbständigkeit bewahrt. Erst vierzig Jahre nach der Unterwerfung Galliens und der Westschweiz sind sie in einem wohlvorbereiteten kurzen Sommerfeldzug, der die Herrschaft Roms bis an die Donau ausgedehnt hat, unterjocht worden. Da die römische Reichsgrenze an der Donau, das Meraner Gebiet aber am Südrande Rätiens noch im cisalpinischen Verwaltungsbezirk ›Venetia‹ lag, kam es jahrhundertelang nur als Durchzugsland und erst beim Zusammenbruch des weströmischen Staates auch wieder militärisch in Betracht.

Inzwischen hatte bereits das Christentum, das zuerst wohl nur unter römischen Kolonisten und Beamten verbreitet war, auch für die einheimische Bevölkerung in dem der Legende nach aus Passau geflüchteten Missionsbischof Valentin einen Glaubensboten gefunden, der von Obermais aus so segensreich gewirkt hat, daß er bereits um die Mitte des 6. Jahrhunderts als der Apostel Rätiens verehrt wurde: man wallfahrtete zu seiner Grabstätte. Er war um 474 in der Kapelle der späteren Zenoburg bei

Meran bestattet worden, in der sich zweieinhalb Jahrhunderte später der erste Abtbischof von Freising, der heilige Korbinian, aus Verehrung für Sankt Valentin und aus Liebe zu dieser wunderschönen Gegend hat beisetzen lassen. Im Gedränge der Begräbnisfeier stürzte ein kleiner Knabe vom Burgfelsen in die wilde Passerschlucht, blieb aber an einem Felszacken hängen. Der so wunderbar Gerettete hieß Aribo, das bedeutet Erbe, ein Name, der heute noch hier bodenständig ist, und wurde der dritte Nachfolger Korbinians als Bischof von Freising-München, dessen Leben er um 768 beschrieben hat, wodurch er zum ältesten Geschichtsschreiber Bayerns geworden ist.

In diesem Werk, in dem er als gebürtiger Maiser neben anderen damals noch gebräuchlichen Ortsnamen die Zenoburg das ›castellum Maiense‹ nennt, hat er uns nicht nur einen wertvollen Schlüssel zur Frühgeschichte Merans in die Hand gegeben, sondern auch der paradiesischen Schönheit und Fruchtbarkeit seiner Heimat schon vor 1200 Jahren ein begeistertes Loblied gesungen.

Unterdessen war mit dem Untergang des weströmischen Reiches dieser schon damals wegen seiner reichen Wein- und Obstkultur begehrenswerte Landstrich zuerst an die Ostgoten, die noch heute in den Sagen von König Laurin und seinem Rosengarten fortleben, dann an die Franken, später an die Langobarden und Bayern und schließlich an Karl den Großen gekommen. Dadurch wurde das seit 476 von Germanen besetzte und beherrschte Südtirol dem fränkischen und nachmaligen deutschen Kaiserreich fest und dauernd einverleibt und blieb – zuletzt als österreichisches Kronland – bis 1919 mit der deutschen Kultur aufs engste verbunden.

Da nach dem Aussterben der Karolinger die fränkischen Grafschaften Südtirols in die Hände der mächtigen Welfen gelangt waren, benützte Konrad II. der Salier ihr Bündnis mit seinem aufständischen Stiefsohn Ernst von Schwaben, um ihnen diese abzuerkennen und sie als weltliche Lehen den kaiserlich gesinnten Bischöfen von Brixen und Trient zu verleihen, die als geistliche Fürsten nunmehr zu ihrer Verwaltung kraftvolle Vögte einsetzen mußten. Das Eisacktal und das nördliche Tirol fielen an Brixen, die Grafschaft Vintschgau aber und mit ihr das Meraner Gebiet, die seit alters kirchlich zum Bistum Chur gehört hatten, kamen dadurch unter die weltliche Herrschaft des Bischofs von Trient. Doch blieb die Diözesangrenze bis 1818 die Passer, so daß dieses Flüßchen bis 1751 auch die Grenze zwischen den Erzsprengeln Mainz und Aquileja gebildet hat.

Zu einer selbständigen Ortschaft neben Mais dürfte sich Meran erst nach 1140 entwickelt haben, als auf einem hervorragend aussichtsreichen Moränenhügel bei ›Dorf Tirol‹ ein fürstliches Schloß von jenem mächtigen Grafengeschlecht erbaut wurde, das als Vögte des Bischofs von Trient anfänglich nur im Vintschgau regierte, aber in der Folge, seit 1250, das ganze ›Land an der Etsch und im Gebirge‹ als ›Grafschaft Tirol‹ unter seine Herrschaft brachte, während das vom Schloß verwaltete Gebiet mit dem Landgericht Meran ›Burggrafenamt‹ genannt wurde und geographisch wie geschichtlich zum Herzstück von Südtirol geworden ist.

Da sich nämlich dazumal das an der uralten Brennerstraße liegende Bozen noch fest in der Hand des Bischofs von Trient befand, war es naheliegend, daß sich die Tiroler Grafen zu Füßen ihres Schlosses einen Residenzort zu schaffen suchten, wozu ihnen das Gebiet von Meran besonders geeignet erschien. Bereits um 1237 wurden die bisher in Dorf Tirol und Mais abgehaltenen Jahrmärkte dorthin verlegt.

Diese bereits so weit ausgedehnte städtische Niederlassung erhielt zwar erst 1317 ihre Stadtrechte feierlich verbrieft, doch wurde sie hundert Jahre danach förmlich zur Landeshauptstadt erhoben, was freilich nach etlichen Jahrzehnten zu einem bloßen Titel herabsank: die Landesfürsten – nach der Abdankung der 45jährigen Margarete Maultasch gehörte Tirol seit 1363 den Habsburgern – übersiedelten nach Innsbruck und verlegten die Hofhaltung.

Gang durch die Stadt

Abgesehen von den unschönen Vorstädten ist Meran eine sehr kleine Stadt, durchzogen von der langen Laubengasse, die heller und offener als die Bozener ist, gesäumt von hübschen, gemütlichen, schmalen, aber tiefen Häusern mit schlichten, wohlgestalteten Fassaden und malerischen, unterwölbten Treppenaufgängen. Die Lauben werden durchschnitten von Postgasse, Marktgasse und Rennweg.

An ihrem oberen Ende, unweit des Passeirer Tores, auf dem Kirchplatz, steht die **Pfarrkirche Sankt Nikolaus,** deren Umbau zur Hallenkirche im 14. und 15. Jahrhundert erfolgte. Der etwas trockene und nüchterne Bau ist außen mit zahlreichen Fresken geschmückt. Eines der interessantesten Wandbilder der Alpenländer befindet sich in der Turmhalle. Es ist das Votivbild eines vom Trinitarierorden aus maurischer Gefangenschaft befreiten Herrn. Die Art der Darstellung ist für jene Zeit völlig neuartig; das wiedererwachte Naturgefühl hat den Maler zu einer damals ungewohnten Schilderung angeregt. Auf einer Waldlichtung knien der Stifter und ein Ordensbruder vor dem Kreuz. Es ist Nacht, der Mond leuchtet am tiefblauen Himmel über der dunklen Silhouette eines Berges und läßt die Blätter der Bäume und Büsche, Gras und Blumen silbrig schimmern. Im Schatten am Waldrand äsen Rehe. Walter Frodl verweist auf die Ähnlichkeit mit den Fresken der ›Tour de la garderobe‹ in Avignon und hält es sogar für möglich, daß der Hofmaler des Bischofs von Trient, Georg von Liechtenstein, der die ›Torre Aquila‹ in Trient ausmalte, auch das Meraner Bild geschaffen hat. Links neben dem Hauptportal der Südwand befindet sich in einem Tabernakel eine qualitätvolle Steinplastik des Heiligen Nikolaus, die um die Mitte des 14. Jahrhunderts unter Einfluß der Rottweiler Schule entstanden ist. Das Glasgemälde der Maria mit Kind im südlichen Seitenschiff-Fenster ist als Stiftung von Erzherzog Sigismund um 1480 von einem Glasmaler aus dem Umkreis Hans Holbeins des Älteren geschaffen worden.

Dicht bei der Pfarrkirche steht die **Barbarakapelle,** ein 1450 geweihtes doppelgeschossiges Oktogon. Der Bau besitzt ein breites Spitzbogenportal, eine prächtige Fensterrose und ein reiches Sterngewölbe. Drei Altäre schmücken die Kapelle: der Hochaltar mit Szenen aus dem Marienleben, eine nicht aus Tirol stammende Schnitzarbeit, und zwei Seitenaltäre des 18. Jahrhunderts von lebhaft bewegtem und zierlichem Umriß.

Auf der anderen Seite der Stadt, ganz in der Nähe des nach Schloß Tirol führenden Tappeinerweges, steht die **Landesfürstliche Burg,** eigentlich das fürstliche Kelleramt, in dem sich Herzog Sigismund eine Wohnung einrichtete, um sie als Absteigequartier und sicheren Ort für seine amourösen Eskapaden zu benutzen. Wie der Landesherr war auch der Adel recht frei in seinen Beziehungen zum weiblichen Geschlecht und bekannte sich ganz unbefangen zu seinen illegitimen Kindern. In adligen Familien kam es nicht selten vor, daß die ledigen Damen ledige Mütter wurden. So ließ 1402 zum Beispiel Kaspar von Starkenberg – die Starkenberger waren nach den Matschern und Rottenburgern das mächtigste Haus in Tirol – folgende, seine unverheirateten Schwestern betreffende

Posten eintragen: *item meiner swester Dorothea 1 Pfund, do sy aus den Kindpeten gieng und 18 vierer um Senf. Item meiner jüngeren swestern 4 Pfund um air in die Kintpet.*

Auch Kaiser Maximilian I. wohnte hier von Zeit zu Zeit und hatte sich zwei Räume hergerichtet. Es ist weniger eine Burg als ein wehrhaftes, zinnengekröntes Haus mit Turm, Erkern und Kapelle, das in der zweiten Hälfte des 15. Jahrhunderts gebaut worden ist. Die Landesfürstliche Burg ist vollkommen gotisch eingerichtet, sie ist heute wieder so ausgestattet wie zu Zeiten Sigismunds und Maximilians.

Betreten wir den Hof, so fühlen wir uns zurückversetzt in längstvergangene Zeit. Durch die Eingangshalle mit dem schön gemusterten Fliesenboden, an deren Wänden mittelalterliche Waffen hängen, gelangen wir über die Stiege auf die erste Altane, deren Wand bemalt ist mit einer Hirschhatz, Hasenjagd und Vogelfang, ganz umsponnen von farbigem Rankenwerk. In diesem Stockwerk liegen auch die Kapelle und die Kaiserzimmer, nämlich das Schlafgemach Maximilians I. mit dunkelbrauner Täfelung, Holzdecke, breitem gotischem Himmelbett, gotischem Kasten, Waschtisch, neben dem von einem geschnitzten Halter ein langes Handtuch herabhängt. Der Erker ist mit Grisaillen geschmückt, vielleicht Illustrationen zu einer mittelalterlichen Dichtung. Nebenan befindet sich die zirbelholzgetäfelte Kaiserstube mit schwerer profilierter Holzbalkendecke. Auch hier trägt der Erker Malereien, darunter eine Darstellung von der Vermählung Herzog Sigismunds mit Eleonore von Schottland, die ein eher schweres Leben neben dem leichtlebigen Herrn gehabt haben dürfte. Der besonders schöne gotische Prunkofen, dessen grünglasierte Kacheln Figurenreliefs und die Wappen der österreichischen Länder zeigen, stammt aus der zweiten Hälfte des 15. Jahrhunderts. Die Zimmer des zweiten Stockwerks sind ebenfalls getäfelt. Es ist kein prunkvolles, eher ein bescheidenes Haus, das wir durchwandern, doch alles ist da, was zu solchen Räumen gehört: Schönes Mobiliar, mächtige Öfen, Porträts der Familie und des Tiroler Adels, Heiligenbilder und Skulpturen, Wappentafeln, Musikinstrumente, ein hübsches Schachbrett, Geräte aller Art, kurz, es ist eine sehr behagliche Stadtwohnung, und man kann sich jetzt noch gut vorstellen, daß der Herzog jeden Augenblick von einer Reise zurückkehren könnte.

11

Rudolf Friedrich Wasmann (1805-1886)

Meran im Schnee, um 1840
Öl auf Leinwand
Hamburger Kunsthalle
(Foto: Ralph Kleinhempel)

Seiner labilen Gesundheit wegen ließ sich der Hamburger, der seit 1829 in München tätig war, schon 1830 und 1839 vorübergehend in Meran und Bozen nieder, bevor er nach seiner Hochzeit 1846 Meran endgültig zu seinem Wohnsitz erkor. Seine Verbindung zum Kreis der Nazarener um Friedrich Overbeck, die sich auch in seiner Konversion 1835 niederschlug, hat allerdings seine Malweise nicht nachhaltig beeinflußt, am ehesten wurde sie in seinen vielen Porträts und in den Kirchenbildern rund um Meran spürbar. In den Landschaften dagegen zeigt er sich von einer überraschend frischen und farbfrohen Lebendigkeit, die den Wahltiroler schier unbewußt und unbeabsichtigt die Grenzen zum Impressionismus überschreiten ließ. Besonders schön kommt diese unmittelbare Naturgesinnung und lockere Malweise in diesem Bild zum Ausdruck, wo sich mit der verhaltenen Heiterkeit eines Vorfrühlingsmorgens der Blick von Obermais über Meran hinweg – in der Mitte die Pfarrkirche Sankt Nikolaus, rechts der Pulverturm – in den unteren Vintschgau und zur Tschigatspitze auftut.

Unweit der Landesfürstlichen Burg befindet sich das **Städtische Museum Meran.** Es birgt interessante Ausstellungsstücke, wie zum Beispiel vier Menhire, die in Plars bei Algund gefunden wurden. Sie stammen alle von einem kupferzeitlichen Kultplatz am Rande der Plarser Terrassenfläche. Im Treppenhaus sehen wir ein Fresko des Martyriums der Heiligen Katharina, das zu einer Folge von vier Wandbildern gehört, die 1923 in der Proculuskapelle von Naturns abgenommen wurden, um die vorkarolingischen Fresken freizulegen. In der *Musikinstrumentensammlung* sind alte Zithern ausgestellt. Die Zither entwickelte sich in Südtirol aus dem ›Scheitholt‹ der Hirten über das ›Raffele‹, ein Instrument, bei dem alle Saiten auf ›e‹ gestimmt sind, im Bayerischen und Schwäbischen auch ›Scherrzither‹ genannt. Von den Gemälden in der *Pinakothek* des Museums seien erwähnt: Bacchanten von Martin Knoller (1735 bis 1804), einem Schüler von Paul Troger, von dessen Hand hier eine Muttergottes aufbewahrt wird; ferner ein Entwurf für eine Verherrlichung Christi von dem am Bodensee geborenen, späteren Wiener Hofkabinettmaler Franz Anton Maulpertsch (1724-1796). Aus dem 19. Jahrhundert stammen die schönen Porträts des Hamburgers Friedrich Wasmann (1805-1886), der in Meran gelebt hat. Es hängen hier auch eindrucksvolle Gemälde von Leo Putz (1869-1940), der in Meran zu Hause war, aber in München studierte und hier auch seine ersten Triumphe feierte. Ab 1905 war er führendes Mitglied der berühmten Münchner Malergruppe ›Die Scholle‹, er erhielt den bayerischen Professorentitel und war Ehrenmitglied der Bayerischen Akademie der bildenden Künste. Putz sah sich in seiner Malerei zunächst dem Jugendstil, dann aber besonders und vor allem dem Impressionismus verpflichtet.

»Bei uns in Tirol und im Landl«, beginnt ein Lied. Das ›Landl‹, nämlich das Burggrafenamt, also das Gebiet um Tirol, umgeben von seinen anmutigen Mittelgebirgen mit üppiger Vegetation unter den Alpengipfeln, ist die Urzelle des gesamten Tirol. Nach der Verlegung der Hofhaltung und Regierung war die Stadt lange Zeit ein bedeutungsloser kleiner Ort, doch änderte sich das schnell, als um 1835 die ersten Fremden kamen, um Erholung in diesem milden Klima zu suchen. Im Sommer war Tirol, schon lange vor unserem reisewütigen Jahrhundert, von buntem Leben erfüllt. Ludwig Steub berichtet uns davon:

Dieses Sommerfrischleben, verbunden mit den merkantilen Wanderungen der Täler, verleiht denn auch dem Lande Tirol in der warmen Jahreszeit einen eigentümlichen, zügigen, nomadischen Charakter. Da gehen die Oberinntaler ins sogenannte ›Schwabenland‹, die Passeirer nach Italien oder mit Früchten nach Bayern, die Grödnerinnen durchstöbern auf allerlei Handelschaft das Land, die Zillertaler und viele andere desgleichen; die Wirte aus Nordtirol fahren ins Etschland um Wein; mächtige Güterwagen wandeln in langen Reihen den Brenner auf und ab, und selbst die Lahninger geben einen reichen Beitrag zum bunten Straßenleben. Ferner zieht der Adel auf noch bewohnte Schlösser, der Bürger reist in die Höhe zu seinem hergebrachten Ruhesitze oder Curort, der Bauer verliert sich in sein ›Badl‹, die Taglöhner, die Hirten gehen auf Almen ins ›Heuliegen‹, die frommen Seelen treiben andächtige Wallfahrt nach dem Weißenstein, nach der Mutter Gottes zu Trens, zu Absam, nach unzähligen anderen Gnadenbildern. So ist ein großer Teil des Volkes auf der Wanderschaft, und darum sind um diese Zeit alle Stellwagen so voll und alle Wirtshäuser so belebt. Kommen nun noch wie in neueren Jahren Schwärme deutscher und englischer Reisender hinzu, so erklärt sich zur Genüge, warum das stille Alpenland im Sommer sehr laut und lebendig ist.

Heute sind es weniger die Einheimischen als die Fremden, die ein derartiges Leben und Treiben nach Tirol bringen. Da Meran im Herzen des Landes liegt, erhielt es natürlich regen Anteil an diesem Getriebe und nahm seinen Vorteil wahr. Als sich 1845 Erzherzog Johann auf Schenna niederließ, als bald darauf die Könige von Belgien, Preußen, Württemberg, der Kaiser von Österreich zur Kur kamen, begann auch die europäische Gesellschaft Meran zu besuchen, das 1855 seine erste Kurordnung erhielt. Der Bann war gebrochen, Meran blühte auf, dehnte sich aus; Villen und Hotels entstanden, das Kurhaus wurde gebaut, und so sehen wir Meran heute als beliebtes Reiseziel, erfüllt von den Heerscharen der Kurgäste oder Durchreisenden aus aller Herren Länder. Das wimmelt und wogt unter den Lauben, auf den Plätzen und Promenaden, lauscht dem Kurkonzert, sitzt in den gemütlichen Gaststätten, bei Andrea, dem Feinschmeckerlokal, oder in den Kaffeehäusern.

Jedenfalls bietet Meran heute ein ganz anderes Bild, als es uns der Hamburger Maler Friedrich Wasmann, von dem ich hübsche Biedermeierbilder auch in Tiroler Privatbesitz gesehen habe, vor etwa hundert Jahren zeichnete:

Die meisten Bürger besaßen mehres Stück Vieh, deren Ställe in den Hintergebäuden lagen. Wann nun Mittags oder Abends zur Zeit der Tränke die Ochsen und Kühe langsam und schwerfällig aus den Torwegen und Seitengängen herauspatschten, die Straßen und gewölbten Arkaden durchkreuzten, so geschah es wohl, daß irgendein Fremder, der nicht acht gab, zu seinem Erschrecken im Rücken einen gehörten Hintermann spürte.

Das alte Dorf Mais, heute längst mit Meran zusammengewachsen, ist natürlich kein Dorf mehr mit weit verstreuten Höfen, wie es auf dem Deckenbild der **Sankt-Georgs-Kirche** erscheint, sondern ein mit Hotels und Villen in Gärten und Parks dichtbesetzter Vorort. Vor unserem Hotel liegt die kleine Sankt-Georgs-Kirche, deren Innenraum im Rokoko verändert und später erweitert worden ist. Hier trifft man am Sonntag beim Gottesdienst noch viele Frauen und Männer in der starkfarbigen Tracht, und tritt man nach der Messe aus dem Portal, schimmert die schneeige Pyramide der Mutspitze durch die Zweige der Bäume.

Südlich der Pfarrkirche, am Fuß des Berges von Obermais, steht die prächtige spätgotische **Spitalkirche zum Heiligen Geist.** Das alte Spital mit Kirche wurde 1419 durch die gewaltige Überschwemmung der Passer, welche vierhundert Menschen das Leben kostete, zerstört. Als Stiftung des reichen Meraner Ehepaares Hiltprant wurde die Kirche zwischen 1425 und 1450 wieder aufgebaut, vermutlich durch Stefan von Burghausen, einem Schüler des großen bayerischen Baumeisters Hans Stethaimer. Sie ist mit ihrem Chorumgang, dem polygonalen Chorschluß und der beeindrukkenden Einheit von Schiff und Chor eine beinahe wörtliche Wiederholung der von Stethaimer erbauten Heiliggeistkirche in Landshut an der Isar. Die dreischiffige Halle gehört zu den schönsten Raumlösungen der Gotik in Südtirol. Im Bogenfeld des Westportals, ein Werk bayerisch beeinflußter Bauplastik um 1440, sehen wir die beiden Stifter zu seiten Gottvaters mit dem Gekreuzigten knien. Das Fresko am Gewölbe über dem Hochaltar zeigt Gottvater und den Heiligen Geist, als Greise dargestellt, wie sie den Schmerzensmann in ihren Armen halten. Dem neugotischen Hochaltar wurden die Flügel eines von Jörg Lederer um 1520 für Rabland bei Naturns geschaffenen Altares angesetzt. Von Lederer ist auch ein Relief der Geburt Christi (1520).

In der Pfarrkirche **Sankt Vigilius in Untermais** sind interessante Fresken aus der ersten Hälfte des 15. Jahrhunderts erhalten. **Maria Trost in Untermais**, eine romanische Saalkirche des zwölften Jahrhunderts, 1624 barockisiert, bietet am Chorbogen und den anstoßenden Langhauswänden romanische Fresken, die stark byzantinische Anklänge haben. Sie sind Ende des zwölften Jahrhunderts entstanden und behandeln Szenen des Marienlebens. Aus der Zeit der Neuausmalung der Kirche um 1380 stammen die Fresken im Chor, in den Altarnischen und an der Nordwand des Langhauses. Ein einheimischer, von Giotto beeinflußter Maler hat sie geschaffen. Die Kirche ist auch außen bemalt.

Zwischen all den neueren Bauten ist noch mancher alte Ansitz zu finden, in Parks oder umgeben von Rebgärten und Obstplantagen, wie der **Rottenstein,** da ist der **Ansitz Knillenberg** der Freiherren von Kripp, ein 1616 bis 1640 umgebautes Schlößchen mit zwei wuchtigen Ecktürmen unter geschweiften Hauben und reizendem Loggienhöfchen. Man muß diese Stadt durchstöbern, dann entdeckt man noch viel verborgene Schönheit.

Entlang der klaren, rauschenden Passer – sie rauscht nämlich wirklich – zieht sich die hübsche Gilfpromenade; allenthalben führen Wege auf die Höhen, und immer hat man das lieblichste Landschaftsbild vor Augen. Machen wir uns auf, einige Orte in der näheren Umgebung von Meran zu besuchen.

Schloß Tirol

Dem Tappeinerweg folgend, dessen Hänge im Frühjahr von Kaskaden gelbblühenden Winterjasmins überwuchert sind und der sich, immer neue Blicke auf Meran und ins Land hinaus gewährend, am *Küchlberg* emporwindet, gelangen wir auf die Höhe mit dem Dorf Tirol. Noch höher oben trägt ein Bergkegel die Burg, die dem ganzen Land seinen Namen gegeben hat. Nicht nur war der gesamte Küchlberg schon lange vor Meran und Schloß Tirol ein in vorgeschichtlicher Zeit besiedelter und befestigter Punkt, er bildet auch den Grundstock der Tiroler Geschichte. In römischer Zeit schützte das Kastell Teriolis die Siedlung Maia-Mais; auf seinen Trümmern wurde dann die Burg gebaut.

Nur der Herr des Schlosses Tirol ist auch der Herr des Landes Tirol, sagt ein alter Spruch, und für die Tiroler ist die Burg heute noch etwas durchaus Verehrungswürdiges. Herr von Lutterotti berichtet von einem Bauern, der jedesmal, wenn er das Wort ›G'schloß‹ aussprach, den Hut lüpfte wie bei Nennung eines heiligen Namens. Die Bezeichnung ›Burggrafenamt‹ erhielt das Meraner Land vom Amtsbereich des Burggrafen auf Tirol, der anfänglich sowohl für die militärische Sicherheit als auch für den Unterhalt des gräflichen Hauptschlosses verantwortlich war. Als Vertreter des Fürsten übte er die Gerichtsbarkeit auch über den Adel des Vintschgau und Merans. Als die Regierung nach Innsbruck verlegt wurde, sind Burggrafenamt und Landeshauptmannschaft an der Etsch vereinigt worden.

Zu den dem Tiroler Adel angehörenden Burggrafen zählen im 13. Jahrhundert und später die Herren von Tirol, wahrscheinlich illegitime Abkömmlinge der Grafen, unter denen sich Burggraf Volkmar, der sich nach seiner Burg ›Burgstall‹ nannte, eine bedeutende politische Rolle zur Zeit der Herzogin Margarethe spielte. Er wurde mit der Grafschaft Flavon und der Burg Klein-Spaur am Nonsberg belehnt; seitdem nannten sich die Herren von Tirol-Burgstall ›Spaur‹. Wir werden ihnen noch auf dem Nonsberg begegnen.

Verlassen wir den Ort Tirol, biegt der Weg scharf um, und vor uns erscheint jenseits einer Schlucht das Schloß. Vom Tal her, das im April ein einziges Meer weißer und rosa Obstbaumblüten füllt, steigt das Gelände über Algund sanft zum Vintschgau an, bedeckt von Weinbergen, Apfelbäumen, mächtigen Edelkastanien, Dörfern, Kirchen und Burgen. Fortwandernd müssen wir das *Knappenloch,* einen Tunnel, passieren, den Kaiser Leopold I. im 17. Jahrhundert anlegen ließ. Über dem Eingang ist sein marmornes Bildnis angebracht.

Auf der einen Seite jenseits des Knappenlochs, wo der Berg steil ansteigt, sieht man, wie auf dem Ritten bei Bozen, Erdpyramiden aus der brüchigen Halde aufwachsen. Sie sind von Felsplatten bedeckt, welche verhindert haben, daß auch sie im Lauf der Zeit weggeschwemmt worden sind. Links unten steht die Brunnenburg, 1458 bis 1812 im Besitz der Kripp, dann im ersten Jahrzehnt unseres Jahrhunderts im rheinischen Burgenstil abscheulich pompös wiederaufgebaut. Der jetzige Burgherr ist ein Enkel des amerikanischen Dichters Ezra Pound, der einige Jahre auf der Brunnenburg gelebt und hier seine ›Cantos‹ vollendet hat. Heute befindet sich ein landwirtschaftliches Museum in der Burg.

Burg Tirol steht jetzt vor uns auf ihrem steilen Sandberg, von dem 1640 ein Teil abstürzte, ein Stück der Burg mit in die Tiefe reißend. Unter den hochgetürmten Mauern, umgeben von alten Edelkastanien und Lärchen, steigen wir hinauf und gelangen durch das äußere Tor, den langen Burgweg in den Hof. 1808 sollte unter der bayerischen Regierung die Burg versteigert und abgebrochen werden, was die Tiroler tief empörte. Die Stadt Meran hat sie gekauft und Kaiser Franz I. zum Geschenk gemacht. In der Burg befindet sich heute, nach zehnjähriger Restaurierung von 1974 bis 1984, das *Archäologische Landesmuseum Schloß Tirol.*

Der Glanz früherer Tage ist verblaßt. Uns umgeben die Reste einer einst sehr eindrucksvollen Anlage, von der nicht nur Teile abgestürzt sind, sondern deren noch stehende Gebäude durch die notwendigen Restaurierungen durchaus auch an Ausstrahlung und Originalität verloren haben. Das Schloß beherbergt heute eine Schausammlung, und so ist es schwer, sich in die einstige Atmo-

sphäre zurückzuversetzen. Nur mit Mühe kann man sich den Hochzeitszug der Gräfin Margarethe mit Ludwig von Brandenburg, Sohn Kaiser Ludwigs des Bayern, nach der Burg von Meran vorstellen, von dem uns der Chronist erzählt:

Am montag danach, den 11. Hornung 1342 zu morgens, ritt der Kayser mit dem präutigam und der praut von Tyrol gen Meran in des Bischofs von Trient Behausung. Allda setzet sich der Kayser, angelegt in seiner majestet lehengewandt und stund der Herzog von Deek mit einem bloßen schwert in seinen henden, ob dem Kayser haltend und der von Metzerhärser, ein ritter, hielt das szepter und der Graus, auch ein ritter, hielt den Apfel. Zwischen den zweien saß der Kayser und liehe der Fürstin und ihrem gemahl zwei land, Kärnten und Tyrol.

In den Jahren um 1140, vielleicht schon etwas früher, wird die Burg gebaut worden sein. Bauherren waren die Grafen Albert und Berthold, die 1141 erstmals urkundlich als Grafen von Tirol erwähnt werden. Noch früher stand auf dem Burghügel eine frühmittelalterliche Kirche, deren Mauerreste 1969 aufgedeckt wurden. Schloß Tirol besteht heute noch aus Palas, Kapelle, Bergfried, jüngerem Nebenbau und Wirtschaftsgebäude. Der Palas wird über eine Freitreppe und durch eine offene Loggia erreicht, hinter welcher der *Rittersaal* liegt, ein scheunenartiger Raum mit gekoppelten, zum Teil erneuerten Bogenfenstern. Nur das Fenster in der Nordwand, wie das östliche der Südseite aus weißem Marmor, mit vegetabilem und linearem Ornament, mit Meertieren und Segelboot geschmücktem Kapitell, ist original. An den Saal schließt die *Kapelle* an, ein rechteckiger Raum mit zweigeschossiger Apsis und umlaufender Holzgalerie. Die qualitätvollen Fresken der Mitte des 14. Jahrhunderts verdienen Beachtung, sie bedecken einen Großteil der Wandflächen. Die überlebensgroßen Figuren der Kreuzigungsgruppe sind vorzügliche Arbeiten der Zeit um 1320. Vom Kruzifixus erzählt die Sage, daß sich, sooft einer der Landesfürsten starb, ein Stück Holz vom Kreuz löste, auch die Seitenwunde zu bluten begann. Als der junge Graf Meinhard, Sohn der Margarethe ›Maultasch‹, 1363 als letzter seines Stammes starb, soll ein großes Holzstück abgefallen sein und die Seitenwunde so lange geblutet haben, bis der letzte Herr der alten Dynastie beigesetzt war. Früher wurde zweimal im Jahr in der Kapelle ein Jahrtag für die ehemaligen Herren gehalten, zu dem alle Pfarrer der Umgebung erscheinen mußten. Heute findet nur noch ein einfacher Jahrtag statt, doch wird immer noch für das Seelenheil Rudolfs, des ersten habsburgischen Königs, und für Kaiser Maximilian I., den letzten Ritter, gebetet. Ursprünglich befand sich hier in der Kapelle der älteste Flügelaltar Tirols, er war 1370 von den Habsburgern Leopold III. und Albrecht III. gestiftet worden. Die Reste davon befinden sich heute im Ferdinandeum in Innsbruck. Eines der Apsisfenster bewahrt ein Glasgemälde mit Muttergottes und zwei anbetenden Engeln, es ist um 1350 entstanden und damit die älteste bekannte Glasmalerei Tirols.

Werfen wir noch einen Blick aus den Fenstern. Tief unten liegt die Ebene im silbrigen Gewölk der blühenden Obstwälder oder in der rotgoldenen Pracht des Herbstes. Leicht und zart steht die Kulisse des Gantkofels am Horizont, und vom Vintschgau her blinken die Mutspitze und die Laaser Ferner.

Dämonische Welt

Schloß Tirol besitzt aber doch immer noch etwas ganz Besonderes: die beiden nach der Mitte des 12. Jahrhunderts entstandenen Portale. Scheinbar rein dekorativ und willkürlich angebrachte Bildwerke aus weißem Marmor schmücken die Eingänge zum Rittersaal und zur Kapelle, doch bei näherer Betrachtung läßt sich eine bestimmte Ordnung in der Verteilung der Reliefs erkennen.

Das *Eingangsportal,* das uns wohl auf das Kapellenportal vorbereiten soll, zeigt im Bogenfeld den Erzengel und Verkündigungsengel Gabriel mit dem Lilienkreuzstab, die Hand segnend erhoben. Die Reliefs zu beiden Seiten der Tür entsprechen sich motivisch. Oben sehen wir Löwen, Zeichen der Macht und Stärke Christi, aber auch das Sinnbild schrecklicher Mächte, darunter Widder, ein Menschenpaar, ganz unten nochmals ein Tier und einen von wilden Tieren bedrohten kauernden Mann. In der Bogenrahmung sitzen Vögel, ein Greif, menschenfressende Wölfe, Hirsch und Drache.

Im Bogenfeld des *Kapellenportals* befindet sich die Kreuzabnahme, am Schlußstein der Rahmung die Hand Gottes, rechts und links von ihr Fabeltiere und der Höllensturz. Rechts unten tötet der Vogel Hydrus den Drachen, darüber verschlingt der Drache einen Menschen, und über dieser Szene steht wieder der siegreiche Löwe. Gegenüber steht links unten ein Zentaur, Sinnbild der Brutalität.

Zwischen ihm und Samsons Kampf mit dem Löwen eine kleine Darstellung des Sündenfalls. Die Gewände mit den eingestellten Säulen und die Archivolten tragen Rankenwerk, Ähren, Trauben, Flecht- und Wellenband; die Kapitelle sind blattförmig oder als Adler gebildet. Am Chorbogen sehen wir dann das Lamm Gottes und die Evangelistensymbole. Verschiedene Hände haben an den Portalen gearbeitet, darunter sicher lokale Steinmetze. Das Vorbild war die lombardische Kunst, vor allem San Michele in Pavia.

Das Symbolische übte damals eine weithin ausstrahlende Wirkung aus. Die Kirchenportale in Italien, Frankreich und Deutschland quollen über vom Gewimmel steinerner Gestalten, welche den Betrachter von der Schöpfung bis zum Jüngsten Gericht führen. Dazwischen treiben Dämonen und Monstren ihr unheimliches Spiel. In rasender Wut beißen Tiere in Menschenleiber. Stumpf und bösartig hocken oder kriechen sie einher, dazwischen Menschen mit schreckhaft geweiteten Augen; Fratzen glotzen aus Rankenwerk, Tiere, halb Vögel, halb Echsen, huschen gespenstisch durch das Laub der Kapitelle, es ist eine wilde, unheimliche, zwielichtige Welt. Sie bedeutet in der mittelalterlichen Kunst den Kampf des Guten mit dem Bösen.

Der Betrachter wird sich mit diesen Bildwerken wohl oder übel auseinandersetzen müssen. Die einen werden sie für Ausgeburten des Aberglaubens, andere für magische oder archetypische Zeichen halten, wieder andere werden erklären, es handele sich um rein phantastische Dekoration. So hielt noch Georg Dehio diese Darstellungen für »Spiele eines phantastischen Humors«, für rein dekorativen Schmuck, denen kein symbolischer Sinn zukomme. Ohne Zweifel haben sie jedoch ›apotropäischen‹, also abwehrenden Charakter. Viele der Bilder erscheinen in der Bildwelt des Orients, so Drache, Greif, Löwe, Schlange; der Stier gehört schon zum Repertoire der Höhlenmalerei. Aus all diesen Überlieferungen dürfte sich ein apotropäisches Programm in der kirchlichen Kunst entwickelt haben; auch hat man im Mittelalter eine Beziehung zwischen Opfertier und Christi Tod hergestellt. Der Theologe und Kunsthistoriker Hubert Schade schrieb über diese dämonische Welt in der Kunst:

Die Tiermythen sind als Urbilder des Erlebens des göttlichen Waltens in der Natur dem christlichen Geiste wesensverwandt. Theologisch genauer könnte man wohl sagen, daß die Schöpfungswirklichkeit, also die natürliche Offenbarung, mit den neutestamentlichen Berichten der Heilstatsachen, der übernatürlichen Offenbarung, in innerer Beziehung, Analogie, stehen. So kommt es vor, daß wir Lichtmotive, die in ähnlicher Weise bei Kelten, Germanen, Orientalen und in der Antike zu beobachten sind, auch als Bilder Gottes an christlichen Kirchen des Mittelalters finden. Ebenso sind die Bilder der Dämonen ein Teil dieses gewaltigen religiösen Kosmos.

Das Mittelalter liebte die Ordnung in der Kunst – das zeigen die großen, sorgfältig durchdachten Programme der Kathedralen –, in der Wissenschaft, in einer ständisch straffgegliederten Gesellschaft, und die Darstellung heiliger Sujets war eine Wissenschaft für sich, welcher sich der Künstler unterwerfen mußte. Wunder und Begegnung mit Dämonen gehören dazu.

Hauptquellen für Berichte mit heilsgeschichtlichem Charakter über das Wirken der Dämonen sind das Alte und Neue Testament, wie Versuchungen Christi, Dämonenaustreibungen, die in der Kunst immer wieder dargestellt werden. Kirchenväter und Theologen haben versucht, die Welt und auch ihren dämonischen Charakter zu erklären. Die große Vieldeutigkeit macht solche Erklärungsversuche schwierig. Neben der Bibel wurde der ›Physiologus‹ oft benutzt. Es ist dieser eine wahrscheinlich in der 1. Hälfte des 2. nachchristlichen Jahrhunderts in Alexandrien erschienene Schrift eines Anonymus, der wirkliche oder fabelhafte Eigenschaften existierender oder sagenhafter Tiere typologisch auf Christus, Teufel, Kirche und Menschen ausdeutet und als nachahmenswerte oder abschreckende Beispiele für den Lebenswandel dem Menschen mahnend und belehrend vorhält. So ist der Vogel Hydrus, der auch hier auf Burg Tirol erscheint, das Sinnbild für die Höllenfahrt und Auferstehung Christi, denn der Vogel schlüpft in den Schlund des schlafenden Drachen, zerstört seine Eingeweide und kommt unversehrt wieder ans Tageslicht. Vom Zentauren sagt der ›Physiologus‹: »So auch ist jeglicher Mann zwieschichtig, unbeständig in allen seinen Wegen. Da gibt es eine Sorte, die finden sich zusammen in der Gemeinde, haben zwar den Schein eines gottseligen Wesens, aber seine Kraft verleugnen sie. Und in der Gemeinde sind sie wie Menschen, wenn sie aber sich selbst überlassen sind, werden sie wie das Vieh.«

Oft zitiert für die Verurteilung der Dämonenbilder werden die Worte Bernhards von Clairvaux: »Was sollen übrigens in den Klöstern vor den lesenden Brüdern jene lächerlichen Monstren, die unglaublich deformierte

Formvollendung und die formvollendete Deformation? Was sollen die unreinen Affen? Was die wilden Löwen? Was die monströsen Zentauren? Was die Halbmenschen? Was die gefleckten Tiger? Was die kämpfenden Krieger? Was die ins Horn stoßenden Jäger? Man sieht unter einem Kopf viele Körper und an einem Körper viele Köpfe. Einmal erkennt man an einem Vierfüßler den Schwanz einer Schlange, dann sieht man an einem Fisch den Kopf eines Vierfüßlers. Dort zieht eine Bestie ein Pferd hervor, das eine halbe Ziege nach sich schleppt, hier führt ein gehörntes Tier ein Pferd hinter sich. Überall erscheint eine ebenso bunte wie erstaunliche Fülle verschiedenartigster Formen, daß man lieber im Marmor als in den Büchern liest und betrachtet. Den ganzen Tag ist man damit beschäftigt, die Einzelheiten der Werke zu bewundern, anstatt über das Gesetz Gottes nachzusinnen. Mein Gott! Wenn man sich schon nicht der Unschicklichkeit schämt, warum scheut man nicht den Aufwand?«

Bernhard scheint also den Symbolgehalt der Dämonen- und Monsterdarstellungen nicht erkannt zu haben. Aber ist dem wirklich so? Er stand auf der Höhe der Bildung seiner Zeit, kannte daher auch sicherlich die Existenz der Dämonen. Ihm ging es um die Reform der Mönchsorden, er verlangte für sie einen strengeren geistigen Stil, auch in der Kunst, und stärkere Konzentration auf das Wesentliche. Die Bedeutung der Bildwerke für die Laienwelt wird er auch gekannt haben, denn man kann sich vorstellen, daß die Menschen nachdenklich und mit Schaudern derartige Szenen betrachteten und sich Gedanken machten.

In der Antike ist das Dämonische mit dem Göttlichen gleichgesetzt, in der mittelalterlichen Kirche ist der Dämon der Gottesfeind, ein gefallener Engel, ein Teufel, das Laster. Die Bilder an den alten Kirchen dürfen nicht als Magie betrachtet werden – Zauberei galt als Verbrechen –, sondern als Teil der Heilsgeschichte. Dagegen war es erlaubt und beliebt, die Aussagen zu verschlüsseln. Die Rätselhaftigkeit der Welt und die Wandelbarkeit der Kunst damals ist nicht nur tatsächlich vorhanden, sondern wurde auch grundsätzlich angestrebt. Alles ist ein Gleichnis der geheimnisvollen, vielschichtigen Welt, in der man sich mit Vorsicht und Umsicht bewegen sollte. Dämonen und Monstren haben ihre festen Plätze in der kirchlichen Architektur: im Tympanon, in den äußeren Laibungen der Portale wie in Vezelay und Tirol, an der Sockelzone, an Gesimsen, Fensterbänken, Kapitellen, Türmen und Bestienpfeilern wie in

Freising. Sie werden in den Dienst der Kirche gezwungen als Träger von Taufbecken, Leuchtern, Konsolen, und die Löwen an den Portalen sollen vor den Dämonen warnen.

Begreiflicherweise sind die Randzonen der Architektur den Dämonen zugewiesen; dort ist die Grenze menschlicher Sicht erreicht, beginnt das Unbekannte und Fremde, erlebt man Angst und Gefahren. Hinter dieser, der Vernunft nicht mehr zugänglichen, Grenze treiben die Ungeheuer ihr Wesen, in deren Gestalt und Charakter sich Bekanntes mit Unbekanntem mischt.

Wie der heidnische Tempel steht die christliche Kirche nach Osten orientiert, denn von Osten kommt das Licht, dort thront in der Apsis die Maiestas Domini. Vom Westen und Norden kommen die Mächte der Finsternis. Daher wurde oft der Westfassade eine dem Erzengel Michael geweihte Kapelle vorgelegt, daher schmükken die Portale Szenen des Jüngsten Gerichts. Im Osten liegt das Paradies, daher wird die Vorhalle als erster Teil der nach Osten gerichteten Kirche auch Paradies genannt – allerdings stellt es den verlorenen Garten Eden dar –, in der oft der Sündenfall abgebildet wird.

Auf diese Weise durchzieht Symbolik die Bildwerke der romanischen Kunst, vor allem in der 1. Hälfte des 12. Jahrhunderts. Die Meister spielten mit ihr und waren doch an das feste Programm gebunden. Raffiniert und elegant oder schlicht und unbeholfen, doch immer das Gemüt bewegend, haben sie die Vielfalt dämonischer Erscheinungen von visionärer Kraft, Wildheit und Unheimlichkeit gestaltet, wie sie ähnlich erst wieder im Werk Goyas auftreten. Die Schrecken, die den Sünder, den lasterhaften oder lauen Menschen ganz allgemein erwarten, sollten ihm beim Betreten der Kirche unmißverständlich vor Augen gestellt werden – in Tirol gleich auf zwei Portalen –, aber auch die Erlösungstat Christi und seine Macht über das Böse, vor welcher der Mensch demütig sagen soll: »et libera nos a malo.«

Herzogin Margarethe – die Maultasch

Tirol, das ›Land im Gepirg‹, wie es einst genannt worden ist, war Teil des ostfränkischen Reichs, nachdem es in der Teilung von 843 an Ludwig den Deutschen gefallen war und von einem königlichen Grafen verwaltet wurde. Im 10. und 11. Jahrhundert entwickelten sich mit Hilfe großzügiger königlicher und kaiserlicher Schenkungen die Bistümer Brixen und Trient zu Herrschaftsbereichen, doch wurde aus dem Land im Gebirg weder eine Herrschaft Brixen noch eine Herrschaft Trient, sondern es entwickelte sich nach und nach die Grafschaft Tirol. Die Bischöfe bestellten Vögte aus angesehenen Familien, zuerst die Grafen von Andechs, denen 1248 die Grafen von Tirol folgten. Ihnen übertrug der letzte Graf von Eppan seine Besitzungen. Nach dem Tod Alberts III. von Tirol 1253 wurde Tirol zwischen den Grafen Görz und den Grafen Hirschberg aufgeteilt. Zehn Jahre später gewann Meinhard II. von Görz-Tirol, der 1286 auch Herzog von Kärnten wurde, die Gebiete der Hirschberg. Die Besitzungen der Görz-Tirol reichten vom Ostufer der Adria über Kärnten bis nach Finstermünz und zur Zillermündung.

1335 war Graf Heinrich von Görz-Tirol, der kurze Zeit die böhmische Königskrone getragen hat, gestorben. Der liebenswürdige, genußsüchtige, verschwenderische Herr hinterließ seiner Tochter Margarethe ein stark verschuldetes Land. Übrigens hört man unter seiner Regierung zum ersten Male, 1317, von den Schildhofbauern, von denen schon die Rede war. Das waren Männer, die jederzeit dem Landesherrn zur Verfügung stehen mußten. Dafür genossen sie die Rechte der alten Freien. Im Passeiertal gab es Schildhöfe, ebenso im Sarntal, es gab sie auf dem Ritten bei Bozen, auf dem Tschögglberg, bei Lienz und Nauders, und bis 1790 lebten sie im Besitz ihrer alten Freiheiten.

Um die reiche Erbin Margarethe bewarben sich die Habsburger, Wittelsbacher und Luxemburger, die den Grafen Heinrich aus Böhmen vertrieben und sich selbst zu Königen gemacht hatten. Margarethe wurde mit zwölf Jahren dem drei Jahre jüngeren Prinzen Johann Heinrich von Luxemburg vermählt. Kaiser Ludwig der Bayer aber hatte mit den Habsburgern einen Vertrag geschlossen, wonach ihm im Falle von König Heinrichs Tod Südtirol, Österreich, Kärnten zufallen sollten. Man verteilte also großzügig die Länder

der kleinen Erbin, ohne sie und die Tiroler um ihre Meinung zu fragen. Österreich annektierte Kärnten, während die Wittelsbacher zunächst in Tirol nicht zum Zuge kamen.

Wer den Namen Maultasch nennt, der beschwört mehr als eine geschichtliche Gestalt, mehr als eine unter vielen Fürstinnen des mittelalterlichen Europas. Der Beiname Maultasch hat etwas Legendäres, ja etwas Abschätziges, Verächtliches, das unserer Phantasie ein Monstrum an Häßlichkeit vor Augen stellt, ein äffisches, boshaftes Wesen voller Tücken und Hinterlist, wie sie sich auch Lion Feuchtwanger in seinem Roman ›Die häßliche Herzogin‹ vorgestellt hat. Was wirkt alles hinter diesem Namen: ganz Tirol schaut uns an; die derben Gesichter der ritterlichen Paladine, der Bauern tauchen auf, Kaiser Ludwig der Bayern, der listige, kühl rechnende Kaiser Karl IV., die geschmeidigen Gestalten italienischer Fürsten und des Boccaccio, der auf Schloß Tirol gewesen ist. Unter ihnen steht die ›häßliche Herzogin‹ allein, denn in ihren Händen lag das Schicksal Tirols als drückende Last, von ihren Entschlüssen hing das Geschick des Landes ab. Ihr Reich, Tirol, wurde zum Zankapfel Europas, zum Spielball fürstlicher und ritterlicher Intrigen; um sie bemühten sich Kaiser, Könige und Papst. In ständiger Abwehr gegen Feinde von außen und fremde Gebieter im Innern verbrauchte sie ihre Kräfte.

Selten sind sich die Chronisten so uneinig gewesen wie im Urteil über diese Frau, die wie wenige das volle Maß des Unglücks ausgekostet hat: zwei ungeliebte Gatten, Tod der Kinder in jungen Jahren, auch des zuletzt geborenen Meinhard, der mit zwanzig Jahren starb und das alte Haus Tirol erlöschen ließ. Tiefe Schatten liegen über Margarethes Leben, Not und Gewalt hatte sie zu erdulden, doch immer wieder raffte sie sich auf, wild und trotzig – für Tirol.

Es gibt kein authentisches Bildnis von Margarethe, das uns Antwort auf viele Fragen zu geben vermöchte; *denn die Menschen verlangen Bilder der Welt, nicht die Welt selbst zu sehen; auch Geschichte muß Bild sein, wenn sie nicht zerstören soll,* sagt Reinhold Schneider. Ein Bild haben sich die Tiroler von ihrer Fürstin gemacht, und die Erinnerung an sie begegnet uns im Lande auf Schritt und Tritt. Einige behaupten, wie gesagt, sie sei ein Ausbund von Häßlichkeit und Bosheit gewesen, andere dagegen nennen sie schön, kühn und

12

Unbekannter Maler des frühen 19. Jahrhunderts

Blick auf Schloß Tirol und Meran, um 1840
Öl auf Leinwand
Schenna, Schloß
(Foto: Tappeiner-Werbefoto, Meran)

Komposition und Koloristik dieses duftigen Bildes verraten die Herkunft seines noch unbekannten Schöpfers aus der Wiener Schule um Johann Christian Brandt und Josef Mössmer, die den klassizistischen Sinn für Kontur und Klarheit mit dem frühbiedermeierlichen Sinn für Realismus und Naturtreue verbindet. Diese Prinzipien finden sich auch in diesem atmosphärischen Bild, das im Mittelgrund links Schloß Tirol, dann rechts dahinter das noch vormärzlich beschauliche und überschaubare Meran (darüber Sankt Katharina in der Scharte, Fragsburg und Schloß Katzenstein), recht die Vereinigung von Passer und Etsch (dahinter Lana, Marling und Schloß Lebenberg) und am Talende noch die charakteristische Silhouette des Gantkofels zeigt. Die Ansicht entstand anläßlich eines feierlichen Einzuges – vielleicht des Erzherzogs Ferdinand – auf Schloß Tirol, wozu halblinks im Vordergrund Böller gezündet werden.

edel. Ein Zeitgenosse, der Mönch Johannes von Winterthur, findet in seinen Schriften für die Herzogin die Worte: *pulchra nimis – ausnehmend schön.* Wie dem auch sei, an Charakter hat es ihr jedenfalls nicht gefehlt. Das Volk sah Margarethe von Schloß zu Schloß reiten, als waghalsige Reiterin auf der Jagd das flüchtige Wild verfolgen. Die Ritter, die Bauern erlebten, wie sie tatkräftig und unerschrocken die Verteidigung der Burg Tirol gegen die Böhmen leitete, als das Ende der Tiroler Freiheit bevorzustehen schien.

Angeblich hat die Fürstin den Namen ›Maultasch‹ von ihrem Mann Johann Heinrich erhalten, da sie sich gerne auf der kleinen Burg gleichen Namens über Terlan aufhielt. Dieses Maultasch, eine alte Zollstätte, sei, so wird erklärt, von den Römern ›mala tasca‹, Mausefalle, genannt worden, und dieses ›mala tasca‹ sei in Maultasch verschliffen worden. Nach der neuesten Forschung dagegen sei der Name Maultasch aus der alten ›Morita‹, dem Namen der Terlaner Klause, entstanden. Auch die Sage von der britischen Margarethe mit dem großen Maul, über welche die unglaublichsten Gerüchte kursierten, deren Schicksal und Leben die Phantasie des Volkes stark beschäftigte, mag sich nach Tirol verirrt haben und auf die Herzogin umgedeutet worden sein.

Mit dem rohen, heimtückischen Johann Heinrich von Luxemburg-Böhmen lebte sie in unglücklichster, kinderloser Ehe, bis sie ihn eines Tages aus dem Land jagen ließ. Als der junge Mann von der Jagd heimkehrte, fand er das Burgtor von Tirol versperrt, und er hatte alle Mühe, unerkannt nach Italien zu entkommen, denn ihn haßten sowohl der Adel als auch die Bauern, welche die böhmische Fremdherrschaft nur schwer ertrugen. Gleich nach Antritt der Regierung hatte ›die Maultasch‹ die mit Böhmen geschlossenen Verträge gekündigt, da sie von den Partnern nicht eingehalten wurden.

Zu Beginn des Jahres 1342 ging eine Abordnung Tiroler Ritter nach München und bot dem Kaiser die Hand der Landesfürstin für seinen Sohn Herzog Ludwig, Markgraf von Brandenburg, an. Sie ließen sich jedoch urkundlich ihre Privilegien und die Rechte Tirols bestätigen, auch daß die Fürstin nicht außer Landes gebracht werden und kein bayerischer Ritter wichtige Ämter in Tirol bekleiden dürfe. So geschah es. Als der junge Markgraf über den Jaufen ritt, verunglückte der Bischof von Freising, der die Trauung auf Tirol vornehmen sollte, durch einen Sturz vom Pferd tödlich. Man sah darin ein böses Vorzeichen, aber die Ehe wurde dennoch geschlossen. Die Folgen blieben nicht aus. Der Papst, der die böhmische Ehe nicht getrennt hatte und mit Kaiser Ludwig verfeindet war, belegte das junge Paar und Tirol mit Bann und Interdikt. Die Luxemburger nahmen die Vertreibung des Prinzen Johann Heinrich nicht ruhig hin, und es kam zu schweren Auseinandersetzungen mit dem Kaiser, welchen die Fürsten schließlich absetzten, um dem Bruder Johann Heinrichs als Karl IV. auf den Kaiserthron zu helfen. 1347 warb Karl Truppen in Italien an, fiel in Tirol ein und belagerte vergeblich die Burg Tirol. Vorher hatte er Bozen und Meran, hier auch die Zenoburg, niederbrennen lassen. Markgraf Ludwig kam eiligst aus Brandenburg und vertrieb die Böhmen. Neben diesen politischen und kriegerischen Unruhen suchten schwere Unglücksfälle das Land heim: verheerende Überschwemmungen im Passeiertal, eine furchtbare Heuschreckenplage und als schlimmstes die Pest, die in ganz Europa von 1348 bis 1351 wütete. Der Marienberger Chronist Goswin schließt seinen Bericht darüber: *Die Wut über all das Elend ergoß sich schließlich über die Juden. Viele wurden mit dem Schwert erschlagen, viele wurden verbrannt, viele starben unter gräßlichen Martern. Es lief das Gerücht um, sie hätten die Pestilenz verbreitet, auf daß der christliche Glaube untergehe. Ob wahr geredet worden ist oder nicht, wissen wir nicht.*

Bald waren die Bayern nicht minder verhaßt als die Böhmen, denn der von Markgraf Ludwig eingesetzte Statthalter Konrad von Teck regierte mit fürchterlicher Strenge und brach alle urkundlich festgelegten Zusagen. Er fand sein Ende durch Mörderhand in München 1352. Nachdem Ruhe und Ordnung einigermaßen wiederhergestellt waren, kam Herzog Albrecht II. von Österreich dem Tiroler Fürstenpaar zu Hilfe, indem er in jahrelangen Verhandlungen die Anerkennung der zweiten Ehe Margarethes in Rom betrieb. Aber erst sein Nachfolger, Rudolf IV., setzte diese durch und erreichte auch die Lösung seiner Verwandten von Bann und Interdikt.

Doch dann starb Ludwig von Brandenburg und zwei Jahre später auch der junge Erbe Meinhard III. Die Fürstin hatte nach diesen Schlägen wohl nicht mehr die Kraft, die Last der Regierung allein zu tragen. Vielleicht war sie aber auch an die Erbschaftsurkunde des Jahres 1359 gebunden. Die Habsburger hatten sich natürlich nicht ganz selbstlos um die Lösung des Kirchenbanns von Tirol bemüht, sie ließen sich mit einem Erbvertrag belohnen, der jedoch von Herzog Ludwig nicht bestätigt wurde und dessen Echtheit auch einige Forscher bezweifeln. Die ›Maultasch‹ soll darin die Grafschaft Tirol den Herzögen von Österreich für den Fall vermacht haben, daß sie, ihr Gemahl und beider Sohn Meinhard ohne Leibeserben sterben würden.

Wie auch immer; bereits zwei Wochen nach dem Tod Meinhards III., 1363, stellten Margarethe ›Maultasch‹ und ihre Räte gemeinsam eine neue Urkunde aus, in der das Land an die Habsburger übergeben wurde. *Aus dem Dokument geht hervor, daß sich die Sprecher der Tiroler Bevölkerung aus freiem Entschluß der Herrschaft Österreichs anschließen wollten, weil sie es als das Beste für die Zukunft ihres Landes erachteten* (Michael Forcher). Die ›Maultasch‹ selbst übersiedelte nach Wien, wo sie wie eine Verbannte – ja wie eine Gefangene – lebte, verzehrt von Heimweh nach ihren Bergen; sie machte einmal sogar einen vergeblichen Fluchtversuch. Im Jahr 1369 ist sie schließlich gestorben. Alles ist dieser Frau nachgesagt worden, von lasterhaften Ausschweifungen bis zur edelsten Haltung. Sicher ist sie eine der bemerkenswertesten Fürstinnen ihrer Zeit gewesen. Als ›die Maultasch‹ lebt sie in Sagen und Erinnerungen des Tiroler Volkes weiter.

Rings um Schloß Tirol

Um die Burg Tirol herum gibt es viele schöne Spazierwege, solche, die steil hinaufführen und dann durch den Wald nach Vellau, von wo man weit in den Vintschgau sieht, oder solche unterhalb der Burg, wo man auf sehr hübschem Weg in Richtung Algund, Plars spaziert, immer durch Weinberge. Bald erreicht man das romanische Kirchlein *Sankt Peter* in **Gratsch** mit dem Erbbegräbnis der Herren von Auer. In einem winzigen, wohlgehaltenen Friedhof mit efeuüberhangener Mauer steht sie mit massigem Vierungsturm, außen und innen geschmückt mit Fresken verschiedener Zeitperioden. Nach alter Überlieferung ist Sankt Peter neben Sankt Florian in Matsch und der abgegangenen ›Alten Kirche‹ zu Göflan eine der drei ersten Taufkirchen des Landes, die erstmals in einer undatierten Urkunde (Klosterarchiv Wilten, Innsbruck) zwischen

1190 und 1200 erwähnt wird. Bereits vor dem Jahr 1000 hat hier ein Gotteshaus gestanden. Bei Grabungen unter der jetzigen Kirche kamen Fundamente früherer Bauten zutage, darunter Mauerreste einer Kapelle, die in das 8. oder 9. Jahrhundert zurückgehen. Neben Stuckornamenten eines Chorbogens aus dem 9. Jahrhundert wurden noch drei Gräber gefunden: ein römisches, das eines Churer Bischofs sowie das eines Abtes aus Stams. Sankt Peter war im 12. Jahrhundert Eigenkirche der Herren von Burgeis-Wangen, bis Graf Meinhard II. von Görz-Tirol im Jahr 1287 Kirche und dazugehörende Güter kaufte und diese zur weiteren Ausstattung des Klosters Stams verwendete.

Die kreuzförmige Anlage mit einschiffigem Langhaus, Querschiff mit Vierungskuppel, quadratischem Chor und innen runder, außen polygonaler Apsis wurde vielleicht schon im 9. oder 10. Jahrhundert errichtet. Der Umbau der Hauptapsis und die Erhöhung des Turms fallen in das dreizehnte, der Anbau der Kapelle mit eigener Apsis in das dreizehnte oder vierzehnte Jahrhundert. Die Kapelle diente als Gruft der Eigenherren, später wurde sie Begräbnisstätte der Herren von Auer. Das schöne Portal trägt die Inschrift: mcccc Lxv iar, also 1465. Aus diesem Jahr stammt auch die Dachkonstruktion. Interessant sind die Fresken. In der Bogennische des südlichen Querarms sehen wir den Apostel Paulus aus der zweiten Hälfte des 12. Jahrhunderts und auf der südlichen Außenmauer das von anderer Hand etwas früher gemalte Fresko Christus zwischen Petrus und Paulus. Dort befinden sich auch in zwei Bogennischen die Heilige Katharina und die Heilige Barbara aus dem 14. Jahrhundert, die den Einfluß der Bozener Malerschule zeigen. Den Chor schmücken Malereien des späten 14. Jahrhunderts: Christus in der Mandorla, die Evangelistensymbole, darunter die Apostel und sechs heilige Frauen in den Fensterlaibungen. Auch diese Malereien stehen im Zusammenhang mit der Bozener Schule, und zwar mit dem Meister, der die bereits ausgemalte Johanneskapelle der Bozener Dominikanerkirche mit weiteren Bildern versehen hat. Von einer älteren Malschicht des 13. Jahrhunderts blieb die dekorative Sockelbemalung erhalten. Der heutige Karner war bis ins 18. Jahrhundert eine sehr beliebte Wallfahrtskapelle Sankt Wolfgang, von der ein alter Spruch sagt:

Sankt Wolfgang bei Sankt Peter,
Sankt Valentin zu Mais,
helfen den Kranken allen geschwind
her oder hin auf d'raiss.

Neben der Kirche steht ein verwinkeltes stattliches Bauernhaus, in dem Ludwig Steub 1844 des öfteren einkehrte. Lassen wir uns von ihm erzählen.

In der getäfelten Wohnstube steht der große Tisch für die Mahlzeiten, und zum Fenster schaut ein Feigenbaum herein. Der bäuerliche Hausherr gilt als einer von den Schlauen, deren es in Tirol noch mehrere geben soll, als einer von den Pfiffigen, die sich in der Welt wohl auskennen und mit den Menschen umzugehen wissen. Er weiß in der rechten Laune viel zu erzählen und gibt gern ein Witzchen zum besten. Vom Rosengarten, der in hiesiger Gegend liegt, weiß er wohl zu sagen, aber den König Laurin, der darin hausen soll, kennt er nicht. Unterdessen vereinigt sich das gesamte Hauswesen zum Abendessen. Der Bauer hat in seinem Erdenwallen sechzehn Kinder erzeugt, und davon sind ihm dreizehn am Leben geblieben. Diese dreizehn kommen also allmählich hereingewandelt und mit ihnen auch die Mutter. Die Kleinen verlaufen sich schüchtern in einen Winkel und fangen an zu kichern, was der Fremde, dem es gilt, nicht übelnehmen darf, da es sehr gutgemeint ist. Sofort erscheinen die Mädchen und grüßen mit Freundlichkeit, setzen sich zusammen und lachen auch, jedoch mit einigem Rückhalt. Endlich sind die Buben da, welche einen ernsten Willkomm sprechen und sich ebenfalls zusammensetzen, aber keine Miene verziehen. Alle zusammen bilden eine der wohlgeschlachtesten Familien, die in dieser Gegend zu finden ist; die Buben groß und stark, mit tüchtigen Gesichtern, die Mädchen hochgewachsen, schlank, voll natürlichen Anstandes und mit feinen bedeutsamen Zügen.

Sechsundzwanzig Jahre später besuchte Steub Gratsch wieder und fand an Stelle des alten Hauses einen neuen Hof.

Eine der Töchter, die damals als Mädchen gelacht, fand sich auch noch vor, aber das Haus steht jetzt auf einer anderen Stelle, offenbar vor nicht langer Zeit neu aufgebaut, reinlicher als das alte, aber vielleicht nicht so gemütlich. Die Tochter trug ein Seidel auf, und wir setzten uns zusammen, um einiges zu plaudern. Es war mir wohlbekannt, daß seit jenen Tagen ein großes Unglück über die Familie gekommen, und die Tochter begann auf mein Fragen auch alsbald die Geschichte zu erzählen. Am siebenten Juli 1850 nachts ging nämlich ein Wolkenbruch nieder, und zwischen ein und zwei Uhr kam im Schloßbach eine nasse Muhr herab. Regen, Sturm und Donner verursachten einen solchen Lärm, daß man nichts anderes hören konnte. Plötzlich war die Muhr zur Stelle, ein fürchterlicher Wasserschwall, Schutt und Felsenstücke, halb so groß wie die Stube. In wenig Augenblicken war das Haus beiseite gestoßen und zertrümmert. Von den Hausgenossen wurden zwölfe unter Schlamm und Steinen begraben, viere aber wieder lebend herausgezogen; achte blieben todt, darunter zwei Brüder, drei Schwestern, die Mutter und der Mutter Bruder. Ein Tischler, der auf der Stör war, mußte ihr Loos ebenfalls teilen, obgleich er nicht zur Familie gehörte. Ein Bruder wurde erst am dritten Tage todt gefunden. Alle die Geretteten und die Todten waren ganz blau gequetscht – ›wie ein Fürtuch‹. Letztere liegen jetzt auf dem Kirchhof von Sankt Peter ohne Kreuz und Tafel. Der Vater war vorher schon gestorben.

Weitergehend erreicht man die Burg Turnstein, und bald führt ein Weg steil hinab zum **Plarser Waal.** Die Wasserwaale, die wir schon im Vintschgau gesehen haben, sind für den Reichtum an Wein und Obst des Burggrafenamtes sehr wichtig. Es sind an den Hängen entlangziehende Kanäle – das Wort ›Waal‹ wird vom lateinischen ›Aquale‹ abgeleitet –, von denen aus die tiefer gelegenen Wiesen und Felder bewässert werden. Auf den Pfaden, welche die Waale begleiten, kann man die angenehmsten Spaziergänge machen. Einer der schönsten ist der *Marlinger Waalweg,* der von Töll nach Tscherms führt, und noch schöner ist die Mittelgebirgslandschaft bei Tisens und dem reizvollen **Prissian,** dessen Häuser zu beiden Seiten eines tief eingeschnittenen brausenden Baches stehen und das man von der Gampenstraße oder von Nals aus mit dem Wagen erreichen kann. Sechshundert Meter hoch liegt es über dem Tal, mit der *Fahlburg,* die den Grafen Brandis gehört und 1640 ihr heutiges Aussehen einer Renaissancevilla erhielt, und der turmartigen, um 1560 vergrößerten *Burg Katzenzungen,* die auf drei Seiten von einem Kranz von Pechnasen wie von einem Fries umzogen ist. Die etwas abseits liegende *Werburg* wurde um 1900 fast ganz erneuert.

Das Schönste aber ist das Mittelgebirge selbst: eine Welt für sich mit lieblichen Waldhügeln, Wiesengründen, Äckern, Obstgärten und Waldparzellen, mit stattlichen Höfen auf den Matten, im Osten abgeschlossen von der Silhouette des Gantkofels. Jeder Landschaftsausschnitt wirkt wie ein vollendet komponiertes Bild. Aus vielen kleinen Teilen ist die Landschaft zusammengesetzt. Da ist ein Stück mit wohlgepflegten Apfelbäumen; es grenzt an eine Wiese, hinter der ein Rücken mit Kiefernwald aufsteigt. Wieder Obstbäume, ein Bauernhaus; ein Maisfeld raschelt im Wind, auf kurzgrasigem Hang weiden Kühe. Man geht und schaut und kann sich nicht satt sehen. Auf der vom Gampenpaß nach Nals führenden Straße sausen Autos und Motorroller, doch auf den von mächtigen Edelkastanien gesäumten Wiesen unterhalb der Dörfer ist es still. Nach zweitägigem sturzflutartigem Regen lagen Nähe und Ferne in scharfem Licht, leuchtete das Land in tiefem Blau und Grün, gewaltige Wolken zogen über Rosengarten und Latemar und die Meraner Berge dahin.

An den Hängen des Ifinger

An den Hängen des **Ifinger,** gleich nach den letzten Häusern von Obermais, zwischen Schlössern und Höfen, Weinbergen, Obstgärten, Wiesen und Feldern, unter riesigen Edelkastanien, führen ebenfalls Spazierwege in alle Richtungen.

Der Morgen ist schön und frisch. Heute wollen wir Schenna besuchen. Vom Brunnenplatz aus gehen wir über die Naifbrücke, sehen rechter Hand Schloß Rametz, weit oben darüber die *Fragsburg* mit dem schönen Arkadenhof und wandern zwischen Rebstöcken gemächlich bergan zum Schloß Labers. Eine ländliche Hofstatt überquerend, fällt der Weg hinab in ein vom Naifbach durchflossenes Tal und klettert dann an sonniger steiler Lehne hinauf. Oben steht, umgeben von Zedern und Fichten, Schloß Goien. Weiter wandern wir über die Wiesen. Es riecht nach frischem Mist, der reichlich ausgestreut ist, nach Erde und Gras. Um uns, auf allen Seiten, ragen die Wälle der Gebirge mit leuchtenden Schneegipfeln unter dem tiefblauen Himmel, unten schwimmt das Etschtal im grau-rosa Schimmer des Vorfrühlings.

Das Land strotzt von Burgen zu beiden Seiten der Etsch, und es ist auch nicht verwunderlich, daß in diesem milden, fruchtbaren Land so viel gebaut worden ist. Gegenüber den bereits genannten Burgen, jenseits der Etsch, sehen wir Lebenberg, Brandis, Leonburg und Forst, wo der Dichter Oswald von Wolkenstein 1421 gefangen saß. Seine alte Liebe, Sabina Jäger, die sich sehr über die Spottlieder des von ihr verschmähten Ritters ärgerte, lockte ihn hier in die Falle und ließ ihn längere Zeit im Turm schmachten. Damals schrieb er:

Es hat mein Frau ihr Tück nit gespart,
sie rief mit falschen Winken.
Es war gegen Herbst, was litt ich Leids,
und seither muß ich hinken.

In den Bergwäldern gibt es hier wilde Männer, die bösartig den saligen Fräulein, den gütigen Feen, nachstellen. Um diesen zu helfen, schlagen die Holzfäller ein Kreuz in die Baumstümpfe – hie und da kann man sie noch finden. Setzt sich ein verfolgtes Wildweibchen auf solchen Stumpf, kann der Verfolger ihr nichts anhaben.

Wieder steigt der Weg und führt uns zum Weiler **Sankt Georgen** im Oberdorf. Obgleich gar nicht weit von Meran entfernt, liegt er in großer Einsamkeit und Stille. Einige wenige Häuser und der Rest einer kleinen Burg umschließen den Rundbau der Kirche aus dem 13. und 14. Jahrhundert, die einen ganz eigenen Zauber hat. Das Kuppelgewölbe wird von einer dicken Säule getragen, an deren Schaft wir lesen: *1591 ist diser kerzenstuel gemacht worden. Derzeytt Kyrchprobs gewesen ist mychel Obabrym.* Ursprünglich war der ganze Raum ausgemalt. Ein Großteil der schönen hochgotischen Fresken des 14. Jahrhunderts ist noch erhalten. Am Gewölbe sehen wir das Jüngste Gericht und Evangelistensymbole; die Gewölbegurte zeigen Viereckbilder mit Halbfiguren von Heiligen, die Klugen und die Törichten Jungfrauen sowie sitzende Propheten. Von anderer Hand, auch dem 14. Jahrhundert angehörend, sind die Wandbilder; wohlerhalten und in heiteren Farben zeigen sie Szenen aus dem Leben der Heiligen Georg und Nikolaus, eine Kreuzigung mit bäuerlich gekleidetem Stifterpaar und dazu die Inschrift: *Johannes servus crebis.* Der Stifter der Malereien muß also Knecht auf dem nahe gelegenen Krebishof gewesen sein. Sicher hat er seine ganzen Ersparnisse für die Bilder hingegeben. Vielleicht haben aber auch der Bauer und der Herr von Schenna ein bißchen mitgeholfen.

Von Sankt Georgen ist es nicht mehr weit nach **Schenna,** wo der Burggraf von Tirol, Petermann von Schenna, im 14. Jahrhundert die Burg baute, die später dann den Starkenbergern und Lichtenstein gehörte. Diese gaben dem Bau seine heutige Gestalt mit Hilfe eines kaiserlichen Zuschusses, *da das Schloß,* so sagte Maximilian I., *uns und unsern Erben, wann wir an der Etsch sein würden, zu unserer Lust dienen mag.* Den massigen Bau mit Torturm, Zwinger, offenem Stiegenhaus im Hof und vermauerter Spitzbogenarkade am Westtrakt kaufte 1844 Erzherzog Johann von Österreich. Zur Feier seines Einzugs gab er 1851 nach Tiroler Brauch ein festliches ›Hausnudelschießen‹, zu dem zahlreiche Schützen des Landes eingeladen waren. Erzherzog Johann ließ die Burg neu einrichten. Man hat sie so belassen, wie er sie mit seiner Familie bewohnt hat. In das sehenswerte *Schloßmuseum* gelangt man über die gedeckte Treppe, die zwischen Ost- und Südtrakt ins Obergeschoß führt. Es enthält unter anderem ein ausgezeichnetes Bildnis der Anna Plochl, Gräfin von Meran, von Leopold Kupelwieser 1830 gemalt. Im Westteil der Burg liegt die Privatwohnung der Grafen von Meran.

Gedenkblatt für Erzherzog Johann

Meran, das war für mich, ehe ich dort gewesen bin, eigentlich immer die romantische Geschichte vom Erzherzog Johann und seiner Gattin Anna Plochl, der Posthalterstochter aus der Steiermark, die beide in der neugotischen Kapelle bei Schenna begraben liegen.

Wenige Prinzen des österreichischen Kaiserhauses erlangten solche Volkstümlichkeit wie Erzherzog Johann, der ›steierische Prinz‹, ein Mann von tiefem Verantwortungsbewußtsein und unermüdlicher Arbeitskraft, der zudem Schöpfer bedeutender kultureller und wirtschaftlicher Einrichtungen in der Steiermark und Mittelpunkt des geistigen Lebens in Österreich gewesen ist.

»Möchte doch der ewige Krieg ein Ende haben! Welch herrliche Welt, wenn die Menschen sich Gutes täten«, schrieb er einmal.

Erzherzog Johann war ein Enkel der Kaiserin Maria Theresia, er wurde 1782 als Sohn des späteren Kaisers Leopold II. (1790-1792) in Florenz geboren. Schon früh galt sein Interesse der Kunst und der Kultur. 1801 bis 1848 war er ›Generaldirektor des österreichischen Fortifikations- und Geniewesens‹, wozu er als Neunzehnjähriger von seinem Bruder Kaiser Franz I. ernannt worden war. Johann reiste damals viel, er lernte die österreichischen Alpenländer und ihre Bevölkerung kennen und lieben, besonders aber Tirol und die Steiermark. Dazu verfaßte er in jener Zeit die Denkschrift ›Alpenfestung‹.

Johann schätzte die höfische Gesellschaft und die Bürokratie des Kaiserreiches gering, dagegen suchte er die Nähe von Bauern und Bürgern. Landwirtschaft und Gewerbe, Brauchtum, Trachtenpflege, Volkskunst und Alpinismus wurden von Erzherzog Johann besonders gefördert.

Als sich Napoleon 1804 die Kaiserkrone aufs Haupt setzte, organisierte Johann bald darauf den Landsturm in Tirol. Hier war er sehr beliebt. »Wie glücklich schätze ich mich«, schrieb er, »unter den Bergbewohnern Österreichs zu stehen.« Er wollte aus Untertanen Patrioten machen, so wie er sie in Tirol gefunden hatte. »Glauben Sie mir, beseelt alle ein solches Gefühl, dann stürzt das auf so schwachen Grundfesten so kolossalisch aufgebaute Reich Napoleons zusammen.« 1805 übernahm Johann das Kommando in Tirol, doch noch im selben Jahr erzwang Napoleon die Abtretung Tirols an Bayern. Johann mußte sich in die Steiermark zurückziehen. In Wien beriet er noch mit Andreas Hofer den Plan des Volksaufstandes, der dann 1809 losbrach, dessen Erfolg jedoch letztlich zunichte gemacht wurde.

In die Steiermark verwiesen, befaßte er sich mit kultur- und sozialpolitischen Aufgaben; er hatte dort bald eine besondere Stellung, galt als Schutzengel des Volkes, als eigentlicher Regent des Landes. Doch Tirol war immer sein ›geheimes Traumland‹ geblieben, und in Tirol ließ er sich dann auch begraben.

Johanns Wunsch, Anna Plochl zu heiraten, stieß in Wien zunächst auf Ablehnung; er war am Hof nicht beliebt, bisweilen sogar als Revolutionär verdächtigt. 1829 durfte er schließlich doch heiraten, jedoch nur unter Verzicht auf Erbansprüche für sich und seine Nachkommen. Zehn Jahre später wurde sein einziger Sohn Franz geboren. Dieser erhielt 1844 den Titel ›Graf von Meran‹, seine Mutter wurde erst 1849 zur ›Gräfin von Meran‹ erhoben.

Erzherzog Johann war ein Gegner des allmächtigen Staatskanzlers Fürst Metternich, ja er glaubte, daß Europas Zukunft die Republik sein werde. Deshalb wählten ihn die Vertreter des Paulskirchenparlaments in Frankfurt im Jahre 1848 zum Reichsverweser. Im Aufruf des Erzherzogs an das deutsche Volk hieß es: »Aber vergeßt nicht, daß die Freiheit nur unter dem Schirm der Ordnung und Gesetzlichkeit wurzelt«. Johann und die Zentralgewalt in Frankfurt scheiterten kläglich. Genau wie heute traf man Hetzer und Aufwiegler an allen neuralgischen Punkten – in Wien, Berlin, Frankfurt –, überall dort, wo sich Gelegenheit bot, Unruhe zu stiften. Franz Grillparzer, der den Erzherzog nicht mochte, schrieb 1848:

> Verwesung ist der Tod; so viel weiß jeder Leser.
> Drum statt lebendger Macht nennt man dich Reichs-Verweser

Man hatte geglaubt, der Reichsverweser würde den Deutschen Bund in ein Reich deutscher Zunge verwandeln. Aber man hatte nicht bedacht, daß der nationalstaatliche Gedanke der Paulskirche sich mit der übernationalen österreichischen Reichsidee nicht verbinden ließ. Nach bitteren Enttäuschungen, von Verwandten und deutschen Fürsten mit Mißtrauen verfolgt, nahm Johann seinen Abschied. »Ich kehre zu meinen Gebirgsbewohnern zurück, sie haben Fehler genug, aber sie haben ein Herz und auf dieses läßt sich etwas bauen.«

Erzherzog Johann lebte mit Anna Plochl in glücklichster Ehe. Nur einmal mußte er sie streng tadeln, als die junge Frau, stolz auf ihre Stellung, seine Vorschriften übertrat.

Nani, Nani! Ich bemerke, daß sich manches in meinem Hauswesen änderte. Als Hieseln der Frack und der Huth nach städtischer Art gemacht wurde und ich es sah, so untersagte ich es und in meiner Gegenwart erschien es nicht mehr. Warum also für Dich, um nach Graz zu fahren, ihn damit bekleiden? Als ich den grauen Rock in der Steyermark einführte, geschah es, um ein Beyspiel der Einfachheit in Sitte zu geben. So wie mein grauer Rock, so wurde mein Hauswesen, so mein Reden und Handeln erkannt, wurde ein Ehrenrock und ich ziehe ihn nie mehr aus, ebensowenig weiche ich von meiner Einfachheit, lieber gebe ich mein Leben her. Wenn ich also handle, willst Du den Gegensatz von mir machen? Solltest Du nicht Deinen Stolz darinnen setzen, den Sitten, welche unserem armen, bedrängten Land anpassen, getreu anzuhängen und die Erste zu seyn, so einem Beyspiel zu folgen. Denn wisse, dies wirft ein übles Licht auf mich und würde ich anfangen mich im geringsten zu ändern, so würden alle die Bande reißen, die das Volk und alle die Redlichen an mich binden ... Es ist aber eine ernste Sache, mit der nicht zu scherzen ist und die Du einsehen solltest; warum alles in meinem Hause zu dem Zwecke, nach welchem ich strebe, in Einklang seyn soll. Es ist mein fester, unabänderlicher Wille, daß es so bleibe, wie es war, wie Du mein Haus betratest, daß da nichts geändert werde, in Leben, Kleidung, Kost, kurz in allem und daß mein Haus ein Beyspiel für alle werde, wie es unseren Zeiten gemäß überall sein sollte. Da muß aber die Frau wie der Herr seyn, so will ich es und darauf werde ich unerbittlich streng halten ...

Einen schöneren Namen als ›Grafen von Meran‹ hätte der Kaiser den Nachkommen des Paares nicht verleihen können. In ihm tönt der ganze Zauber der Stadt und ihrer über die Maßen schönen Umgebung wider.

Der Erzherzog, der sich nach 1848 nicht mehr mit Politik, sondern nur noch mit Landwirtschaft, den Museen und der Förderung der Wissenschaften beschäftigte, starb 1859. Sein Sohn Franz ließ von 1860 bis 1869 bei Schenna ein *Mausoleum* für seine Eltern bauen. Die aus rotem Sandstein errichtete Kapelle Sankt Johann gilt als eines der schönsten neugotischen Bauwerke. Die Außenseite ist reich gegliedert, das Innere mit Kreuzrippengewölben gedeckt. Hierher wurde der Leichnam Johanns, seinem Wunsch gemäß, aus Graz gebracht. Sein Sarkophag steht in der Mitte der Krypta. Der österreichische Dichter Anastasius Grün (Graf Auersperg) schlug für das Denkmal Johanns auf dem Grazer Hauptplatz folgende Inschrift vor:

Unvergessen lebt im Volke
Der des Volkes nie vergaß

Die Haflinger

Die Mittelgebirge um Meran und Bozen haben große Reize. Da ist zum Beispiel das Gebiet zwischen den beiden Städten, der Bergstock des **Salten,** von den Einheimischen **Tschögglberg** genannt. Es ist ein weit hingestrecktes Hochland mit dichten Wäldern herrlicher Lärchen, Fichten und Föhren, mit Weideflächen und Äckern, hügelig, von Bachtälern durchschnitten und in weiten Teilen noch ganz einsam und still. Um dorthin zu gelangen, kann man die Seilbahn von Untermais aus benutzen, die, über Schloß Trautmanstorff, dann über den Bergwald hinwegschwebend, bei dem gotischen Kirchlein Sankt Kathrein landet. Weit verstreut liegen dort oben die schindel- oder strohgedeckten stattlichen Höfe und die Ortschaften. Stundenlang kann man hier durch Wälder und über Wiesen wandern, immer mit dem Blick auf die fernen Massive des Hochgebirges.

Zu den Dörfern dieser Landschaft gehören vor allem **Mölten** und **Hafling,** das einst Mittelpunkt der berühmten Pferdezucht gewesen ist. Heute ist dies mehr das weiter östlich gelegene **Jenesien,** aber überall treffen wir auf den Haflinger, dieses kleine, kräftige Pferd von hellbrauner Farbe mit falber Mähne und Schweif, als Tragtier und Reitpferd gleich gut geeignet.

Über die Herkunft des Haflingers ist viel gestritten worden. Einige glauben, das Sarntal, wo man ihn übrigens heute häufig trifft, sei seine Urheimat. Die Sarntaler sind angeblich direkte Nachkommen der Ostgoten, die arabische Pferde mitgebracht haben sollen, aus denen dann der Haflinger gezüchtet worden sei. Andere meinen, daß es in mittelalterlicher Zeit bei Meran eine kleinwüchsige Pferderasse gab, Abkömmlinge der Burgunder Pferde, die Kaiser Ludwig der Bayer seinem Sohn Ludwig, dem Markgrafen von Brandenburg, zur Hochzeit mit Margarethe Maultasch geschenkt habe. Sicher ist, daß es auf dem Sarntaler und Möltener Mittelgebirge schon früh eine bodenständige Pferdezucht gab. Vielleicht brachten Ritter aus den Kreuzzügen arabische Pferde mit, die mit der einheimischen Rasse gekreuzt wurden. Eine Verordnung des Grafen Meinhard II. von Görz-Tirol des Jahres 1285 zeigt, daß die Ahnen des Haflingers schon damals sorgsam gepflegt worden sind, aber eine systematisch betriebene

Zucht begann erst 1875 beim Bauern Folie aus Schluderns im Vintschgau.

Vater des Hengstfohlens ›Folie‹ war der Araber El Bedavi XXII. Der junge Hengst war so schön, daß die Regierung alle von ihm gezogenen Fohlen aufkaufte und zur Fortführung der Zucht bestimmte. 1904 gründeten Bauern von Mölten und Umgebung die ›Erste Haflinger Pferdezuchtgenossenschaft zu Mölten‹, und heute gibt es die Zuchtgenossenschaften Sarntal, Ulten, Passeier, Jenesien, Vintschgau, Hafling, Ritten, Villanders, Kastelruth und Latzfons.

So ist der ›Haflinger‹ eine eigene Rasse edler Gebirgspferde geworden, deren Ruf in alle Welt gedrungen ist. Jedes Jahr zu Ostern treffen sich die Landleute zum Rennen ihrer Haflinger in Meran.

Ins Ultental

Sein Eingang bei Oberlana wird von der kleinen **Burg Braunsberg** geschützt, die einst viel größer war, bis ein Teil des Gebäudes in die Tiefe stürzte. Die Straße führt über der Burg in steilen Serpentinen hinan, um dann an den dichtbewaldeten Halden einer tiefen Klamm entlangzuziehen, durch welche der Valschauerbach braust. Bis zum Ende ist es ein ziemlich enges Tal mit sich ständig überschneidenden Waldkulissen. Wo es dann offener wird, steigen Matten herab, haben sich – vor allem auf der rechten Seite – Ortschaften und Einzelhöfe mit prachtvollen dunkelbraunen Holzhäusern angesiedelt. Nach der auf steilem Felskegel aus der Schlucht aufsteigenden *Ruine Eschenlohe,* wo eine Seitenlinie der Grafen von Eppan hauste, erscheint das Dorf **Sankt Pankraz** mit einem stattlichen Haus, dessen Fassade Renaissancemalerei und das Trappsche Wappen trägt.

Bald darauf zweigt das Marauntal ab, durch das eine schmale Straße zum **Mitterbad** führt, heute eine reine Idylle, bis in das 20. Jahrhundert hinein aber ein viel besuchtes Bad, das auch Otto von Bismarck in seinen jungen Jahren aufsuchte. Ludwig Steub nennt dieses einsame Hochgebirgstal traurig und reizlos. Das Bad selbst gefiel ihm dagegen nicht schlecht:

Die Gesellschaft ist sehr bunt; doch halten sich die Stände genau auseinander; im vorderen Gebäude wohnen die ›bessern‹ Leute, im hölzernen

Hinterhaus die ›mindern‹. Die bessern Leute deutschen Stammes betrachten die Curzeit als Landaufenthalt und erscheinen in sehr schlichter Äußerlichkeit, abstechend von den wälschen Gästen, die in makelloser Eleganz und Vornehmheit einherziehen. Ihre Wohnungen sind hölzerne Verschläge, enger als Klosterzellen, bloß zum Schlafen eingerichtet. Hier im Ultnerbad wird nicht allein von den böhmischen Musikanten, die alljährlich sich einfinden, Tafelmusik aufgespielt, sondern des abends auch zum Tanze und nicht etwa auf einen Dreher oder zwei, sondern gleich bis nach Mitternacht; ja, wenn unternehmende Jugend beisammen ist, geht's oft schon wieder am Morgen hinüber in den Ballsaal.

Wandern wir nun durch das mittlere Gebäude, das den Wohnort der bessern Leute mit dem der mindern verbindet, so finden wir zu ebener Erde die Gemeinbäder, wo in geräumigen Verschlägen die beiden Geschlechter getrennt sind. Da geht in großer Eile und Geschäftigkeit der Chirurg von Sankt Pankraz umher und appliziert Aderlässe, Schröpfköpfe und Blutegel. Da sah ich zuerst ein Nonsberger Kindlein, das in einem winzigen Wännchen lag, wahrend die Mutter italienische Wiegenlieder in seine Ohren summte, wobei die vorübergehende Bademagd murrend schalt. Dem Kindlein da ist das Wasser auch viel zu stark und die Mutter gibt keine Ruhe, bis es zu Tod gebadet. Ultnerwasser ist nämlich keines, mit dem man spielen darf. Wenn die Leute in die Wannen gestiegen, werden die Türen der Verschläge geöffnet und den Besuchern Zutritt gestattet. Da liegen sie dann alle reihenweise zugedeckt in ihren Särgen, während ihnen zu Häupten die Befreundeten sitzen. Die deutschen Landsleute benehmen sich auch in dieser Lage sehr ruhig, die italienischen Weiber verursachen dagegen großen Lärm, und wenn eine aus ihrer Wanne heraus ein kräftiges Witzwort entsendet, so erhebt sich ein sinnverwirrendes Gelächter…

Weiter aufwärts wird das Haupttal weiter; dort liegen zwei Stauseen, die allerdings die Landschaft recht verändern. Auch die Abgeschiedenheit des Ultentales hat damit wohl ein Ende.

Ein paar Kilometer vor dem Talschluß – es stößt schließlich an die Gletscher der Ortlergruppe – liegt die Ortschaft **Sankt Nikolaus.** Hier gibt es das *Ultener Talmuseum* zu besichtigen, das in einem ganz aus Holz errichteten alten Schulhaus von 1827 untergebracht ist. Das kleine Museum steht unter dem Motto:

Nichts Besseres kann ein Volk vererben
als geliebter Väter Brauch,
wenn des Landes Bräuche sterben,
stirbt des Volkes Blüte auch.

Zu sehen sind typische Gebrauchsgegenstände, Möbel und Geräte aus dem Ultental.

Von Meran nach Bozen

Wir verlassen die Stadt südwärts, sehen rechts das alte Marling liegen und erblicken jenseits der durch dichte Obstwälder fließenden Etsch auf den rebenbedeckten Gebirgshängen das Dorf Tscherms, darüber die **Burg Lebenberg.** Diese ließen die Herren von Marling 1240 errichten, nach Abschluß der ersten Bauphase nannten sie sich dann ›von Lebenberg‹. Die Burg ist für die Öffentlichkeit zugänglich. In der Schloßkapelle des 14. Jahrhunderts sind Wandmalereien der Zeit um 1600. Interessant ist ein auf Leinwand gemalter Corpus Christi, der von außen her durch Tageslicht erleuchtet und dadurch transparent wird. Reizvoll sind die Innenhöfe der Burg, die durch mehrere Zubauten verschiedener Jahrhunderte entstanden sind. Man kann Räume der Gotik, der Renaissance und des Rokoko besichtigen, wobei der ›Fuchsische Stammbaum‹ und die 1571 entstandenen ›Archivkästen‹ besondere Beachtung verdienen.

Auf der linken Talseite wird nun Burg Katzenstein sichtbar und über ihr die Fragsburg. Auf der rechten liegen Lana, die *Burg Brandis,* seit dem 12. Jahrhundert Besitz der Herren von Lana, der späteren Grafen von Brandis, weiter oben die Leonburg und noch höher **Völlan.** Das Dorf wird beherrscht von der eindrucksvollen Ruine *Maienburg.* In einem Teil des Völlaner Pfarrhofs ist ein *Bauernmuseum* untergebracht, das eine komplette Sammlung bäuerlichen Werkzeugs besitzt. Diese Ausstellung zeigt das Alltagsgerät eines Bauern des 18. und 19. Jahrhunderts. Man erfährt hier zum Beispiel, daß im Etschtal im vergangenen Jahrhundert auch Seidenraupen gezüchtet und Seide hergestellt wurde. Bei Restaurierungsarbeiten am Kirchlein *Sankt Georg* in Völlan wurden Balken und Säulen des 9. Jahrhunderts entdeckt. Es soll sich dabei um die Reste einer germanischen Holzkirche handeln.

Auf der rechten Talseite liegt ferner **Tisens** mit den guten, um 1520 geschaffenen Glasgemälden der Augsburger Schule in der *Pfarrkirche Mariä Himmelfahrt.* Über Prissian gelangt man auf einer Nebenstraße nach **Grissian.** Oberhalb des Ortes liegt die Kuratiekirche *Sankt Jakob,* ein romanischer Bau mit Rundapsis, der innen wie außen bemalt ist. In der Apsis blieb ein Freskenzyklus aus der Zeit um 1200 erhalten.

Wer schon einmal hier in der Gegend ist, der sollte auch über das Gampen Joch zum Wallfahrtsplatz Unsere Liebe Frau im Walde fahren. Wir werden später – vom Nonsberg aus – dorthin kommen. Zunächst kehren wir nach Lana zurück. Denn einen Besuch von **Lana** am Eingang zum waldreichen Ultental darf man keinesfalls auslassen. Der Ort besteht aus drei Ortsteilen – Oberlana, Mitterlana und Niederlana.

Ein großer Feiertag für **Oberlana** ist das Fest Mariä Geburt, das zum Dank für das an diesem Tage erfolgte Erlöschen der Pest vor dreihundert Jahren noch heute mit einer Prozession begangen wird. Dabei entfaltet sich ein Fest alttiroler Frömmigkeit, strahlend in den zarten Pastelltönen der Frauentrachten, den kräftigen Farben der Männertracht und der Banner beim schmetternden Klang der Trompeten und Pfeifen.

Nach dem ›ite missa est‹ drängt alles durch das Portal der Kirche ins Freie, um sich zum feierlichen Zug zu ordnen; Männer, Burschen und Mädchen stellen sich bereit mit Heiligenfiguren und Fahnen, während die Glöckchen von *Sankt Johann Nepomuk,* einer früheren Mariahilfkirche, zu bimmeln beginnen. Man sieht die Buben im Dachreiter an den Seilen hängen. Die Straße ist dicht gesäumt von Einheimischen und schaulustigen Fremden. Unter den getragenen Klängen der Musikkapelle, die in ihrer schönen Tracht angetreten ist – braune Joppen über scharlachroten Westen, schwarze Lederhosen, gehalten von breiten apfelgrünen Trägern, breiten federkielgestickten Gürteln, weißen Strümpfen und schwarzen breitkrempigen Hüten mit weißer Feder –, setzt sich die Prozession in Bewegung und nähert sich langsam der Brücke über die Etsch. Dazu wurden auf dem Uferstreifen Böller abgebrannt, was inzwischen leider verboten ist. An der Spitze schreitet der Kreuzträger, ihm folgt nach althergebrachter Ordnung die Prozession. Die Männer und Burschen in Tracht, mit Tragen, auf denen die Heiligenfiguren stehen, darunter Sankt Urban in einer Reblaube, geschmückt mit den ersten Trauben, die Himmelskönigin, Sankt Michael und andere. Dazwischen die mächtigen Banner, getragen von Männern in langen goldbordierten Schoßröcken in der Farbe des Fahnentuchs, Rot, Blau, Grün, und mit großen breitkrempigen Hüten auf den Köpfen. Langsam und angestrengt kommen sie daher, denn die Banner sind so groß und schwer, daß nur ein kräftiger Mann sie zu tragen vermag. Den Schaft der Fahnenstange im ledernen Schuh am Gürtel steckend, schreiten sie breitbeinig aus, während hinter ihnen je ein Bub zwei an den äußeren Enden der Querstangen befestigte Schnüre hält, um das Überkippen des Tuchs nach vorn zu verhindern. Es kommen die Fahnenschwinger mit den leichten geflammten Seidentüchern, dann unter dem Baldachin der Pfarrer im vollen Ornat mit der Monstranz und das blumenumwundene Gnadenbild. Wenn die Monstranz langsam vorüberzieht, kniet alles ehrfürchtig nieder. Am Schluß folgt der lange Zug der Frauen, Mädchen und Kinder, teilweise in der schönen Tracht. So wallt die Prozession über die Brücke, unter der Burg Braunsberg dahin, ein Stück die Meranerstraße hinauf, wendet dann und kehrt in gleicher Ordnung zurück zur *Kapuzinerkirche,* wo in feierlichem Einzug Gnadenbild, Heiligenfiguren und Banner wieder abgesetzt werden.

In **Niederlana** besuchen wir die 1492 geweihte *Pfarrkirche Mariä Himmelfahrt,* eines der schönsten spätgotischen Gotteshäuser des Etschlandes. Das Schiff wird von reichen Netzgewölben überspannt, zwischen die schlanken Wanddienste sind die Brüstungen der Galerien und der Orgelempore, mit schönem Maßwerk verziert, gespannt. Der prächtigste Schmuck der Kirche ist aber der vierzehn Meter hohe Schnitzaltar, der in acht Jahren, von 1503 bis 1511, geschaffen wurde. Der Entwurf stammt von Hans Schnatterpeck, der fränkisch-schwäbischer Herkunft war. Urkundlich ist nachgewiesen, daß er 1472 in Füssen im Allgäu lebte, dann in Sterzing ansässig war und sich 1478 in Meran niederließ. Schnatterpeck besorgte selbst die farbige Fassung des Altars, die leider im 19. Jahrhundert erneuert oder übermalt worden ist. Es ist auch möglich, daß Schnatterpeck einige der Figuren geschnitzt hat; jedenfalls lassen sich innerhalb der Schnitzwerke Unterschiede in der Qualität feststellen, die auf mehrere Hände deuten.

Als gesichert gilt die Mitarbeit des Bildschnitzers Bernhard Härpfer.

Der bis auf die Fassung sehr gut erhaltene Altar blitzt von Gold und Silber und leuchtet in – allzu – roten, blauen und grünen Tönen. Unter reichen Maßwerkbaldachinen stehen die Figuren. Die untere Zone enthält den Gnadenstuhl mit Petrus und Paulus, in der oberen wird Maria von Gottvater und Christus gekrönt, daneben stehen die Heilige Anna Selbdritt und die Heilige Katharina. Am Rahmen des Schreins sind Statuetten der Klugen und Törichten Jungfrauen angebracht. In der verwirrenden Fülle von Maßwerk und Fialen des Gesprenges steht unter Baldachinen der Weltenrichter zwischen Maria und Johannes. Das Ganze krönt der Schmerzensmann zwischen trompetenblasenden Engeln, ein Bildwerk, von tiefem Ernst erfüllt – eine Mahnung an den Unglauben der Zeit.

Die Innenseiten der Flügel tragen unter prächtigen Wimpergen Reliefs der Verkündigung, Geburt, Anbetung der Könige und Beschneidung. Die Außenseiten bemalte Hans Schäuffelein mit Szenen aus der Passion: Ölberg, Christus vor Pilatus, Geißelung und Kreuztragung.

Wir Heutigen wissen kaum noch, was den Gläubigen der damaligen Zeit ein solcher Altar bedeutete. Er war für sie das immer vor Augen stehende Abbild der Ereignisse der Heiligen Schrift. Man muß ihn nur anschauen und den ganzen herrlichen Aufbau mit den Augen durchwandern, um zu erkennen, daß die dargestellten Personen zwar durchaus Menschen jener Zeit sein könnten, daß sie aber gleichsam in eine andere Sphäre gehoben sind. Ruhig und gelassen in ihrer Haltung stellen sich die Figuren mit ihren fließenden Gewändern dem Blick des Betrachters; herb und wuchtig die Apostelfürsten, hoheitsvoll Gottvater mit dem toten Sohn im Arm, demütig Maria unter der Krone. Trotz all der Szenen, trotz des Reichtums der vielen kleinen begleitenden Figuren, die uns das Geschehen wie ein Bilderbuch schildern, ist der Altar eine festgeschlossene Einheit. Es ist das Großartige solch alter sakraler Kunst, daß sie Formgefühl und Wirklichkeitssinn vereint, daß sie die Wirklichkeit Gottes in der Form aufblühen läßt. Daher steht das Ganze eines solchen Riesenwerks im Zeichen tiefer, ungekünstelter Frömmigkeit.

Von Lana aus kann man auch den Höhenweg nehmen, um Bozen zu Fuß zu erreichen, indem man nach *Völlan* hinaufsteigt und durch schönen Wald über *Gaid* wandert – von dort sieht man auf die Burg Festenstein hinab –, über *Perdonig* unter dem mächtigen Gantkofel dahin bis nach Eppan, immer mit dem Blick ins Etschtal auf die Gebirge ringsum, auf Burgen und Dörfer.

Auf die Kaiserstraße von Meran nach Bozen zurückgekehrt, erreichen wir das Dorf **Terlan,** berühmt durch seinen Wein und seinen schiefen gotischen Kirchturm, der sich erst aufrichten wird, wenn eine reine Jungfrau des Weges daherkommt. Da es zu lange dauerte, hat man ihn inzwischen erneuert und gerichtet. Die Kirche unter dem mit bunten Ziegeln gedeckten Dach ist ein Werk der Bozener Bauschule. Der ganze Chor ist mit Fresken geschmückt, die das Marienleben schildern; im Haupt- und Seitenschiff malten ein Brixener, vielleicht Meister Leonhard, und Hans Stockinger aus Bozen Szenen aus dem Marienleben, Kirchenväter und Heilige. Um den Ort gibt es zahlreiche alte herrschaftliche Ansitze, darunter einen von den Grafen Enzenberg in *Siebeneich.* Dort bilden die Baulichkeiten der *Deutschordenskommende* mit dem barocken Kuppelbau der *Antoniuskirche* ein höchst malerisches Ensemble. Am südlichen Ortsrand von Terlan ragt die Ruine der um 1220 erbauten *Burg Neuhaus* auf, vom Volksmund ›Maultasch‹ genannt. Neuhaus war der Lieblingsaufenthalt der Tiroler Gräfin Margarethe Maultasch.

Wir aber wollen hier die Fahrt unterbrechen und einen Abstecher machen. Es ist ja ein Land, das zum Kreuz- und Querfahren einlädt, zum Wandern und Verweilen. Fahren wir also über Nals nach **Andrian.** Von hier aus lassen sich genußvolle Spaziergänge in die Wälder auf den Berglehnen machen. Wir zum Beispiel gingen dort am Josephitag entlang und sahen hoch oben auf spitzem Fels die *Burg Festenstein* unmittelbar über den roten, senkrechten Porphyrwänden der Schlucht. Aus dem Bergwald dicht über den ersten Häusern schaut der Turm der behäbigen kleinen *Burg Wolfsturm* der Freiherren von Kripp hervor. Es war noch früh im Jahr, die Bäume und Sträucher trugen noch kein Laub, waren aber schon von einem zartgelblichen und rötlichen Hauch überflogen. Ein Bauer mit leuchtendblauer Schürze schloß sich uns an mit seinen Kindern. Sie waren ausgezogen, um nach Schneeglöckchen zu schauen. Während wir uns unterhielten, krochen die Kinder im Unterholz herum, bis uns plötzliches Freudengeschrei den Fund der gesuchten Blumen anzeigte. Wählt man den Weg in entgegengesetzter Richtung, erreicht man, immer im Tal gehend, den Anstieg nach *Sankt Pauls* in Überetsch. Doch zurück nach Terlan, um der Hauptstraße nach Bozen zu folgen. Hoch über der Straße thront die **Ruine Greifenstein,** Hauptstützpunkt der Herren von Starkenberg im Kampf gegen Herzog Friedrich, der die Burg nach zweijähriger Belagerung 1426 endlich nehmen konnte. Sie heißt das ›Sauschloß‹, weil die Belagerten ein Schwein über die Mauer warfen, um reichliches Vorhandensein von Lebensmitteln vorzutäuschen. Die Tiroler Stände suchten zu vermitteln, und der Ritter erklärte sich bereit, zwei Unterhändler zu empfangen. Es waren dies Sigmund Kirchmayr, Bürgermeister von Hall, und Nikolaus Hochgeschoren, Bürgermeister von Bozen. Der Starkenberger bewirtete sie freundlich, verhandelte mit ihnen und entließ sie erst, als es dunkel geworden war. Hochgeschoren war ein alter Feind des Starkenbergers, und der Ritter hatte seinen Tod beschlossen, obwohl ihm freies Geleit zugesichert worden war. Am steilen Burgweg lagen einige Knechte im Hinterhalt, und als die beiden Bozener Herren herankamen, fielen sie über den Unglücklichen her und warfen ihn über die hohen Felsen hinunter.

Hier geht das Burggrafenamt fast unmerklich in das Bozener Tal über, und bald ist die Stadt erreicht.

ÜBERETSCH

Fahrt nach Kaltern

Die reizende Landschaft von Kaltern wurde nicht erst von unserer reisewütigen Zeit entdeckt; sie ist schon vor mehr als hundert Jahren von Tausenden besucht worden, die zu Wagen und zu Fuß, in Gruppen und Prozessionen kamen, um einen alten Ansitz aufzusuchen, in dem das Fräulein Maria von Mörl lebte, die damals eine ähnliche Anziehungskraft ausübte wie Therese von Konnersreuth in den vierziger und fünfziger Jahren unseres Jahrhunderts.

Überetsch heißt das unter dem mächtigen *Mendelstock* ausgebreitete, von jäh zum Etschtal abfallenden Bergen umgebene Land. Man erreicht es von Bozen her durch die Sankt Paulser Schlucht, auf deren linker Seite sich der *Mitterberg* erhebt, der die weitläufige Ruine von **Sigmundskron** trägt. Diese Burg spielte als Schutz des Bozener Beckens schon im 7. Jahrhundert eine Rolle, war dann Sitz der Grafen von Firmian, gelangte 1474 in den Besitz des Herzogs Sigismund, der sie stark ausbauen ließ. Dann folgt an den Hängen der Mendel die Gemeinde **Eppan,** die aus mehreren Ortsteilen besteht.

Über *Sankt Pauls in Eppan* mit seiner stattlichen spätgotischen Pfarrkirche – dem ›Paulser Dom‹ – teilt sich die Straße bei *Sankt Michael in Eppan* und führt mit einem Strang zum Mendelpaß hinauf, mit dem anderen über Kaltern ins Tal hinein, dann nach Tramin und über Neumarkt zurück ins Etschtal zur Salurner Klause. Alle Ortschaften sind hier städtisch gebaut. Die Häuser haben meist große Portale, Doppelbogenfenster mit zierlichen Mittelsäulchen, Erker und Türmchen, Freitreppen und Arkadengänge. Es sind weitläufige, behäbige Wohnstätten, denen vielfach noch anzusehen ist, wie dem bescheidenen alten Kern nach und nach ein Anbau nach dem anderen folgte, bis zuletzt das oft verschachtelte, aber gemütliche Ganze fertig war.

Um diese Orte herum, über die sanft ansteigenden Hänge verstreut, liegen stattliche Bauernhöfe und zahllose Edelsitze, weiß leuchtend im Grün der Weinberge. Bei Sankt Michael liegen *Freudenstein, Thalegg, Wohlgemut* und *Schloß Englar* mit seinem Rittersaal. Die *Mühlburg* und *Schloß Ringberg* erheben sich bei Kaltern, *Kampan,* in Mitterdorf bei Kaltern, besitzt einen prächtigen Renaissancearkadenhof mit dreigeschossigen Galerien auf toskanischen Säulen. Das schöne *Schloß Gandegg* der Grafen Khuen-Belasi bei Sankt Michael, das einen mittelalterlichen Wohnturm einschließt, hat einen Arkadenhof und ist mit vier runden Ecktürmen bewehrt. Bei Sankt Pauls kann man weiterhin auch noch die Zinnenburg, Schloß Warth, die Altenburg und manche andere Ruine besuchen, die von der Beliebtheit dieser Landschaft als Wohngegend seit alters her Zeugnis abgeben. Die Fruchtbarkeit und Lieblichkeit sowie das angenehme Klima von Überetsch verlockten schon früh zahlreiche Adelsfamilien und landesfürstliche Beamte, sich hier anzusiedeln, und im 16. und 17. Jahrhundert kaufte eine neue Schicht nobilitierter Kaufmannsfamilien die alten Sitze an oder baute neue. Ihre Epitaphien schmücken in großer Zahl die Wände der Kirchen.

Kaltern ist der Hauptort der Gegend, überragt von seinen spitzen Kirchtürmen. Auf dem hübschen, baumumstandenen Marktplatz plätschert ein alter Brunnen; die Häuser sind stattlich, mehr städtisch als dörflich, mit schönen Portalen und zwei- oder dreiteiligen Bogenfenstern. Es gibt behagliche Gasthöfe mit prächtigen schmiedeeisernen Auslegern. In der Goldgasse befindet sich das *Südtiroler Weinmuseum,* das einen vollständigen Überblick über die Kulturgeschichte des Weins gibt. Uralte Weinpressen, die sogenannten *Torggeln,* historische Gefäße, Flaschen und Gläser von der einfachsten bis zur kunstvollsten Form sind zu sehen, ebenso die Weinheiligen. In einem eigenen Raum wird der Besucher in die Kultur des Weintrinkens eingeführt.

Die *Pfarrkirche* von Kaltern soll schon der Heilige Vigilius, der Missionar dieser Gegend und erste Bischof von Trient, gegründet haben. 1147 wurde sie jedenfalls dem Trientiner Domkapitel geschenkt. Aus dieser Zeit stammt vielleicht noch der untere Teil des freistehenden Turms. Spätere Jahrhunderte haben ihn vollendet – um 1500 war er fertig. Die heutige Kirche wurde erst 1791 neu erbaut und ist von klassizistischer Kühle. Sie wäre nicht bemerkenswert, hätte nicht Joseph Schöpf 1792 die Deckengemälde im Chor und Langhaus geschaffen. Besonders schön ist die Darstellung des Martyriums des Heiligen Vigilius im Langhaus.

Die Legende berichtet uns über den Tod des Heiligen: *Nachdem die Heiden im Nonstal sich der christlichen Lehre unterworfen hatten, hielt sich der Götzendienst noch immer im unzugänglichen Rendenatal. Hier stand ein heidnisches Heiligtum des Saturn, vor dem die Einwohner nach wie vor ihre wilden Opferfeste abhielten. Vigilius ließ es keine Ruhe, auch diesen Teil des Landes zu bekehren. Er machte sich auf und stürzte – wie Bonifatius später die Donareiche bei Fulda – das antike Bildnis um und warf die Trümmer in die Bergschlucht. Dann stellte er sich an den Sockel des Götzenbildes und predigte von dem wahren und einzigen Gott. Obwohl sein Tun die herbeigeeilten Heiden sehr beeindruckt hatte, sammelten sie sich und rückten mit Steinen gegen den Heiligen vor. Zuletzt erschlugen sie ihn in ihrer Wut mit ihren Holzschuhen. Das geschah an einem 26. Juni um das Jahr 400. Der Leichnam des Heiligen wurde nach Trient gebracht und dort in der von Vigilius erbauten, den Heiligen Gervasius und Profasius geweihten Kirche beigesetzt.*

Das Altarbild mit der Darstellung des Rosenkranzes malte Michelangelo Unterberger um 1740.

Um den Chor der Kirche zieht sich ein Garten, den man besuchen sollte. Von der Gartenmauer aus hat man einen der schönsten Blicke hinunter auf die Weingärten rings um den See – besonders im Frühherbst, wenn nichts dieses Fleckchen Erde an Üppigkeit zu überbieten vermag.

Sehenswert ist auch die *Kalvarienbergkirche Heiligkreuz,* die auf einem bewaldeten Höhenzug nordöstlich von Kaltern in einer Anlage mit acht Kreuzwegkapellen liegt. Der Zentralbau mit Kuppel und Laterne wurde 1720 bis 1723 vermutlich von Johann Baptist Delai errichtet. Von ganz besonderer Qualität ist hier der Hochaltar. Das Altarblatt mit der schönen Kreuzabnahme, ein Frühwerk Paul Trogers aus dem Jahr 1722, wird umrahmt von reichstem, stark plastischem Rankenwerk, auf dem in anmutigster Weise Putten spielen und tänzeln. Die Portale links und rechts des Altares sind von ebenso prachtvoller Blattrankenschnitzerei umfangen, obenauf stehen hier Jesaias und Jeremias. Der Meister dieses Kunstwerks, das laut Chronogramm 1743 vollendet wurde, ist leider unbekannt.

Oben am Kalterer Berg, wo sich die Straße zur Mendel hinaufwindet, steht das Kirchlein *Sankt Nikolaus,* in dem der Sohn des berühmten Würzburger Bildschnitzers Riemenschneider, Bartlme Dill-Riemenschneider, 1529 die Gewölbefresken und Wandmalereien schuf. Zwischen üppigem Rankenwerk sieht man die Brustbilder Gottvaters, Mariä, des Heiligen Nikolaus und der Kirchenväter zwischen Engeln und Evangelistensymbolen. Ihr künstlerischer Wert ist beträchtlich. Mehr oder weniger bedeutende Freskenreste findet man übrigens an und in fast allen kleinen und großen Kirchen der Gegend. Die weitaus interessantesten birgt das hochgelegene Kirchlein **Sankt Jakob in Kastellaz** über Tramin – sehr merkwürdige Wandmalereien, um 1200 von einem sonst in Südtirol nicht bekannten Meister geschaffen. Die untere Zone der Apsis ist hier von einander bekämpfenden dämonischen Fabelwesen bevölkert wie Hexen, Fischweibern und Kentauren.

In Kaltern lebte das bereits erwähnte Fräulein von Mörl, die lange Zeit das Gesprächsthema Tirols gewesen ist. Bis zu ihrem zwanzigsten Lebensjahr hatte sie mehr als eine gefährliche Krankheit überstanden. *In diesem Jahr,* schreibt Ludwig Steub, der sie 1844 besuchte, *traten jene innerlichen Plagen ein, die man ›tentatio diabolica‹ nennt.* Unablässig quälten sie scheußliche Dämonen, die arme Seelen hinter sich herschleppten und ihr ewige Verdammnis androhten. Als man im Jahre 1833 den kirchlichen Exorzismus angewendet hatte, verschwanden diese Gesichter. Im gleichen Jahr fiel sie das erste Mal in Ekstase, es zeigten sich die Stigmata, und seit jener Zeit wechselte sie zwischen Ekstase und Erwartung hin und her, immer wieder das Leben Christi von seiner Geburt bis zum Kreuzestod durchlebend. Die Nachricht von jenem wunderbaren Ereignis ging wie ein Lauffeuer durch das Land, und bald war der Zulauf ungeheuer. Aberglaube, Neugier und Sensationslust müssen dem armen Fräulein von Mörl das Leben zur Hölle gemacht haben. Über 40000 Menschen sollen zum Beispiel von Juli bis September des Jahres 1844 im Dorf gewesen sein, und an manchen Tagen zogen über dreitausend Besucher durch das Zimmer der Kranken. Ihr Zustand wurde von Geistlichen geprüft, selbst der Bischof von Trient kam und soll gesagt haben, ihre Krankheit sei zwar kein Wunder, aber ihre Frömmigkeit sei auch keine Krankheit. 1868 ist sie gestorben. Steub erzählt auch, daß die Kalterer zwar gut an den vielen Besuchern verdienten, aber auch die Köpfe schüttelten und sich wunderten, wie es ›die Mörl-Marie‹ nur aushalte, alle Tage ›spielen‹ zu müssen. Sie ist dem fröhlichen Volk dieses gesegneten Landes sicher etwas unheimlich gewesen.

Daß die Einwohner Kalterns ›Herrgottskinder‹ genannt werden, hat seinen besonderen Grund und nichts mit dem frommen Leben des Fräulein von Mörl zu tun. Vor vielen Jahren kam einmal ein Fremder nach Kaltern, gerade als ein Bürger begraben wurde, zum Klang der großen Kirchenglocke. Am nächsten Tag, einem Freitag, erscholl beim sogenannten ›Angstläuten‹, das auch in anderen Orten zur Erinnerung an die Sterbestunde des Herrn erklingt, nur die kleine Sterbeglocke. Als der Fremde fragte, warum dem Herrgott denn nur das Armesünderglöckchen geläutet werde, erhielt er zur Antwort, »der Herr ist doch kein Kalterer Bürger«. Nun wollte der Fremde wissen, ob man dies hochgeschätzte Bürgerrecht nicht erwerben könne. Freilich, wurde ihm geantwortet, das wäre für die Summe von fünfzig Gulden möglich, vorausgesetzt, daß der Antragsteller unbescholten und von guter Herkunft sei. Da ging der Mann hin und kaufte den Herrgott in die Bürgerliste ein, und seitdem heißen die Kalterer die Herrgottskinder.

Unterhalb des Ortes liegt, reich mit Wein und Obst bepflanzt, das Tal mit dem Kalterer See; darüber steht der waldige Mitterberg, dessen höchste Kuppe die klotzige Leuchtenburg krönt. Es ist die Landschaft des Überetsch, die am südlichsten wirkt, vor allem wenn die Luft unter der Sommersonne vor Hitze flirrt. Kein Wunder, daß hier ein besonders guter Wein gedeiht, besonders der goldgelbe Traminer und der rubinrote Kalterersee. Im Oktober ist es hier beinahe am schönsten, wenn zarter Dunst die Berge verschleiert, die Äpfel dunkelrot und goldgelb im Laub glänzen und die blauen und gelben Trauben schwer und süß unter den Pergeln hängen. Es ist die Zeit der Lese, des ›Wimmet‹, wie es hierzulande heißt. In Girlan, Eppan, Missian, Tramin, Kaltern, unten am See, um Sankt Pauls, überall herrscht reges Leben und Treiben. Man begegnet in den Gassen, in denen der betäubende Duft von Traubensaft hängt, den langen Reihen der von Traktoren und weißen Ochsen gezogenen Wagen, beladen mit Bottichen und reblaubumwundenen Fässern. Die Winzer arbeiten in den Weingärten unter den schattigen Dächern der Pergeln, die an den sonnigen Leiten in Terrassen emporsteigen. Selbst die Kreuze am Wegrand sind mit grünem Weinlaub geschmückt, an den Händen des Gekreuzigten hängen schwere saftige Trauben, und zu seinen Füßen stehen Schüsseln mit Äpfeln und Birnen.

Gang nach Hocheppan

An der nördlichen Ecke des Überetscher Landes steigen die Hänge zur Mendel hinauf, unten mit Obstbäumen und Weingärten dicht besetzt, dann mit Edelkastanien, Buchen und Eschen, und über den riesigen Steilwänden steht schließlich dunkler Nadelwald. Unter all den Burgen und Schlössern des Landes ist neben der Leuchtenburg **Hocheppan** die am schönsten, hoch auf einem Felskegel über dem Etschtal gelegene, über den reichen Gefilden so hingesetzt, als wäre sie die Krone des Landes, ein Denkmal ritterlicher Zeit, ganz von Vergangenheit erfüllt.

Von Sankt Pauls fährt man über Missian bis zur Burg Korb, über der die prächtige Ruine von Boymont liegt, und setzt die Fahrt – eigentlich sollte man zu Fuß gehen – auf schmalem, schlechtem Weg fort, der sich im Wald verliert und beim Unterhauser Hof endet. Dann steigt man durch einen Buschwald von Edelkastanien, den einzelne hohe Stämme überragen, vorüber am *Kreidenturm,* der im 12. Jahrhundert zum Schutz des Burgweges gebaut wurde. Der Name des Turmes besagt, daß von hier aus Signal gegeben wurde; ›greien‹ steht im Mittelhochdeutschen für ›schreien‹. Weitersteigend, gelangt man über einen tiefen Graben in den Zwinger von Hocheppan. Rotbraun ragen die Trümmer der efeuüberhangenen Mauern, die noch erhaltenen Gebäude und der starke fünfeckige Bergfried. Der Kern der Burg entstand in der 1. Hälfte des 12. Jahrhunderts, etwa gleichzeitig mit Schloß Tirol; im 13. und 16. Jahrhundert erfolgten Erweiterungen wie die Vorburg, ein Teil des Palas, an der Nordostecke zwei Batterietürme und jenseits des Grabens ein offenes freistehendes Rondell. Ein Teil des Palas, dessen Außenmauern über den Felsrand hinausgebaut wurden, ist in die Tiefe gestürzt. Bestimmt wird der Eindruck des Ganzen heute noch von romanischen Grundformen, die der Baugruppe strenge Einfachheit und Schwere verleihen.

1131 ist die südlich am inneren Hof gebaute *Kapelle* geweiht worden, ein kleiner Bau mit drei Apsiden, ganz schlicht und unansehnlich, aber er enthält als kostbaren Schatz einen fast vollständig erhaltenen Freskenzyklus in kräftigen Farben, der im ersten Jahrzehnt des 13. Jahrhunderts entstanden sein dürfte. Erst 1926 wieder aufgedeckt, wurden die Malereien 1965 restauriert. Noch vor hundert Jahren berichtet ein Besucher: *In der Burgkapelle steht jetzt ein Gsottstuhl und auf dem Boden liegt Laub zur Streu. Die zerlumpte Thüre trägt die Jahrzahl 1689. Außerhalb an der Mauer ist ein altes verblichenes Gemälde zu entdecken.*

Es sind jedoch drei Fresken an der Außenwand: ein Heiliger Christophorus, der vermutlich in der ersten Hälfte des 12. Jahrhunderts entstanden ist, eine Kreuzigung und eine Hirschjagd, die wie die Wandmalereien des Innenraumes dem ersten Jahrzehnt des 13. Jahrhunderts zugewiesen werden. Den fürstlichen Jäger, der mit zwei Hunden den Hirsch hetzt, deutete man als Dietrich von Bern. Der Legende nach soll ihn der Teufel unter dem Vorwand einer ergiebigen Jagd in die Hölle gelockt haben, denn der Ostgotenkönig wollte als Arianer die Gottessohnschaft Christi nicht anerkennen. Später, als man den Sinn der Darstellung nicht mehr verstand, wurde Dietrich von Bern in einen Sankt Georg verwandelt und über die Hunde ein Drachen gemalt, dessen Konturen noch zu sehen sind.

Inzwischen haben Achim Masser und Max Siller nachgewiesen (Schlern, Heft 2, 1983), daß es sich nicht um Dietrich von Bern handelt, sondern um eine Darstellung aus der Legende des Heiligen Oswald. Dieser wurde als Patron der Kreuzfahrer und wegen seiner Mildtätigkeit verehrt. Der 603 geborene König von Northumbrien ließ sich taufen, christianisierte sein Land und fiel 642 im Kampf gegen Penda, den heidnischen König von Mercien. Schottenmönche brachten seine Legende und Verehrung nach Deutschland, wo nach dem Text des englischen Mönches Reginald 1171 ein Spielmannsepos entstand. An der Stätte seines Todes und an den Orten, wo seine Reliquien aufbewahrt wurden, geschahen Wunder. In Süddeutschland hatte sich 1071 Herzog Welf IV. mit Judith, der Witwe des Earl of Northumberland aus der Heimat Oswalds vermählt. Judith schenkte dem welfischen Hauskloster Weingarten eine Reliquie des Heiligen. Der Kult um Sankt Oswald breitete sich aus; auch in Nord- und Südtirol, wo die Welfen Landbesitz im Vintschgau und Burggrafenamt dem Kloster Weingarten schenkten. Die Grafen von Eppan, eine Seitenlinie der Welfen, 1116 erstmals urkundlich genannt, standen immer in naher Verbindung zum welfischen Hause, und daher stammte auch ihre Vorliebe für den Heiligen Oswald. Mit Ausnahme des Heiligen Christophorus sind die Eppaner Fresken mit denen der Krypta in Aquileja verwandt, denn Graf Ulrich von Eppan war mit Wolfger, Bischof von Passau, seit 1204 Patriarch von Aquileja, befreundet. Sie waren öfter zusammen auf Reisen; der Patriarch besuchte Meran und Bozen und ist vielleicht auch Gast auf Hocheppan gewesen. Er könnte dem Grafen einen Maler aus Aquileja vermittelt haben.

Es gibt zahlreiche Darstellungen der Hirschjagd, die nicht immer den gleichen Inhalt haben. Masser und Siller denken für Eppan an den Heiligen Oswald und leiten die Entstehung der Fresken von der Spielmannsdichtung ab. Die Königstochter, die Oswald heiraten will, bittet diesen, einen zahmen Hirsch mitzubringen. Der Heidenkönig will seine Tochter keinem Christen zur Frau geben, er hetzt die Hunde auf das Wild; der Hirsch aber lockt den König in die Irre, so daß Oswald und die Königstochter fliehen können. Die Legende berichtet auch, der Hirsch sei eigentlich ein Engel gewesen, der Oswald helfen sollte. *Wie dem auch sei,* schließen die beiden Forscher ihre Betrachtung, *Kult, Legende und spielmännische Dichtung vom Heiligen Oswald scheinen uns angesichts der dargelegten intensiven Beziehungen des tirolischen Raumes im allgemeinen und insbesondere der eppanischen Grafenfamilie zum Oswald-Kult Grundlage und Umfeld für die Jagdszene auf der Kapellenwand von Hocheppan zu sein …*

Im Inneren der Kapelle umziehen die Malereien in zwei breiten Streifen die Wände. Als Hauptgestalt thront die Muttergottes mit dem Kinde in strenger Schönheit und fast archaischer Würde zwischen Engeln in der Mittelapsis; in den Seitennischen sehen wir links das Lamm Gottes und rechts Christus, der den Aposteln Petrus und Paulus Schlüssel und Schriftrolle übergibt; außerdem erscheinen die Klugen und Törichten Jungfrauen, Johannes der Täufer, ein Prophet und in der oberen Zone Christus als Richter zwischen den zwölf Aposteln. Süd-, West- und Nordwand tragen von Mäanderbändern eingefaßt Szenen aus dem Leben Christi, von der Verkündigung bis zur Passion, sowie die Geschichte der Heiligen Drei Könige. Besonders anschaulich ist Christi Geburt dargestellt.

Neben dem Lager Mariä kocht eine Hebamme in einem Tiegel Knödel, von denen sie gerade einen zur Probe in den Mund schiebt.

Die Grafen von Eppan, die die Burg in dieser unvergleichlichen Lage bauten, waren die mächtigen Rivalen der Grafen von Tirol, mit denen sie in langer Fehde lagen, bis sie schließlich den kürzeren zogen. Als Welfen standen die Eppaner in den Reihen der Gegner der staufischen Kaiser. Das Unglück wollte es, daß die Grafen Friedrich und Heinrich – die Söhne Ulrichs II., des Erbauers der Burg Hocheppan – einst zwei Kardinäle, die als Legaten des Papstes Hadrian zu Kaiser Barbarossa unterwegs waren, gefangennahmen. Herzog Heinrich der Löwe mußte daraufhin, sicher gegen seinen Willen, die Burgen seiner Verwandten brechen. Von diesem Schlag haben sich die Eppaner nie mehr erholt. Gegen Mitte des 13. Jahrhunderts mußten sie schließlich die Eppaner Grafenrechte, den Besitz und Burg Hocheppan den Grafen von Tirol übergeben. Der letzte der Grafen von Eppan starb als Domherr von Trient, verarmt und unbeachtet.

Die Grasterrassen um die Kapelle sind mit Bänken bestellt. Da kann man sitzen, einen Wein trinken und hat das Gefühl: hier schläft die Zeit. Die wenigen Gäste sprechen leise, um die tiefe Stille nicht zu stören. Der Blick ist einzigartig. Von Bozen bis Meran kann man schauen, über die Vorberge, auf die rosigen Spitzen des Schlern und des Rosengartens, über den Mitterberg mit Burg Sigmundskron und die Montiggler Seen.

Die Gegend von Eppan bietet Gelegenheit zu abwechslungsreichen Wanderungen. Im Südosten von Sankt Michael kann man die ›Gleif-Eishöhlen‹ besuchen, wo aus Spalten und Hohlräumen der Porphyrblöcke kalte Luft in eine fünfhundert Meter hochgelegene Mulde strömt. Dort bildet sich infolgedessen eine Vegetation wie in 1500 bis 2000 Metern Meereshöhe. Ein Spaziergang rund um die Montiggler Seen mit dem Schilf-Biotop und mit Resten alter Pfahlbauten kann ebenso empfohlen werden wie eine Wanderung auf dem fast eben verlaufenden ›Eppaner Höhenweg‹ mit prachtvollen Panoramablicken. Nicht auslassen sollte man die ›Drei-Burgen-Wanderung‹, die von den Ortsteilen Sankt Michael oder Girlan aus mit vier bis fünf Stunden Gehzeit anzusetzen ist. Sie führt vorbei an dem aus dem 13. Jahrhundert stammenden **Schloß Korb,** dessen romantischer Turmbau sich in unseren Tagen zu einem

13

Albin Egger-Lienz (1868-1925)

Sigmundskron, 1921
Öl auf Leinwand
Innsbruck, Tiroler Landesmuseum Ferdinandeum
(Foto: Museum)

Der 1868 in Striebach bei Lienz im heutigen Osttirol geborene Kirchenmalersohn, der seinem Namen die Herkunftsgegend zufügte, stand anfangs im Banne Defreggers, wandelte sich aber unter dem Einfluß Hodlers zu expressiver Monumentalität. In besonders subjektiver Farbgebung beschränkte er sich dabei häufig auf eine breite Skala gelb- und rotbrauner Valeurs, die seinen Bildern im Verein mit der lapidaren Formvereinfachung einen Zug von bedrückender Schicksalhaftigkeit und Erdenschwere, aber auch von suggestiver Kraft und tiefempfundener Heimattreue verleihen. Besonders deutlich wird diese Haltung in dieser vier Jahre vor seinem Tod in Sankt Justina bei Bozen entstandenen Ansicht der Burg Sigmundskron über der Etsch. Die schwermütige Sonnenuntergangs-Stimmung mag dabei auch Ausdruck innerster Gefühle des Malers sein, der im Ersten Weltkrieg als Standschütze bei der Verteidigung Tirols mitwirkte und sich dann der ganzen Vergeblichkeit dieser übermenschlichen Anstrengungen bewußt werden mußte.

Flitterwochenquartier entwickelt hat, hinauf nach Hocheppan und dann über einen steilen Steig zurück zur **Ruine Boymont.** Reizvoll an dieser palastartigen romanischen Anlage ist die Auflösung der Wände durch dichte Reihen großer, ursprünglich dreiarkadiger Fenster, die durch einen Rundbogen zusammengefaßt sind. Die Umrahmungen, Fenstergewände, Säulen und Kapitelle sind aus weißem Marmor gearbeitet. Hier in Boymont lädt eine Jausenstation unter freiem Himmel zur Einkehr. Dies sind sicherlich die drei Perlen in einer Kette von zwölf intakten Schlössern und Burgen, zehn Burgruinen und sechzig Edelsitzen, womit die Eppaner Höhen geschmückt sind. Wie die Eppaner Grafen und ihresgleichen einst gelebt haben, läßt sich genauer besichtigen. Auf **Schloß Moos,** dessen Anlage bis ins 13. Jahrhundert zurückreicht und das im Inneren reich freskiert ist, hat ein Bozener Kunstmäzen eine einzigartige Sammlung alter Wohnkultur mit getäfelten Stuben und aufgedeckten Fresken eingerichtet. Angeschlossen ist auch eine Galerie mit Werken Tiroler Künstler des 20. Jahrhunderts.

Exkurs über den Wein

Wenn die Sonne im April das Überetsch auf eine Durchschnittstemperatur von siebzehn Grad aufheizt, dann fangen die Reben an der Südtiroler Weinstraße an zu ›weinen‹. Das Wasser wird von den Wurzeln angesaugt und an die Triebenden geleitet. Ende des Monats und im Mai schieben sich langsam die jungen Triebe, die ›Garzen‹, hervor, und schon sieht man die ersten ›Gescheine‹, die die Zahl der künftigen Trauben anzeigen. Die weingeschichtliche Entwicklung Südtirols erklärt uns das bereits genannte Südtiroler Weinmuseum in Kaltern.

Am Gardasee haben wir die südlichsten Reben von Südtirol und dem Trentino, um Elvas und Schabs bei Brixen die nördlichsten. Dazwischen also erstreckt sich eines der berühmtesten Weinländer der Erde. Weindörfer und -städte, Klöster, Kirchen und Kapellen, Schlösser und Burgen begleiten Eisack und Etsch; sie stehen oft mitten in den Weinbergen oder den Rebgefilden der Täler, über die Sankt Urban segnend seine Hand hält.

Schon vor mehr als zweitausend Jahren lobte der strenge Cato den Tiroler Wein, und Kaiser Augustus soll gerne den ›Rätischen‹

getrunken haben, wenn es auch nicht sicher ist, ob er ihn aus Südtirol ader aus anderen Gebieten des rätischen Alpenlandes bezogen hat. Daß in vorrätischer Zeit bei Brixen und Bozen Wein angebaut wurde, ist durch Bodenfunde nachgewiesen worden. Der Heilige Korbinian ließ um 720 Reben bei Kuens, Mais und Kortsch pflanzen, und der Heilige Urban liebte besonders den Bozener.

Dietmar Stutzer ist der Geschichte des Weins nachgegangen, vor allem den Weingütern der bayerischen Prälaten in Südtirol.

Die benediktinische Klosterkultur Bayerns hat mit der Gründung von Benediktbeuern 739 begonnen. Die Gründer waren Mitglieder der westbayerischen Gebietsadelsfamilie Huosi ... Von ihnen weiß man, daß sie größeren Besitz in Südtirol gehabt haben. Als im 13. Jahrhundert Weinbergschenkungen in der Gegend von Meran an Benediktbeuern erfolgt sind, beziehen sich die Stifter darauf, daß die Gründer des Klosters einst in Südtirol Weingärten besessen hätten. Deshalb stehe ihrem Familienkloster auch noch nach Jahrhunderten der Anspruch auf die Freiheit von Weinzöllen zu. Es wird vermutet, daß auch die übrigen bayerischen Urklöster, Wessobrunn etwa, Polling oder Schäftlarn bereits während der Gründung mit Weinbaubesitz an der Etsch ausgestattet wurden. Die Urkunden darüber haben, ebenso wie die benediktinischen Urklöster am Nordalpenrand selbst, die Ungarnkriege des 10. Jahrhunderts nicht überlebt. Die Geschichte der bayerischen Klosterweingüter ist daher erst seit dem hohen Mittelalter belegt. Der Bischof von Freising hatte schon zuvor Weinberge an der Etsch, so die Korbinianszelle bei Meran, wie auch Benediktbeuern, Tegernsee oder Schäftlarn in Südtirol Weinberge besaßen, von denen sie den Zehnten der Lese erhielten, *bis dann mit der Schenkung der Grafen von Andechs-Meranien an Benediktbeuern 1218 die Geschichte bayerischer Prälaten als Südtiroler Weinherren auf eigenen, selbst bewirtschafteten Weingütern beginnt.* Wein war im Mittelalter ein beliebtes Heil- und Stärkungsmittel. Im hohen Mittelalter betrug der Weinverbrauch eines Mannes etwa 350 Liter im Jahr. Die Klöster selbst brauchten viel Wein – Meßwein, Gästewein, Krankenwein –, und zwischen dem 13. und 18. Jahrhundert gab es kein Männerkloster in Oberbayern, das nicht ein Weingut in Südtirol besessen hätte.

Benediktbeuern besaß den Poschenhof in Untermais bei Meran, ein Weingut in Terlan am Ende des Burggrafenamtes und eines in Sankt Quirin bei Bozen. Das Augustinerchorherrenstift Beuerberg verfügte über einen Weinhof in der Stadtgemeinde Bozen, das Kloster Beyharting über eines in Eppan, Ettal besaß zwei Weingüter in Mais und in Tramin, und Polling vier Weingüter ebenfalls in der Stadtgemeinde Bozen. Die Augustiner von Rottenbuch wirtschafteten auf zwei Weingütern im Burggrafenamt, Schäftlarn besaß noch immer seine frühmittelalterlichen Weinrechte in Gries und Branzoll. Die Prämonstratenser von Steingaden hatten seit dem 15. Jahrhundert zwei Weingüter in Maria Steinach in Algund bei Meran und seit dem 18. Jahrhundert eines in Schreckbichl in der Gemeinde Girlan; Tegernsee, neben Benediktbeuern der älteste klösterliche Weinherr in Südtirol, bewirtschaftete drei Weingüter in Lana, Planitzing und Kaltern. Hinzu kamen die Besitzungen von Andechs und Wessobrunn. Sie alle bildeten einen Rest, aber geschichtlich einen sehr repräsentativen Rest von Weinbaubesitzungen der bayerischen Klöster an der Etsch.

Die bayerischen Prälaten wußten, daß die Südtiroler Bauern frei waren und die Landstandschaft besaßen. Daher wollten sie in Südtirol nur als ›Weinbauern‹ auftreten, und sie hatten ihre Abgaben an Adel oder Städte zu entrichten. *Die Äbte und ihre Wirtschaftsleiter, die man nach der Benediktinerregel die Cellerare nannte, liebten ihre Weinhöfe und schrieben unermüdlich alles auf, was sich auf ihnen begab. Es gibt keinen anderen Bereich der Bodenwirtschaft und des Pflanzenbaues, über den so weit zurückreichende und so genaue Überlieferungen verfügbar sind wie über den Weinbau im Tiroler Etschland durch bayerische Klöster… Wer heute auf den Höhen von Girlan oder auf den Ruinen der Burg Sigmundskron steht oder auch sich in Kurtatsch oder Margreid nach Osten und Süden wendet und in den Talgrund der Etsch schaut, der wie eine offene Schale vor ihm liegt, kann sich nicht vorstellen, daß diese flache Landschaft, die von Obstanlagen bedeckt ist, einmal halbsumpfiges Überschwemmungsgebiet war. Die Etsch hat bis zu ihrer Regulierung im vorigen Jahrhundert ihr Flußbett fast mit jedem Hochwasser geändert, die Talsohlen im Burggrafenamt und im Südtiroler Unterland waren nur als Futterwiesen nutzbar, und oft genug war auch das nicht möglich, wenn die Hochwasser das Talgelände vermurt hatten. Weinbau konnte nur auf den hochwasserfreien Terrassen und in den höheren Lagen getrieben werden. Es war üblich, daß jedes Weingut, ob bäuerlich, herrschaftlich oder auch klösterlich, Futtergewinnungsrechte auf dem Etschgrund hatte, damit aber auch an dem Risiko der häufigen Naturkatastrophen beteiligt war.*

Die Berichte der Cellerare vermitteln uns auch Charakteristiken der Wirtschafter. So heißt es einmal: *Der Baumann Ignatz Locher auf unserem Weingute zu Sankt Quirin ist von allzu großer Lebensfreude erfüllt. Auch ist er überaus unterhälterisch, liebt den Gesang und das Zitherspiel, hält auch oft die Spielkarten in der Hand und kennt alle Bozener Schänken aus dem Fundamente. Fernerhin steht er in dem Rufe, Leichtfertigkeiten und Liderlichkeiten nicht zu entweichen. Sein Weib ist ihm bei diesem Treiben nicht im Wege, da sie selbst das gleiche um desto ärger treibt, so kann es nicht wunder nehmen, daß der Baumann immer wieder in drückende Schulden und schlimme Verlegenheiten gerät.*

Abt Amandus von Benediktbeuern ärgerte sich weidlich, immer wieder solche Berichte in den Jahren um 1700 lesen zu müssen und drohte strenge Strafe an. Das schönste der Steingadener Weingüter war der Marklhof in Schreckbichl, auf dem nur Rotwein angebaut wurde. Abt Marianus II. Mayr, der Bauherr der Wieskirche, liebte dieses Weingut besonders. Sein Rotwein war *von so himmlischem Wohlgeschmacke, daß es kaum seinesgleichen in dem ganzen so gesegneten Tiroler Etschlande geben mag,* schrieb der Steingadener Kellermeister 1745.

Die Säkularisation von 1803 machte auch den klösterlichen Weingütern in Südtirol ein Ende, denn Österreich zog die nun herrenlosen Besitzungen ein, die an bäuerliche und bürgerliche Interessenten verkauft wurden.

Weinbau ist eine harte, doch friedliche Arbeit. Er braucht viel Geduld, Liebe, Heiterkeit, genau wie zum Weintrinken Ruhe und ein heiteres Gemüt gehören. Im Etschtal, in Überetsch und im Trentino werden die Reben auf ›Pergeln‹ oder ›Pataunen‹, Lattengestellen, gezogen, aus deren schattigen Gehegen die Trauben dann groß und saftig herabhängen. In der Gegend von Brixen zieht man die Reben durchweg an Pfählen hoch. Je älter der Weinstock, heißt es, je karger der Boden, desto vortrefflicher der Wein, und ein altes Sprichwort sagt: *Wo die Hasen düngen und der Himmel wässert, wächst der beste Wein.*

Als den Römern die Franken, Langobarden und Bayern folgten, werden sie ohne Zweifel gewußt haben, was es mit den Reben auf sich hat, oder vielmehr, daß sie es in sich haben. Sie ließen ihnen nicht minder sorgsame Pflege angedeihen wie später die Stifte. Wie im Rheinland mischte sich hier das schwerblütige deutsche Element mit dem leichteren, fröhlicheren der Romanen. Das ist dem Weinbau zugute gekommen. Karl der Große befahl in seinem ›Capitulare de villis‹, daß der Wein nicht mehr mit Füßen getreten werden dürfe, sondern im Torkel oder mit Kolben gekeltert werden müsse. In Frankreich ist man vielerorts später wieder auf die alte Art zurückgekommen.

Urkunden des 9. und 10. Jahrhunderts nennen berühmte Namen wie Kaltern, Terlan, Tramin, Mais, Nals unter dem Gantkofel; nicht viel später Sankt Magdalena, Sankt Justina, Kurtatsch, Missian und andere bekannte Orte. Das Burggrafenamt mit dem Rametzer und Schwanburger Blauburgunder, den Rotweinen vom Küchlberg und Lebenberg, die Landschaften um Bozen, von Überetsch und das Trentino sind die besten Weingegenden, wozu auch Lagrein oder die östlichen Höhen von Trient gehören, wo der ›Goccia d'oro‹ gewonnen wird. Besonders berühmt ist der weiße Gewürztraminer, dessen Reben später auch nach Deutschland und Österreich gewandert sind und berühmte Weine wie Forster ›Ungeheuer‹, Deidesheimer, Klosterneuburger und Nußdorfer hervorgebracht haben und noch hervorbringen. Aber auch am Randgebiet des Weinbaus, in Neustift und Elvas bei Brixen, wächst ein vortrefflicher Tropfen. Von ihm war schon die Rede.

Wolfram von Eschenbach schreibt im ›Willehalm‹, der ritterlichen Legende um Wilhelm von Orange, der Gesang der Nachtigall sei nur darum so süß, weil sie all den Wein getrunken habe, der zu Bozen vorhanden sein mag. Der Regensburger Domherr Konrad von Megenberg erwähnt in seinem Lob der Traminer und Bozener Lagen 1349, daß dort zur Klärung des Weins Eiweiß genommen werde. Als Kaiser Friedrich I. Rotbart mit seinem Heer und zahlreichem Gefolge 1154 bis 1155 auf dem Zug nach Italien in Bozen Station machte, ließ er, wie die Chronisten erzählen, die Stadt leergetrunken zurück.

Manch Bau- und Kunstwerk in dieser Stadt ist ganz auf den Weinbau oder den Wein bezogen. In der von Weinlaub umrankten Bogenlaibung des Leitachertörls im Bozener Dom zum Beispiel stehen sich die Figuren von Winzer und Winzerin gegenüber, und die schöne Kanzel stiftete 1513 der Gastwirt und Weingutsbesitzer Jost Ortlieb. In Bozen gab und gibt es viele Weinhäuser, und im ganzen Land steht neben den großen Hotels noch manch altes Tiroler

Wirtshaus mit behäbig breiter Fassade über gewölbter Einfahrt, wo eigener Wein ausgeschenkt wird.

Wie der Heilige Urban gilt auch Sankt Georg als Schutzpatron der Winzer gegen Schädlinge. Bei der großen Fronleichnamsprozession in Bozen, von der schon die Rede war, wurden nicht nur zahlreiche Begebenheiten aus dem Alten und Neuen Testament dargestellt, sondern auch ›Das Georgispiel‹ von zahlreichen Gruppen gezeigt. Da kamen die Eltern der Heiligen Margarethe daher mit einem breiten Seidenband in den Händen, das dem Drachen um den Hals geschlungen war; der Drache war ein von zwölf Männern dargestelltes Ungeheuer, das oft bis an das erste Stockwerk der Häuser reichte. Der Heilige selbst erschien hoch zu Roß, in eiserner Rüstung, mit einer Menge von Edelknaben und Edelfräulein, Rittern und Knappen. Je reicher die Zeiten, um so prachtvoller die Aufführung, und unzählige Zuschauer kamen aus allen Gegenden. Aber gerade wegen des ungeheuren Aufwandes mußte das Spiel manchmal jahrelang ausgesetzt werden. Doch dann drängten die Bauern, daß es wieder aufgeführt werde, damit die Feldschädlinge nicht über das Land kämen. Im Jahre 1752 verbot die Regierung endgültig dieses Volksschauspiel. Nur einmal noch, 1753, erzwangen die Bauern das Georgispiel, seitdem hat man es nie mehr gesehen.

In Südtirol werden heute an die 600000 Hektoliter Wein im Jahr erzeugt, wobei der Weißwein einen Anteil von etwa 18 Prozent hat. Zur wichtigsten Rebsorte hat sich die *Vernatschtraube* mit ihren Varianten entwickelt. Sie ergibt einen spritzigen Rotwein, der nicht lang gelagert werden sollte. Aus ihr – oft mit Lagrein verschnitten – kommen so bekannte Weine wie *Kalterersee, St. Magdalener* oder *Meraner Hügel.* Der *Lagrein* hingegen baut sich erst in der Flasche endgültig auf, sollte daher einige Jahre gelagert sein. Seine Variante ist der *Lagreinkretzer,* dessen Most vor der Gärung von den Bälgen getrennt wird. So ergibt sich ein hellroter, aber feuriger Wein, den der Arzt Hippolyt Guarinoni in einem 1610 gedruckten Buch als *›hitzeerregendes Malefizgetränk‹* verleumdet. *Blauburgunder,* ein Wein mit viel Körper, wird vornehmlich im Bozner Unterland angebaut, geringere Mengen gibt es vom *Merlot* und *Cabernet*, und der seltene *Rosenmuskateller* ist ein in der Tat mit einem *Rosenaroma* ausgestatterer, sehr süßer Dessertwein, vor noch nicht langer Zeit als ›Damenwein‹ etwas mitleidig abgetan.

Einheimisch sind auch die wichtigsten und geläufigsten Rebsorten der Südtiroler Weißweine, *Traminer, Gewürztraminer* und *Terlaner.* Wenn auch das Etschtal und das Überetsch um Eppan und Kaltern den Hauptanteil an der Weinproduktion haben, so schätzen Liebhaber trockener Weißweine, etwa des *Silvaner,* auch die Lagen im unteren Eisacktal um Neustift, Brixen und Klausen. Die Südtiroler Winzer haben seit Jahren die Zeichen der Zeit erkannt und sich von der Masse weg hin zur Qualität entschieden. Die meisten Weine dürfen heute deshalb die Bezeichnung DOC (Denominazione Originale Controllata) tragen. Das weist sie als Qualitätsweine mit kontrolliertem Ursprung aus. Die meisten Kellereien kann man besichtigen und dabei natürlich auch einkaufen. Den jeweils neuesten Jahrgang bekommt man als ›*Nuien*‹ beim herbstlichen ›*Törggelen*‹ zu verkosten, wobei man unter dem echten Törggelen eine Wanderung versteht, an deren Ende der neue Wein, verbunden mit einer Brotzeit, genossen und beurteilt wird. Im Frühjahr lassen sich Weine aus allen Südtiroler Lagen bei der ›*Bozner Weinkost*‹ probieren.

Etschabwärts

Von Sigmundskron bis zur Salurner Klause reicht das Bozener Unterland, also bis zur alten Sprachgrenze. Man kann sie entweder auf der Südtiroler Weinstraße über Sankt Michael, Kaltern, Tramin, Kurtatsch und Margreid erreichen oder durch das breite Tal der Etsch, dessen Talsohle und Hänge ausgedehnte Obstpflanzungen, Felder und Weinberge bedecken.

Zunächst wollen wir der **Südtiroler Weinstraße** nach Süden folgen. Sie ist kein neu angelegter Straßenbau, der sich über landschaftliche Gegebenheiten hinwegsetzt, um die kürzeste Verbindung von Bozen nach Salurn herzustellen. Vielmehr bestimmten alte Saumwege und schon bestehende Straßenteile die Trassenführung, wie wir sie heute vorfinden und benutzen. Die Straße berührt vor allem jene Orte, die dem Südtiroler Wein seinen Ruhm eingebracht haben. Die meisten der an der Weinstraße gelegenen Dörfer sind aber auch Ausgangspunkt für Touren ins Mendelgebirge. So beispielsweise zum markanten nördlichen Eckpfeiler, dem 1860 Meter hohen Gantkofel, zum aussichtsreichen Penegal

(1742 m), zum Mendelpaß selbst und schließlich zur höchsten Erhebung des ganzen Gebirgszuges, dem Monte Roén mit 2116 Meter Höhe. Ihrem Namen macht die Straße alle Ehre, kaum woanders wird man so von Weinkulturen umgeben sein wie auf dieser. Hat man die Höhen erreicht, so weitet sich der Blick, und Kirchtürme künden die nahen Orte, die Wände des Penegal und später des Roén bieten dazu die Kulisse. Immer wieder wird man von den Bildern fasziniert sein und in dem einen oder anderen Dorf haltmachen, um bei einem Gang durch die Weinberge den unvergleichlichen Zauber dieses Gartens auf sich wirken zu lassen.

Bei Sigmundskron überqueren wir die Etsch und haben damit schon die Südtiroler Weinstraße erreicht. Über die Hochebene von Eppan gelangen wir bald nach Kaltern und zum **Kalterer See.** Seine Lage hat ihm das Attribut ›wärmster See Südtirols‹ eingebracht; bereits im April und noch im Oktober dominiert hier das Badetrikot. Auf einer von Wald umgebenen Hochfläche über Kaltern liegt **Altenburg.** Von dort kann man die Aussicht auf das Überetsch und den Kalterer See genießen. An der Fassade der *Pfarrkirche Sankt Vigilius* finden wir eine interessante Darstellung der Heiligen Kümmernis mit dem Geiger Jenesius. Die Fresken stammen vom Anfang des 15. Jahrhunderts. Oberhalb des Dorfes stehen die Ruinen von *St. Peter,* einer der ältesten Kirchen von Tirol aus dem 5. oder 6. Jahrhundert nach Chr., und zwar liegen sie an Stelle einer vorgeschichtlichen Wallburg. Neben der Apsis befindet sich eine flache, dem menschlichen Körper angepaßte Mulde, an deren Bedeutung herumgerätselt wird. Man glaubt einen Opferstein vor sich zu haben, in dem Blut gesammelt wurde, vielleicht handelt es sich aber auch um eine frühchristliche Begräbnisstätte, in der der Heilige Vigilius, Bischof von Trient, beigesetzt worden ist.

Südlich vom Kalterer See, bei **Tramin,** baute um das Jahr 800 der langobardische Graf Heinrich zu Ehren des Heiligen Quiricus und seiner Mutter Julitta eine Kirche. Das wird uns in dem aus den Märtyrerakten des 5. Jahrhunderts um 860 zusammengestellten Vigiliusbrief berichtet. Eine Altartafel mit der Darstellung des Knaben Quiricus und seiner Mutter von der Hand Hans Klockers, des Gehilfen Michael Pachers, um 1495 für Sankt Valentin bei Tramin gemalt, ist heute noch im Bayerischen Nationalmuseum in München zu sehen. Diese Kirche dürfte die Vorgängerin der heutigen

Pfarrkirche zu den Heiligen Julitta und Quiricus in Tramin sein. Die Kirche hat einen hochgotischen Chor von 1400, den Meister Konrad von Neumarkt gebaut hat. Das Langhaus ist neugotisch. Schön ist dagegen der Turm, der schönste in Tirol, nächst dem Bozener Pfarrturm. Ihn hat nach dem Plan des Hans Feur von Sterzing 1466 bis 1492 der Traminer Peter Ursel erbaut. Die Kirche ist innen und außen mit Fresken des 15. Jahrhunderts geschmückt. Das Hochaltarbild der beiden Kirchenpatrone malte um 1790 Martin Knoller. Von *Sankt Jakob,* der Nachfolgerin der Burg von Kastellaz, war schon die Rede. Außer den erwähnten romanischen ›Dämonenfresken‹ hat die Kirche auch noch gotische Wandmalereien im Seitenschiff: Ambrosius, der Gehilfe des Meisters Hans von Bruneck, hat sie laut Inschrift 1441 gemalt. Im ehemaligen Ansitz der Langenmantel, Augsburger Altpatrizier und Handelsherren, haben sich mythologische Fresken erhalten, die Bartlme Dill-Riemenschneider 1547 malte.

Südlich vom Dorf liegt der Friedhof mit der Kirche **Sankt Valentin.** Um 1200 erbaut und mit einem Turm auf der Apsis, der erst im 15. Jahrhundert seine heutige Form erhielt, ist sie im Inneren wegen des reichen Freskenschmuckes wichtig: Die Szenen aus dem Leben Christi, des Heiligen Valentin und der Heiligen Ursula sind *typische Werke der Bozener Schule, um 1380-1430, in jener für diese Stadt charakteristischen Verarbeitung der italienischen Einflüsse des 14. Jahrhunderts durch einheimische Maler.* (Erich Egg)

Die *Mauritiuskirche* in **Söll,** am Hang nördlich von Tramin, hat romanische Grundmauern, wurde aber um 1400 umgebaut. Ein Fresko von 1370 auf der Außenseite des Turms zeigt eine Kreuzigung und den Heiligen Vigilius. Aus derselben Zeit stammen die Malereien im Chor, die eine Reiterschlacht mit dem Heiligen Mauritius und einen Schmerzensmann mit Johannes und Maria darstellen. Auf der Rückwand des Seitenaltares aus dem vorigen Jahrhundert befindet sich eine Tafel, die vermutlich Bartlme Dill-Riemenschneider 1521 schuf. Die Tafel zeigt Adam und Eva am Baume der Erkenntnis und zierte früher die Rückseite des spätgotischen Hochaltares der Bozener Schule.

Über Rungg fahren wir weiter in den nur wenige Kilometer südlich von Tramin gelegenen Weinort **Kurtatsch.** Hier lohnt sich ein kurzer Aufenthalt. Am Berghang zeichnet sich **Graun** durch seine

Lage aus. Man kann über den sogenannten ›Eselsteig‹ auf die Schönleiten (1811 m) wandern und in einer Gehzeit von weiteren zwei Stunden bis zum Corno di Trés gelangen. Gleich hinter Kurtatsch senkt sich die Südtiroler Weinstraße zum Etschtal hin ab. In **Margreid** grüßt uns der freistehende Turm der *Pfarrkirche zur Heiligen Gertrud.* Die Kirche wurde im 17. Jahrhundert erbaut, ihre Fassade ist durch Pilaster gegliedert und mit einem Dreiecksgiebel nach oben abgeschlossen. *Unserer Lieben Frau* ist der achteckige Kuppelbau mit Laterne und gesprengtem Giebel am Portal geweiht. Ab Margreid verläuft die Weinstraße entlang der Etsch, bis wir schließlich bei Salurn, dem letzten Ort mit vorwiegend deutschsprachiger Bevölkerung, den Fluß überqueren.

Wir aber wollen noch eine weitere Fahrt etschabwärts machen, auf der anderen, der östlichen Talseite in **Auer** beginnend. Die alte *Pfarrkirche Sankt Peter* liegt etwas abseits des Dorfes. Erbaut wurde sie um 1500, die Vorhalle mit den toskanischen Säulen erst 1604. Der Chor trägt ein kompliziertes Rautennetzgewölbe mit Fresken an Schlußsteinen und Vierpaßfeldern. Franz Sebald Unterberger schuf für einen Seitenaltar um 1750 das Altarbild. Die Orgel von Hans Schwarzenbach aus Füssen entstand im Jahre 1600.

Auf einem Felsplateau über Auer liegt **Sankt Daniel am Kiechelberg,** eine frühere Sommerfrische des Frauenklosters Sonnenburg bei Sankt Lorenzen. An der inneren Nordwand des um 1400 errichteten Kirchleins hat ein lombardischer Wandermaler Fresken geschaffen, die Daniel in der Löwengrube und Christus im Grabe zeigen. Den schönen Altar aus der spätesten Gotik hat ein Künstler gemacht, der von der Donauschule beeinflußt war. Die Außenflügel tragen Gemälde mit Szenen aus dem Leben Daniels.

Unterhalb von Sankt Daniel ragt der die Umgebung beherrschende Hügel von **Castelfeder** auf, der wegen seiner spärlichen, sonnenverbrannten Vegetation mit Dornbüschen und Steineichen von den Einwohnern ›Klein-Griechenland‹ genannt wird. Uralte, sicher vorgeschichtliche Pfade führen durch enge Schluchten zu einer Wiese, dann durch ein Kastanienwäldchen zur höchsten Partie des Hügels. Dort liegen Ruinen verschiedener Epochen. Von einer vorgeschichtlichen Ringmauer ist auf der Südseite einiges erhalten. Innerhalb dieser Mauer finden sich Teile einer mittelalterlichen Burg und, kaum noch zu erkennen, auf der tiefer liegenden

Terrasse am Südwesthang Reste einer großen vorgeschichtlichen Siedlung mit Mauer und einer befestigten Toranlage. Hier entdeckte der Prähistoriker Innerebner die Fragmente von 160 Häusern. Man weiß nicht, wer dort gelebt hat, kennt auch nicht die Namen der Burgherren, denn es gibt keine Akten oder Urkunden über diesen Ort. Vielleicht ist Castelfeder identisch mit der alten Römerstation Endidae, die an der Stelle einer älteren Wallburg lag und im Mittelalter möglicherweise eine Burg der Herren von Enn trug.

Eine weitere besuchenswerte Ortschaft bei Auer ist **Montan,** mitten in prächtigem Rebengelände gelegen und überragt vom stattlichen *Schloß Enn.* Wenn im uralten Castelfeder angeblich im Jahre 100 der Friedensvertrag zwischen den Römern und Zimbern geschlossen wurde und das feste Schloß später, nach der Tradition, jahrzehntelang langobardische Grenzfeste war, so hat Schloß Enn eine weniger legendäre Vergangenheit. 1275 kam es in die Hand Meinhard II. von Tirol und wurde dann Sitz der landesfürstlichen Pfleger. 1648 wurde es an die Familie Zenobio aus Venedig verkauft und ist noch heute im Besitz der Grafen Zenobio-Albrizzi, die auf diese Familie zurückgehen.

Bald nach Auer erscheint **Vill,** der älteste Ortsteil von Neumarkt, mit der Kirche zu *Unserer Lieben Frau in der Vill.* Den Chor erbaute 1412 Meister Konrad von Neumarkt, das Sternrippengewölbe wurde vermutlich erst dreißig Jahre später eingefügt. Den Plan für das Langhaus entwarf 1461 Hans Feur aus Sterzing, nach dessen Beginn setzte Andreas Hofer den Bau fort, der endlich 1504 von Peter Ursel aus Tramin vollendet wurde. Besonders hübsch ist das Sakramentshäuschen mit dreigeschossigem Aufbau, es wurde zwischen 1480 und 1500 gefertigt.

Östlich von Vill, in den Weinbergen über Neumarkt, liegt **Pinzon.** Hier sollte man die Kirche *Sankt Stephan* besuchen, die einen der schönsten Flügelaltäre des Landes birgt. Um 1410 baute Konrad von Neumarkt den Chor mit Rippengewölbe auf figurengeschmückten Konsolen. Das Langhaus entstand um 1500 unter Verwendung romanischen Mauerwerks. Der großartige, im Jahre 1500 aufgestellte Altar des Brixener Meisters Hans Klocker – 1971 wurden die Schreinengel und das Christkind gestohlen – zeigt im Schrein die Muttergottes zwischen den Heiligen Laurentius und Stephanus, im reichen Gesprenge die Kreuzigung, Engel und

Bischöfe. Die Altarflügel tragen Reliefs der Heiligen Barbara und Margaretha, ihre Außenseiten vier Gemälde mit Szenen aus dem Leben des Heiligen Stephanus.

Wir kommen nun nach **Neumarkt,** das um 1190 durch Bischof Konrad von Trient als ›neuer Markt‹, im Gegensatz zu dem alten Dorf Vill, errichtet und später erweitert worden war. Die in Richtung Tramin führende Hauptstraße hat ihre enggebauten Häuser mit fortlaufendem Laubengang unversehrt, wenn auch teilweise frühbarock verändert, erhalten. Die *Pfarrkirche Sankt Nikolaus* stammt aus dem 15. Jahrhundert. An der Straße zwischen Neumarkt und Salurn, etwa zwei Kilometer vor Laag, passieren wir die Kirche **Sankt Florian,** die nahezu verborgen hinter einer Mauer liegt. Sankt Florian, 1189 erstmals erwähnt, war ursprünglich Pfarrkirche für das auf dem anderen Etschufer liegende Margreid, später dann Hospizkirche. Die schön gegliederte Apsis mit Rundbogenfries und figuralen Konsolen verrät den stilistischen Einfluß des Doms zu Trient, die Kirche bildet *ein wichtiges Bindeglied zwischen den lombardischen Vierungsturmkirchen – Dom und Sankt Lorenz in Trient – und den einfachen Chorturmkirchen im Umkreis von Bozen* (Erich Egg). Im Inneren hat sich das Fragment eines spätromanischen Freskos einer Pilgergruppe erhalten. Ganz in der Nähe, im Wald des Berghanges, liegt das ins 12. Jahrhundert zurückgehende **Pilgerhospiz.** Die Ruine wird im Volksmund ›Klösterle‹ genannt; es ist eine interessante, selten erhaltene Anlage eines mittelalterlichen Hospizes für Rom- und Jerusalempilger.

Nun erreichen wir wieder **Salurn,** das schon fast italienischen Charakter hat. Doch der Erker, diese typisch deutsche Beigabe zur Hausfassade, begleitet den Wanderer bis über die Sprachgrenze hinaus. An den Berghängen zeigt der altbayerische Einzelhof genau, wie weit die deutsch-tirolische Besiedlung reicht. Die Italiener bevorzugen mehr den dichtgeschlossenen Borgo.

Bei Salurn engen die Felskulissen des Hörrant und des Geiersberges mit ihren hohen Dolomitwänden den Etschtalboden von zwei Seiten ein und bilden die *Salurner Klause,* deren militärische Wichtigkeit über Jahrhunderte hin offenkundig war.

Hoch über Salurn, auf dem Geiersberg, sitzt die **Haderburg,** sicher an der Stelle einer alten rätischen Festung. Düster, drohend und ungemütlich hockt sie auf ihrem Felsen. Räter, Römer, Langobarden und Bayern, die Grafen von Eppan und Tirol, der Bischof von Trient haben um dieses Gebiet gerungen.

Heute trennt die Salurner Klause die Provinzen Bozen und Trient voneinander. Die Sprachgrenze – einst schied sich hier das geschlossene deutsche Sprachgebiet vom italienischen – wurde nach 1918 von italienischer Seite her mehr oder weniger überflutet. Die häufigen Überschwemmungen des Etschtalbodens – seit 1882 ist der Flußlauf reguliert – zwangen früher häufig zur Umgehung der Salurner Klause auf dem linken Etschufer über Cembra. Diese Wegroute haben wahrscheinlich schon die Karolinger auf Italienzügen benutzt. Auch Albrecht Dürer scheint in umgekehrter Richtung 1495 diesen Weg, der dann weiter über die ›Königswiesen‹ nach Enn führt, gegangen zu sein.

DOLOMITENFAHRT

Über Dolomitenstraßen

Einer der herrlichsten Gebirgsstöcke der Dolomiten, der Rosengarten, steigt hinter den Wäldern der Bozener Berge auf. Wie eine fahle, graue Riesenburg steht er im Tageslicht über dem Land; erst bei Sonnenuntergang gewinnt der Stein Farbe. Dann aber glühen die Gipfel rosenrot und purpurn über den dunkelnden Halden und Tälern, bis das letzte Licht erloschen ist.

Kein Wunder, daß dieses einst ganz unzugängliche Gebiet von Sagen umwoben ist. Die phantastischen Felsgebilde der riesig in den Himmel ragenden kahlen Mauern, Zacken, Türme, Zinnen und Grate, die zerklüfteten Wände und gewaltigen Wüsteneien der Schutthalden, diese wild zerrissenen, gigantischen Gebirge erfüllten den Menschen jahrhundertelang mit Furcht. Nach Sonnenuntergang und in Mondnächten leuchten die Berge in geisterhafter Blässe, daher werden sie auch ›die bleichen Berge‹ genannt: ›lis montes palyes‹, wie die Ladiner sagen. Mit diesen bleichen Bergen hat es eine besondere Bewandtnis, wie wir aus der Sage erfahren:

Vor sehr langer Zeit lebte hier im Reich seines Vaters ein Königssohn, der eine Vorliebe für den Mond hatte und sich sehnlichst wünschte, dies Gestirn kennenzulernen, doch niemand konnte ihm raten, wie er das bewerkstelligen sollte. Eines Tages hatte sich der Prinz auf der Jagd verirrt und fand sich schließlich in einem von hohen, schroffen, schwarzen Felsen umstellten Hochtal wieder. Dort traf er zwei Mondbewohner, die sich auf der Rückreise von einem Ausflug auf die Erde befanden und den Prinzen auf seine Bitte hin mitnahmen.

Auf dem Mond angekommen, wurde er vom Mondkönig freundlich aufgenommen und verliebte sich in dessen schöne Tochter, heiratete sie und blieb. Aber das gleißende Licht drohte die Augen des jungen Mannes zu blenden, daher kehrte er mit seiner Frau auf die Erde zurück, wo man den Verschollenen sehr betrauert hatte. Die Prinzessin brachte kleine weiße Blumen mit, die sie im Gebirge anpflanzte – das Edelweiß. Nach einiger Zeit jedoch fiel sie in tiefe Schwermut, denn sie vermißte mitten zwischen den schwarzen Felsen ihrer neuen Heimat den hellen weißen Glanz ihrer alten. So krank wurde sie vor Sehnsucht, daß der Prinz sich entschloß, mit ihr auf den Mond zurückzukehren, den er jedoch wegen seiner gefährdeten Augen bald wieder verlassen mußte. Verzweifelt über die Trennung von seiner Geliebten stieg er in seinen schwarzen Bergen umher und fand weder Trost noch Frieden. Eines Tages begegnete ihm ein Zwerg: Laurin, der König der ›Salwans‹, die von fremden Eroberern aus ihrer Heimat vertrieben worden waren. König Laurin tröstete den Prinzen, der sich ihm offenbarte, und sagte ihm, daß die Prinzessin sicherlich kein Heimweh mehr spüren werde, wenn die Berge hell glänzen würden wie die Mondgebirge. Dürfe sein Volk hier im Land bleiben, so wolle er zum Dank dafür sorgen, daß die schwarzen Felsen mit dem Weiß des Mondes bekleidet würden. Freudig willigte der Prinz ein. In einer hellen Mondnacht begannen nun die ›Salwans‹ ihr geheimnisvolles Werk. Überall auf den Bergspitzen stehend, fingen sie glänzende Strahlen des Mondlichts ein und spannen daraus ein Gespinst über Grate, Zacken und Wände, bis alle dunklen Spitzen und Flächen in mattem Silberglanz leuchteten. Am anderen Tag waren die Berge nicht mehr schwarz, sondern hellgrau, und diese ›bleichen Berge‹ gefielen der Prinzessin dann fast ebenso gut wie die blendendweißen ihrer Heimat. Das Königreich der beiden Liebenden existiert längst nicht mehr, aber immer noch hausen die Zwerge in den Wäldern und Klüften.

Im ausgehenden 18. Jahrhundert, als man das Gebiet noch mied, besuchte der französische Gelehrte und Exmalteser Déodat Gratet de Dolomieu einmal Bozen und bemerkte, daß sich die Bergwelt östlich von Eisack und Etsch von den übrigen Gebirgen unterscheide. Er untersuchte das Gestein und schickte Proben davon seinem Freund de Saussure in Genf mit der Bitte, es zu analysieren. Saussure benannte das Mineral aus kohlensaurer Magnesia und kohlensaurem Kalk zu Ehren seines Entdeckers Dolomieu ›Dolomie‹, über das dieser nun aufsehenerregende Berichte schrieb. Bald war ›Dolomitgebirge‹ der Name für das großartige und seltsame Gebirgsland mit seinen bald bei allen Bergsteigern so beliebten und berühmten Gipfeln der Marmolata, des Monte Cristallo, der Drei Zinnen, der Civetta, des Langkofels, des Cimone della Pala, der als letzter Gipfel 1870 erstiegen worden ist.

Vor dem 19. Jahrhundert gab es in diesem Gebiet keine anderen Zugänge als Wildbachschluchten und Saumpfade. Daher wurde dieser Teil der Alpen sehr wenig besucht, und die wenigen Einwohner führten ein stilles, weltabgeschiedenes Dasein als Bergbauern und Hirten. Keine alte Reisebeschreibung erwähnt die Dolomiten; keiner der berühmten Reisenden überstieg die Hänge des Eisack- und Etschtals oder drang gar durch die Schluchten ins Innere, weder Dürer noch Tizian, der in Pieve di Cadore am Fuß des Ostrandes der Dolomiten geboren ist, und auch Goethe hat nichts von ihnen berichtet. Die alte Nord-Süd-Straße, die im Westen die Dolomiten begrenzt, die Brennerstraße, bekam dann zu Anfang des Jahrhunderts die ›Strada d'Allemagna‹, vom Pustertal her nach dem Piavetal führend, zur Begleiterin. Um 1820 wurde die Straße von Auer über den Paß von San Lugano ins Fleimstal und über den Rollepaß nach San Martino di Castrozza, das heißt von Westen nach Osten, angelegt. Die Straße ins Eggental von Bozen her war 1860 vollendet, die ins Grödner Tal folgte anschließend. 1895 wurde die erstere über den Karerpaß weitergeführt: Die Verbindung zwischen Bozen und Vigo di Fassa war hergestellt.

Noch aber fehlte die große Straße, welche das ganze Gebiet erschließen sollte. Ihr Bau, sehr gefördert von dem kaiserlichen Statthalter Grafen Franz Merveldt, wurde 1900 bis 1909 durchgeführt. Sie ist weder eine Handels- noch eine Durchgangsstraße im herkömmlichen Sinn; sie ist lediglich ein Weg, der die besondere Schönheit des Landes zwischen Eisack, Etsch, Rienz und Piave mit seinen bizarren Felsburgen, Hochebenen, Pässen, Wäldern und Seen, diese ›Stachelkrone Europas‹, wie 1817 Joseph Kreil das Land nannte, erschließen sollte. Die Lösung dieser Aufgabe ist trefflich gelungen.

Von Bozen aus wollen wir auf ihr nach Cortina d'Ampezzo fahren. Neben ihr gibt es heute noch eine große Anzahl anderer Straßen, die mit dieser Hauptader in Verbindung stehen. Die Vielfalt des Landes aber darzustellen, das wir besuchen wollen, ist ein schwieriges Unterfangen; möge es mir gelingen, den Leser einigermaßen durch dieses Berglabyrinth hindurchzulotsen.

Ganz kurz seien nochmals die Einfallstore in die Dolomiten angegeben. Von Norden gibt es drei Zugänge, die wir schon bis an den Fuß des Gebirges verfolgten: das Sextental von Innichen aus, das unter den Drei Zinnen entlangzieht; von Toblach her die ›Strada d'Allemagna‹ durch das Höhlensteintal – auch Valle di Landro genannt –, eines der schönsten Täler, über Schluderbach unter den gewaltigen Abstürzen des Monte Cristallo nach Cortina d'Ampezzo führend. Cortina kann man auch von Schluderbach über den von den Drei Zinnen und dem mächtigen Sorapis umrahmten Misurinasee und den Tre-Croci-Paß erreichen. Schließlich das Gadertal, das in Sankt Lorenzen beginnt und nach Corvara führt. Bis dahin sind wir ihm schon gefolgt. Dann überschreitet die Straße den Campolongosattel und vereinigt sich bei Arabba mit der vom Pordoi-Joch kommenden und zum Falzáregopaß führenden West-Ost-Verbindung.

Von Westen her gelangen wir durch das Tal von Gröden, das Eggental oder das Fleimstal in das Gebirge, das einst für die Menschen etwas Unheimliches und Gewaltiges gewesen ist. Denn von den Bergen, dem Sitz der Götter wie der Dämonen, kamen Segen und Unheil, furchtbare Gewitter mit Bergstürzen, Steinschlägen, geschwollenen Wildbächen, und im Winter donnern die Lawinen von den Flanken herab.

Heute hat das Gebiet viel von seinem Schrecken verloren – nicht zuletzt dank des großartigen Straßennetzes, durch das es jetzt wie kaum ein zweites Bergland zugänglich geworden ist. Und doch: auch der heutige Besucher kann sich, steht er vor diesen Riesenbergen, in deren unmittelbarste Nähe ihn die Straßen führen, von einem gewissen Gefühl der Beklemmung, ja der Angst kaum freimachen. Wie mag es da erst den Ureinwohnern, die in dieses Gebiet vor rund viertausend Jahren einwanderten, zumute gewesen sein? Wer waren denn wohl diese ersten Bewohner, von denen uns nur Sagen zu berichten wissen?

Die Venediger

Als Kind liebte ich sehr das ›Märchen vom Venediger‹ von Friedrich Seidel. Oft glaubten wir in den einsamen Wäldern meiner Heimat, des Rothaargebirges, in der Ferne kleine Männlein zu sehen; die winkten uns geheimnisvoll und verschwanden rasch zwischen den Bäumen um die gewaltigen burgartigen Felsen der Bilsburg. Einer meiner Vettern aus Berleburg sah als kleiner Bub einmal ein solches Männlein, als er mit seinen Eltern im Landauer aus der Stadt fuhr. »Guck mal«, rief er und zeigte auf den Straßenrand. Nichts war zu sehen. »Aber dort!« beharrte er. »Es hat ein graues Kleid an und einen spitzen schwarzen Hut auf.«

Im Bastenberg bei Ramsbeck im Sauerland gibt es einen Venedigerstollen aus uralter Zeit. An seiner geräumigsten Stelle ist er keinen Meter hoch, was darauf schließen läßt, daß die Bergleute zwergenhaft klein gewesen sein müssen. Zwischen den Stollenbauten von Hallstatt und Ramsbeck bestehen überraschende Ähnlichkeiten; sie sind in gleicher Zeit, um 1500 v. Chr., angelegt worden. Woher kamen diese winzigen Bergleute? Es dürften die schon von Herodot als Illyrer bezeichneten Bewohner der Ostalpen gewesen sein, die auch in Süddeutschland, in Österreich, Schlesien, im Harz und Siegerland in Bergwerken arbeiteten und die wir als ›Venediger‹ oder Zwerge aus vielen Sagen und Märchen kennen. Lassen Sie mich eine der sagenhaften Geschichten berichten.

Am Ende des 17. Jahrhunderts hatte eine Frau von Marioth, Gattin eines wohlhabenden Hüttenherrn zu Nievern an der Lahn, ein seltsames Erlebnis. Am 1. Mai nachts erschien bei ihr ein Zwerglein mit einer Laterne und bat sie, zu seiner Königin zu kommen, die in Kindsnöten liege.

Übrigens ist es merkwürdig, daß bei solchen Anlässen die Zwerge gern Hilfe bei den Menschen suchen. Es gibt ähnliche Berichte aus den Häusern der Grafen Maltzahn und Rantzau.

Frau von Marioth folgte also. Sie gingen bis zum Fluß, betraten dort einen Gang, der in reich ausgestattete Zimmer und Säle führte, bis sie in das Gemach der Königin gelangten, die mit Hilfe der Frau von Marioth einem Knaben das Leben schenkte. Zum Dank, sagte die Fürstin, solle sich Frau von Marioth am nächsten Johannisabend am Fuß des Silberbergs einfinden, wo zwei Habichte mit einer Krähe um eine tote Taube streiten würden. Dort werde sie ihr Patengeschenk finden. Auch erhielt sie einen Ring, welcher der Familie Glück bringen werde. Frau von Marioth wurde nach Hause gebracht und glaubte geträumt zu haben. Aber da war der Ring. Als ihr Mann von einer Reise zurückkam, erzählte sie ihm das seltsame Erlebnis, das er als Halluzination, als einen Traum, abtat. Doch schließlich gab er ihrem Drängen nach und begleitete sie am Johannisabend an die bezeichnete Stelle. Dort stritten wirklich zwei Habichte mit einer Krähe um eine Taube. Sie ließen ein Zeichen an der Stelle, um am nächsten

Tag dort zu graben. Eine mächtige Silberader wurde gefunden, die während eines halben Jahrhunderts ausgebeutet werden konnte. Nach dem Tode des Vaters, 1726, bestand der jüngere Sohn Marioth darauf, den Ring zu teilen. Alsbald schlossen sich die reichen Erzgänge von Weinähr für immer.

Felstrümmer auf der Bergkuppe, zwerghafte Männchen im Dämmer der Forsten, in der Erde verborgene Schätze, Feuerschein und Zauberwerk, all das hat meist einen geschichtlichen Hintergrund. Eine sehr kleinwüchsige Urrasse ist es also gewesen, die hier in Sagen fortlebt.

Als dann in frühgeschichtlicher Zeit die Verwendbarkeit des Erzes voll erkannt und dieses Metall eine sehr begehrenswerte Ware geworden war, ließen sich Menschen in den damals ganz unwegsamen Alpentälern nieder. Um 2000 vor Chr. muß es gewesen sein, daß kundige Metallarbeiter und Bergleute von Osten her nach Europa kamen und die Suche nach Kupfererzen begannen. Sie kamen auch in das Gebiet zwischen Karawanken und nördlichen Kalkalpen, wo das Erz leicht zugänglich war und wo bald viele Bergleute arbeiteten. Man behauptet, daß die vorgeschichtliche Besiedlung der Alpen eine Folge der Erzgewinnung gewesen sei und der Ackerbau nur eine untergeordnete Rolle gespielt habe.

Um 15 vor Chr. brachen die Römer in das Herz des Tiroler Alpenlandes ein. Damals mag der Stammesfürst der Isarker, wie die am Eisack wohnenden Stämme hießen, der vielleicht schon bei der Einnahme von Stufels bei Brixen durch die Gallier in Gefangenschaft geraten und dann zurückgekehrt war, zum Volkshelden der Räter geworden und in die mythische Sphäre erhoben worden sein. Die uralte Sage vom steinernen Rosengarten wurde nun bereichert durch die Sage von König Laurin.

Unter den Römern nahm der Bergbau einen gewaltigen Aufschwung: in Südtirol vermutlich bei Klausen, in Trient, bei Predazzo, im Ahrntal und bei Terlan. Über die Entstehung des Bergbaus ist wenig bekannt, doch geben die Sagen manchen Hinweis. Die ›alte Zeche‹ bei Schwaz soll beispielsweise von einer Magd entdeckt worden sein, die einen Zwerg, einen sogenannten ›Venediger‹ sah, der, mit einem strahlenden Karfunkel als Grubenlicht auf dem Kopf, seine Schätze im Tageslicht ausbreitete. Auch der Gossensasser Bergbau geht auf Venedigermännlein zurück, die Wieland dem Schmied das Erz gezeigt haben sollen. Man darf also wohl in den zwergenhaften Venedigern die sagenhafte Urbevölkerung erblicken, die Angehörigen eines kleinwüchsigen Volkes, das vormals in den Alpen beheimatet gewesen und heute noch nachzuweisen ist, denn es gibt dortzulande manch auffallend kleine Leute, die wohl von diesen Ureinwohnern abstammen.

Seit dem vierten vorchristlichen Jahrhundert wurden die Räter mehr und mehr in die nördlichen Teile Tirols zurückgedrängt, wo sie vor allem um Bozen, Meran und im Eisacktal saßen. Die dunklen Erinnerungen an diese Urbevölkerung leben in den Sagen fort, sie selbst ist verschwunden. Auf der Straße von San Martino di Castrozza nach Primiero unter den riesigen Wänden der Pala-Gruppe gibt es waldumstandene Bergwiesen, darauf je eine Hütte, in denen die Bauern während der Mahd zu übernachten pflegten. *Früher ließen sich die Zwerge hier oft sehen, aber nun ist der Zauber vergangen, die kleinen Leute kommen nicht mehr; sie sind in die Felsen der Pala hinaufgestiegen,* erzählte einmal eine einheimische Frau dem Mythenforscher Karl Felix Wolff. *Früher gingen die Zwerge oft durch den Wald und klingelten leise mit silbernen Glöckchen.*

Auf der Großen Dolomitenstraße

Beginnen wir unsere Fahrt im **Eggental,** wo sich die Straße von Bozen her bei Birchabruck gabelt, und nehmen wir die Richtung auf Welschnofen, immer durch dichten Nadelwald ansteigend, über dem allmählich die Zinnen des Latemar erscheinen, von zarten Wolkenschleiern umweht. Nach dem schön gelegenen Welschnofen passieren wir den klaren, tiefgrünen *Karersee,* erreichen eine Hochebene und dann die Paßhöhe, zu deren Seiten sich die gewaltigen Massen des **Rosengartens** und **Latemars** auftürmen. Diese Fahrt ist auch im März sehr schön, wenn die Berge wie überzuckert stehen. Bald gleißen die Halden wie Silber im Firnschnee, bald sieht es aus, als habe man dicken weißen Rahm über sie ausgegossen. Es sei mir erlaubt, hier oben auf der Paßhöhe zwei Sagen einzufügen, die mit Rosengarten und Latemar verknüpft sind.

Von der Entstehung des Alpenglühens erzählt uns die Sage von König Laurin. Der Hauptgipfel des Rosengartens trägt ein tiefes Kar mit einem kleinen vereisten See. Man nennt die Mulde das ›Gartl‹, und dort soll der

Eingang zu Laurins Rosengarten liegen, der umzogen war von einem goldenen Faden, den zu zerreißen einem Sakrileg gleichkam. Die außerhalb des Gebirges lebenden Menschen neideten dem kleinen König die herrlichen, weithin berühmten Rosen, zogen hinauf, verwüsteten den Garten und schleppten Laurin in Gefangenschaft. Er konnte entfliehen, aber wieder heimgekehrt, belegte er die Rosen, deren Pracht den bösen Neid der Nachbarn erregt hatte, mit einem Zauber. Sie sollten weder bei Tag noch bei Nacht je wieder menschlichen Augen sichtbar sein. Doch hatte er die Dämmerung vergessen, die weder Tag noch Nacht angehört. Daher werden in der Dämmerung die Rosen wieder sichtbar und leuchten in purpurnem Licht.

Eine andere Sage, sie ist die bekanntere, erzählt vom Kampf Dietrichs von Bern und seiner Recken mit dem Zwergenkönig, der eine Prinzessin geraubt hatte, welche ihm wieder entrissen werden sollte. Es kam zum gewaltigen Kampf am Rosengarten, als einer der Helden die Rosen mutwillig und sinnlos verwüstete. Trotz Tarnkappe und Gürtel, der Laurin Zwölfmännerstärke verlieh, wurde der kleine König samt seinem tapfer streitenden Volk überwältigt und nach Bern (Verona) gebracht, wo er als Gaukler am Hofe Dietrichs sein Leben fristen mußte, bis ihm die Flucht gelang. Eines Tages erschien ein wandernder Kesselflicker auf dem Rosengarten und erzählte Laurin, daß die Großen des Berner Hofs Dietrich ermorden wollten. Nun zeigte Laurin wahren Großmut, er vergaß allen ihm angetanen Schimpf und befahl dem Mann, Dietrich zu ihm zu bringen. So geschah es, und Dietrich lebte bis zu seinem Tod in Freundschaft mit seinem einstigen Gegner im Rosengarten.

Diese Sage von Laurin und Dietrich von Bern, der vom Zwergenkönig entrückt wird, kommt aus uralten Quellen. In den Zwergen darf man, wie schon erwähnt, wohl die Urbevölkerung erblicken, und auf die Kämpfe der Isarker mit den in Oberitalien sitzenden Galliern mag die Laurinsage zurückgehen.

Auch der Goldfaden um den Garten hat einen historischen Hintergrund. Nach germanischem Volksrecht wurde gebanntes Gebiet mit Seidenfäden umzogen und durfte nicht betreten werden. Der Forscher Wolff schreibt in seinem ›König Laurin‹, daß Griechen und Parsen ihre Gräber mit Bändern umgaben, und er erzählt ferner, daß im Hochgebirge der Rosengarten auch Himmel, Himmelboden, Himmelreich genannt wird, daß der Name Himmel auch alte Weihestätten bezeichne, ebenso der Name Paradies. Bei Gfrill über Salurn, bei Mölten über Terlan heißen unbewohnte Berghalden Paradies. Das Wort stamme aus dem Alt-Persischen und bedeute ursprünglich Einzäunung, Park, also Garten. Die Alpen-Romanen verwendeten Paradies, die Germanen Rosengarten für sagenumwobene Berge und heilige Stätten. Bei Plars und Algund nahe von Meran machte man viele vorgeschichtliche Funde. Der Berghang muß bis hoch hinauf Siedlungen getragen haben. Hier lassen die Meraner die Rosengartensage spielen. Auch in den Bozener Bergen war der Name Laurin bekannt, und in der slowenischen Sage vom Zlatorog auf dem Triglav ist der Rosengarten ebenfalls vorhanden.

Die zahlreichen Sagen der Alpenvölker scheinen den Germanen sehr gefallen zu haben, denn sie schmückten sie neu aus. Dazu gehört auch die Laurin-Dichtung, die nach Wolff ein Tiroler Sänger um 1200 neu schuf. Das uralte rätische Wort Laurin komme von Lavra-Stein.

Unter der Burg Hauenstein am Westabhang des Schlerns quillt ein Zauberbrunnen. Dort lag der Eingang zur Kristallburg Laurins. Als Laurin den Garten versteinern ließ und sein Volk in die Tiefen der Berge schickte, vergaß er ganz seinen Wildhüter Partschótt, der des Königs Jagdgebiet betreute. Der baute sich eine Hütte auf dem Grünser Bühel und verrichtete weiter seinen Dienst, der ihm immer schwerer gemacht wurde, da die Wälder der Almwirtschaft wichen, das Wild ausgerottet wurde. Doch wenn der Herbstwind über die stille Seiseralp saust, macht der Alte noch immer seine Runde, jeden Herbst einmal. Er schaut über das einsame Land und weiß, daß er noch weiter warten muß. Einmal wird der Tag kommen, da er auf dem Grünser Bühel den gepanzerten Oswald von Wolkenstein stehen sieht. Nun weiß er, die verheißene Zeit ist da, wo wieder wird, was einmal war. Der Rosengarten wird wieder erstehen, die Zwerge werden aus tausendjährigem Schlaf erwachen, der Partschótt wird wieder sein Wild in den königlichen Forsten hegen.

Die steilen Schroffen des **Latemar,** die sich in der klaren Flut des Karersees spiegeln, sind ebenfalls Schauplatz einer Sage, der von den ›Latemar-Puppen‹:

Ein zackig zerrissener Grat senkt sich vom Gipfel zu den Weidematten, und dieser Grat heißt im Volksmund ›la processión de le pope‹ – die Puppenprozession. Folgendermaßen ist der Name entstanden. Unweit vom Karerpaß saßen eines Tages Hirtenkinder im Wald, als ein alter Mann kam und sagte, er habe hier sein Messer verloren. Die Kinder halfen suchen, fanden aber nichts. Inzwischen war die Sonne hinter dem Paß versunken, die Kinder mußten das Vieh zusammentreiben, und der Alte wanderte zum Latemar hin. Auf dem Heimweg fanden die Kinder das Messer, dessen vergoldeter Griff im Gras blitzte. Die zwölfjährige Ménega lief wieder hinauf und erreichte weit oben den Alten. Sehr erfreut, sein Messer wieder zu haben, versprach er den Findern ein Geschenk. Ménega solle nur sagen, was sie haben wolle. So wünschte sich das Mädchen eine schöne Puppe.

»Gut«, sagte der Alte, »kommt morgen alle her, ich werde euch Puppen zeigen, und ihr könnt wählen. Aber jetzt geh schnell nach Hause, denn es dämmert, und die bösen Geröllhexen treiben bald ihr Unwesen.« Die Kleine folgte und eilte bergab, als sie eine fremde Frau traf, welche freundlich grüßte. Ménega erzählte ihr alles. »Du bist ein Glückskind«, sagte die Frau. »Der Alte ist ein steinreicher Venediger. Er hat Puppen von zweierlei Art: die einen tragen weiße, gelbe und rote Seidenkleider, die anderen Brokatgewänder, Perlen und goldene Kronen. Zeigt er euch morgen nur die in Seide gekleideten Puppen, so mußt du sagen:

Pope de preda
con strazze de seda
ste li a vardàr
el Látemar.

Puppen von Stein
mit seidenen Fetzen,
bleibt dort und schaut euch
den Latemar an.

Dann muß euch der Venediger die anderen Puppen bringen.«

Am nächsten Tag zogen die Kinder erwartungsvoll zum Latemar. Sie hörten in der Höhe ein Geräusch und sahen, wie sich in der Wand ein großes Tor auftat, aus dem ein langer Zug von Puppen in Seidenkleidern hervorkam. Ménega aber rief den Spruch. Da ging ein Sausen und Wehen durch den Berg, während aus den tiefer liegenden Wäldern lautes Hohngelächter erscholl. Die Puppen aber verwandelten sich in Stein. Erschrocken flohen die Kinder und erkannten, daß sie Opfer einer Geröllhexe geworden waren. Noch heute sehen wir die Puppen in ihren bunten Seidenkleidern erstarrt in der Sonne glänzen.

Die Straße führt am Karerpaß an den zum Rosengarten gehörenden *Vajolettürmen* vorüber, senkt sich weiter dem grünen **Fassatal** zu und erreicht bald **Vigo.** Die Kirche *Santa Giuliana* außerhalb des Ortes, in aussichtsreicher Lage, besitzt reizvolle Chorgewölbemalereien des 15. Jahrhunderts.

Einst soll das friedliche Tal von geheimnisvollen Höhlenmenschen, den ›Bregostans‹, in Furcht und Schrecken gehalten worden sein. Ob diese Plagegeister oder andere Ursachen die Talbewohner veranlaßt haben, sich in festen Gemeinschaften zusammenzuschließen, wissen wir nicht. Jedenfalls hielt sich die Talgemeinschaft eine Söldnertruppe, die ›Arimannen‹, die vor allem gegen Übergriffe der Herren von Wolkenstein aus dem Grödner Tal auf der Hut sein mußten. Das Wort ›Arimannus‹ ist langobardisch und bedeutet ›Heergenosse‹.

Bald nach Vigo teilt sich die Straße. Geradeaus zieht sie weiter als große Dolomitenstraße, rechts geht es durch das Fassatal nach Predazzo und ins Fleimstal, aus dem man einerseits über Auer ins Etschtal oder weiter nach Trient gelangt, andererseits über den Rollepaß nach San Martino di Castrozza und in die Val Sugana. Wir werden auf unserer Rückfahrt dieser Straße folgen.

Der großen Dolomitenstraße folgend, passieren wir **Canazei,** und nun beginnt eine der schönsten Strecken dieser großartigen Alpenstraße. In Serpentinen schraubt sie sich hinauf, zuerst an den bewaldeten Berghängen hin, immer neue Ausblicke erschließend. Höher und höher steigen die Gebirge um uns auf. Vor uns thront der riesige Klotz der **Sella** mit ihren senkrecht abstürzenden Wänden. *Die Sella,* schreibt Luis Trenker, *ist ein Reich, in dem es alles gibt, was der Berg dem Menschen geben kann: verwegene, lotrecht hochschießende Wände, breite, fast horizontal verlaufende Hochflächen und Terrassen, düstere schnee- und eiserfüllte Schluchten, freundliche Täler, Gipfel, über die man mit den Händen in den Hosentaschen dahinbummeln kann, Türme, die selbst den kühnsten Kletterer freudig erschauern lassen. Als kleiner Bub hatte ich unter der Führung meines Vaters bei einer Durchsteigung der Sass-Songher-Südwand ein unvergeßliches Gipfelerlebnis, und als junger Bergführeraspirant habe ich mir in der Sella den alpinen Befähigungsnachweis geholt. Die Erstbesteigung des Großen*

Murfreitturmes über die Nordostwand und des ersten Sellaturmes über die Südwand, die ich gemeinsam mit meinem Freund Hans Pescosta durchführte, hat den alten Grödner Bergführern gezeigt, daß wir jungen Führeraspiranten im Fels so gut daheim waren wie sie selber…

Links erscheint der elegante kleine Gipfel der **Rodella,** dahinter das wildzerklüftete Massiv des **Platt-** und **Langkofels.** Staunend, ja verblüfft stehen wir vor diesen ungeheueren Steinkolossen und der unglaublichen Mannigfaltigkeit der Felsgebilde mit ihren rötlich-gelblichen oder fahlweißen Wänden und Schroffen. Was soll man angesichts solch gewaltiger Gebirge sagen, die keine zusammenhängende Kette bilden, sondern, und das ist das Charakteristische der Dolomiten, sich meist als monumentale Einzelmassive erheben. ›Großartig‹, ›herrlich‹, ›überwältigend‹, alle diese Worte vermögen den Eindruck nicht wiederzugeben, den man oben auf dem **Sella-Joch** empfängt. In weiter Runde und feierlicher Ruhe dehnt sich ein endloses Meer wildgezackter Berghäupter über dunklen Nadelwäldern und hellen Geröllhalden. *Köstlich ist es, wie unsere Bauern die verschiedenen Formen der Gipfel genau voneinander unterscheiden. Ein ganzes Dutzend Bezeichnungen hat die Bauernsprache für das bereit, was man im Schriftdeutsch Gipfel heißt. Da gibt es den ›Spik‹, der noch spitziger ist als die ›Spitze‹; und das Gegenstück dazu, den breiten, rundlichen ›Gupf‹; noch rundlicher, schon fast kein Gipfel mehr, den ›Mugel‹; dann den felsigen ›Knotten‹; noch felsiger und daher für den Bauern noch weniger interessant, den ›Stein‹; dann das weit vorspringende ›Eck‹, die sanfte ›Höh‹, noch bescheidener; den ›Bichl‹, und vor allem, wenn keine dieser Bezeichnungen passen will, den ›Kofel‹, der in manchen Gegenden zum ›Kogel‹ wird. Um die Gestalt eines Berggipfels noch drastischer benennen zu können, überträgt die Bauernsprache häufig Bezeichnungen des menschlichen Körpers auf den Berg. Vom Kopf geht es über die steile Nase zu dem engen Hals und führt von dort über die Schulter auf den breiten, behaglichen Buckel oder Rücken. In den Tannheimer Bergen gibt es einen Gipfel, für den man, um ihm einen anschaulichen Namen zu geben, am menschlichen Körper noch etwas tiefer Maß genommen hat: Als die Königinmutter Maria von Bayern ins obere Lechtal kam und ihren Begleiter nach dem Namen dieses Berges fragte, fing der Kammerherr, als er den gewissen Berg beim Namen nennen sollte, in seiner Verlegenheit zu stottern an. Der Berg heißt nämlich Metzenarsch.* (Luis Trenker)

Wir fahren vom Joch wieder zur Straße zurück und dann hinauf zum **Pordoi-Joch,** wo regstes Leben herrscht, denn von hier führt eine Seilbahn auf die Sella. Auf dem Joch zwischen grünen Weidematten gelegen, vollzieht sich erneut ein großartiger Szenenwechsel. Links dräut die Sellagruppe mit dem Piz Boé, rechts begleitet der dunkle Padonkamm den Paß, und durch einen westlichen Einschnitt kann man an klaren Tagen sogar die Eisgipfel der Trentiner Adamellogruppe blitzen sehen. In weiten Kehren geht es nun durch Wiesen nach Arabba, wo die Straße über den *Campolongopaß* und nach Corvara ins Gadertal beginnt. Weiter zieht die große Dolomitenstraße an den Abhängen des finsteren **Col di Lana** entlang, dessen Gipfel 1916 in die Luft gesprengt worden ist.

Nach erfolglosen heftigen Angriffen auf den Berg beschloß der italienische Generalstab im Dezember 1915 den Gipfel zu sprengen. Im Januar meldete die Besatzung der Kaiserjäger, daß Minierungsarbeiten im Gange seien. Die österreichische Heeresleitung lehnte die Räumung des Gipfels ab, und am 17. April 1916 abends kam der letzte Hilferuf: »Die Lage ist furchtbar… bitten sofort um Hilfe.« Kurz vor Mitternacht flog der Berg mit donnerndem Krachen in die Luft. Zweihundert Kaiserjäger, welche die Gipfelstellung besetzt hielten, fanden bis auf einen Mann den Tod.

Über der anderen Talseite liegt der weite, sanftgeschwungene schneebedeckte Nordhang der Marmolata, oben gesäumt von blitzenden Firnstreifen. Nach Buchenstein oder Pieve di Livinallongo fahren wir wieder bergan bis **Andraz,** wo aus einem isoliert stehenden Felsen die Ruine der Burg Andraz ragt, die den Fürstbischöfen von Brixen als Hauptstützpunkt der Herrschaft Buchenstein diente. Hierher hatte sich Kardinal-Bischof Nikolaus von Kues vor den Nachstellungen Herzog Sigismunds von Tirol zurückgezogen, ehe er das Land verließ. Auf dem rechts vom Dorf erscheinenden **Monte Póre** wurde ein Grabstein mit paläo-venetischer Inschrift gefunden; er befindet sich heute im Bozener Museum. Bald nach Andraz geht es hinunter zum **Alleghesee** in waldigem Talkessel, und bei Cencenighe kann man abbiegen, um in schöner Fahrt über den *Falcadepaß* das Fleimstal zu erreichen.

Wir aber folgen der großen Dolomitenstraße und kommen nun über den *Falzáregopaß;* er wird beherrscht von den grauen Mauern der Cinque Torri auf der rechten Seite und dem **Lagazuoi** linker Hand. Eine Seilbahn bringt uns in wenigen Minuten vom Paß zum Gipfel des Lagazuoi. Die Südwand zeigt deutliche Spuren von Kriegseinwirkungen, über die Luis Trenker berichtet:

Am 20. Juni 1917 steigerte sich die italienische Artillerietätigkeit zu einem stundenlangen furchtbaren Trommelfeuer auf unsere Gräben und Zugangswege, schwere Minenwerfer belegten die Kaverneneingänge und Laufgräben mit ihren Einschlägen. Die Minuten zerrten an unseren Nerven, da – um etwa zehn Uhr abends erbebte der Boden, während unter donnerähnlichen Schlägen und Feuerblitzen die Luft erzitterte und der Grat zwischen dem Gipfel und der Vorkuppe durch eine Ladung von 3500 Kilogramm Ekrasit mit donnerähnlichem Krachen in die Luft flog, in Feuer und Rauch verschwand, in die Nacht stürzte und eine schwere Riesenkluft aufriß. Ein gewaltiger, unpassierbarer Sprengtrichter trennte von da ab Freund und Feind.

Noch heute sieht man die zwei Schuttströme, in die damals ein Teil des Berges zerbrach. Der Mensch hat hier ›ein wenig‹ die Topographie verändert ...

Hinter dem Lagazuoi stoßen die Zinnen der **Fanis** in den Himmel. Karl Felix Wolff erzählt uns von diesen Bergen:

Dieses, ich möchte beinahe sagen metaphysische Gepräge der Dolomitenlandschaft empfindet man kaum irgendwo in so starker und unmittelbarer Weise wie auf der Wanderung von Toblach nach Cortina, besonders wenn man zwischen den herrlichen Felsaltären des Cristallo und der Hohen Geisl in jene düstere Enge gekommen ist, die von der alten Feste Peutelstein mit der Geschichte des Mittelalters verknüpft wird. Um diesen trotzigen Burgfelsen herum, von dem man noch das Horn des Turmwächters zu vernehmen glaubt, windet sich der Weg in einer großen Schlinge durch den Tobel, wobei nach allen Seiten unerwartete Ausblicke sich auftun. Der Boite braust in die Tiefe, dunkle Schatten fallen über den Weg, es öffnen sich da und dort gar seltsame Seitenschluchten, gleich den Toren eines unermeßlichen Labyrinths, und plötzlich erscheint, hoch über dräuenden Abgründen, unvergleichlich und rätselhaft, im Sonnenlicht starrend und prangend, eine korallenrote Klippenreihe – so scharfkantig und zackig, daß sie auch im Märchenlande der Dolomiten durch Form und Farbe auffällt!

Später erfuhr ich, daß jene hohe, purpurne Zackenkette nicht nur seltsam aussieht, sondern daß sie auch einen seltsamen Namen trägt. Ihr

Name lautet ›Andrulles‹, und er hat einen sehr einfachen Sinn, aber wenn man ihn dort in der großartigen Umgebung vernimmt, so glaubt man, die Feen sprechen zu hören, die man sich unwillkürlich in jene Bergwildnis hineindenkt. Verwundert schaut man umher, und ahnend erkennt man, daß die Gebirgslandschaft, die mit jener roten Zackenkette beginnt, einer der merkwürdigsten Teile im ganzen Reich der Dolomiten sein muß. Und so ist es auch: weithin nach Süden, Westen und Norden erstreckt sich ein felsenstarrendes und geröllbesätes Hochgelände, das man in alter Zeit mit dem Namen ›Fánis‹ bezeichnete. Sie umfaßt die Andrulles, die Hohe Geisl, den Sass dal Port über dem Pragser Wildsee, die sagenumwobene Furtja dai Fers, die stolzen Häupter des Naynòres, der Varèla und der Cunturìnes, die eisbezackten Drillingsgipfel der Tofána und ein langgestrecktes, zwischen himmelhohe, steile Hänge eingebettetes Tal, das wiederum einen klangvollen Namen trägt, das Tal von Travenánzes! An diese Landschaft knüpft sich der Name Fánis oder Fánes, wobei die alten Ladiner meinten, Fánis habe der Name des Gebietes, Fánes aber der Name seiner Bewohner gelautet. Und man sprach von einem ›Reich der Fánes‹, das blühend und volkreich gewesen sein sollte. Den Namen hat noch niemand überzeugend zu deuten vermocht; er ist ebenso rätselhaft wie alles andere in dieser Landschaft, die so recht den Kern und das innerste Heiligtum des ganzen Dolomitengebietes darstellt. Geheimnisvoll und ergreifend wie ihr Anblick ist auch die Sagenpoesie, die an den Fánisbergen haftet, denn die Dolomitensagen sind die Seele der Dolomitenlandschaft.

Diese großartige Felsenwildnis, die sich vom Ampezzaner Tal bis zur Gader ausbreitet, ist ein wenig besuchtes, einsames Gebiet, von welchem der alte Haller schrieb: *Bewunderung und Schauer ergreift hier den Wanderer.* Und Bernhard Richter-Santifaller äußerte sich im ›Schlern‹ 1953 wie folgt:

Die Alpe Fánes, zum erstenmal genannt im Jahre 1002-1004 in der Grenzbeschreibung zwischen den Grafschaften Norital und Pustertal als ›petra Uanna‹, ist kein grünes Weideland, mit Blumen bedeckt, so wie etwa die Seiser Alm ..., sondern ist ein unendlich einsames, welliges, steiniges Bergland, zerklüftet und zerrissen, teils in Terrassen ansteigend, von einer Höhe von zirka 2600 m absinkend bis etwa 2000 m. Man hat vom Gipfel des Heiligkreuzkofels, zu dessen Füßen sich die Fánes ausdehnt, den Eindruck einer steinernen verkarsteten Wildnis. Der Baumwuchs ist äußerst spärlich; um die Hütten von Klein-Fánes wachsen die letzten Zirbelkiefern; Wiesen und Weiden sind kaum zu bemerken; auf den

Terrassen sieht man magere Grasstreifen, und nur um die kleinen Alpen-Seen in Klein-Fánes, den Grün-See, den See Paróm und den Limo-See sowie im Tal von Groß-Fánes, sieht man saftiggrüne, smaragdfarbene Flächen, und dort muß wohl auch das würzige Heu wachsen, das den Wert der Alpe ausmacht.

Jeder Besucher und Beurteiler hatte also gefühlt, daß dieses Gebiet etwas Besonderes ist, etwas Besonderes, was die Natur, und etwas Besonderes, was die Gefühle der Menschen anbelangt. Hier verspürt man noch den Hauch der unberührten Hochwelt, hier horsteten noch vor wenigen Jahrzehnten die Lämmergeier, hier spielen die seltsamsten und urtümlichsten Sagen der Ladiner.

Allenthalben in den Dolomiten, wenn ich mit alten Leuten ihre Erinnerungen und Überlieferungen besprach, und wenn ich versuchte, bis zur letzten Quelle ihres Gedenkens vorzudringen, dann erhob sich im tiefsten Hintergrunde, zwar schattenhaft und unklar, aber auch fesselnd und anziehend, das verschleierte Bild von einem wundersamen ›Reich der Fánes‹, das aber niemand mehr näher kannte, und das überhaupt nicht mehr zu fassen und zu bestimmen war.

Trotz dieser Schwierigkeiten wurden aber doch nach und nach einige Vorstellungen erkennbar, die als eigentliche Sagenkerne betrachtet werden müssen. Zunächst ergab sich die Erinnerung an ein schönes blühendes Reich mit einem mächtigen Königshause und berittenen Kriegern. Dieses herrliche Reich, eine Vorstellung aus ferner Urzeit, versetzt man in den einsamsten und unzugänglichsten Teil des Dolomitenlandes, eben in jene Fánisberge, die einst üppig begrünt und prangend in Fruchtbarkeit gewesen sein sollten.

Den Sagen zufolge war das Reich der Fánes dicht besiedelt und hochberühmt; sein Fürstensitz, die Fánisburg, lag an den ›Conturìnes‹, jenen hochanstrebenden Gipfeln, die dem Wannagebirge im Süden angeschlossen sind. Nicht weit von der Fürstenburg befand sich ein altehrwürdiges Heiligtum, von dem aber in den Überlieferungen so wenig die Rede ist, daß ich vermute, man habe die Nennung seines Namens für unstatthaft gehalten. Inzwischen hat der Bozener Archäologe Dr.-Ing. G. Innerebner das Heiligtum der Fánes gefunden. Es liegt nicht weit vom Heiligkreuzkofel in 2600 m Höhe und besteht aus einem Ringwall von 60 m Durchmesser, in dessen Mitte sich ein gewaltiger Turm erhob.

Die Murmeltiere galten als unverletzlich und gewissermaßen als Schutzgeister des Reiches. Als der letzte König sich von den Murmeltieren abwandte, begann das Verhängnis über die Fánes hereinzubrechen; umsonst versuchten die Frauen des Königshauses diesem Verhängnis zu steuern; der König, sein Sohn und seine Enkel vollendeten den Untergang.

Zu diesem märchenhaften Reich der Fánes gehörte auch die Sage von einem großen Schatz, der im Herzen des Dolomitgebirges irgendwo verborgen liege. Das war die ›Auróna‹, das ›Land des Goldes und der Lichter‹. Nun finden sich Schatzsagen mit Vorliebe in Bergwerksgebieten, und da wäre auf das uralte Bergwerk Fursill zu verweisen, das auf dem Monte Póre lag.

Was die Bezeichnung Fánes anbelangt, so wird sie meist auf ladinisch ›fana‹ (Pfanne) zurückgeführt, weil sich auf der Fánis-Alpe zahlreiche grubenartige Vertiefungen vorfinden. Aber ›fana‹ ist immer nur die Bratpfanne, eine Geländemulde nennt man im Ladinischen ›tjaldira‹ und ein enges Loch im Erdboden oder in den Felsen ›pénya‹, auch ein hölzerner Mehlkübel heißt ›pénya‹.

Als geographische Bezeichnung kommt ›Gepürg Fánis‹ schon um 1600 vor, und da die alten Ladiner auch von einem ›Volk der Fánes‹ sprachen, so dürfte der Name wohl einen anderen Ursprung haben. Er findet sich übrigens nicht bloß in den Dolomiten. Ums Jahr 1412 schickt der Patriarch von Aquileia Truppen aus Tolmezzo nach Cadore; einer der Führer dieses Aufgebotes heißt Nicolò Fanis. Es scheint sich um einen alten Volksnamen zu handeln, der vereinzelt als Familienname fortlebt. Und Fana lautet ein Flurname in der Oberinntaler Gemeinde Serfaus. Aber noch mehr; über weite Strecken Deutschlands war einst die Sage von den Fenesleuten verbreitet, die man sich bald als ein uraltes Volk, bald als elbische Wesen vorstellte. So nannte man in Österreich die Zwerge auch ›Fenes-Leute‹ und erzählte von ihnen allerhand merkwürdige Dinge.

Der Germanist Elard Hugo Meyer spricht von ›Venedigern oder Fenesleuten‹ und sagt: »Das Reich der Fenes-Leute wird später zu der Wunderstadt Venedig und zum Venusberg entstellt.« Dieser Zusammenhang mit dem Begriffe ›Venusberg‹ scheint mir besonders wichtig; denn es handelt sich beim Venusberg um einen mutterrechtlichen Herrschaftsbereich mit einer befehlenden Frau. Nun ist gerade die Sage von solchen Frauen im südöstlichen Alpenraume an verschiedenen Stellen nachzuweisen; wir haben da: die ›Contessa de Dolèda‹ und die ›Donna Kenìna‹, ferner die ›Gentildonna dalla Fratta‹, die im Gebiet von Rocca Piètore auf den ›Rives del Tjastel‹ wohnen sollte, die ›Donna Dindia‹ bei Cortina d'Ampezzo, die ›Regina Bongàya‹ im Alpàgo, die ›Contessa de Priola‹ bei Tolmezzo in

14

Albrecht Dürer (1471-1528)

Welsches Gebirge, 1495
Aquarell
Oxford, Ashmolean Museum
(Foto: Museum)

Die Landschaftsaquarelle sind nicht nur die unmittelbarsten und persönlichsten Bekenntnisse Dürers, sie gehören auch zu den frühesten Zeugnissen des neuen Naturgefühls des Renaissance-Menschen und stehen am Beginn der ›modernen‹ Landschaftsmalerei. Es ist erstaunlich, wie hier der Nürnberger Meister bereits die wesentlichen Ausdrucksmittel, deren sich die Vedutisten bis heute bedienen, beherrscht und anwendet: exakte Beschreibung, lockere Andeutung und phantasieanregendes Weglassen, insgesamt also den faszinierenden Gegensatz von Vollendung und Non-finito mit all seinen Nuancierungen. Schönster Beweis dieser bildhaften Weltsicht ist dieses Blatt, das Dürer auf seiner ersten Venedigreise 1494/95 ›aufgenommen‹ hat: Allerdings sind sich die Forscher nicht einig, ob im Oktober 1494 auf der Hinreise oder im Mai 1495 auf der Rückreise. Obwohl beide Meinungen über Argumente für und wider verfügen, neigt doch die größere Wahrscheinlichkeit zum früheren Termin. Der Forscher Antonino Rusconi hat 1936 den Standpunkt Dürers genau ermittelt: Es war die Stelle bei der späteren Rochuskapelle in Cembra auf dem rechten Steilufer des Cembra- oder – früher zu deutsch – Zimmertals, das vom Avisio durchflossen wird. Der Blick geht nach Nordosten hinüber auf den penibel durchgearbeiteten Dosso di Segonzano (1542 m) mit den Erdpyramiden am rechten Abhang zum Regnana-Tal hin. Links setzt über der Geländeterrasse von Faver das Schwarzhorn an, rechts sind großzügig die Umrisse des Ceramonte angedeutet, auf dessen halber Höhe Kirche und Häuser von Sevignano gut zu erkennen sind, während das zugehörige Schloß vom davorliegenden Dosso di Venticcia verdeckt wird.

Karnien und die ›Gräfin Hemma‹ in Kärnten – lauter Gestalten von fürstlichen Frauen, die sich geschichtlich nicht nachweisen lassen, die also vorgeschichtlich sind, die aber die Volksüberlieferung noch immer stark beschäftigen. Es scheint sich um eine Erinnerung an uralte Volksgruppen zu handeln, die von Frauen geführt wurden, also noch mutterrechtlich lebten. Durch Berührung mit benachbarten vaterrechtlichen Gemeinschaften sind jene mutterrechtlichen Verbände allmählich zersetzt und endlich ganz vernichtet worden. Dies dünkt mich die wahrscheinlichste Erklärung für die Sage vom Reiche der Fánes, seinen Kampf und seinen Untergang.

Seit dem Untergang des Fánes-Reiches lebt die Königin mit ihrer Tochter im Pragser Wildsee und wartet wie der alte Partschótt auf der Seiser Alm auf die verheißene Zeit.

Und nun öffnet sich uns ein unvergleichlicher Blick in den weiten Ampezzaner Talkessel, in dem Cortina liegt, die ›Hauptstadt der Dolomiten‹, vor allem aber der berühmte Wintersportplatz. Von Bozen her, durch das Eggental, haben wir das Ende der großen Dolomitenstraße erreicht, die uns wie kaum eine andere Straße der Alpen die Schönheit und Großartigkeit der Gebirgswelt erschließt.

Wege ins Piavetal

Cortina d'Ampezzo liegt am linken Ufer des Boite, inmitten eines sanft geschwellten Talbeckens, umgeben von den Kolossen der Ampezzaner Berge, des *Pomagagnon,* des *Monte Cristallo* und des *Sorapis.* Weiter, gegen das Cadore hin, sieht man den *Monte Antelao,* den *Monte Pelmo* und nach Westen zu die *Tofanen* – alles Giganten über dreitausend Meter hoch.

Die ›Strada d'Allemagna‹, die wir von Toblach aus schon verfolgten, führt von Cortina aus im Tal des Boite südöstlich über San Vito di Cadore am Fuße des Antelao nach **Pieve di Cadore,** zum ›Osttor‹ der Dolomiten. Es ist ein altes Städtchen. Schon zur Zeit der Römer stand hier ein Kastell, Tassilo III. von Bayern hatte dort Besitzungen, die er dem Stift Innichen übereignete, dann war Kaiser Otto II. im Besitz von Ländereien. 1140 erkannte der Staufer Konrad III. dem Stift Innichen den ganzen Komitat Cadore zu, 1160 erhielten es die Herren von Camino zu Lehen. Unter der Herrschaft der Patriarchen von Aquileja wurde Pieve di Cadore zu einem städtischen Gemeinwesen. 1420 erhoben sich die Cadoriner gegen den Patriarchen und stellten sich an die Seite der Republik Venedig, bei der sie bis 1797, das heißt bis zur Auflösung derselben, verblieben. Von 1814 bis 1866 gehörte Cadore zu Österreich.

Die Stadt selbst hat venezianisches Aussehen. Wie könnte es auch anders sein: ist sie doch der Geburtsort des größten venezianischen Malers *Tiziano Vecelli.* Sein *Geburtshaus* ist heute noch zu sehen, unweit der Piazza, die seinen Namen und sein Standbild trägt. Im Inneren des stark restaurierten Häuschens ist ein kleines Museum eingerichtet. Es befinden sich hier einige eigenhändig geschriebene Briefe des Malers, Urkunden und auch der Adelsbrief von 1533. In der *Pfarrkirche* gibt es mehrere Gemälde, die der Zeit des Meisters angehören. Die Maler dieser Bilder waren Mitglieder der Familie Vecelli. Von Tizian selbst stammt das Bild in der dritten linken Seitenkapelle, es zeigt eine Madonna zwischen Heiligen und wurde kurz nach 1560 für die Familienkapelle der Vecelli gemalt. Der Heimatort Tizians besitzt nur dieses eine Gemälde von der Hand des großen Meisters. Das *Stadtmuseum* im Rathaus beherbergt neben einer frühgeschichtlichen Abteilung eine Pinakothek mit Werken aus dem Umkreis Tizians.

Die Umgebung von Pieve di Cadore ist sehr schön. Man sollte nicht versäumen, den *Schloßberg,* auf dem einst das alte Kastell stand, zu besteigen. Der Blick von dort auf die mächtige Gruppe der Monti Marmarole ist prachtvoll, Tizian hat sie wiederholt als Hintergrund für seine Bilder verwendet. Am Fuße des Schloßbergs liegt ein Dorf, **Sottocastello,** mit schönen alten Häusern. In seiner nächsten Umgebung befindet sich die *Chiesa di Cristo* mit dem Kruzifixus von Valcaldo, einem berühmten Wallfahrtsbilde. Der langgestreckte *Lago di Centro Cadore,* den der Piave durchströmt, ist besuchenswert.

Wir aber kehren nach Cortina entweder durch das Ampezzaner Tal, durch das wir von Cortina kamen, oder am See entlang über Auronzo in einem großen Bogen durchs **Val d'Ansiei** über den Tre- Croci-Paß zurück. Von dort wollen wir nun der ›Großen Dolomitenstraße‹ in das Fleimstal folgen, bis wir nahe bei Trient das Etschtal wieder erreichen werden.

Durchs Fleimstal an die Etsch

Fleimstal heißt das breite, waldreiche Tal, das der Avisio, der von der Marmolata seinen Ausgang nimmt, durchfließt. Es besteht aus drei verschiedenen Talschaften, deren nördliche, das Fassatal, wir bereits kennen, deren mittlere das eigentliche **Fleimstal** bildet, ein wohlhabendes Gebiet mit großen Wäldern und weithingestreckten Almen unter den hohen Gipfeln der Dolomiten. Der südlichste, vom Avisio durchflossene Teil des Tales ist das **Val di Cembra** oder **Zimmerstal,** eine schluchtenreiche, pittoreske Landschaft, durch die die Straße tief unter den sehr hoch gelegenen Ortschaften nach Trient führt. Aus diesem Tal stammen die Maffei, die als altes Geschlecht des Fürstbistums Trient über Verona nach München kamen und 1812 in Bayern immatrikuliert wurden.

Wir folgen der ›Großen Dolomitenstraße‹ von Cortina zunächst bis *Vigo di Fassa,* wo die Abzweigung zum Karerpaß, über den wir von Bozen her unsere Dolomitenfahrt antraten, liegt. Von dort folgen wir der Straße aber südwärts über Moëna nach **Predazzo** (Pardatsch), das an der Mündung des Travignolotales ins Fleimstal liegt.

Die Umgebung von Predazzo hat keinen besonderen Reiz, aber sie ist weltberühmt bei Geologen und Mineralogen. Hier ist ein Eruptivstock aufgeschlossen, der seit seiner Entdeckung durch Graf Giuseppe Marzari Pencati und Leopold von Buch um 1820 das Ziel zahlreicher Forscher aus der ganzen Welt geworden ist. Schon 1822 fand in Predazzo ein Naturforscherkongreß statt, an dem auch Alexander von Humboldt, der große Weltreisende und Naturforscher, teilnahm. Im Gasthof ›Nave d'Oro‹ wird ein Gästebuch aufbewahrt, das mit den Namen der Kongreßteilnehmer beginnt und aus späterer Zeit Eintragungen von Forschern und Gelehrten aus allen Erdteilen enthält. Das Interesse der älteren Geologen für die Gegend von Predazzo, die Buch den ›Schlüssel zur Geologie‹ nennt, knüpft hauptsächlich an den Umstand an, daß hier durch die Erosion des Avisio und des Travignolobaches die inneren Verhältnisse eines alten Vulkanschlotes bloßgelegt wurden; zum ersten Male konnte hier mit Bestimmtheit das im Sinne der Geologen jugendliche Alter von granitischen Tiefengesteinen ermittelt werden, die erst nach Bildung der Triaskalke aufgedrungen und entstanden waren. Nahe den Berührungsflächen bildeten sich prächtige Mineralien, um derentwegen Predazzo nicht minder berühmt ist.

Im Gasthof ›Nave d'Oro‹ war früher eine Sammlung davon zu sehen, heute ist sie in der Schule untergebracht.

Der Ort wird übrigens in einer Urkunde von 1100 erstmals erwähnt. Er verdankt Bergknappen, die schon sehr früh in der Umgebung Beschäftigung fanden, seinen Aufstieg. Um 1520 beschäftigte das Kupferbergwerk am Monte Mulat allein über 1500 Mann. Dieses Bergwerk war mit kleinen Unterbrechungen bis zum Ende des Ersten Weltkrieges in Betrieb. (Hermann Delago)

In Predazzo teilt sich die Straße abermals. Nach Osten führt sie über den landschaftlich prächtigen *Rollepaß* zu dem beliebten Wintersportplatz **San Martino di Castrozza** zu Füßen der gigantischen Palagruppe. San Martino ist der Mittel- und Ausgangspunkt für zahllose Bergtouren aller Schwierigkeitsgrade. Leslie Stephen ist der Entdecker der Palagruppe. Er hat im Jahre 1869 im Alleingang die Cima di Ball und die Cima di Fradusta erstiegen und als erster auch das herrliche Val di Pravitali durchwandert.

Der andere Strang der Straße führt nach Westen, dem Tal des Avisio folgend, nach **Cavalese,** einem Markt in reizender Lage, hoch über dem Fluß auf Felsen von Quarzporphyr erbaut. Cavalese hieß deutsch auch Gablös. Im ehemaligen *erzbischöflichen Palais* sitzt heute die Verwaltung der *Magnifica Comunità* von Cavalese, deren würdiger Titel an die mit eigenen Rechten ausgestattete Bauernrepublik des Fleimstales erinnert. Seine prächtigen Renaissanceformen erhielt der Palast um 1530. Den prächtigen Sitzungssaal mit seiner geschnitzten und bemalten Holzdecke und einige andere historische Räume kann man besichtigen, zudem hier auch das *Fleimstaler Museum* untergebracht ist. Es handelt sich dabei vorwiegend um eine Galerie mit Gemälden der hier ansässig gewesenen Malerfamilie der *Unterberger.* Von ihnen und einigen anderen Schülern einer von *Guiseppe Alberti* in Cavalese gegründeten barocken Malschule stammen Bilder in der *Pfarrkirche Maria Assunta,* einem 1610 um ein barockes viertes Schiff erweiterten Bau des 15. Jahrhunderts.

Im Park vor der Pfarrkirche steht unter uralten Linden ein steinerner Tisch mit Steinbänken im Halbrund. Es handelt sich um die *Banco de la Reson,* wo die Vertreter der Generalgemeinde des Fleimstales, der *Magnifica Comunità di Fiemme,* ihre Versammlungen unter freiem Himmel hielten. Der Überlieferung nach soll diese

Anlage auf eine langobardische Thingstätte zurückgehen. Es besteht – nach Steub – nämlich kaum ein Zweifel daran, daß der deutsche Teil der Bevölkerung von den Langobarden abstammt. Kraft alter Verträge, die 1112 mit Bischof Gerhard von Trient geschlossen worden waren, lebten die Fleimser nach langobardischem Recht und unter selbstgewählten Richtern und Amtmännern, ›Regolani‹ genannt. Im Cembratal übte jedes Jahr ein anderer Hofbesitzer das Amt des Richters aus. Gegen eine Abgabe in Geld und Naturalien an den Bischof hatten die Fleimser das Recht an Wäldern und Almen, an Jagd und Fischfang sowie Zollfreiheit im Fürstentum Trient.

Westlich von Cavalese gabelt sich die Straße wieder: Der eine Teil folgt dem Lauf des Avisio durch das Val di Cembra, das Zimmerstal, von dem schon die Rede war. Sie führt den Reisenden bei Lavis auf die Etschstraße, die von Norden kommt. Der andere Teil erreicht das Etschtal bei Auer.

IM TRENTINO

Der Nonsberg

Der Nonsberg ist eigentlich gar kein Berg, sondern ein weites, ansteigendes Hochtal. Im Italienischen wird darauf Rücksicht genommen, der ›Berg‹ heißt hier ›Val di Non‹. Man erreicht den Nonsberg entweder von Bozen aus über den Mendelpaß oder von Meran aus über die *Gampenstraße* – von den Italienern Palade genannt -, die durch herrliche Wälder von Lärchen und Fichten, immer neue Ausblicke schenkend, bergan steigt, am kleinen Bad Gfrill vorübergeht und am Gampen-Joch wieder abwärts führt, immer weiter durch Wälder, die von den Hängen des oberen Nonsbergs tief herabsteigen. Hier oben liegen die letzten deutschsprachigen Gemeinden Sankt Felix, Unsere Liebe Frau im Walde (Senale), Proveis und Laurein, sagenumwitterte Ortschaften. Vor allem in der Nähe von **Laurein** sollen Schätze verborgen sein, die noch der Hebung warten, sollen allerlei Geister ihr Wesen treiben.

Zum Beispiel mag einem auf dem ›Britschner Jöchl‹, einer Paßhöhe östlich von Laurein, die über Castelfondo nach Fondo führt, Schlag Mitternacht in der Allerheiligennacht ein Fuhrwerk erscheinen, aus dem ein geheimnisvoll vermummter Mann einen Bronzetopf voller Goldstücke herausreicht. Will man mit dem Gold glücklich werden, müßte man den Dank an die armen Seelen abstatten.

Besuchen wir den kleinen Wallfahrtsplatz **Unsere Liebe Frau im Walde** am Fuß der Laugenspitze, dessen Kirche – der Turm ist noch romanisch – 1469 bis 1481 von Hans Huber neu gebaut wurde. Es ist ein uralter Ort, denn schon 1184 wird hier ein Hospiz mit Ordensbrüdern erwähnt, das 1321 dem Chorherrenstift Au bei Gries einverleibt wurde. Das dreischiffige Langhaus der Kirche mit schönem Netzgewölbe ist trotz der Bemalung von 1907 von eigenartigem Reiz, der vor allem den fünf Altären zu verdanken ist. Im luftig-eleganten Aufbau des Hochaltars aus dem Rokoko steht in goldenem Schrein das Gnadenbild der Muttergottes, das in der Mitte des 15. Jahrhunderts aus Gußmasse geschaffen wurde und 1683 die jetzige Fassung erhielt. Drei verschiedene Legenden berichten von der wunderbaren Auffindung des Bildes:

Fuhrleute und Säumer sahen auf ihren nächtlichen Fahrten über den Gampenpaß oft im Sumpf unterhalb des Hospizes ein Licht, und einmal hörten sie eine Stimme rufen:

Heb uns auf aus dem Moos,
Maria Mutter groß;
Heb uns auf aus dem Ort,
O Fuhrmann, fahr nicht fort!

Zuerst schenkten die Fuhrleute der Stimme keine Beachtung, als sie aber nach drei Jahren mit dem Schuster Martin aus Montan eines Nachmittags wieder am Hospiz vorüberzogen, sahen sie im Sumpf ein Muttergottesbild liegen, fast an der Stelle des heutigen Hochaltars. Die Schönheit des Bildes rührte sie; sie erinnerten sich der Lichter und Stimmen und beschlossen, der Muttergottes eine Kirche zu bauen. Sie wählten den schönsten Platz, zu dem das Bild gebracht wurde, doch am anderen Tag lag es an der gleichen Stelle, wo sie es zuerst gesehen hatten. Immer kehrte das Bild an diesen Ort zurück; daher baute man auch dort die Kirche. Schuster Martin und zwei Männer der Gegend gingen zum Grundherrn Grafen Thun, der mit den Grafen von Firmian und Arz den Bau aufführen ließ. Martin selbst, so wird erzählt, bettelte im Land herum für den Kirchbau, weil seine Ersparnisse nicht ausreichten.

Die beiden anderen Legenden lassen die Auffindung des Gnadenbildes durch einen thunischen Jäger geschehen oder durch einen von Räubern überfallenen Reisenden, der Maria um Hilfe anrief. Zum Zeichen ihres Schutzes soll dieser dann das Bild ganz in seiner Nähe liegen gesehen haben.

Die Seitenaltäre der Kirche mit gedrehten Säulen und verkröpftem Gebälk, schwarz, braun und golden gefaßt, mit Schnitzfiguren besetzt, gehören dem 17. und frühen 18. Jahrhundert an. Der Bruderschaftsaltar der Pestheiligen Sebastian und Rochus enthält ein Altarbild, das deshalb besonderes Interesse verdient, weil auf ihm die Mitglieder der Bruderschaft – Geistliche, Bürger und Bauern – in zeitgenössischer Tracht dargestellt sind.

Am Friedhof steht die *Sankt-Michaels-Kapelle*, ein hoher zweigeschossiger, um 1500 errichteter Bau, dessen unteres Geschoß einst als Beinhaus diente. Ein Fresko aus der Erbauungszeit zeigt Maria mit Kind und den Heiligen Michael als Seelenwäger.

Verläßt man diesen sagen- und wundererfüllten Bereich, so ist man plötzlich im romanischen Land. Es ist weniger die Landschaft als die Dörfer, die auf einmal romanischen Charakter zeigen; auch die deutsche Sprache hat aufgehört. Bis zum Etschtal, mit dem sich das Nonstal kurz vor Trient vereinigt, fällt das in römischer Zeit ›Anaunia‹ genannte Land langsam aber stetig nach Süden zu ab, durchschnitten von tiefen Längs- und Querschluchten. Nordwestlich stehen die Ortler und Suldener Ferner, südwestlich die Brenta, Adamello und Presanella, während die tiefer gelegenen Hänge über und über mit Obstbäumen, Weingärten und Kornfeldern bedeckt sind. Überall Dörfer, Schlösser, Bauernhöfe, kleine Städte, und an den Rändern machen dichte Wälder das Land lauschig und verschwiegen. Tief unten, in der großen Längsschlucht des Talgrundes, fließt der auf halbem Weg nach Trient zum großen, blau leuchtenden *Lago di Santa Giustina* gestaute Noce der Etsch zu. Es ist vielleicht das anmutigste, das heiterste Tal des alten Tirol. Es besitzt Üppigkeit und Fülle und hat in der Ruhe doch eine Vielfalt, die von den langgestreckten Bergriegeln und den tiefen, schluchtartigen Einschnitten ausgeht, über welche die Augen beständig auf- und niedersteigen müssen. Man begreift, daß in dieser Landschaft, wo sich südliche Lieblichkeit mit nördlicher Großartigkeit verbindet, die Römer gerne den Sommer verbrachten, daß später gerade hier der Adel Tirols so zahlreich ansässig war.

Noch vor hundert Jahren war die Gegend als Schlupfwinkel von Räubern, Wegelagerern und Dieben verschrien, und wo man von Mord und Gewalttat hörte, war man sicher, daß sie von Einwohnern des ›Val di Non‹ verübt worden waren.

Wie der Harz, so hat auch der Nonsberg seinen Blocksberg, den **Monte Roén** über Bragher, wo der Teufel mit den Hexen lustige Zusammenkünfte hielt. Eine solche Hexe soll Frau Anna Maria von Alessandri gewesen sein, die am 5. Mai 1615 von ihrem Mann ermordet wurde, am 17. Mai aber wieder lebendig war. Natürlich herrschte größte Erregung über dieses Ereignis, und der Fürstbischof von Trient, Graf Madruzzo, schickte seinen Rat Particella, der mit dem Pfarrer von Non den Fall untersuchen mußte. Frau von Alessandri wurde kurzerhand zur Hexe gestempelt und verbrannt. Im Volk munkelte man, daß ihr eigener Mann die Geschichte nur erfunden habe, um sich auf diese Weise seiner ihm lästig gewordenen Gattin zu entledigen. Räuber, Hexen und Geister mag es noch geben, doch zeigen sie sich dem Reisenden nicht mehr, wenn er vom Gampen- oder Mendelpaß herabkommt und sich ihm die wundervolle Aussicht über das blühende Land öffnet. Hier sollte man, seiner Laune folgend, mit Muße bald diesen, bald jenen Ort besuchen, um so den Nonsberg oder das Nonstal kennenzulernen, von dem der alte Tiroler Landreim sagt:

Auff Nonser Perg sind wol erpawen,
Vier und zwainzig Schlösser z'schawen,
Vierthalbhundert Dörfer fürwar
Und vier und zwainzig Pfarren gar,
Hat Visch und Wildprät, Wein und Korn,
G'schickt und g'lert Leut sind daruff erborn.

Wo sich die Gampenstraße mit der vom Mendelpaß kommenden trifft, liegt der Ort **Fondo,** der heute mit **Malosco,** einer wunderbaren Sommerfrische, fast zu einer Einheit zusammengewachsen ist. Von Malosco aus kann man rechts und links der Mendelstraße die schönsten Spaziergänge durch herrlichen Wald machen, bis auf das Mendel-Joch hinauf, von wo man den großartigsten Rundblick nach Osten wie nach Westen – nach den Dolomiten wie nach dem Ortlergebiet, der Brentagruppe, der Adamello- und der Presanellagruppe – hat. In Fondo gabelt sich die südwärts strebende Straße, kaum vereint, abermals: Der eine Strang führt über die tiefe Talschlucht nach Castelfondo, dann in vielen Windungen zum Stauseegebiet Santa Giustina und weiter nach Malé; von ihm wird später noch die Rede sein. Der andere Strang führt gleichfalls südwärts zum Stausee, doch an den sanften Hängen des Monte Roén entlang durch eine Reihe reizvoller Ortschaften. Wir nennen nur zwei: Romeno und Sanzeno.

Romeno sei deswegen genannt, weil sich hier, ganz versteckt in einem Bauerngehöft, ein alter, wohl noch römischer Bau befindet, den man in ganz früher Zeit zu einer Bartholomäus-Kapelle ausbaute. An den Wänden der drei Apsiden und auch an den Wänden des einfachen Saalbaus haben sich hochinteressante romanische Wandmalereien erhalten.

Sanzeno birgt aber noch bedeutendere Überraschungen. *In Tirol muß man sich an die ständige Gegenwart der Heiligen gewöhnen wie in Ungarn an die der Patrioten*, sagt ein wenig spöttisch Ludwig Steub, und er hat recht. Tirol ist wahrhaft ein Land der Heiligen. Das Volk pflegt noch heute mit ihnen vertrauten Umgang, mit Vigilius und Notburga, mit Kassian, Sisinius, Proculus, Korbinian, Urban, Valentin, Florinus und wie sie alle heißen mögen. Besonders hübsch zeigt sich dieses innige Verhältnis in der Grabinschrift eines Herrn von Hebenstreit, dessen Familie sogar mit der Muttergottes verwandt sein wollte.

»Maria, meine Muhme,
Dir weih ich diese Blume.«

»Mein lieber vetter Hebenstreit,
dank dir für diese Artigkeit.«

An der Straße vom Gampenpaß her liegt also Sanzeno. Hier steht der ›Dom Anauniens‹ mit schönem romanischem Turm und mit dem Sarkophag der drei heiligen Märtyrer Sisinius, Alexius und Martyrius, die an dieser Stelle 397 erschlagen wurden. Vigilius, der heilige Bischof von Trient, sammelte ihre verschleppten Gebeine und brachte sie nach Sanzeno zurück, wo dann später eine Kirche errichtet wurde. Der heutige Bau, eine schöne Halle mit Rautennetzgewölben über schlanken Rundpfeilern, stammt aus dem 15. Jahrhundert. Am rechten Kreuzarm befindet sich, durch ein Gitter vom Kirchenraum abgetrennt, die romanische Kapelle der heiligen Märtyrer mit Wandmalereien des 13. Jahrhunderts. Hier steht auch der gotische Marmorsarkophag der drei Märtyrer. Interessant ist das ganz in romanischen Formen gehaltene, mehrstufige Westportal, das jedoch ein Werk der Renaissance ist.

Ganz in der Nähe und ganz im Verborgenen liegt aber einer der eindrucksvollsten Orte des Nonsberges, **die Klause des Heiligen Romedius,** eines wunderwirkenden Heiligen des Landes, weit hinaus über den Nonsberg geliebt und verehrt. Von ihm soll nun die Rede sein, und zu ihm wollen wir pilgern.

Die Legende berichtet, daß Romedius, Sohn des Grafen von Thaur nahe bei Hall am Inn, sich schon als Jüngling gerne in eine Felsenhöhle zurückzog, um sich frommer Meditation zu widmen. Weiter erzählt sie, daß Romedius nach dem Tod der Eltern den

Pilgerstab nahm und mit zwei adligen Freunden, die sich Abraham und David nannten, nach Rom zog, um an den Gräbern der Apostel zu beten. In Trient traf er zum ersten Male mit seinem späteren Freund Vigilius zusammen. Aus Rom heimgekehrt, faßte Romedius den Entschluß, allem Irdischen zu entsagen und sein Leben als Einsiedler zu beschließen. Seine Güter schenkte er den Hochstiften Augsburg und Trient, dann verließ er mit seinen beiden Freunden Thaur für immer. Auf der Suche nach einem geeigneten Platz für eine Einsiedelei kamen sie auch auf den Nonsberg, und hier entdeckten sie, was sie sich wünschten.

Gleich hinter der Kirche von Sanzeno biegt eine schmale Straße ab, läuft durch Wiesen, Felder und Obsthaine hinab in ein schmales Tal und verliert sich in einer engen Schlucht zwischen hohen grauroten Felswänden. Es ist ganz still dort, nur das leise Rauschen des Romedibachs ist zu hören, der fast unsichtbar unter dichtem Erlen- und Haselgebüsch dahinzieht.

Wo das Tal eine Biegung macht, hat man den ersten Blick auf die Einsiedelei. Zunächst ist nichts anderes zu sehen als ein flaches Dächlein, dem hohen Fels wie eine Mütze aufgestülpt. Folgen wir aber der sich am jenseitigen Hang emporwindenden Straße, so wächst der Wallfahrtsort steil auf der Felsspitze empor, ein ›Montserrat en miniature‹. Wenn wir das schöne Renaissanceportal des Torbaus durchschreiten und den winzigen, von doppelten Arkaden umzogenen Hof betreten, so türmen sich vor uns fünf durch Treppen verbundene Kirchen übereinander, deren oberste das ›Sanctuarium‹, die Grabstätte des Heiligen, enthält.

Als Romedius dieses Tal gefunden hatte, fing er mit seinen Gefährten zunächst unten am Bach zu bauen an. Aber in der Nacht trugen die Raben alles, was er errichtet hatte, auf die Felsspitze, denn der Himmel hatte diese zum Bauplatz bestimmt.

Mehrere Jahrhunderte haben an dieser einzigartigen, pittoresken Baugruppe gearbeitet. Seit dem 12. Jahrhundert wird das Fest des Heiligen am 15. Januar gefeiert, auch gab es damals schon eine Bruderschaft des Heiligen Romedius. 1206 wurde das Heiligtum ein Priorat, dessen Patronat Papst Leo x. 1514 den Grafen Thun verlieh als Anerkennung für alles, was sie für das Kirchlein getan hatten.

Uralte Kapitelle, ein romanisches Portal, Fresken des 11. bis 17. Jahrhunderts, gotische Gewölbe, barocke Pfeiler und Altäre, zarter Rokokostuck verbinden sich zu einem eindringlichen Bild. Es ist ein ›theatrum religiosum‹ ganz besonderer Art. Die Stiege führt etwa auf halber Höhe durch einen barocken Triumphbogen. Rechts davon liegt die 1487 von Georg von Cles gestiftete Kapelle zu Ehren der Heiligen Georg und Romedius. Weiter hinaufsteigend, gewahrt man die Wände, dicht bedeckt mit Votivbildern, den Zeugnissen wunderbarer Hilfe in der Not, deren ältestes von 1490 stammt. Im Halbstock des Stiegenhauses befindet sich die von den Grafen Christoph und Bernhard von Thun 1514 gestiftete Allerheiligsten-Kapelle, und darüber liegt die gotische Kapelle, ›Chiesa Maggiore‹, welche zweiundzwanzig Jahre später die Thun bauen und der Grablegung Christi weihen ließen. Noch einige Stufen, und durch eine prächtige Pforte des 15. Jahrhunderts mit den stilisierten Köpfen der drei Einsiedler gelangt man in den ältesten Teil des Heiligtums. An der linken oberen Ecke der Portalrahmung steht die Inschrift: ARICARDA MUNICA FECIT LABORARE ISTAM PORTAM MAISTER OCIOAE M. (vielleicht Otto und Johannes, Mille). Rechts neben dem Portal blieben Fresken des 11. oder 12. Jahrhunderts erhalten, sie gelten als die ältesten im Trentino bewahrten Malereien. Dargestellt sind eine Madonna und ein Abendmahl. Auf der anderen Portalseite kann man durch ein Gitter im Fußboden in die Grotte blicken, in der die Eremiten einst wohnten. Wir betreten nun einen kleinen, zweischiffigen Raum, der wohl aus dem 8. Jahrhundert stammt und dessen niedrige Säulen vielleicht noch karolingischen Ursprungs sind. Dieser Raum ist das Ziel der Pilger, denn hier steht an der Stelle, wo Romedius gebetet haben soll, der Reliquienschrein mit seinem Schädel.

Von der Spitze des Felsens, einer winzigen Terrasse, gleitet der Blick über die waldigen Hänge und fällt in die schwindelnde Tiefe der Schlucht. Kehrt man dann in das hübsche Höfchen zurück, so verliert sich der sakrale Charakter des Baus fast ganz, und man hat den Eindruck, im Landsitz eines großen Herrn zu sein.

Vor dem Tor wird zum Gedächtnis des Heiligen und seines Reittiers ein großer Braunbär gehalten, der unermüdlich auf den Hinterbeinen steht und mit weitgeöffnetem Rachen milde Gaben fordert.

Sankt Romedius ist immer mit einem Bären abgebildet wie Sankt Korbinian, Sankt Gallus und andere, aber er ist der einzige Heilige, der auf seinem Bären reitet. Dazu berichtet die Legende:

Demnach ihne Alters halben seine Füß ... nit mehr kunten tragen, pflegte er auff einem Rößlein hin und her zu reitten. Einsmals trägt sich zu, daß solches von einem wilden, grausamen und hungrigen Bären auff der Weid angefallen, erlegt und gefressen wurd. Der H. Romedius schickt darzwischen seinen Gesellen David ihme das Pferdtlein zu holen: solcher aber, da er nichts von disem als etlich übergeblibne Stücklein und Drümmer angetroffen, bringet die Bottschafft des Verlauffs seinem Meister: ab welcher Zeitung der H. Mann alsbald bewegt dise Worte gesprochen: »Weil ich wegen Abnemmung meiner Leibskräfften zu Fuß gehen nit vermag, so gehe hin David, nimb den Zaum, leg ihn dem Bären an und führ ihn ohn allen Verzug zu mir.« David setzt sein Vertrauen in Gott und die Verdienst des H. Romedi, folgt dem Befehl; und als er in Gegenwart deß erschröcklichen Thiers, welches noch wegen deß frisch erlegten Raubs gantz blutig, angelangt, würfft er ihm den Zaum an und führt es so leichtlich, ohn allen Widerspan mit sich von dannen, als er das Rößlein zuvor pflegte zu laiten. Da nun dises abscheuliche Thier dem Heiligen zugenahet, fällt es, gleichsam seiner Missethat nicht unwissend, auff seine Datzen nider, nimbt demselben gar sänfftiglich auff und trägt ihn biß gen Trient, allda er den H. Vigilium ihme fürgenommen zu besuchen.

Das Aufsehen in der Stadt war natürlich ungeheuer, als der sonderbare Reiter durch das Tor ritt. Als Romedius sich dem Bischofspalast näherte, fiel ihm ein, daß er ohne Gastgeschenk gekommen war. Doch eine Schar Vögel stürzte ihm zu Füßen und bot sich als Geschenk an. Der Heilige aber lehnte ihr Opfer ab – vielleicht verabscheute er den in Italien üblichen Vogelmord –, segnete die Vögel, die ihn noch eine Weile dankbar begleiteten. Als sich Romedius von Vigilius verabschiedete, sagte er: *Wir werden uns nicht wiedersehen. Wenn die Glocke des Doms dreimal von selber läutet, dann empfehle meine Seele dem Herrn.* Bald darauf, am 15. Januar 400, als der Heilige im Sterben lag, hörte Sankt Vigilius die Glocke dreimal läuten: *Der, alsbald eingedenk obgemeldter Weissagung, hat der Wohnung zu deß H. Einsidels sich auff den Weeg gemacht, ihme nach Christlichem Brauch Besingnus zu halten und zur Erden zu bestäten, welches auch mit großem Zulauff deß Volcks gantz herrlich verrichtet und dem abgeleibten Heiligen ein ansehnliche Leich ist angestellt worden. Es hette ihme zwar der H. Bischoff fürgenommen, auff den folgenden Tag das Gottshaus, in welchem der H. Romedius beygesetzt worden, zu weyhen, da aber die Nacht mitten in ihrem Lauff und er seine abgematte Glider etwas an der Ruhestatt erquicket, sihet er gähling vor ihm stehen einen Mann eines gar zierlichen und Ehrwürdigen Antlitz, der ihn von dem Schlaff aufferweckt mit Befehl, soll sich von stund an in die Kirchen verfügen, allda zu sehen die Wunder Gottes. Wie er da ankommen, sihet er ein Anzahl der H. H. Engel, unter welchen der fürnehmste so wol die Kirchen als den Altar mit höchster Ehrenbietsamkeit weyhete; darumben er sich dises Amts nicht mehr dörffen unterfangen, in Erwögung, daß die Göttliche Majestät solches durch Mitwürckung und Dienst seiner Englischen Geister hat wöllen lassen vollbringen.*

Der heilige Romedius von Thaur, dessen Namenstag der 15. Januar ist, wird vor allem gegen Feuer, Hagel und Überschwemmung angerufen, jedoch auch gegen Fieber, Beinleiden und Zahnschmerz. Im 18. Jahrhundert gab es in Thaur bei Innsbruck noch Romediusspiele, für 1707 ist so ein Spiel auch in München nachweisbar. In Trient wird die ihm geweihte Glocke an seinem Todestag alljährlich einmal geläutet.

Wir verlassen nun diesen Ort großer Einsamkeit, eines tiefen Friedens im Dämmer der Kapellen und im Schatten der Waldberge, diesen Ort nie endenden Gebetes, das würdige Grabmal eines Heiligen, zu dem die Menschen heute noch kommen, um seine Hilfe zu erbitten, und kehren ins Val di Non zurück, und zwar wieder nach Fondo.

Schlösser am Nonsberg

Von der Höhe herabkommend, vorüber am hübschen *Schloß Málgolo* der Grafen Prémoli, erreichen wir den Schnittpunkt der Gampen- und Mendelstraßen bei Fondo. Es ist uraltes Herrenland, das uns umgibt; überall von den Höhen grüßen seine Schlösser. Im 12. Jahrhundert wurde das Tal des Noce in fünf Vogteien eingeteilt, deren Sitze sich in Cles, Romeno auf dem Nonsberg, in Malé, Ossana und Livo am Sulzberg befanden. Im 14. Jahrhundert war der Nonsberg Schauplatz der großen Adelsfehde, die von maßlosen Ausschreitungen begleitet war. Zwei feindliche Parteien fochten gegeneinander mit Gehässigkeit und Rachsucht und verwüsteten sinnlos ringsum das Land. Der einen Gruppe unter Führung der Herren von Arz gehörten an die Herren von Cagnò und Caldes, Spaur, Coreth und Cazuff, der anderen, geführt von den Herren von

15

Johann Georg Paul Mohr (1808-1843)

›*Tal in Welschtirol*‹, um 1840
(eigentlich: Blick auf die Brunnenburg
und ins Etschtal)
Öl auf Leinwand
Hamburger Kunsthalle
(Foto: Ralph Kleinhempel, Hamburg)

Der aus Bordesholm in Holstein – damals zu Dänemark gehörig – stammende Künstler studierte an der Kopenhagener Akademie und wandte sich dann nach München, wo er frühvollendet mit 35 Jahren starb. In seinen Landschaften wird der Einfluß Karl Rottmanns stark spürbar, der eben damals – zwischen 1830 und 1850 – an seinen Italien- und Griechenland-Zyklen für König Ludwig I. arbeitete: der weite Blick vom erhöhten Standpunkt aus in eine sogenannte ›Überschaulandschaft‹ (Siegfried Wichmann), der Sinn für Größe und das Streben nach dem Klassisch-Zeitlosen. Das Bild gibt die Brunnenburg und das Etschtal bei Meran wieder (vgl. Farbtafel 12 auf Seite 225), also ein Deutschtiroler Tal. Doch wird durch die unverkennbare Heroisierung dieser Landschaft ein guter Schuß Italianitá vermittelt, der sicherlich auch zu dem heute gebräuchlichen, aber objektiv falschen Titel beigetragen hat.

Sankt Pölten (Sant' Ipoliti), die Thun und Tuenno. Ein Jahrhundert später erlebte der Nonsberg zwei Bauernrevolten, denen die Burgen Tuenno, San Ipolito und Altaguarda zum Opfer fielen, und 1525 erhoben sich die Bauern ein drittes Mal. Sie zerstörten die Schlösser Flavon, Niederspaur, Bragher und Belasi, bis es dem Kardinal Bernhard von Cles gelang, den Frieden wiederherzustellen. Ein altes Sprichwort sagt: *Wenn zehn Teufel mit einem Einwohner des Nonsberg Streit anfangen, so wird letzterer Sieger bleiben.* Dennoch scheint man auch schon in jenen unruhigen Zeiten nicht schlecht im Land gelebt zu haben, denn ein anderes Sprichwort meint: *Wer auf Erden schon der himmlischen Seligkeit teilhaftig werden will, der gehe auf den Nonsberg. Er ist ein Stück Himmel, das auf die Erde gefallen ist.*

Wir durchfahren den stattlichen Ort Fondo, von dem eine Straße nach **Castelfondo** führt, das ziemlich versteckt am Ende eines Seitentälchens liegt. Es ist eines der reizvollsten kleineren Schlösser Südtirols, war einst Besitz der Grafen von Rottenburg und gehört seit 1471 den Grafen von Thun-Hohenstein, welche die Burg 1492 umbauten. Das derbe und doch anmutige Schloß hat Festigkeit und Charakter. Wenn man von der Höhe hinter Fondo über die Kornfelder und Wiesen hinabschaut, so liegt es freundlich und hell unten im Grün des Föhrenwaldes; dann verschwindet es, um erst wieder aufzutauchen, wenn man, der Auffahrt durch den Wald folgend, vor dem Torbau mit dem Rottenburger Wappen hält.

Durch ein zweites Tor betritt man den Schloßhof, gebildet von dem zum Teil römischen Bergfried, dem Palas und dem eleganten zweigeschossigen, auf Säulen ruhenden Arkadengang. Es ist ein wohnliches Haus. Säle und Zimmer hinter den dicken Mauern haben noch durchaus die Atmosphäre eines noblen Landhaushaltes. In ihnen findet sich all jener Hausrat, der den Besuch alter Häuser so lehrreich und anziehend macht. Viele schlechte Ahnenbilder, und auch hie und da ein gutes, bedecken die Wände; Uhren, die nicht mehr gehen oder die Stunden falsch anzeigen, Rüstungen und Waffen, schönes Mobiliar aus allen Epochen, alle möglichen Kuriositäten und Bücher erfüllen die Räume. Man steht vor riesigen bunten Stammbäumen, deren verschnörkelte Schrift unter den Wappenschilden sich nur mühsam entziffern läßt. Überall sehen wir frische Blumen, und durch die Fenster streicht der kräftige herbsüße Harzgeruch des Waldes.

Ein Diplom des Tiroler Landesfürsten Erzherzog Leopold von 1629 bezeugt, daß die Thun schon 388 nach Chr. mit dem Heiligen Vigilius nach Tirol gekommen sind. Wir wissen, daß es früher üblich war, seine Abkunft so hoch hinauf wie möglich zu verlegen. Jedenfalls erscheint die zum Tiroler Uradel gehörende Familie urkundlich 1145, und der Älteste ist immer Erbschenk der Fürstentümer Brixen und Trient gewesen. Die Thun waren ein kluges und tatkräftiges Geschlecht, die durch ihre Politik und zielstrebigen Landerwerbungen bald Ansehen und immer zunehmenden Einfluß auf die Geschäfte des Bistums Trient erlangten. Sie machten also ›Fortune‹, gewannen große Herrschaften, auch in Böhmen, schließlich den Fürstentitel und haben im alten Reich eine Rolle gespielt. Sigmund Thun zum Beispiel stand bei den Kaisern Maximilian I., Karl V. und Ferdinand I. sowie bei den Trienter Bischöfen in diplomatischem Dienst und vertrat als Legat den Kaiser auf dem Konzil zu Trient. Mehrere Male besetzte die Familie dort den bischöflichen Stuhl, im 17. Jahrhundert mit Sigmund Alphons, 1730 bis 1758 mit Dominik Anton, 1776 mit Peter Vigil und 1800 mit Emanuel, der die Säkularisierung erleben mußte. Zur gleichen Zeit saßen Familienmitglieder der Thun als Bischöfe in Salzburg und Passau.

Bischof Peter Vigil begann seine Laufbahn als Domdechant von Salzburg. Als er nach Trient reiste, um die Regierung anzutreten, holte ihn die Bürgerschaft feierlich ein. Eine Woche lang wurde gefeiert mit Glockenläuten, Empfängen, Diners, Opern, Feuerwerken und Volksfesten, dann begann das Regieren. Ganz sein eigener Herr war der Bischof damals schon lange nicht mehr, denn Trient stand unter Tiroler Oberhoheit. Peter Vigil sah sich daher gezwungen, speziellen Wünschen des Hauses Habsburg nachzugeben, wozu der Vertrag mit Maria Theresia gehörte, der in Zoll und Handelssachen aus Trient und Tirol eine Einheit schuf. Das machte ihn unbeliebt, weil die Trienter an freie Ein- und Ausfuhr gewöhnt waren, aber dem Bischof war kein anderer Weg geblieben, als Österreich in dieser Angelegenheit nachzugeben. 1776 erließ der Fürst ein strenges Gesetz gegen den Vogelmord und die Jagd auf alles Wild vom 1. März bis 15. August, begründet durch *den sehr schweren Jagdunfug, welcher seit längerer Zeit eingerissen ist und offen auf die Vernichtung sowohl der Vögel als des Wildes abzielt*.

Mit Rom stand der Bischof nicht auf gutem Fuß, denn er säkularisierte seelenruhig einige Klöster, erlaubte den Karmeliten Fleisch zu essen, und verbot den Nachtchor in allen Klöstern. Daher reiste Pius VI. auf dem Rückweg von Wien 1782 ohne Aufenthalt durch Trient. Als vierzehn Jahre später die französische Revolutionsarmee aus Italien anrückte, zog sich Peter Vigil nach Passau zurück, wo sein Bruder Thomas als Fürstbischof residierte. 1797 kehrte er nach Tirol zurück, ging jedoch nicht mehr nach Trient, sondern setzte sich in Thun zur Ruhe, wo er 1800 starb.

Auf dem Weg von Fondo nach Trient liegen linker Hand das *Castel Coredo* der Grafen von Coreth und zwei andere thunische Schlösser: Bragher und Castel Thun. Zwischen Taio und Tres sieht man den bizarren Umriß von **Bragher** weißleuchtend vor gewaltigem Hintergrund, ein türmereicher, mauerumzogener Bau. Die erste Anlage entstand um 1270 und wurde im 16. und 17. Jahrhundert erweitert. Der Hauptbau hat eine sehr reiche Ausstattung, darunter eine Pietà aus der Riemenschneider Schule, und im zweiten Obergeschoß ist 1647 die Loggia in Anlehnung an die Fresken der vatikanischen Loggien ausgemalt worden. In der Kapelle des Heiligen Cölestin, dessen Reliquien hier liegen, befindet sich ein gut erhaltener Freskenzyklus mit Passionsszenen. Sie wurden 1461 von einem Brixener Meister – Jakob Sunter und Leonhard von Brixen werden genannt – geschaffen.

Im Mai 1858 geleiteten vierundzwanzig Schimmelreiter den Erzherzog Karl Ludwig und seine Gattin den Berg hinauf zu dem auf einem Hochplateau stehenden **Schloß Thun** – früher trug es den schönen Namen Belvesino –, wo sie Graf Matthias empfing. Dieser Herr brachte seine Familie in wirtschaftliche Schwierigkeiten, weil er Garibaldi verehrte und dessen Unternehmen finanzieren zu müssen glaubte. Der Besuch des erzherzoglichen Paares war der letzte große Empfang in Thun. 1926 kaufte Graf Franz von der böhmischen Linie Tetschen das Kastell, restaurierte es und füllte es mit Kunstgegenständen. Inzwischen hat die reiche Provinz Trentino Schloß Thun gekauft und veranstaltet hier sowie auf einigen anderen Burgen im Nonstal und dem benachbarten Soletal in den Sommermonaten aufwendige Festspiele mit historischen Freilichtaufführungen und großen Feuerwerken.

Thun ist ein riesiges, wohlerhaltenes Schloß, dessen äußeres Tor

Thomas Thun, der Passauer Fürstbischof, umbauen ließ. Das hohe, um einen Innenhof gebaute Hauptschloß mit vier Türmen steht abweisend in einer starken Ringmauer mit Rondellen, die eine Vorburg einschließt. Es folgt eine höherliegende Ringmauer mit schweren Türmen, an deren Innenseite der Wehrgang entlangzieht. Über den tiefen Graben betreten wir den äußeren Hof und gelangen durch ein drittes Tor in eine langgestreckte, von achtzehn Säulen getragene Halle, halb Sommerhaus, halb Befestigung. Hier wurden die Geschütze untergestellt. Auf den mittelalterlichen Teil des Hauptbaus stockte man in der Renaissance auf. Er enthält eine Fülle prachtvoller Möbel, Bilder und gutes Kunstgewerbe. Der originellste Raum, das Bischofszimmer, liegt im zweiten Stock, ein ganz und gar vertäfeltes Gemach mit reicher, schwerer Kassettendecke von 1670, in der das Wappen angebracht ist. Eine überreich geschnitzte Tür mit der Jahreszahl 1574 führt in die Frauengemächer. Die Darstellung in der Türfüllung weist darauf hin, daß der Eintritt ohne Erlaubnis nicht gestattet sei. Herkules zeigt unmißverständlich, wie es denen ergeht, die das Verbot mißachten.

Das große, etwas düster wirkende, von einem Gürtel von Apfelbäumen umgebene Schloß steht in reizvollster Landschaft. Zum Noce hin fällt das Gelände in Terrassen ab, auf der anderen Seite steigen dichte Wälder bergan, und aus den Fenstern hat man den großartigsten Blick über das Land hinüber zur Brenta. Der Dichter Giovanni Prati, ein Freund des Grafen Matthias, schrieb hier:

Tra le rupi inabissate
freme il Noce, e fischia il vento:
lo picchiarmi in faccia sento
la grand' ala del passato
suonan gia le piagge antiche
di cimieri e di loriche:
per le sale ascolto i canti
dei giullari e degli amanti.

Zwischen steilen Felsen
braust der Noce, pfeift der Wind.
Ich fühle auf meinem Angesicht
das Wehen seiner mächtigen Schwingen.
Schon widerhallen die uralten Hänge
vom Klirren der Helme und Panzer.
In den Hallen höre ich die Lieder
der Spielleute und der Liebenden.

Im nahen **Vigo di Ton** verdient die *Pfarrkirche Mariä Himmelfahrt* – ein Bau der ersten Hälfte des 16. Jahrhunderts, der 1732 erweitert wurde – Beachtung, denn das Gemälde am Antoniusaltar, das eine Muttergottes und mehrere Heilige zeigt, stammt von dem berühmten Giovanni Antonio Guardi.

Auf der anderen Seite des Noce steht auf einem Bergsporn **Valer,** Schloß der Grafen von Spaur, ein hoher Bau um achteckigen Bergfried, im Äußeren noch durchaus eine Burg, bestehend aus zwei Teilen: *Obervaler* und dem etwas tiefer gelegenen *Untervaler* mit den Wirtschaftsgebäuden am westlichen Anstieg. Über eine Brücke betritt man den äußeren Bering, aus dem Sonnenlicht kommt man in den Schatten zwischen hohen, dicken Mauern, aus lebhaftem, ländlichem Getriebe in den dichten, weithin die Hänge um das Schloß bedeckenden Obstgehegen in kühle Stille. Ein zweites Tor öffnet sich in den kleinen Innenhof, der wie üblich von Arkaden umzogen ist. Wirkt das Schloß von außen als wuchtiger, wehrhafter Block, so im Innern als ein Gefüge zusammengeschachtelter Bauteile, winkelig und behaglich. Da geht es auf und ab über Stiegen und Vorplätze, durch Zimmer und Säle, denen weder der zeitgemäße Komfort noch eine prachtvolle Ausstattung mit altem Hausrat fehlt.

Valer war zuerst Besitz der Grafen von Eppan, dann der Grafen von Tirol, der Coreth und kam schließlich 1342 in die Hand der Spaur. Zwei Kapellen sind im Schloß, deren eine, *San Valerio,* Ende des 15. Jahrhunderts von den Brüdern Baschenis, Giovanni und Battista, ausgemalt worden ist. Die Baschenis waren eine aus Bergamo stammende Malerfamilie, deren Mitglieder von Schloß zu Schloß, von Kirche zu Kirche zogen und um Arbeit baten. Wir begegnen ihnen vor allem im Rendenatal zwischen Madonna di Campiglio und Tione.

Valer ist Burg geblieben, so wie Castelfondo, trotz des schloßartigen, eleganten Innern. Als Werk von Generationen ist es hervorgewachsen aus dem felsigen Grund, Vergangenheit und Gegenwart harmonisch verbindend, Sinnbild eines bestimmten Lebensstils, den zu wahren bald unmöglich geworden sein wird. Noch aber dient es seiner eigentlichen Bestimmung, Heimat eines alten Geschlechtes zu sein, dessen Generationen in den Räumen alles das zusammengetragen haben, was den wunderbaren Reiz eines alten vornehmen Hauses ausmacht. Ist nicht der Spruch aus einem fränkischen Schloß auf alle Bauten gleicher Art anwendbar?

Dies Haus ist mein und doch nicht mein.
Der es vor mir besessen,
Der sagte auch, es wäre sein.
Und jetzt ist er vergessen.
Man trug ihn hin, ich nahm es ein.
Ein anderer kommt nach mir darein.
Wohl dem, der hier bei seiner Zeit
Des Lebens sich als Weiser freut.

Wie schön und heiter ist das Land ringsum. Von der Terrasse des Schlosses umfaßt der Blick Schluchten, Hügel und Berge; Äcker liegen um Dörfer und Höfe, bis oben am Berg dann die dunklen Wälder beginnen.

Es sei mir erlaubt, noch eine Episode aus der Geschichte des Hauses Spaur zu erzählen, die ihm auch in der Geschichte des Papsttums und des 19. Jahrhunderts einen Platz sichert. Am 24. November 1848 entschloß sich Papst Pius IX., bedrängt durch die revolutionäre Regierung des Kirchenstaates, welche die Schweizergarde entwaffnet und den päpstlichen Palast von Milizsoldaten hatte besetzen lassen, zur Flucht auf neapolitanisches Staatsgebiet. Kurz zuvor war der päpstliche Ministerpräsident Graf Pellegrino Rossi, der sich durch Erfahrung und Studien von einem liberalen Carbonaro zum Konservativen gewandelt hatte, ermordet worden, so daß auch für das Leben des Papstes gefürchtet werden mußte.

Der bayerische Gesandte beim Heiligen Stuhl, Graf Spaur, der auch die Interessen Österreichs vertrat, da dem österreichischen Botschafter die Pässe zugestellt worden waren, verhalf dem Heiligen Vater mutig zur Flucht. Der Papst sollte, verkleidet als Hausgeistlicher der Familie Spaur, mit der Gräfin und deren Kindern im Wagen der bayerischen Gesandtschaft das im vollen Aufruhr befindliche Rom verlassen und sich ins Königreich Neapel begeben. Die Familie des Gesandten nahm also alle Gefahren auf sich, die bei einer Entdeckung des den Revolutionären verhaßten Papstes drohten. An einer unbewachten Nebenpforte des Quirinals fuhr die Equipage mit der Gräfin und den Kindern vor, und der Papst, schwarz gekleidet wie ein einfacher Priester, stieg ein. In rascher Fahrt gelangten sie ungehindert bis an die südliche Grenzstation des Kirchenstaates bei Terracina. Dort aber war die Grenzkontrolle bereits in Händen der Revolutionäre, welche die Reisenden zur Kontrolle ihrer Person und der Pässe aussteigen hießen. Einem der Gendarmen erschien der geistliche Herr irgendwie verdächtig; er machte seinen Vorgesetzten auf ihn aufmerksam. In diesem kritischen Augenblick handelte Gräfin Spaur mit großer Geistesgegenwart. Sie rief dem etwas ängstlich dastehenden Papst in barschem Ton zu: »Monsieur l'Abbé, dépéchez-vous donc un peu, nous ne pouvons pas attendre pour vous. Montez, montez!« Als die Grenzwächter das hörten, waren sie überzeugt, daß es sich doch nur um einen einfachen Geistlichen handle, der eine gewisse Ähnlichkeit mit dem Papst habe, denn in solchem Ton würde niemand wagen, zum Papst zu sprechen. Sehr erleichtert fuhr die Gräfin mit ihrem kostbaren Begleiter weiter, und wenige Minuten später rollte der

Wagen bei Fondi auf neapolitanisches Gebiet, wo Königspaar und Hof den Heiligen Vater erwarteten, um ihn zur Festung Gaeta zu geleiten. Hier blieb er einige Monate, bis er im nächsten Jahr, wieder begleitet von Graf und Gräfin Spaur, im Triumph nach Rom zurückkehren konnte.

Von Valer aus erreichen wir leicht den Ausgang des Nonsberges in das Etschtal, den engen düsteren Rocchettapaß, und sind bald darauf in Mezzolombardo, das bereits in der fruchtbaren Ebene liegt. Gegenüber sehen wir **Mezzocorona,** früher Kronmetz genannt, mit dem Schloß der Grafen Firmian. Über dem Ort steht die *Burgruine Kronmetz,* in eine künstlich erweiterte, breite und tiefe Spalte der senkrecht abfallenden Felswand eingebaut. Sie gehörte den Grafen von Metz und kam über die Spaur an die Firmian, die es jedoch vorzogen, diesen unwirtlichen und sicherlich sehr unbequemen Ort zu verlassen und sich im Tal ein neues Schloß zu bauen, das 1486 fertig geworden ist. Die Burg überließen sie einem Eremiten, der dafür sorgte, daß sie ein wohlbesuchter Wallfahrtsort zu Ehren des Heiligen Gotthard wurde, weshalb sie auch San Gottardo genannt wird.

Ein anderes großes Schloß im Nonstal ist **Cles**, der Geburtsort des bedeutenden Kardinal-Fürstbischofs von Trient, Bernhard von Cles. Dorthin führt ein schöner Weg, immer die herrlichsten Ausblicke gewährend. Da liegen die Burgen Denno, Nanno und darüber Flavon, auf der anderen Seite des Noce erscheinen Thun, Bragher und Coredo. Dazwischen sind zum Talgrund zu tiefe Abgründe eingeschnitten, an denen Kastanienwälder, Felder und Obstkulturen dahinziehen. Drüben senken sich sanft die Hänge der Mendel herab, weit hinauf mit Wald, Wiesen und Feldern bedeckt, weiter nordwärts steigt der Gantkofel über den Wäldern auf, und schauen wir zurück, so erblicken wir wieder die Rocchetta, wo sich der Burgturm auf seinem Felsen schwarz und scharf gegen den Himmel abzeichnet. Wir durchfahren das Gebiet der vier Dörfer: Tassullo, Rallo, Pavillo und Sanzenone, die fruchtbarste kleine Hochebene des Gebietes, das nach dem Vorbild des Grafen Spaur auf das modernste bewirtschaftet wird. Das Rathaus von **Tassullo** ist der ehemalige Palazzo Pilati, von dem die schlesische Familie der Grafen Pilati ihren Ausgang genommen hat. Von hier aus sollte man über Tuenno zum **See von Tovel** hinauffahren, der hoch oben im Wald malerisch zu Füßen der Brenta liegt. Im September zeigt das Wasser bei Sonnenschein eine intensive blutrote Farbe, die von einer Algenart hervorgerufen wird, die dann ihre Blütezeit hat.

Cles ist ein uralter Ort. Im Trienter Nationalmuseum wird eine Bronzetafel aufbewahrt, deren Inschrift von hoher Bedeutung für die römische Zeit nicht nur des Trentino, sondern für die gesamte alpine Bevölkerung ist. Der Text sagt, daß Kaiser Claudius 46 nach Chr., am 15. März, den Anauniern, Tulliassern und den Sindunern am Nonsberg das römische Bürgerrecht verleiht. Eine Kopie dieser ›Tavola Clesiana‹ genannten Platte ist am Rathaus angebracht.

Schloß Cles steht imposant auf einem steil in den See von San Giustina abfallenden Bergsporn. Es war immer Besitz der Freiherren gleichen Namens, die heute noch dort wohnen. Um 1535 baute Kardinal Bernhard das Schloß um. Man kann Cles, anders als die meisten der in diesem Kapitel genannten Schlösser und Burgen, besichtigen. Innen wie außen haben sich hier Fresken erhalten; wir sehen einen Zyklus mit den Metamorphosen Ovids und in der Arkadenvorhalle Groteskenmalerei. Die Wandbilder gehen allesamt auf die Zeit des Schloßumbaus zurück. Die beiden großen Türme werden ›la tor de là‹ und ›la tor de quà‹ genannt.

Herzog Friedrich ›mit der leeren Tasche‹

Der Nonsberg ist ebenso voller Geschichte und Geschichten wie die anderen Täler Tirols. Man möchte nicht glauben, daß diese ruhige, milde und fruchtbare Landschaft in vergangenen Jahrhunderten so oft Schauplatz von Gewalttaten aus politischer Leidenschaft und persönlichem Ehrgeiz gewesen ist. Wie Efeu und Waldrebe die Trümmer der Burgen umranken, so wuchert um die noch bewohnten Schlösser, um Kirchen und Wallfahrtsorte die Sage, und der Duft uralter Mythen mischt sich hinein. Die Felsen, zu deren Füßen die Dörfer liegen, die Schlösser, die glänzenden Wandmalereien in den Gotteshäusern, alles das steht unverändert und berichtet von der Lebensweise verschwundener Generationen.

Im Nonsberg spielten vor allem zwei Familien eine bedeutende Rolle, die Grafen von Thun und die Grafen von Spaur. Südlich von Trient taten dies die Grafen Arco, Castelbarco und Lodron, im Vintschgau die Matsch und Trapp, im Inntal die Rottenburger. Sie alle waren eine sehr stolze Gesellschaft und nahmen den Landesherrn nur als ›primus inter pares‹ hin, saßen als fürstliche Pfleger oder Landrichter auf starken Burgen und erkannten das Hofrecht von Meran, von Brixen und Trient nicht immer willig als oberste Instanzen der Gesetzgebung an. Die Fürsten Tirols hatten also keinen leichten Stand gegenüber ihren selbstherrlichen Vasallen. Das mußte vor allem Herzog Friedrich, der Sohn des bei Sempach gegen die Eidgenossen gefallenen Herzogs Leopold von Österreich, erleben.

Wie sich aus Urkunden und Chroniken ergibt, war das 15. Jahrhundert nicht minder unruhig als seine Vorgänger. Es war die Zeit des Schismas – es gab drei Päpste –, des unfähigen König Wenzel, der abgesetzt und durch Ruprecht III. von der Pfalz ersetzt wurde, dem dann Wenzels Bruder Sigismund als König folgte. Es war die Zeit, da der Herzog von Mailand seinen Onkel ermordete, worauf das Volk seinen Sohn erschlug; der Königin von Neapel, Johanna von Anjou, die als Mörderin ihres Mannes von ihrem Vetter erwürgt wurde; des Aufruhrs und der Tyrannis in den italienischen Städten; Karls VI. von Frankreich, der in Wahnsinn verfiel; der Jungfrau von Orléans, König Richards von England, den seine Feinde verhungern ließen; der Kämpfe der Weißen und Roten Rose in England, der Burgunder Herzöge gegen die Orléans in Frankreich, der Vernichtung des byzantinischen Kaiserreichs durch die Türken. Die Fürsten jener Zeit lebten in einer Sphäre von Abenteuerlichkeit und Leidenschaft. »Der moderne Mensch«, sagt Johan Huizinga, »macht sich keine Vorstellung von der zügellosen Extravaganz und Entflammbarkeit des mittelalterlichen Gemüts.«

1406, der junge Herzog Friedrich IV. hatte die Regierung Tirols übernommen, schloß der Adel unter Führung des Grafen Ulrich von Matsch den ›Elefantenbund‹ zum Schutz der adligen Freiheiten. Der mächtige und übermütige Landeshauptmann, Graf

Heinrich von Rottenburg, gründete ebenfalls einen Adelsbund, in dem der Elefantenbund aufgegangen zu sein scheint und dem auch der junge Herzog nolens volens angehörte.

1414 wurde das Konzil in Konstanz eröffnet, das den schismatischen Papst Johannes XXIII. absetzte, der jedoch nach Schaffhausen entwich und von dort seine Gegner mit dem Interdikt bedrohte. Der treu zu ihm haltende Herzog Friedrich von Tirol kam in die Reichsacht und verlor seine Besitzungen in der Schweiz und am Rhein. Schließlich gab er nach, demütigte sich vor dem König und bat um Verzeihung, die er nur erhielt, als er seine Lande an Sigismund abtrat. Trotzdem blieb die Acht in Kraft, damit der ewig verschuldete König ungestört den Aargau an Bern verkaufen, die Grafschaft Baden an Zürich verpfänden konnte. In Tirol, das damals unter der Landeshauptmannschaft Peter von Spaurs stand, war man bestürzt über die Neuigkeiten aus Konstanz. Stolz wiesen die Stände die Forderungen der königlichen Bevollmächtigten in Innsbruck zurück, ihrem alten Herrn abzuschwören. *Sie seien von alters her befreit, nur jenem Fürsten zu schwören, der das Schloß Tirol innehabe.* Sie baten Friedrichs Bruder, Herzog Ernst, die Regierung zu übernehmen und huldigten ihm unter Führung Peters von Spaur und Bischof Ulrichs von Brixen in Bozen. Das Schicksal Friedrichs ging den Rittern nicht nahe. Hauptsache, daß die Rechte Tirols und vor allem ihre Privilegien unangetastet blieben.

Der für seine Treue so schlecht belohnte Friedrich floh 1416 aus Konstanz über den Arlberg ins obere Inntal nach Berneck zu Hans von Mülinen. Das behagte dem Tiroler Adel, der mit Herzog Ernst zufrieden war, gar nicht. Schnell beriefen Peter von Spaur und der Bischof von Brixen ihre Standesgenossen nach Brixen, wo man beschloß, sich zu bemühen, die Brüder zu einem Vergleich zu bewegen. Sei dies undurchführbar, sollten die Stände als Schiedsrichter entscheiden. Sie ernannten fünf Hauptleute über fünf Kreise: Peter von Spaur, den Bischof von Brixen, Ulrich von Starkenberg, Hans von Freundsberg, Michael von Wolkenstein. Herzog Ernst verstand es, diesen Bund zu seinem Vorteil zu beeinflussen. Indessen irrte Friedrich flüchtig im Land umher. Der Pfarrer von Flaurling versteckte ihn, der Abt von Stams und Hans Mülinen halfen ihm weiter ins Schnalser Tal, wo er auf dem Finailhof, wie wir schon sahen, einige Zeit hauste, dann im Etschtal bei dem Müller Hendl, dann bei den Freisassen von Goldegg über Bozen. Treu hielt das Landvolk zu ihm, während die Mehrzahl des Adels gegen ihn stand. »Friedel mit der leeren Tasche«, spöttelten sie, aber sie mußten es noch erleben, daß er seine Taschen wieder füllte und alle seine unbotmäßigen Ritter niederzwang. Endlich legten sich Pfalzgraf Ludwig und der Salzburger Erzbischof Eberhard III. von Neuhaus ins Mittel und brachten eine Zusammenkunft der Brüder auf der salzburgischen Veste Kropfsberg zustande. Man einigte und versöhnte sich, und 1417 war Friedrich wieder Herr in Tirol. Da er jedoch, wie Konstanz verlangte, seinen alten Feind, den Bischof Georg von Trient, nicht wieder einsetzte, wurde er mit dem Interdikt belegt, und Kaiser Sigismund gab Feldkirch und den ganzen Wallgau an die Grafen von Toggenburg. Doch der Herzog Ernst trat so heftig gegen diese Verschleuderung habsburgischer Länder in Konstanz auf, daß der Kaiser erschrak und versprach, alles rückgängig zu machen. Aber die Toggenburger rückten ihr neues Gebiet nicht mehr heraus. Die Tiroler Stände kümmerten sich nicht um das Interdikt; man huldigte Friedrich allenthalben im Lande, und schließlich erhielt er einen Teil der verlorenen Gebiete im Elsaß, Breisgau und Sundgau zurück. Er mußte sich verpflichten, Bischof Georg wieder in Trient einzusetzen. Kaum nach Trient zurückgekehrt, begann der Bischof wieder mit seinen Vertrauten Peter von Spaur und Paris Lodron gegen den Herzog zu zetteln. Spaur hatte Ulrich von Matsch die Stellung des Landeshauptmanns überlassen müssen, was er Friedrich nicht verzieh. Als der Herzog nach Trient kam, um Ordnung zu schaffen, floh der Bischof zu Spaur auf den Nonsberg, wo er bald starb.

Aber der Streit mit den aufsässigen Herren dauerte an, und der Nonsberg war blutiger Schauplatz aller Arten von Übergriffen. Spaur und Lodron verjagten manchen Ritter, so Ulrich von Khuen aus Belasi, Michael von Coreth aus Coredo. Doch auch sie mußten endlich die Macht des Herzogs anerkennen, der Tirol mit Festigkeit regierte, eine straffe Verwaltung schuf, den Handel zu neuer Blüte brachte, und der einmal dem übermütigen Ulrich von Starkenberg geantwortet hatte: *Herr Ulrich, Ihr führet viel hoher Worte, ich werde Euch solche sicherlich nicht übersehen. Ihr sollet erfahren, daß ich Euer Herr bin, danach wisset Euch zu richten.*

Zum Tonalepaß und nach Madonna di Campiglio

Wir können Trient auch auf anderer Route erreichen, indem wir von Cles über Mostizzólo, eine alte Zollstätte, fahren, deren Name, wie man mir scherzhaft versicherte, aus dem Deutschen stamme: ›Mußt hier zahlen.‹ Bald danach beginnt das **Val di Sole,** der Sulzberg, durchflossen vom Noce. Ein grünes stilles Tal, begleitet von waldigen Bergen, das im oberen Teil recht schwermütig wirkt und dann ansteigt bis zur Paßhöhe, von der man ins Veltlin und an den See von Iseo gelangt.

Bei Dimaro zweigt eine Straße ab ins **Meledriotal,** schwingt sich über einen breiten Sattel, immer durch herrlichen Lärchenwald und bizarre Dolomitlandschaft mit der Zackenkrone der Brenta und dem gleißenden Gletscher des Adamello. Es soll hier vereinzelt noch in Freiheit lebende Bären geben. Während des strengen Winters 1962/1963 sind jedenfalls einige, vom Hunger getrieben, bis zu den Bauernhäusern ins Tal heruntergekommen.

Man passiert auf der Höhe das Campo Carlo Magno mit einem Gedenkstein für Karl den Großen, der hier, vom Rendenatal kommend, durchgezogen sein soll. Bald ist **Madonna di Campiglio,** der berühmte Wintersportplatz in großartigster Gebirgslandschaft, erreicht. Es versteht sich von selbst, daß hier herrliche Bergtouren unternommen werden können. Auf den *Monte Spinale* (2104 m) führt eine Seilbahn und ebenso zur *Cima Brenta,* wo man in knapp 2500 Meter Höhe grandiose Rundblicke genießt.

Im vorigen Jahrhundert waren diese herrlichen Täler mit ihren Gebirgen und Seen noch relativ unbekannt. Doch um die Jahrhundertwende kam der Besuch von Madonna di Campiglio in Mode. Vor einigen Jahrzehnten schrieb ein Besucher:

Es wird wenig Höhenorte geben, die so staub-, wind- und nebelfrei sind. Rechnet man dazu die Fülle von kleineren und größeren Ausflügen, zum Beispiel auf den Monte Spinale, von wo aus man die Brenta-Dolomiten sozusagen ›mit Händen greifen‹ kann, dann begreift man, daß hohe, höchste und allerhöchste Herrschaften sich Madonna di Campiglio zu ihrem Reiseziel wählen und der Zufluß von Sommergästen von Jahr zu Jahr steigt.

Damals war die schöne Straße von Dimaro, die jetzt das Val di Sole mit Trient verbindet, noch nicht gebaut. Immerhin zogen schon im Mittelalter Pilger und Kaufleute aus Deutschland gerne über Madonna di Campiglio; um den Burgen und Zollstätten im Eisacktal auszuweichen, nahmen sie den Weg über den Jaufen, Gampen und Nonsberg und durch das Rendenatal nach Trient oder zum Gardasee. Daher wurde schon im 12. Jahrhundert ein Hospiz und Pilgergasthaus in Campiglio gebaut, das von Brüdern des Hospitaliterordens geführt wurde. Fürstbischof Bernhard von Cles aber ließ das Hospiz aufheben, da das Zusammenleben von Mönchen und Nonnen zu skandalösen Zuständen geführt hatte.

In vielen Serpentinen fällt die Straße nun ab zum hoch über dem Rendenatal liegenden Plateau von Sant'Antonio, rings umgeben von der schroffen, vielgezackten Welt der Brenta und den Gipfeln der Adamello-Presanella-Gruppe. Bei **Carisólo,** dem ersten Ort des Rendenatales, steht das gotische Kirchlein *San Stefano,* das Karl der Große auf dem Platz einer von ihm zerstörten Burg errichtet haben soll. 1519 wurde es von Simone Baschenis aus der Bergamasker Malerfamilie, die wir schon kennen, mit Fresken geschmückt.

Kurz vor **Pinzolo** passiert man die kleine, wahrscheinlich um 1000 gebaute und 1515 vergrößerte Friedhofskapelle *San Vigilio,* die interessant ist durch den großartigen Totentanz, den Simone Baschenis 1539 auf die Westfassade gemalt hat. Die Szenen sind begleitet von Versen im Dialekt des Landes. Da sieht man den Tod auf einem Schimmel, wie er den Zug der Toten, alle mit pfeildurchbohrtem Herzen, vor sich hertreibt, und voran schreitet ein Dudelsackpfeifer. Eines der Skelette spricht:

Io sonte la morte che porto corona
sonte signora di ognia persona
et cossi fiera forte e sicura
che trapasso le porte ed ultra le mura
et son quela che fa tremor el mondo
revolzendo mia falze a tondo a tondo.

Dies ist der letzte Vers des Gedichtes in der Originalsprache. Hier sei aber auch der ganze Text einer freien Übersetzung mitgeteilt:

Ich lade zum Tanze so Herren wie Vasallen,
aus der Armut Hütten, aus Palastes Hallen:

Die Alten, die Jungen, die Bösen, die Frommen,
und sie müssen alle, alle mitkommen! ...

Mit mir hat getanzt der Gottessohn,
was zauderst du dort auf Petri Thron?

Tanz Kardinälchen, und tanze gut,
leg ab nun auf ewig den roten Hut!

Du stützest dich munter am Bischofsstab?
Doch wir tanzen selbander ins tiefe Grab.

Du Priester, du Mönch und du Jesuit.
Ihr wehrt euch? Kommt doch, und tanzet mit.

Dort sitzt auf dem Throne felsenfest
ein Kaiser. Ich winke, er folgt mir zum Fest.

Ein Feldherr mit seiner Krieger Schwall
wirft weg die Waffen und kommt zum Ball.

Nichts gilt mir, Reicher, dein Gold und dein Glanz,
Du kaufst dich nicht los von meinem Tanz.

Ich rufe, zwei Liebende hören es kaum,
doch sie kommen und tanzen. Dahin ist der Traum.

Was weinst du mein Kind, so zart und so klein?
Ich hole dich ja zum Ringelreihn.

Ich bin der Tod mit Zepter und Krone,
der Herr des Volkes, der Herr der Throne.

ich lade zum Tanze die Bösen, die Frommen,
und sie müssen alle, alle kommen.

Außerdem verspricht eine Inschrift die Gewährung eines Ablasses für jeden ersten Sonntag im Monat für die Dauer von tausend Jahren.

Nördlich von Pinzolo beginnt das wildreiche **Val di Genova** mit den berühmten Wasserfällen, das in mehreren Terrassen emporsteigt, eines der großartigsten Alpentäler des Trentino. Von der ersten Terrasse zweigt das steinige **Tal von Seniciago** ab, wo die einsamen Seen von *San Giuliano* liegen und die *Kapelle des Heiligen Julian,* der hier die unwissentliche Ermordung seiner Eltern büßte. Die Sage erzählt, der Heilige habe sich so weit von Pinzolo entfernt, daß er weder die Glocken läuten noch die Hähne habe krähen hören. Als er einen Hirten um Milch bat und dieser die Bitte abschlug, verwandelte Gott die Herde in ungefüge Steinblöcke, die heute noch zu sehen sind.

Das Tal ist erfüllt von Geistern. Man erzählt sich, daß die Väter des Konzils von Trient alle Hexen und Dämonen hier hinauf verbannt hätten und daß sie seitdem hier umgehen müssen. Nepomuk Bolognini hat den bizarr und grotesk geformten Steinblöcken Namen gegeben: Specchi delle Streghe, Zampa di Gal (Hahnenfuß), Belajal. Da lauern die bösartige Schena da Mul (Mulirücken), Coa da Caval und Manarot, auch der diebische Calzella rossa (Rotstrumpf) und die Barzola. Durch diese Namen haben die seltsamen Steingebilde erst recht ein unheimliches Leben gewonnen. Weiter hinauf geht es, wo der Larisbach in gischtenden Kaskaden und weiter drinnen der Sarca in gewaltigem Bogen herabstürzen. Der Talkessel von Bedole bildet den Abschluß dieses großartigen Alpentals. Über Almen und dunklen Nadelwäldern steigen das Massiv des Adamello mit seinen Gletschern und die zerklüfteten Wände der Presanella auf.

Das Rendenatal ist heute fruchtbar, wohlbebaut und dicht besiedelt, waldreich und von angenehmem Klima. Viele Kapellen schmücken das Land. In **Mortoso** fand der Heilige Vigilius den Tod – wir sahen in Kaltern die schöne Darstellung seines Martyriums. Besonders hübsch ist *San Antonio Abbate,* am Rande des Ortes **Pelugo** auf dem Friedhof gelegen. Die Kirche ist innen wie außen ganz mit Fresken bedeckt, die, jeweils in abgegrenzten Einzelfeldern, 1493 von Dionisio Baschenis gemalt wurden. An der Westfassade sind die Heiligen Antonius und Christophorus, an der Südseite Szenen des Kirchenpatrons und im Inneren Darstellungen vom Leben und Leiden Christi zu sehen.

Wenige Kilometer weiter südlich erreicht man dann **Tione di Trento,** den Hauptort der Rendena, am Abhang des Monte Cinglotin gelegen, nahe dem Val di Daone, das mit seinen Seen und Wasserfällen in die Gletscher- und Felsenwelt der *Adamello* führt. Am Eingang des Tales steht die Ruine von *Castel Romano.* Von Tione di Trento führen Straßen nach Trient und zum Gardasee sowie zum Idrosee.

TRIENT UND UMGEBUNG

Blick auf die Stadt

Es ist ein altes Haus, in dem wir zu Gast sind, in **Povo,** hoch über Trient, am Fuße des Chegúl, umgeben von alten Bäumen, von Weingärten und Obstplantagen, die in Terrassen die Hänge hinabklettern. Geräusche von Wasser, das ist das erste, was man hört: das unablässige Rauschen des Baches, der unter der Gartenmauer herabschießt, das Plätschern der Brunnen unter den alten Taxusbäumen und im Garten; und die weite, gewölbte, das Herrenhaus mit dem Bauernhaus verbindende Einfahrt ist ganz erfüllt vom Klang eines kräftig in ein marmornes Becken sprudelnden Wasserstrahls. Hier stehen Weinfässer, Obsttragen und Ackergeräte, es riecht nach Wein und Stall. Das Haus selbst mit seinen eleganten Stuckdecken aus dem frühen 18. Jahrhundert soll ein Trienter Fürstbischof für seine Geliebte gebaut haben. Wie dem auch sei, einen schöneren Platz hätte er nicht wählen können, denn wo wohnt man hübscher und luftiger als hier oben, hoch über dem Tal, mit dem Blick auf waldige Höhen, Villen, Bauernhöfe, Rebhügel, Feigen und Nußbäume und schwarze Zypressen und die uralten Flanken des Bondone, der sich aus dem Tal erhebt? Hühnergackern, Wasserrauschen, gellender Glockenschlag vom Altersheim drüben, das aufgeregte Signal der Corrieri und ab und an der schmetternde Gesang der jungen Bäuerin, der abgelöst wird von der schmelzenden Stimme eines Radiosängers; das alles verbindet sich zu ländlichem Lärm, während man in der Loggia der großen Terrasse sitzt und faul die Nähe und Weite des Landes in sich eindringen läßt. Die Ebene unten flimmert in einem glühenden Nebel von Hitze, und aus ihm ragen Dächer und Türme hell und doch wie unwirklich hervor: die Stadt.

Im 16. Jahrhundert schon sang Graf Nikolaus Arco ihr Lob:

> Festes Bollwerk bist du, die Etsch umspült deine Mauern,
> deine Äcker sind reich, Ceres und Bacchus sind nah,
>
> lächelnd kannst du, Trient darauf hinschaun vom Hügel,
> singen mit frommem Mund Dank deinem göttlichen Herrn.
>
> Hundert Kirchen hast du, und die vielen Altäre
> tragen als heilige Last alle die Opfer für Gott.
>
> Ordnung und Glück genießt du in ruhigem Frieden,
> welcher in unserer Zeit fern ist der ganzen Welt.
>
> All dies danke dem Segen der Priester, die künden: du habest
> stets dich redlich gemüht, Menschen zu dienen und Gott!

Da unten an der Etsch liegt es also, das alte **Trient,** beladen mit Geschichte und mit aller Pracht, die ihm aus seiner großen Zeit, als das berühmte Konzil hier tagte, geblieben ist. Im Süden der Dom, im Nordosten die Bischofsburg ›Buon Consiglio‹ – das sind seine Wahrzeichen; zwischen ihnen Kirchen, Paläste und ein Gewirr von Häusern, alle in der für die Italiener einst so typischen Vorliebe für die klare Form gebaut, oft stark an Venedig erinnernd, wie etwa die Via Belenzani zwischen Domplatz und San Francesco Saverio. Würde die heutige Asphaltdecke durch Wasser ersetzt, die Autos durch Gondeln, so wäre das Venezianische des Eindrucks vollkommen; aber auch so könnte Trient einem Gemälde Canalettos entnommen sein.

Trient, schon von alters her ein wichtiger Verkehrsknotenpunkt, ist wahrscheinlich dreitausend Jahre vor der Zeitrechnung von einem Stamm der Ligurer besiedelt worden; sie saßen auf dem ins Etschtal vorspringenden Felsmassiv des Dos Trento. Das römische Tridentum lag zu Füßen dieses Felsstocks und griff später auf das linke Etschufer über. Im Jahre 2 nach Chr. wurde die militärisch wichtige Stadt zur römischen Kolonie erhoben, und 46 nach Chr. nennt Kaiser Claudius Trient auf der Tavola Clesiana ›splendida‹.

Ausgrabungen, die zum Teil vier bis sieben Meter unter dem Boden liegen, haben ergeben, daß das römische Tridentum rund fünftausend Einwohner hatte und ummauert war. Es konnten ein Amphitheater, eine große Residenz des 3. Jahrhunderts und mehrere Gräberfelder außerhalb der Stadt nachgewiesen werden.

Die Fundamente einer Akropolis wurden auf dem Dos Trento freigelegt.

In der zweiten Hälfte des 4. Jahrhunderts wurde das Gebiet um Trient christianisiert, der zweite Bischof der Stadt ist für das Jahr 381 bezeugt. Als nächster Bischof folgte dann der Heilige Vigilius. Theoderich ließ die Stadt als Mittelpunkt eines gotischen Herzogtums befestigen, und seit 569 war sie ein wichtiger Platz des langobardischen Herzogtums. Karl der Große gliederte die Mark Trient seinem Reiche ein; 952 nahm Kaiser Otto I. Trient und Verona in den Verband des Heiligen Römischen Reiches Deutscher Nation auf, und kurz darauf ist das geistliche Fürstentum entstanden. Kaiser Konrad II. verlieh dem Bischof die Grafschaft Trient, und

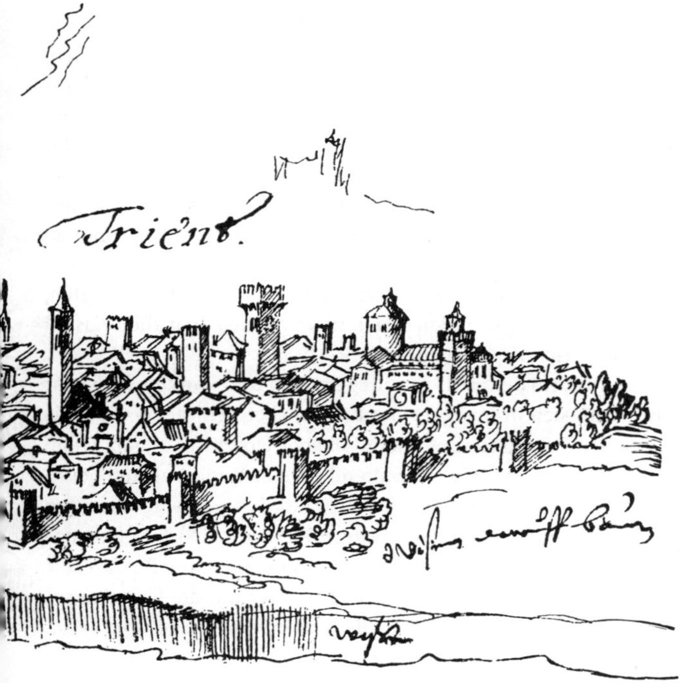

seit Anfang des 13. Jahrhunderts führten die Bischöfe den Titel eines Reichsfürsten. Sie hielten immer treu zum Reich.

Trient ist eine wohlhabende Stadt voll italienischer Lebhaftigkeit, zum Teil noch umgürtet von einer hohen Mauer aus staufischer Zeit, mit zahlreichen Türmen, wie die *Torre Vanga* an der Etsch, so genannt nach dem großen Bischof Friedrich von Wangen, die *Torre Verde* im Norden, *Torre Aquila* am Kastell, der runde *Torrione a Santa Croce* südöstlich vom Dom und schließlich die *Porta San Martino* im Norden.

Vier Quartiere teilen die Stadt: das Zentrum bildet die *Contrada San Benedetto,* im Westen liegt *Santa Maria,* im Südosten das vornehme Domviertel *San Vigilio,* im Norden zu Füßen der Burg das ehemalige Deutschenviertel San Pietro. Trient glich, als Dürer es zeichnete, durchaus noch einer mittelalterlichen Siedlung. Als 1545 das Konzil begann, war daraus eine Renaissancestadt geworden, die ihr heutiges Antlitz dem Kardinal-Fürstbischof Bernhard von Cles, dem Rat Kaiser Maximilians I., verdankt. Dieser war ein hochgebildeter, energischer, gründlicher und zäher Mann, der seinen glühenden Ehrgeiz mit starkem Willen und kluger Zurückhaltung zügelte. Seine Leidenschaft galt der Baukunst, der Verschönerung der Stadt, die er mit Hilfe einer strengen Baukommission konsequent durchgeführt hat. So ließ er zum Beispiel hölzerne Vorbauten, welche die Via Belenzani und die Via Roma verengten, abbrechen, wichtige Straßen pflastern und neben dem alten Kastell den neuen Bischofspalast entstehen.

Der Grundriß der Stadt ist unregelmäßig und winklig. Es ist gar nicht leicht, sich in ihr zurechtzufinden; aber deswegen steckt sie auch voller Reize und unvorhergesehener Überraschungen, wenn man durch die Straßen geht. Störend im sonst unberührten Stadtbild ist der neue Hauptplatz, der zur Zeit Mussolinis mit Häusern im typischen Stil dieser Epoche umgeben wurde. Doch treffen sich hier heute noch die Großgrundbesitzer der Umgebung im Café, die Thun, die Consolati, die Salvadori und Lodron, die Castelbarco, Ceschi, Fedrigotti, und wie sie alle heißen, und reden über Obst- und Weinpreise oder erzählen sich Familientratsch.

Aus dem 12. Jahrhundert stammt die Kirche **San Lorenzo** am Giardino Pubblico, nahe dem Bahnhof. 1176 wird die Kirche der Benediktiner zum ersten Mal erwähnt. 1235 folgten die Dominikaner, die bis 1778 blieben. Dann wurde die Kirche als Gefängnis, Spital und Kaserne benutzt, und 1933 legte man den Kreuzgang nieder, aber die Kirche ist jetzt wieder instandgesetzt worden. Im dreischiffigen Inneren tragen starke Rundpfeiler die weitgespannten, hohen Arkaden, Querhaus und Chor sind bei den letzten Restaurierungsarbeiten stark überhöht worden.

In **Santa Maria Maggiore** tagten zeitweise die Konzilsväter. Bischof Bernhard von Cles hatte die Kirche 1520 bis 1524 in reinen Hochrenaissanceformen errichten lassen. Vom Vorgängerbau des 12. Jahrhunderts blieb lediglich der Turm erhalten. Die Kirche ist ein Meisterwerk des frühen 16. Jahrhunderts in Oberitalien, sie dokumentiert, wie durch den Willen des Bernhard von Cles an die

Stelle der noch allgemein spätmittelalterlich bestimmten Bauweise in der Stadt ein neuer Stil treten konnte. Die Kirche hat durch die schlechte Restaurierung um die Jahrhundertwende gelitten. An der Chorwand befindet sich, als bedeutendstes Ausstattungsstück, die Sängerempore von 1534, die mit pflanzlichen und figürlichen Reliefs reich geschmückt ist.

Auf dem rechten Etschufer, zu Füßen des Dos Trento liegt die **Kirche des Heiligen Apollinaris.** Dem eigentümlichen, schwer einzuordnenden Bau verleiht das steile gotische Satteldach ein markantes, fast turmartiges Aussehen. Möglicherweise wurde die Kirche über einem antiken Tempel errichtet; einige Bauteile weisen in die Zeit des späten zwölften, andere in die des frühen vierzehnten Jahrhunderts. Sicher ist, daß römische Spolien Verwendung fanden. Ein Inschriftenstein an der südöstlichen Lisene erinnert an das ›Opus‹, vielleicht eine Befestigung, die der Legat Marcus Apuleius auf Befehl des Kaisers Augustus hatte bauen lassen.

Die Jesuitenkirche **San Francesco Saverio** an der Via Roma verkörpert den einzig bedeutenden Sakralbau der Barockzeit in Trient. Nach Entwürfen des berühmten Malers, Architekten und Kunsttheoretikers Andrea Pozzo, eines gebürtigen Tridentiners, wurde die Kirche 1701 begonnen und zehn Jahre später vollendet. Während die gewaltige Fassade fast klassizistisch kühl wirkt, überrascht der Innenraum durch seine Weite und durch die reiche Wandgliederung.

In allen Straßen stehen die **Palazzi** der großen Familien – der Firmian, Tabarelli, Lodron, Thun und vieler anderer –, die im 16. Jahrhundert dem Renaissancegeschmack angepaßt oder neu gebaut worden sind und das Straßenbild ins Monumentale steigern. Ihre Fassaden werden nach und nach restauriert. Für die Zeit des Fürstbischofs Bernhard von Cles am charakteristischsten sind die reizenden Paläste nach venezianischem Vorbild mit zierlichen Bogenfenstern auf Säulchen, Balkons, Wappenkartuschen an den Ecken und oft bemalten Fassaden. Um nur einige zu nennen: in der Via Belenzani der *Palazzo Alberti-Colico* mit Fassadenmalerei eines unbekannten Meisters, der gelegentlich mit Romanino identifiziert worden ist; ferner der prächtige *Palazzo Geremia* mit Friesen aus Rankenwerk und historischen Szenen in kräftigen Farben über und über geschmückt, darunter eine Audienz Kaiser Maximilians I.;

dann noch das weitläufige *Palais Thun*, jetzt Rathaus, das sich um einen schönen Säulenhof gruppiert. Graf Sigismund Thun, kaiserlicher Gesandter in Venedig und beim Konzil, ließ es umbauen und festlich ausstatten; und schließlich die ›Case Rella‹, die zwei schönen Häuser mit den allegorischen Fassadenfresken an der Ecke des Domplatzes. Auch in der Via Calepina stehen einige hübsche alte Paläste wie der *Palazzo Sardagna* aus dem 17. Jahrhundert, heute Museo di Scienze Naturali, oder der einstöckige *Palazzetto Lodron*, 1577 von Graf Ludovico Lodron gebaut und 1583 bis 1585 im Inneren mit ausgezeichneten Fresken historischen, mythologischen und allegorischen Inhalts geschmückt. Und endlich der große *Palazzo Tabarelli* in der Via Paolo Oss-Mazzurana, nach bolognesischem Muster errichtet. Seine Fassade ist ganz und gar rustiziert, zwischen den Geschossen tragen Friese Medaillons von römischen Cäsaren, Kaisern, Bischöfen und Zeitgenossen. Wir erkennen Maximilian I., Karl V., Bischof Cles und den im 18. Jahrhundert zugefügten Kurfürsten Carl Theodor von Bayern. In der Via Roma ließ Georg Fugger 1602 den *Palazzo Galasso* bauen, nach Entwurf von Pietro Maria Bagnadore. Seine Erben verkauften ihn dem kaiserlichen General Grafen Gallas, der im Dreißigjährigen Krieg von sich reden gemacht hat. Als schönes Beispiel des Spätbarock sei noch zuletzt der *Palazzo Larcher* an der Via Giuseppe Mazzini genannt.

Das sind nur einige der vielen Trienter Paläste, die der Stadt ein betont aristokratisches Gepräge geben, so ganz anders als in den Kaufmannsstädten Bozen oder Meran. In ihnen nehmen auch die Ansitze des Adels gleichsam ein bürgerliches Wesen an – in Trient dagegen bestimmen die Paläste den Baucharakter, denn auch die Bürgerhäuser sind hier stattlich. Nirgends verleugnet sich das gute Maß der Renaissance, die offensichtlich nicht fähig gewesen ist, etwas Unschönes hervorzubringen. Wie gut geschnitten sind überall Tore und Türen, wie harmonisch sitzen die Fenster und Balkone mit den zierlichen schmiedeeisernen Gittern in den Fronten der Häuser!

Es ist also noch immer ein Vergnügen, in den alten Straßen und Gassen umherzuwandern; so erging es schon Heinrich Heine, als er eines Sonntags in Trient eintraf, zur Zeit, wo die Hitze sich legt und die Italiener aufstehen und in den Straßen auf und ab spazieren. Er schreibt:

Die Stadt selbst ist abenteuerlich gebaut, und wundersam wird einem zu Sinn, beim ersten Anblick dieser uraltertümlichen Häuser mit ihren verblichenen Freskos, mit ihren zerbröckelnden Heiligenbildern, mit ihren Türmchen, Erkern, Gitterfensterchen, und jenen hervorstehenden Giebeln, die estradenartig auf grauen altersschwachen Pfeilern ruhen, welche selbst einer Stütze bedürften. Solcher Anblick wäre allzu wehmütig, wenn nicht die Natur diese abgestorbenen Steine mit neuem Leben erfrischte, wenn nicht süße Weinreben jene gebrechlichen Pfeiler, wie Jugend das Alter, innig und zärtlich umrankten, und wenn nicht noch süßere Mädchengesichter aus jenen trüben Bogenfenstern hervorguckten, und über den deutschen Fremdling lächelten, der, wie ein schlafwandelnder Träumer, durch die blühenden Ruinen einherwandelt.

Der Dom des Heiligen Vigilius

Durch die Via Belenzani gelangt man zum **Domplatz.** Dort springt rauschend das Wasser in blitzenden Strahlen aus der oberen Schale, aus den Mündern der Tritonen und Meertiere in das große geschweifte Becken des Brunnens, auf dessen Spitze ein majestätischer Neptun mit dem Dreizack steht. Die Bronzefigur Neptuns wurde 1942 anstelle des Marmororiginals angebracht, das heute im Palazzo Thun aufgestellt ist. Der weiße Marmor des Brunnens, den Francesco Antonio Giongo 1768 schuf, hat durch Wasser und Moose eine bräunliche Patina angenommen, so wie der Neptunsbrunnen des Bernini in Rom. Ihm gegenüber streckt sich mit ihrer Breitseite die Masse der Basilika, deren Mauerwerk grau und rosig schimmert. Daneben schließen auf der einen Seite das *Castelletto* des Bischofs Friedrich von Wangen mit dem Glockenturm des Heiligen Romedio und der romanische *Palazzo Pretorio* mit dem hohen Turm den Platz, auf den anderen Seiten schlichte erdbraune Häuser über Bogengängen. Das Behagen wächst, wenn man das gute Verhältnis zwischen Platz und Architektur langsam wahrnimmt. Wuchtig und schwer liegt der romanische Dom vor uns, bekrönt von einem oktogonalen Tambour. Man schaut immer wieder über den Platz. Wie schön und heiter ist er, wie geschlossen und doch geräumig.

Bischof Friedrich von Wangen ließ im ersten Viertel des 13. Jahrhunderts von dem Tessiner Adam d'Arogno und Comasker Steinmetzen den Bau des **Domes San Vigilio** in Angriff nehmen. In dieser Zeit entstanden der herrliche Chor und das Querschiff. Die hohe Apsis zwischen zwei kleinen Apsiden trägt über den vielfach abgestuften Fenstern der Krypta, den Blendbogen am Sockel und den Rundbogenfenstern, deren mittleres mit geknoteten Säulen auf Greifen steht – ein Motiv, wie es auch der Osteingang am südlichen Querschiff zeigt –, eine elegante Zwerggalerie, die um die ganze Kirche zieht. Die Front des nördlichen Querschiffs zum Platz hin schmückt eine Glücksradrose, wie sie auch an San Zeno in Verona nicht schöner zu sehen ist; in ihrer Mitte Fortuna mit ausgebreiteten Armen. Eine Inschrift an der Südwand der Hauptapsis sagt:

ANNO DOMINI MCCXII ULTIMA DIE FEBRUARII PRAESIDENTE VENERABILE TRIDENTINO EPISCOPO FEDERICO DE VANGA ET DISPONENTE HUIUS ECCLESIAE OPUS INCIPIT ...

Man hat in den sechziger Jahren Grabungen unter dem Dom vorgenommen, und zwar in der Krypta, die Bischof von Wangen zu Beginn des 13. Jahrhunderts als Grablege der Bischöfe anlegen ließ. Der erste dort beigesetzte Bischof jedoch ist Graf Ulrich von Ortenburg (1363-1396) aus dem Hause Spanheim. Sein in Stein gehauenes Wappen ist noch vorhanden. Der Grabstein selbst, 1467 ausgeführt, befindet sich heute im nördlichen Seitenschiff.

Der Bau des Domes schritt nur langsam voran, teils wegen Geldmangels, teils wegen politischer Unruhen, und erst 1520 war er fast ganz fertiggestellt. Von den beiden Türmen der Westseite wurde nur der nördliche über die Höhe des Seitenschiffes hinaus aufgeführt. Die Obergeschosse und der achteckige Aufsatz mit den schlanken Doppelfenstern kamen erst Mitte des 16. Jahrhunderts hinzu. Das Langhaus folgte in der zweiten Hälfte des 13. Jahrhunderts; es ist gegliedert durch Lisenen und Rundbogenfriese und trägt auf der Südseite des Westwerks eine Inschrift und das Wappen Castelbarco von 1309. Damals gab Ludwig Castelbarco das Geld zur Vollendung der Domsüdwand. Über der Vierung lastet der mit Säulengalerien geschmückte Tambour von 1515, der Ende des Jahrhunderts noch einmal verändert worden ist, sich aber an die romanischen Formen hält.

Während am Außenbau trotz der starken Aufgliederung und Durchbrechung der Wand noch Ruhe und Kraft des romanischen Baukörpers dominieren, herrscht in dem von goldbraunem Licht erfüllten, kühlen, dämmerigen Innenraum schon die beginnende Gotik. Mächtige Pfeiler mit allseitigen Vorlagen und eingestellten Dreiviertelsäulen tragen das Gewölbe, alle Bauglieder lassen einen gewissen ›Zug nach oben‹, steile Proportionen erkennen, und nur die Apsiden zeigen noch die lastende Schwere romanischer Baukunst. In den Seitenschiffen führen steile Stiegen hinauf zur Orgelempore und in den Turm. An den Wänden des linken Querschiffs befinden sich noch Fresken des 14. und 15. Jahrhunderts: Heilige, eine Darstellung der Trinität und die Geschichte des Heiligen Julianus, wie sie in der ›Legenda aurea‹ überliefert wird:

Bei der Geburt des Heiligen weissagte ein Astrologe, daß Julianus einst seine beiden Eltern umbringen werde. Um diesem Unheil zu entgehen, floh Julianus in ein fernes Land, diente dort treu dem König und heiratete eine edle Witwe. Aber die Eltern, auf der Suche nach dem verschollenen Sohn, kamen auf die Burg, wo er lebte, und wurden von ihrer Schwiegertochter freundlich aufgenommen, die sie, um sie zu ehren, in ihr eigenes Bett legte. Als Julianus zurückkehrte und im Dunklen zwei Menschen in seinem Bett fand, dachte er, seine Frau betrüge ihn, zog das Schwert und schlug seine Eltern tot. Bis hierher folgt der Maler der Legende. Den Schluß hat er weggelassen.

Als sich nämlich der Irrtum aufklärte, erinnerte sich Julianus der Weissagung. Um seine Untat zu büßen, zog er mit seiner Frau weit fort bis an ein großes Wasser, wo sie eine Herberge bauten, Leute kostenlos übersetzten und wohnen ließen. So lebten sie fromm und bußfertig, bis eines Tages eine Stimme rief: »Führe mich hinüber.« Julianus fand am Ufer einen aussätzigen, halbtoten Mann, trug ihn ins Haus und pflegte ihn. Der Wanderer aber stand plötzlich in hellem Schein vor ihm und sagte: »Ich bin von Gott gesandt, um dir zu verkünden, daß deine Buße angenommen ist. Ihr beide werdet bald sterben.« So geschah es.

In der Vierung prunkt ein großer Barockaltar mit gewundenen Säulen, dessen Vorbild in Sankt Peter in Rom steht. Der Errichtung dieses Hochaltares wurde im Jahre 1739 die romanische Krypta geopfert; sie wurde in unseren Tagen teilweise wieder freigelegt. In der barocken *Capella del Crocefisso*, die 1682 dem südlichen Seitenschiff angefügt wurde, sehen wir in einem prachtvollen Marmoraltar einen ausdrucksvollen Kruzifixus des frühen 16. Jahrhunderts, von dem die Legende geht, er habe bei Abfassung der Konzilsdekrete seine Zustimmung gegeben. Zwischen den reichen Altären sind die Mauern bedeckt mit schönen, qualitätsvollen Grabsteinen und Epitaphien, darunter das Grabmal des Fürstbischofs Ulrich IV. von Liechtenstein (gest. 1505), dann des Feldherrn Ludwig Lodron, des Kardinals Cles und schließlich das des Condottiere Roberto da Sanseverino, der 1487 im Krieg der ›Serenissima‹ als Venedigs Befehlshaber gegen Herzog Sigismund von Tirol gefallen ist. Er steht da im Panzer, das zerbrochene Banner Venedigs im Arm, und zum Zeichen seiner Niederlage sind auf dem Grabstein die Wappen des deutschen Königs, von Tirol, Trient und Frundsberg angebracht.

An den Hauptchor schließt die *Sakristei* an. Sie ist vielleicht auf den Resten der ältesten Vorgängerkirche des Doms gebaut, die um 405 die Gebeine des Heiligen Vigilius aufgenommen hat.

Der Dom stand immer im Zentrum der unruhigen Trienter Geschichte; viel hat er gesehen. Hier hat Maximilian I. 1508, als ihm die Venezianer den Weg zur Krönung in Rom verlegten, den Titel ›Erwählter Römischer Kaiser‹ angenommen, und nach ihm verzichteten alle Kaiser, mit Ausnahme Karls V., auf die Krönung durch den Papst. Die Anfangs- und die Schlußsitzung des großen Konzils haben in ihm stattgefunden.

In dem hohen, herrlichen Raum ist es aber auch nicht immer friedlich zugegangen. Fürstbischof Georg von Liechtenstein zum Beispiel brachte zu Beginn des 15. Jahrhunderts das Bistum in große Not. Er hatte nämlich nicht nur den Ehrgeiz, sich ganz von der Bevormundung der Grafen von Tirol zu lösen, sondern er kümmerte sich auch wenig um seine Untertanen, vor allem nicht um die schwierigen Trienter, und als er landfremde österreichische Herren an seinen Hof zog, habsüchtige, unbeliebte Männer, setzten sich die Bürger zur Wehr. Widerspenstige hatte der Bischof damals kurzerhand vierteilen lassen. Daher kam es 1407 zu einer Zusammenrottung auf dem Domplatz, und das Volk schrie: »Viva el populo e el Segnore. A mora y traditori.« Liechtenstein eilte aus der Burg herbei, um Ruhe zu stiften, wurde aber im Dom gezwungen, die Rechte der Bürgerschaft zu bestätigen. Sie ließen ihn dann wieder frei, doch die Häuser der Günstlinge wurden gründlich geplündert, und die Burgen Silva, Tenno, Stenico und Castelnomi mußten der Stadt übergeben werden. Auch auf dem Nonsberg erhob sich damals die Bevölkerung, zerstörte Burgen und wollte sich von Trient lossagen. Schließlich griff Herzog Friedrich als Vogt des

Bistums ein, was wiederum dem Bischof nicht recht behagte. Er paktierte, während er mit dem Fürsten verhandelte, mit italienischen Söldnerführern, die mit sechstausend Mann zu seiner Hilfe aufbrachen. Doch ehe sie die Stadt erreichten, hatte das Volk seinen Oberhirten wieder in den Dom gelockt, wo es verlangte, daß er ihm die Residenz öffne, was der Bischof ablehnte. Unterdessen tobte der Pöbel durch die Straßen, plünderte, zerstörte Häuser und erschlug zwei der verhaßten Hofherren. Die Bürger internierten Liechtenstein dann in der Torre Vanga und meldeten die Vorfälle dem Herzog, der sofort vor die Stadt zog und aufs neue mit dem Bischof verhandelte. Dieser aber setzte seine zwielichtige Politik so lange fort, bis er seine landesherrliche Macht ganz verlor. Das alles hat der Dom erlebt.

Heute will es einem scheinen, daß nichts die feierliche Ruhe dieses Bauwerks stören könnte, so still und kühl ist es hier drinnen. Kerzen flimmern vor den Bildern der Heiligen, und Ewige Lampen glühen rubinfarben an den Altären. Voll Kraft und Sicherheit steht San Vigilio an dem schönen Platz, Zeuge eines heroischen Zeitalters und Wächter einer Tradition, die noch immer der Gegenwart ihren Stempel aufdrückt.

An der Ostseite des Domplatzes liegt der Palazzo Pretorio, der bis 1255 den Bischöfen als Residenz diente. Heute befinden sich dort die Bischöfliche Bibliothek und das **Diözesanmuseum.** Hier werden, neben Kunstwerken aus dem Dom und aus verschiedenen Kirchen von Stadt und Provinz Trient, die reichen Reste des Domschatzes aufbewahrt. Kernstück der Sammlung aber sind die prachtvollen flämischen, von Pieter van Aelst gewirkten Gobelins vom Anfang des 16. Jahrhunderts. Die Teppiche schmückten den Bischofspalast und auch den Sitzungssaal des Trienter Konzils. Die Serie umfaßt sechs große Gobelins, auf denen die Themen der Passionsgeschichte, der Geburt und Auferstehung Christi behandelt sind. Pieter van Aelst führte auch die Wandteppiche für die Sixtinische Kapelle in Rom, nach Entwürfen Raffaels, aus.

Ein Volksfest vor 150 Jahren

Der Heilige Vigilius, der 405 im Rendenatal den Märtyrertod erlitten hat, weil er eine Saturnstatue umgestürzt hatte, ist der Patron von Trient. Wie man den Tag des Heiligen vor etwa hundertfünfzig Jahren in der Stadt feierte, erzählt uns August Lewald:

Die Kirche leerte sich, und man ging, um draußen festen Standpunkt zu gewinnen und die Procession mit anzusehen. Die üblichen Fahnen eröffneten diese. Sie marschirten in langen Zwischenräumen, doch rangirten sich nicht, wie in Deutschland, fromme Beter ein. Die Zwischenräume blieben leer, und alles zog vor, die Procession anzusehen, statt an ihr Theil zu nehmen. Die Capuziner in langer Reihe folgten, ihr mit den herrlichsten Blumen reich geschmücktes Kreuz tragend. Dann kamen die Franciskaner mit ihrer Fahne in noch größerer Anzahl. Ich habe nie so viele Mönche dieses Ordens zusammen gesehen; sie hatten ein trauriges Aussehen. Der Zug hielt, und ich konnte ihre Köpfe genauer betrachten. An einigen zeigte sich die Entbehrung in ihrer ganzen Strenge, an wenigen nur die ruhige Entsagung. Ein alter, langer, hagerer Mönch zog aus seinem Ärmel eine kleine beinerne Schnupftabaksdose und schnupfte mit großem Appetit. Ich mußte an Yoriks Franziskaner denken.

Jetzt erschien der lange Zug theologischer Studenten, abermals ein Studium für den Physiognomiker. Ich versuchte zu errathen, wer von seinen Angehörigen gezwungen diesen Stand ergriffen hatte, und wer es aus eigenem Antriebe gethan; wer einst zu hohen geistlichen Ehren steigen würde, wer seinen ganzen Ehrgeiz darein setzte, einst eine fette Pfründe zu erschnappen, und wer nur in der Frömmigkeit das ganze Heil seiner Zukunft suchte. Das letzte war am allerschwersten zu ermitteln. Ich bemerkte einen jungen Menschen mit einem feinen bleichen Gesichte, die Augen zu Boden geschlagen, und ein Buch, das er in der Hand hielt, an die Lippen gedrückt. Dieß war ein Bild der Frömmigkeit und Abgezogenheit von allem Weltlichen, und eben dieser konnte die stolzesten Pläne für seine Zukunft im Busen bergen. Nirgend wie hier führte Demuth und Unterwürfigkeit zum sichern Ziele. Nun folgten die Pfarrer und das Domcapitel; alle trugen kostbare Gefäße, worin Reliquien des heiligen Vigilius waren. Man machte mich auf einen Schrein von Glas aufmerksam, worin die Zunge des heiligen Mannes sichtbar war, die einst so feurig und beredt den Heiden das Evangelium gepredigt. Ich fand sie übermäßig groß und dick, und selbst für einen solchen heiligen Prediger zu übernatürlich.

Hierauf wurde der silberne Sarg mit der goldenen Inful und dem Stabe darauf, unter einem Baldachin getragen; der Fürstbischof, die Hand des Heiligen in der seinigen, folgte. So wie die Zunge, war die Hand von übermäßiger Dimension; doch man wird nicht mehr darüber erstaunen, wenn man weiß, daß diese Hand es war, welche die Felsen auseinander schob, als die verfolgenden Judicarier den Heiligen in ein Thal getrieben hatten, von wo es keinen Ausgang mehr gab. Jetzt noch bedienen sich alle jene, welche Stenico, besuchen wollen, dieses von Vigilius gemachten Felsenpasses, und auch auf diese Weise wurde er daher ein Wohltäter dieser Gegend, und Trients insbesondere, das von dort seine besten Lebensmittel bezieht.

Der Fürstbischof Luschin, eines Landmannes Sohn aus Kärnthen, ist ein hoher Mann von großer äußerer Würde. Er besitzt durchaus kein Eigenthum, weil er sein ganzes Einkommen den Armen verschenkt und sich selbst oft die Bedürfnisse der Bequemlichkeit entzieht, um seinem Hange zur Wohlthätigkeit zu genügen. Dabei kennt man ihn als einen der erleuchtetsten und gelehrtesten Geistlichen. Die Würde seines äußeren Benehmens zeigte sich bei dem Hochamt im schönsten Lichte …

Nachdem das Hochamt geendet war, durchzog man die Straßen, und dieser Moment war einer von denen, wo Trient einer großen Stadt am ähnlichsten war. Die Damen hatten größtentheils sehr elegant Toilette gemacht; die meisten waren ballmäßig in Flor gekleidet, und die Herren hatten einen Anstrich von Ungezwungenheit, den man in Provincialstädten selten findet. Unterdeß war auf dem Domplatze vor dem Springbrunnen das große Brettergerüste, das schon seit mehreren Tagen aufgebaut war, mit Schildereien aus dem Leben des heiligen Vigilius geziert worden. Das Ganze stellte einen Tempel vor; in dessen Mitte war der Sarg, oben die segnende Gestalt des Heiligen sichtbar. Alles war mit Raketen schön besetzt und verbrämt, und die schaulustige Menge umgab diese Feuerwerkdecoration, wie Kinder den Weihnachtstisch, jubelnd und schreiend. Nach neun Uhr sprüheten die ersten Schwärmer in den schwarzen Gewitterhimmel, der sich über Trient ausspannte. Der Domplatz und die ›Strada larga‹ wimmelten von Menschen; alle Fenster und Balkone waren mit geputzten Damen gefüllt, ebenso die aufgeschlagenen Gerüste. Jedes Stück des Feuerwerks wurde mit einem lauten Beifall begrüßt, der die Pausen ausfüllte und immer rauschender wurde. Man sah nacheinander den Adler von Tyrol, den Namenszug des Kaisers und zuletzt den großen Tempel in Brillantfeuer. Das Feuerwerk war geschickt gearbeitet und gut auf-

gestellt, so daß es ein jeder sehen konnte. Für den Preis von tausend Gulden wird man an keinem andern Ort etwas Bedeutenderes zu Stande bringen können. Jemand behauptete mit großem Ernste, die Einwohner von Judicarien, deren Vorfahren den Heiligen ermordet, haben nun fortwährend als Buße die Kosten des Feuerwerks zu bestreiten.

›Buon Consiglio‹ – die Burg der Bischöfe

Neben dem Dom ist, wie schon gesagt, das andere Wahrzeichen der Stadt die ehemalige bischöfliche Burg **›Buon Consiglio‹** an der Nordostecke der Stadtmauer. Sie ist zwar eine Residenz, doch hat sie die Härte und Strenge einer Festung bewahrt. Die Kraft, mit welcher der alte runde Turm in den Himmel stößt, die Schärfe der Kanten und die Ruhe der Flächen des Baukörpers betonen das Wehrhafte dieser Gebäudemassen, die weite, düstere Räume und sonnige Höfe umschließen. Vermag man wohl hinter den Fassaden eines solchen Palastes die Züge der Menschen zu erkennen, die ihn bewohnten, der Fürstbischöfe, die ihn bauten?

Buon Consiglio – guter Rat – heißt das Schloß, aber nicht immer hat es guten Rat aus seinen Mauern entlassen. Vom Wesen der Herren, die dort gewohnt haben, spürt man vor allem den Willen zur Macht, zur geistlich-weltlichen Herrschaft über das Fürstentum Trient. Ihre beiden Eckpfeiler sind Burg und Dom, und zwischen ihnen liegt das Spannungsfeld Stadt. Einige dieser Herren sind aber für uns mehr als nur schemenhafte Vertreter der Macht, sie sind lebendige, blutvolle Persönlichkeiten geblieben, wie zum Beispiel Bernhard von Cles und die Madruzzo. Sie tauchen vor uns auf aus der Tiefe der Zeit als energische Akteure auf der Bühne der Vergangenheit. Wer sich einmal bewährt hat, kann ruhig abscheiden und sogar in Vergessenheit versinken; man wird sich seiner doch immer wieder erinnern müssen.

Doch wenden wir uns dem Bau zu: Da ist zunächst der sogenannte *Castelvecchio,* das alte Kastell, mit dem dicken runden Turm und dem schönen dreigeschossigen, in Rundbögen geöffneten Arkadenhof; im 13. Jahrhundert von Ezzelino da Romano, dem kaiserlichen Stadtherrn, erbaut, von den Bischöfen im 15. Jahrhundert im Stil der venezianischen Gotik verändert und erweitert, wozu auch die reizende Loggia an der Fassade gehört.

16

Rudolf von Alt (1812-1905)

Der Neptunbrunnen am Domplatz in Trient, 1865
Aquarell
Wien, Graphische Sammlung Albertina
(Foto: Viktor Harrandt, Wien)

Entgegen den alten Vedutisten, die ihre Gemälde nach den aus der Camera obscura gewonnenen Skizzen im Atelier feinsäuberlich ausführten, war Alt ein fanatischer Pleinairist, der seine Blätter allen widrigen Umständen zum Trotz nur vor Ort ausführte – um freilich bei seinem Hang zum Großformat dann oft genug gezwungen zu sein, im Lauf der Arbeit ›anstücken‹ zu müssen, wie gerade auch dieses Aquarell zeigt. Wenn auch vielleicht für den Ästheten etwas störend, beweist diese typische Altsche Eigenheit doch die spontane Authentizität der Ansicht vor aller Perfektion eines nachträglich ausgeführten Atelierbildes. In Trient fühlte sich Alt besonders wohl, prachtvolles Wetter beflügelte ihn zu wunderbar komponierten Architekturbildern, deren freilich die großartig zusammengewachsenen Ensembles der ehrwürdigen Konzilsstadt besonders anregend entgegenkamen. Hier der Domplatz, heute Piazza Cesare Battisti, mit dem monumentalen Neptunsbrunnen (1768), hinterbaut von der zinnenbekrönten Torre Civica, links dann die malerischen, freskendekorierten und laubenbestückten Case al Duomo (1530) mit dem kleinen Adlerbrunnen, und ganz außen, angeschnitten, die Barockfassade von Santissima Annunziata (1713-15) an der Einmündung der Via Belenzani, der schönsten mittelalterlichen Palaststraße der Stadt.

1528 bis 1536 ließ Bernhard von Cles von Andrea Crivelli und Alessio Longhi südlich anschließend den *Magno Palazzo* bauen, eine veritable Residenz. Es ist ein langgestreckter Bau mit einer Reihe von Rechteckfenstern und einer runden Bastion am Ende. Durch ein Gartenparterre betritt man die düstere Vorhalle, die mit biblischen Szenen, Fresken von Romanino, geschmückt ist, und gelangt über eine schmale lange Marmortreppe in den Löwenhof, auf den sich eine prunkvolle zweistöckige, von Säulen getragene Loggia öffnet. Zwischen den Arkadenbögen sitzen Medaillons mit Bildnissen Maximilians I., Karls V., Ferdinands I. und Philipps des Schönen von Burgund. Die obere Loggia malte ebenfalls Romanino aus: auf dunkelblauem Grund berühmte Frauen der Antike, des Alten Testamentes und Allegorien der Jahreszeiten. Leider sind diese bedeutenden Fresken durch die Witterung schon arg beschädigt. Oben begegnet uns eine Fülle von Sälen und Zimmern, alle mit schweren Kassettendecken, mit mächtigen Steinkaminen und mit Wandmalereien der Romanino, Dossi und Fogolino, angefüllt mit nachgedunkelten Gemälden und Skulpturen.

Nachdem in napoleonischer Zeit die reiche Innenausstattung größtenteils geraubt worden war und die Räume im Ersten Weltkrieg als österreichische Kaserne gedient hatten, war die Bischofsburg natürlich stark heruntergekommen. In den letzten Jahrzehnten wurde sorgfältig restauriert, und nun vermittelt ›Buon Consiglio‹ wieder den Eindruck einer vornehmen Residenz des 16. Jahrhunderts. Die Anlage ist heute als *Museo Nazionale* eingerichtet und beherbergt zugleich auch das *Museo del Risorgimento.* Ein Saal am Nordflügel wurde in dem Zustand belassen, in dem er 1916 als Sitz des Kriegsgerichtes der Österreicher über Cesare Battisti, den Vorkämpfer für den Anschluß Südtirols an Italien, gedient hatte.

Auf der Rückseite des Schlosses läuft in der Stadtmauer der Wehrgang, der zum **Adlerturm** führt. Ihn hat sich Georg von Liechtenstein um 1400 als Refugium einrichten und kostbar ausstatten lassen; hier weilte er gern, allein oder im Kreise weniger Vertrauter. Dieser Turm birgt nun das Schönste, was ›Buon Consiglio‹ uns zu zeigen vermag. Hier ließ der Kirchenfürst, wahrscheinlich von seinem böhmischen Hofmaler Wenzel, dem wir schon in Riffian begegneten, noch vor 1407 einen Freskenzyklus mit der Darstellung der Monate anbringen: Höfisches Leben und Arbeiten der Landbewohner im Jahreslauf. In frischen Farben und guter Erhaltung stehen diese fröhlichen Schilderungen ländlichen Lebens vor uns. Da sehen wir im Januar Damen und Herren bei einer Schneeballschlacht vor dem Schloß Stenico, im Hintergrund Jäger auf der Hasenjagd, während ein Fuchs seinem Bau zuschnürt; da sieht man im Februar das Schweineschlachten und ein Turnier, das sich wahrscheinlich im Hof zu Füßen des Adlerturms nicht anders abgespielt hat. Der Monat März befand sich an der Wand der Wendeltreppe, die später abgebrochen und umgebaut worden ist. Der April schildert den Beginn der Feldarbeiten, der Mai ritterliche Vergnügungen, darunter ein Picknick am Bach vor der Stadt. Im Juni begegnen wir der vornehmen Welt auf ihren Schlössern im Gebirge, aber auch den hölzernen Bauernhöfen, deren Bewohner buttern oder Käse bereiten. So zeigen alle Monate die ihnen zugeordneten Tätigkeiten: Jagd, Fischerei, Falkenbeize, Heumahd, Sensendengeln, Ernte, Weinlese, Keltern, Bärenjagd, Holzfällen im Wald; und im Dezember schließlich sieht man die Bauern Brennholz auf Wagen in die Stadt führen. Von besonderem Reiz ist eine Liebesszene: Auf blumiger Wiese sitzt ein vornehmes junges Paar, goldene Krönchen auf den Köpfen, er im hellblauen, goldbordierten Gewand, sie im weißen Kleid, sich zart und mit höfischer Eleganz einander zuneigend.

Hier, vor diesen köstlichen Fresken, ist das Leben plötzlich wieder spürbar, das in dem übrigen Schloß so verschollen scheint;

denn ›Buon Consiglio‹ liegt wie abweisend über der brausenden Stadt. Sie und die Burg haben offensichtlich nichts mehr miteinander gemein, mögen auch beide einst im wesentlichen aus dem Willen und Schönheitssinn der großen Bischöfe entstanden sein.

Im Westen von Trient erhebt sich der mächtige Felsblock des **Dos Trento.** Grabungen der sechziger Jahre legten hier die vollständigen Grundmauern einer frühchristlichen Kirche vom Anfang des 6. Jahrhunderts frei. In einem seitlich angefügten Atrium wurden Reste eines römischen Fußbodenmosaiks, jetzt im Museo Nazionale, entdeckt. Seit 1935 beherrscht ein monumentaler Säulenrundbau zu Ehren Cesare Battistis den östlichen Felsgrat.

Zur Höhe des **Bondone,** des Trienter ›Hausbergs‹, führt eine vielgewundene Straße. Auf dem Hochplateau kann man stundenlang spazierengehen und die großartigen Ausblicke über Täler und Berge genießen. Zudem ist der Bondone das Skiparadies der Trentiner, und man kann auch noch, wie auf vielen Bergen Südtirols und des Trentino, Heilung in den ›Heubadeln‹ finden, man liegt dabei in der natürlichen Wärme frisch geschnittenen Grases. Im Norden des Bondone ragt die 2038 Meter hohe **Paganella** empor. Eine Bergbahn bringt uns hinauf, um uns einen herrlichen Rundblick über das Trentino zu eröffnen.

Das Konzil von Trient

Ein Nachfolger des Bernhard von Cles auf den fürstbischöflichen Stühlen von Trient und Brixen ist der siebenundzwanzigjährige Graf Christoph Madruzzo, dessen Stammburg im Sarcatal steht. Seit 1543 ist er Kardinal, ein aufgeschlossener, frommer, humanistisch gebildeter Mann, Vertrauter des Kaisers und des Königs, prachtliebend und lebenslustig. Er begründete den Glanz des alten Hauses Madruzzo und einer ganzen Dynastie von Bischöfen, denn ihm folgten sein Neffe Ludovico, dann Carlo Gaudenzio, beide ebenfalls Kardinäle, und als letzter Carlo Emanuele, der 1658 starb.

Zu dieser Zeit war das wunderbare Lehrgebäude der mittelalterlichen Kirche sehr in Verfall geraten; das Verlangen nach Reform meldete sich immer dringender, und schon lange vor Luther riefen Fürsten, Kleriker und Gelehrte nach einem Konzil. *Alles schreit: Konzil, Konzil.* berichtet der päpstliche Legat Alexander vom

Reichstag in Worms 1521, und schon in der ›Concordantia Catholica‹ des Nikolaus von Kues von 1431 sind einige der Hauptforderungen für ein kommendes Konzil niedergelegt. Erst das Wirken Luthers aber eröffnete der tridentinischen Reform der Kirche die Tore. Es war eine ungeheuer erregte, gespannte Zeit, in der alles Althergebrachte und Gewohnte ins Wanken geriet. Zwischen den Konzilien von Basel und Trient hatten sich die Anschauungen von Papsttum, Konzil und Reform grundlegend geändert, eine Entwicklung, die in den langjährigen, von großen Pausen unterbrochenen Beratungen in Trient schließlich ihre Krönung in der Lehre von der Gewaltenfülle des Papstes und im tridentinischen Glaubensbekenntnis erfuhr. Die gesamte Tendenz zielte auf eine Konzentration aller Kräfte der Kirche hin – nur zu verständlich, da sie sich ja von allen Seiten angegriffen fühlen mußte. So ging denn aus diesem Konzil schließlich die geschlossene Welt des Katholizismus der Gegenreformation hervor, an deren Liquidation dann das II. Vatikanische Konzil arbeitete.

Die Einberufung des Konzils machte von vornherein erhebliche Schwierigkeiten. Zunächst schienen die Gegensätze der Parteien unüberwindlich, die Zusammenfassung der verschiedenen Meinungen unmöglich. Die erregtesten Religionsgespräche jagten einander, und mehr als einmal mögen die verantwortlichen Männer am Gelingen des Werkes gezweifelt haben. Ansätze zu Reformen waren zwar überall vorhanden und in vereinzelten Diözesen und Orden schon selbständig durchgeführt worden. In Deutschland begegnen uns als hervorragende Reformer die Bischöfe von Augsburg, Friedrich von Zollern und Christoph von Stadion, in Konstanz Heinrich von Hewen, in Würzburg Julius Echter von Mespelbrunn. Daneben zeigte sich kräftige fürstliche Initiative wie bei den Kurfürsten von der Pfalz und von Brandenburg. Sogar in Rom sehen wir als Führer der reformerischen Bestrebungen Männer wie die Kardinäle Contarini, Bembo, Borromeo, den Kreis um Vittoria Colonna, zu dem der alte Michelangelo gehörte. So wurden denn in allen Ländern Streitgespräche geführt, wurde disputiert und um eine Klärung der Probleme gerungen.

Vor allem aber bestimmten drei Männer das Schicksal der Konzilsfrage: Kaiser Karl V., Giulio Medici als Papst Clemens VII. und König Franz I. von Frankreich. Die treibende Kraft war der Kaiser, während der Papst immer wieder auswich aus Furcht, die kaiserliche Macht könne zu stark werden, und auch der französische König war eher ein Gegner des Konzils. Endlich, 1530, versprach der Papst dem Kaiser das Konzil und schlug als Tagungsort Rom, Bologna, Piacenza oder Mantua vor. In Augsburg verhandelte schon von protestantischer Seite Melanchthon mit Eck, dem päpstlichen Legaten Kardinal Campeggio und Bischof Stadion über Laienkelch, Priesterehe, Meßopfer, Schicksal der Klöster und Jurisdiktion der Bischöfe. Der über die protestantische Unnachgiebigkeit erbitterte Kaiser sagte im Fürstenrat: »Hier helfen keine Worte und Verhandlungen, sondern nur die starke Faust.« Karl V. ernannte als Vermittler wegen der Augsburger Konfession, die 1530 niedergelegt worden war, die Kurfürsten Joachim von Brandenburg und Friedrich von der Pfalz sowie Bischof Christoph von Stadion. Schon 1535 rief Papst Paul III. Farnese zum Konzil auf, das der protestantische Bund von Schmalkalden scharf ablehnte; ein Jahr später bearbeitete der Kaiser den Papst in Rom, und 1537 schlug dieser Trient als Konzilsort vor. Im Oktober 1542 traf die päpstliche Konzilskommission in der Stadt ein, wo ›Buon Consiglio‹ als Wohnort des Papstes dienen sollte; aber sieben Monate nach der Eröffnung waren nur zehn Bischöfe erschienen, worauf das Konzil suspendiert wurde. Der erste Versuch war gescheitert, bis am 15. März 1545 erneut die Kirchenversammlung nach Trient ausgeschrieben und am 13. Dezember feierlich eröffnet wurde. Damit begann offiziell die Gegenreformation.

Man hatte Trient als Konzilsstadt gewählt wegen seiner günstigen geographischen Lage am Eingang nach Italien. Es gehörte zum Reich, war Reichsfürstentum und entsprach als solches den Wünschen der Reichsstände. Das Klima ist angenehm; die vielen Villen in der Umgebung boten die Möglichkeit, der Sommerhitze zu entfliehen. Allerdings war die Stadt zu klein für den Zustrom der Teilnehmer; die Unterkünfte reichten nicht aus, da jeder Prälat eine zahlreiche Suite mitbrachte; die Mieten und die Preise der Lebensmittel stiegen ins Uferlose.

Im März traf die päpstliche Kommission ein: Kardinal del Monte, später Papst Julius III., Kardinal Cervini, später Papst Marcellus II., und der Kardinal von England, Reginald Pole. Madruzzo zog ihr mit dem ganzen Hofstaat in strömendem Regen bis zum

Kreuzherrenkloster vor der Stadt entgegen. Kurz nach 2 Uhr nachmittags zogen sie durch die Porta Santa Croce und einen Triumphbogen zum Dom, wo der Fürstbischof die Legaten erneut begrüßte. Die auswärtigen Prälaten waren noch nicht eingetroffen, daher konnte der Eröffnungstermin nicht eingehalten werden. In den nächsten Wochen trafen langsam Bischöfe und Ordensgeneräle ein, der spanische Gesandte Mendoza in Venedig kam als Vertreter des Kaisers, während die Deutschen noch in Worms berieten. Am 25. April passierte Kardinal Farnese, als päpstlicher Legat nach Worms abgeordnet, Trient. Wieder sah die Stadt einen prunkvollen Einzug unter Teilnahme aller anwesenden Bischöfe, Botschafter und des Stiftsadels. Immer noch trafen geistliche Herren ein, immer noch fehlten die Deutschen und Schweizer. Madruzzo war zwar verärgert über die Langsamkeit, zeigte sich aber als liebenswürdiger und verschwenderischer Hausherr. Er schickte den Legaten Fische, Wild, Geflügel, alten Wein, gab in seinem Landhaus delle Albere Feste und Bankette, ließ in der Stadt Feuerwerke abbrennen und die Straßen mit Fackeln und Pechfässern illuminieren. Endlich, am 13. Dezember, wurde mit großer Bittprozession das Konzil eröffnet:

Die Turmuhr, die Madruzzo an der alten Bischofsresidenz neben der Kathedrale hatte anbringen lassen, zeigte am 13. 12. 1545 die erste Tagesstunde – nach unserer Zählung etwa 9.30 Uhr –, als sich die Konzilsteilnehmer in der Kirche zur Heiligen Dreifaltigkeit zur Eröffnungsprozession versammelten. Die Kardinäle legten ihre Paramente an, weißdamastene Mitren und rote, golddurchwirkte Vespermäntel, die am Abend zuvor aus Venedig gekommen waren. Die Bischöfe trugen Mitren aus weißem Leinen und einfachere Pluvialien. Der Trienter Domkaplan Domenico intonierte den Hymnus ›Veni Creator Spiritus‹, nach der ersten Strophe fiel der übrige Klerus ein, und die Prozession setzte sich in Bewegung. Sie wurde eröffnet durch den Welt- und Ordensklerus der Stadt mit dem Domkapitel, es folgten die Konzilsprälaten, die Gesandten König Ferdinands I., schließlich der Adel und eine Menge Volkes, die aus Stadt und Umgebung herbeigeströmt waren, um Zeugen dieses großen Ereignisses zu sein.

In der Kathedrale war der geräumige Chor über der Krypta des Heiligen Vigilius, an dessen Vorderseite sich damals der Hochaltar befand, als Konzilsaula hergerichtet worden. Sie bildete ein nach dem Schiff zu durch eine Bretterwand abgeschlossenes Quadrat. An der Stirnseite erhob sich ein Altar, über dem ein prächtiger flandrischer Wandteppich mit der Auferstehung Christi angebracht war. Zur Rechten des Altars standen die mit rotem Samt ausgeschlagenen Sitze für die vier Kardinäle, links der Kredenztisch für die Meßfeier, an sie anschließend auf beiden Seiten je drei Reihen Sitze für die Konzilsteilnehmer. Die der Linken, der Evangelienseite, waren den Prälaten vorbehalten, die dort nach ihrem Promotionsalter Platz nahmen: vier Erzbischöfe, vertreten von vier verschiedenen Nationen, Aix, Palermo, Upsala und Armagh; einunddreißig Bischöfe, dreiviertel davon Italiener, dazu zwei Spanier und je ein Franzose, Engländer und Deutscher; zuletzt die Generaloberen der beiden Zweige des Franziskanerordens, der Augustinereremiten, Karmeliten und Serviten. Die Sitzreihen der Rechten, der Epistelseite, wurden durch die herbeigeeilten Gelehrten eingenommen, zweiundvierzig Theologen, mit Ausnahme von vier spanischen Weltspriestern, sämtlich Mitglieder der Bettelorden, und acht Juristen. Da noch genug Platz frei war, gelang es Mitgliedern des Trienter Adels, darunter auch Damen, sich in den Chor hineinzudrängen. Graf Sigismund Arco wirkte als Kustos des Konzils.

Im Juli 1546 begann Karl v. den Krieg gegen die Schmalkaldner. Als Kriegsgrund diente ihm die erneute Weigerung der Protestanten, das Konzil zu beschicken. Außerdem hatte der Kaiser gebeten, die Beratung der Dogmen zurückzustellen, doch trieb man die Verhandlungen voran, um ein Auseinanderlaufen der Versammlung zu verhindern. Da stellte der Beginn des Schmalkaldischen Krieges die Fortsetzung des Konzils in Trient in Frage, denn man erfuhr, daß der protestantische Hauptmann Schärtlin von Burtenbach die Ehrenberger Klause gestürmt habe und die Alpenpässe bedrohe. Man beschloß also erneut eine Vertagung.

Über die Festsetzung des Termins für die nächste Sitzung geriet man heftig aneinander. Präsident del Monte wollte die Terminfrage stillschweigend übergehen, wogegen der spanische Kardinal Pacheco protestierte. Kardinal Madruzzo ersuchte den Legaten, mit dem Konzil höflicher und christlicher umzugehen, sonst, fügte er drohend hinzu, sehe er sich gezwungen, eine andere Sprache zu reden. Da flammte del Montes Zorn hell auf: »Ich bin mir nicht bewußt, unchristlich gehandelt zu haben. Man will mich, den Präsidenten, schulmeistern! Ändert Eueren Ton, dann werde ich den meinen ändern. Es geht hier nicht um die Freiheit der Meinungsäußerung, sondern darum, ob wir uns vor verhüllten Drohungen beugen sollen oder nicht. Man kann gegen mich Gewalt gebrauchen, aber mir keine Furcht einjagen.« Für den Präsidenten waren in diesem Augenblick die beiden Kardinäle die Verkörperung der Kaisermacht, die ihn in Trient festhielt und seine Entschlußkraft einschränkte. Aber Madruzzo bestand auf seinem Recht, seine Meinung frei zu äußern und auch dem Präsidenten Vorhaltungen zu machen. Der heißblütige Pacheco gar schleuderte in höchstem Zorn gegen ihn die Anklage: »Ihr behandelt uns wie Bediente.« Der Streit wurde so heftig, daß der Erzbischof von Palermo kniend, mit aufgehobenen Händen und unter Tränen die drei Kardinäle bat, der schrecklichen Szene ein Ende zu machen. (Hubert Jedin)

Auch des Kaisers Bruder, der kluge König Ferdinand, hatte mit Rücksicht auf die Protestanten dringend um Mäßigung und liebevolle Behandlung der ›Ketzer‹ gebeten und forderte Reform der Kirche an Haupt und Gliedern als erstes. Karl v. suspendierte 1549 das Konzil, das zwei Jahre zuvor schon vor dem Flecktyphus in Trient nach Bologna ausgewichen war.

Papst Julius III. berief bald nach seiner Wahl, 1551, erneut das Konzil nach Trient, wo im Herbst die drei geistlichen deutschen Kurfürsten eintrafen. 1552 kamen protestantische Abgeordnete Brandenburgs, Württembergs und Straßburgs. Das brachte eine Unterbrechung der Verhandlungen, da diese Herren neue Beratungen sämtlicher bereits publizierten Dekrete, Befreiung der anwesenden Bischöfe vom Treueid auf den Papst, Superiorität des Konzils über diesen und Aufschub der dogmatischen Entscheidungen verlangten. Letzteres wurde bewilligt, die übrigen Forderungen als unannehmbar abgewiesen. Man stritt hin und her, da erzwang der Fürstenaufstand gegen den Kaiser 1552 neuerliche Suspendierung des Konzils, das, von Pius IV. 1560 wieder einberufen, nun bis 1563 tagte. Kardinalstaatssekretär Carlo Borromeo hatte damals die gewaltige Arbeitslast der Vorbereitungen zu diesem dritten Abschnitt zu bewältigen und den Gang der Verhandlungen von Rom aus zu leiten. 1563 kam man zum Ende, unterzeichnete im Dezember die Dekrete, und nach feierlichem Schlußakt im Dom, wo Kardinallegat Morone den Ambrosianischen Lobgesang anstimmte, war das Konzil zu Ende gegangen.

Im Bannkreis des Domes begann dann 1964, fast aufs Jahr genau vier Jahrhunderte nach dem feierlichen Ende des Tridentinums, ein neuer Zeitgeist durch die traditionsreiche Konzilsstadt zu wehen. Die Universität wurde mit einer soziologischen Fakultät eröffnet, die sich 1968 zur Wortführerin der italienischen Studentenunruhen machte. Trient erschrak zunächst, doch nach dem Abflauen der jungen Erregung war man auch etwas aus dem Schlaf der Jahrhunderte erwacht und erweiterte die Universität auf sechs Fakultäten.

Villen und Gärten

Zur Zeit des Konzils war die Stadt noch von ihrem Mauergürtel umgeben, aber die großen Familien hatten ihre Burgen in den benachbarten Tälern und ihre Villen zu beiden Seiten der Etsch, umgeben von Gärten, alten Bäumen, gepflegten Obstplantagen und Weinbergen. Auf der Talsohle, im Westen und Norden der Stadt, bilden die Obstpflanzungen dichte Haine, in denen hübsche alte Bauernhäuser stehen, bewohnt von den bäuerlichen Pächtern, denen die Pflege dieser schönen Gärten anvertraut ist und die sich mit den Besitzern die Erträge teilen. Gewaltige alte Birnbäume ragen über Weinpergeln, über die Buschbäume, deren Äste im Herbst fast brechen unter der Last goldgelber und leuchtend roter Äpfel.

Kleinere hübsche Villen sind die der Familie Ceschi in Povo, der Salvotti auf dem Wege nach Sardagna und vor allem die **Villa Margone,** die aber leider nicht besichtigt werden kann. Über Ravina, immer mit dem Blick auf Trient und die umliegenden Höhen im hellen Sonnenlicht, erreicht man ein hoch an der Ost-Flanke des Bondone gelegenes Plateau, auf dem die Villa steht: ein wahres Belvedere, umgeben von einem Park, wie man ihn kaum in dieser südlichen Gegend erwartet. Mit dem besonderen Empfinden des Italieners vergangener Jahrhunderte für das Maß und für die Lage in der Landschaft ist das Haus gebaut, fest, einfach und doch großzügig. Zu Beginn des 16. Jahrhunderts verkauften die Basso aus Trient das Herrenhaus den Fuggern, die es dann den Madruzzo abtraten. Als Besitzer folgten die Grafen Lodron, dann die Lupi, deren Erben, die Barone Salvadori, die das Haus aber inzwischen verkauft haben. Die Fugger bauten es um und ließen es reich ausstatten, damit es zur Zeit des Konzils als Wohnung Kaiser Karls V. dienen könne. Aber der Kaiser kam nicht, worauf der Kardinal von Segovia dort Wohnung nahm.

In einer eleganten, zweigeschossigen Arkade ist die Fassade geöffnet, und die Rückwand des Erdgeschosses schmücken Fresken: neben dem Eingang zwei Geharnischte als Türhüter, dann Kriegsszenen, Wappen und Bildnisse. Durch die ganze Tiefe des Hauses zieht sich ein großer Saal mit reicher Kassettendecke und schönem Freskenzyklus an der oberen Wandzone. Je zwei Bilder werden von architektonischer Umrahmung mit sonderbaren Karyatiden gefaßt. Die Malereien präsentieren sich uns in kräftigen Farben und gutem Zustand. Dargestellt sind Szenen aus den Kriegen Karls v. und Apotheosen des Kaisers, die alle durch lateinische Inschriften erklärt werden. Der Name des Malers ist unbekannt; er benutzte als Vorlagen Stiche des Niederländers Marten van Heemskerck, die sich im Britischen Museum befinden.

Die anderen Räume der Villa enthalten reizende Landschaftsbilder mit alttestamentarischen Szenen und über den Simsen immer wieder Porträts. Der ganze Lebensstil jener Zeit des Tridentiner Konzils zeigt sich in der Ausstattung dieses Hauses noch deutlich, einer Zeit, die ebenso imstande war, hemmungslos zu genießen wie zur Verteidigung des Glaubens das Leben hinzugeben.

Ausflug in die Val Sugana

Mitten durch Gärten und Weinberge, entlang der tiefen Schlucht der Fersina, läuft die alte ›Via Paolina‹, heute eine viel befahrene Schnellstraße, durch die **Val Sugana** hinaus in die venezianische Tiefebene bis nach Venedig. Vespas knattern in der Masse der hinauf und hinabfahrenden Automobile, italienische Hupen gellen, und der Corriere läßt seinen aufgeregten Doppelruf hören.

Auf der anderen Seite des Passes öffnet sich das Tal, von den Römern ›vallis ausuganea‹ genannt, dessen oberer Teil 1415 endgültig an Tirol kam. Bald zweigen links die parallellaufenden schönen Gebirgstäler von Pine und Mócheni ab, bewohnt von Nachkommen der Langobarden, die auch auf der anderen Seite der Val Sugana im Hochtal der Folgaria und bis Luserna sitzen und dort noch ein sehr altertümliches Deutsch sprechen, das die Sprachforscher von jeher interessiert hat. Über die Herkunft der Bevölkerung in diesem Landstrich sind die seltsamsten Ansichten geäußert worden. Man vermutete in ihnen Nachkommen der Zimbern, die sich nach der schweren Niederlage gegen Marius bei Verona hierher zurückgezogen haben sollen, doch gehören sie wahrscheinlich zum Teil dem langobardischen Stamm an wie auch die Einwohner der ›sette communi‹ im Bergland westlich von Bassano, die lange einen kleinen unabhängigen Freistaat gebildet haben.

Man kann die wiesen- und waldreiche Hochebene der **Folgaria** sowohl von Trient als auch von Rovereto aus erreichen. In älterer Zeit bedeckte Wald die ganze Gegend, die 1216 von Bischof Friedrich von Wangen mit Deutschtirolern besiedelt wurde. Die Gemeinden wuchsen schnell durch Zuzug aus den ›sette communi‹. Eine Zeitlang gehörte das Gebiet den Grafen von Castelbarco, dann Venedig, bis es 1470 Jakob Trapp verliehen worden ist, der damals auch in den Besitz der Burg Beseno gelangte (die Burg wird im nächsten Kapitel noch genau besprochen). Die Trapp versuchten hartnäckig, alte Rechte der Gerichtsbarkeit wieder geltend zu machen, wogegen sich die Gemeinden energisch wehrten, was zu endlosen Streitigkeiten führte. 1578 nahmen sich die Folgarier drei Anwälte, darunter Andreas Ceschi aus Borgo, die ihren Standpunkt bei der Regierung in Innsbruck vertraten. Bis ins 18. Jahrhundert dauerten diese Händel an.

Doch zurück auf die alte ›Via Paolina‹, die wir für kurze Zeit verlassen haben. Es erscheint **Pergine** zu Füßen der starken, ehemals fürstbischöflichen Burg und grüner bewaldeter Vorberge, hinter denen die Gipfel der Gebirge auftauchen. Pergine war einst Zentrum des besonders im 15. und 16. Jahrhundert blühenden Silberbergbaus um Trient. Der Ort, der früher auch Persen hieß, hatte damals ein deutsches und ein italienisches Viertel. Die Bergknappen waren ausschließlich Deutsche. Mit ihren stattlichen Palazzi erinnert die Via Mayer ein wenig an die Via Belenzani in Trient.

Schon ehe Pergine erreicht ist, erblickt man von der Höhe den blauen Spiegel des **Sees von Caldonazzo,** auf der Ostseite vom

Levicosee durch einen weinreichen, mit Fichten und Kastanienwäldern, Ölbäumen, Feigen und Steineichen bedeckten Höhenzug getrennt, während auf der anderen Seite der Gebirgsstock der Marzola aufragt. Es ist eine durchaus romantische Landschaft, manchmal von ganz schwermütigem Charakter, neben dem Nonsberg vielleicht die schönste des Trentino. An den Ufern und in Gärten liegen hübsche kleine Orte, Villen und Bauernhöfe. In **Caldonazzo** steht gegenüber der Kirche die im 15. Jahrhundert umgebaute *Magnifica Corte* des Grafen Trentini mit Resten von Fassadenmalerei; über dem Ort auf vorspringendem Felsen thront das barocke Kirchlein *San Cristoforo*, angeblich an der Stelle eines Dianaheiligtums. Der alte Badeort **Levico Terme** liegt am reizenden kleinen See gleichen Namens an stillen, waldigen Ufern, wo man es im Sommer und Herbst wohl aushalten kann.

In diesem Gebiet lagen sich Österreicher und Italiener im Ersten Weltkrieg gegenüber. Luis Trenker schildert die schweren Kämpfe in seinem Buch ›Sperrfort Rocca Alta‹. Hie und da stieg er ins Tal hinab und besuchte Levico.

Wie sonderbar, durch eine Stadt zu gehen, die völlig ausgestorben ist! Die Häuser sind unbeschädigt, die Fensterläden geschlossen, Blumen wuchern in den Gärten, die Bäume biegen sich unter der Last ihrer Früchte. Aber nirgends ein Mensch, nirgends eine Stimme, die das Schweigen durchbricht, alles ist tot und gespenstisch leer.

Manchmal bleibe ich an einer Ecke stehen und lausche in diese beklemmende Stille. Ich habe meinen Stutzen mitgenommen, weil öfters italienische Patrouillen bis hierhergekommen sein sollen; die Unversehrtheit der Häuser, der Mangel an Fußspuren in den staubigen Straßen spricht dagegen. Levico hat nie einen so tiefen Frieden geatmet wie jetzt, da es zwischen den Fronten liegt. Seine Heilquellen rauschen ungenützt der Brenta zu.

Das Kurhaus steht offen, es ist zum Teil geplündert worden, überall sieht man die Spuren liebloser Hände und hastig raffender Gier. Aber der Park ist märchenhaft schön, eine heilige Ruhe geht von seinen Lorbeerhainen und Magnoliengruppen aus. Nur die Stimme eines rastlos glucksenden Springbrunnens unterbricht das Schweigen.

Borgo, der Hauptort der Val Sugana, an den Flanken der Berge emporkletternd, erhält ebenfalls durch einige schöne Paläste, darunter den der Ceschi, aristokratisches Gepräge. Als Garibaldi durch das Tal mit seinen Truppen anrückte, hängten die Bewohner der Dörfer die Trikolore heraus, nur ein Haus zeigte die alte österreichische Fahne. *Wem gehört das Haus?* fragte Garibaldi. *Dem Grafen Ceschi,* antwortete man ihm. *Dort werde ich Quartier nehmen,* befahl Garibaldi, *das ist ein aufrechter Mann!*

Hier bei Borgo ist das Tal weit, lieblich und fruchtbar. Fleißige Arbeit hat bis hoch hinauf an den Hängen Weingärten und Felder angelegt, denen die Wälder von oben entgegenkommen, und überall haben sich Dörfer und Kirchen angesiedelt. Drüben am Hang sieht man die mächtige graue **Burg Ivano,** die bis in unser Jahrhundert den Grafen Wolkenstein gehört hat, die dort Richard Wagner und Frau Cosima, Franz Lenbach, Kaiserin Augusta Viktoria und die Duse zu ihren Gästen zählten. Heute ist die Burg ein regionales Kulturzentrum für Tagungen und Ausstellungen. Unterhalb von Ivano schlängelt sich die Straße durch das Tesinotal hinauf zum Brocone, wo man wieder das Gebiet der Dolomiten erreicht. Der Brenta weiterfolgend, wird die Val Sugana nun wieder eng und wild zwischen hohen, kahlen Felswänden, bis sie schließlich bei Bassano in die Ebene ausläuft. Aber schon vorher, bei Primolano, haben wir das Trentino hinter uns gelassen.

Das Lagarinatal

Zwei Wege bieten sich an, um von Trient an den Gardasee zu gelangen: der eine durch das Lagarinatal, wie das Etschtal zwischen Calliano und Ala genannt wird – er ist der bekanntere –, der andere durch das Tal des Sarca, welcher beinahe der schönere ist.

Verlassen wir den reichen Garten des Trienter Kessels und folgen der erstgenannten Straße, welche – parallel zur Autostrada – die durch einen kiesigen, mit Erlengestrüpp besetzten Talgrund fließende Etsch begleitet. Früher wurde das fruchtbare Tal ›il paradiso della nobiltà‹ genannt, denn wie im Vintschgau, am Nonsberg oder im Burggrafenamt drängen sich die Burgen zu beiden Seiten des Flusses auf den Höhen: so *Beseno, Nomi, Nogaredo, Lizzana, Castelbarco* bei Ala, einst Sitz der mächtigen Grafen gleichen Namens, und viele andere.

Unter ihnen bekannt geworden ist vor allem **Lizzana,** ebenfalls eine Burg der Castelbarco, weil Dante dort Gast des Grafen Wilhelm gewesen ist. Hier oben mag der Dichter den weiten Blick über das Land und über die *Slavini di Marco* genossen haben, diesen grandiosen Felssturz, der einen Teil des Tales zwischen Marco und Mori mit seinen Felsmassen zugedeckt hat. Der Bergsturz war vermutlich 883 durch ein Erdbeben ausgelöst worden. Im zwölften Gesang des Inferno lesen wir:

> Dem Bergsturz gleich bei Trento, der den Schoß
> der Etsch vordem dort ausgefüllt, entstanden
> einst durch Unterwühlung oder Erdenstoß,
> wo man vom Berg, auf dem die Trümmer standen,
> am steilen Felsen keinen Pfad entdeckt,
> der niederleite zu den ebnen Landen.

Aber die erste, bald nach Trient erscheinende Burg, in beherrschender Lage auf rundem Hügel links der Straße, die größte des Trentino, ist **Beseno,** von den Deutschen ›Pisein‹ genannt. Sie war von 1470 bis vor einigen Jahren Besitz der Grafen von Trapp. Sie bedeckt den ganzen breiten Bergrücken und zeigt schon von weitem eine lange Mauer mit Zinnen, Türmen und Bastionen. Man glaubt, eine kleine Stadt vor sich zu haben, doch umschließen die Mauern einen riesigen Komplex von Halbruinen, der in letzter Zeit allerdings vorbildlich restauriert wurde. Im Sommer ist Beseno Schauplatz von Ballett- und Folkloreveranstaltungen.

Im Herzen dieser gewaltigen Anlage steht der etwa im Jahre 1300 gebaute Palas oder vielmehr seine Reste in Gestalt dreier Türmchen, einer eleganten Wendelstiege, einer kleinen graziösen Renaissanceloggia und eines Stückes der Freitreppe. In Beseno wurde 1930 ein bedeutender, jetzt fast ganz verschwundener Freskenzyklus des 15. Jahrhunderts gefunden, verwandt mit den Werken der vor allem im 15. Jahrhundert so fruchtbaren böhmisch-burgundischen höfischen Malerschule, wie sie in Runkelstein oder in der Torre del Aquila am Schloß ›Buon Consiglio‹ zu Trient zu sehen sind. Dargestellt waren Jagd, Turnier, Konzert und andere Szenen aus dem Leben auf der Burg.

Die strategisch günstige Lage Besenos machte es leicht, zusammen mit dem nicht minder geschickt placierten **Castel della Pietra** bei Calliano, wo die Berge wieder dicht an den Fluß treten, das Tal militärisch zu beherrschen. Die Burg, deren Bauteile aus dem 14. bis 17. Jahrhundert stammen, bewahrt im Obergeschoß des Palas interessante profane Freskenzyklen des 15. Jahrhunderts. Szenen des Alten Testaments und der griechischen Mythologie begegnen uns hier ebenso wie auch Darstellungen der sinnenfrohen Welt des Rittertums. Bei Calliano siegten 1487 die Truppen Herzog Sigismunds von Tirol unter Führung des Grafen Gaudenz von Matsch und des Elsässers Friedrich von Kappel über die Venezianer unter Roberto da Sanseverino, der im Fluß ertrank. Der Schlacht ging ein Zweikampf zwischen Antonio Sanseverino und Hans Truchseß von Waldburg voraus, ein Kampf, der lange die Phantasie des Volkes beschäftigt hat. Die nahe Pfarrkirche von **Calliano** zeigt uns in einem Fresko diesen Kampf. Als im 17. Jahrhundert Königin Christine von Schweden nach Rom reiste, wurde sie vom Grafen

Trapp in Beseno empfangen. Als der Reisewagen sich der Burg näherte, wurden ihr zu Ehren die ›Stücke‹ gelöst, daß der Donner des Saluts, vielfältig von den Bergwänden zurückgeworfen, talauf und talab wogte.

Villa Lagarina

Hinter Stein am Gallian weitet sich das Tal wieder. Knapp vor Rovereto machen wir einen kurzen Abstecher hinüber auf das andere Etschufer, nach Villa Lagarina. Heute ein Dorf, war es einst im 8. Jahrhundert als ›Civitas Ligeria‹ oder ›Lagare‹ der Hauptort des Beckens von Rovereto. Hier herrschten später die Grafen Lodron. Sie stellten tapfere kaiserliche Feldhauptleute, deren berühmtester Ludwig Lodron war, der 1537 mit seinen Tiroler Fähnlein in der Schlacht bei Esseg gegen die Türken den Heldentod fand. Später wandten sie sich stärker den geistlichen Würden zu, in denen sie nicht weniger erfolgreich waren.

Paris Lodron, Erzbischof von Salzburg, ließ um 1620 die Pfarrkirche von Villa Lagarina neu errichten und an das Langhaus 1621 bis 1629 eine Grabkapelle (Sankt Rupertus) für seine Eltern anbauen, die unversehrt erhalten blieb. Der Erzbischof, der in Salzburg den Dom vollendete, übertrug dem dortigen Dombaumeister Santino Solari die Bauleitung, ließ die Fresken von Arsenio Mascagni und den Stuck wahrscheinlich von Josef Bassarino, die ebenfalls am Dom zu Salzburg arbeiteten, ausführen. Die Rupertuskapelle ist daher kein direktes Werk lombardischer Kunst, sondern ein Denkmal des aus Salzburg zurückstrahlenden lombardischen Frühbarocks. Sie ist ein achteckiger Zentralbau mit einem quadratischen kreuzgewölbten Chor. Das Innere ist in allen gewölbten Teilen, aber auch an den Wänden, mit reichem, pflanzlich geformtem Stuck überzogen, der in den Ansätzen der Kuppel durch sitzende Engel verstärkt wird und in der Kuppel selbst Gemälde Mascagnis mit reichem Rahmenwerk umschließt. Der Aufbau, die Fresken und die Stukkatur gehen eng mit dem Salzburger Dom, vor allem mit der dortigen Vierungskuppel, zusammen. Die gesamte Ausstattung, auch der Altar, stammt aus der Bauzeit. So ist die Rupertuskapelle in Villa Lagarina ein Stück Salzburg, lombardische Fürstenkunst, inmitten einer sonst direkt von der Kunst des Südens beherrschten Landschaft. (Erich Egg)

Bald erscheint nun **Rovereto,** eine ansehnliche Stadt in bester Verkehrslage mit schönen Kirchen und stattlichen Palästen. Im

Mittelalter wurde sie zunächst von den Herren von Lizzana, dann von den Castelbarco beherrscht. 1416 bis 1509 gehörte sie zur Republik Venedig, in deren Zeit auch das Stadtrecht verliehen wurde. Das ganze Lagarinatal stand damals unter der Herrschaft der Venezianer, deren Drang nach Norden durch den schon erwähnten Sieg der Tiroler bei Calliano, 1487, kurz gebremst, erst 1509 endgültig gebrochen wurde. Maximilian I. besetzte Rovereto und machte die Stadt zum Sitz der kaiserlichen Statthalter. *Er beließ den Bürgern aber die venezianische Verfassung und verbot seinen Hauptleuten jede Einmischung in die Angelegenheiten der Bürger.* (Erich Egg) Und auch der italienische Charakter des Stadtbildes, der stark lombardische Züge trägt, ist erhalten geblieben – bis auf den heutigen Tag. Eine alte Tradition der Seidenverarbeitung brachte der Stadt seit dem 16. Jahrhundert eine Blütezeit, zu der sich durch die Gründung der Accademia degli Agiati und verschiedener literarischer Salons im 18. Jahrhundert noch ein kultureller Aufschwung gesellte.

Über Rovereto thront die starke, im 13. Jahrhundert erbaute **Burg.** Gewaltige Substruktionen tragen die Anlage mit der riesigen Rundbastion. Seit 1921 ist hier das *Museo Storico della Guerra* untergebracht, das neben Erinnerungen an den Ersten Weltkrieg auch Waffen aus der Zeit der Goten und Karolinger zeigt. Die Kirche *Santa Maria del Carmine* besitzt einen schönen barocken Hochaltar sowie eine kuriose ornamentale Grisailleausmalung von 1923. An der Nordseite der Kirche schließt sich ein freskierter Kreuzgang aus der Zeit um 1500 an. Von ungewöhnlicher Form ist *Santa Maria della Grazie,* 1728 als achteckiger Zentralbau errichtet. Durch Wandreduzierungen im Inneren erscheint der Hauptraum als gestrecktes Oval. Auch *San Marco,* eine spätgotische, barock veränderte Kirche, stellt einen interessanten Kirchentypus dar. Der weite Saalraum ist mit einer riesigen Tonne gedeckt. Auf der Orgel dieser Kirche spielte Mozart, als er 1769 auf seiner ersten Italienreise in Rovereto Quartier machte.

Die Stadt bietet reizvolle alte Straßenzüge mit Bauten der Renaissance und des Barock und mit Palästen, beispielsweise denen der Familien Rosmini und Fedrigotti. Doch nicht nur das Stadtbild ist hier italienisch, der Lebensstil der Bewohner ist es nicht weniger geblieben, dank Kaiser Maximilians Toleranz. Das hat man schon vor mehr als hundert Jahren bemerkt. August Lewald, der 1833 Rovereto besuchte, schildert begeistert seine vortreffliche Küche:

»Le diner est irréprochable«, rufen wir mit einem französischen Reisenden hier um die Wette aus. Wir hatten die feinsten Gemüse, Trüffeln im Überfluß, in Öl und in der Sauce, und ein Fruchtdessert, das schwerlich alle Treibhäuser eines nordischen Fürsten hervorzubringen im Stande sind. Drei verschiedene Arten der kostbarsten Melonen zierten die Mitte der Tafel, daneben standen Pfirsiche von ungeheuerer Größe, Mispeln von vorzüglicher Güte, die kleine, gelbe Zuckerfeige mit der feinen Haut, Pfeffertrauben und Butterbirnen, wie ich sie nie gesehen hatte. Die Deutschen sind gewöhnlich sehr ungerecht gegen die italienische Küche. Sie bringen ein Vorurtheil, eine complete Aversion gegen das Oel mit und schon der Gedanke daran verdirbt den meisten den Appetit. Ich, für meinen Theil, finde es sowohl reinlicher als der Gesundheit zuträglicher, sich des Oels zu bedienen, als jener gemischten und ranzigen Fettsubstanzen, welche die sogenannten deutschen Hausfrauen, von allen Töpfen, Saucen, Suppen und Braten abschöpfen und aufheben, um sie zu neuen, gewiß nicht immer schmackhaften Gerichten zu verwenden, die fremde Nationen mehr anwidern müssen, als uns jemals italienische oder französische Art zu kochen.

Außerhalb Roveretos sind noch einen Besuch wert: die 1626 geweihte *Wallfahrtskirche Madonna del Monte;* das in neobarocken und neoklassizistischen Formen erbaute *Mausoleo Tacchi;* schließlich das *Ossario del Castel Dante,* ein Grabmal zum Andenken an die Gefallenen des Ersten Weltkrieges. In **Sacco,** dem westlichen Vorort Roveretos, sollte man sich die Pfarrkirche anschauen. Der prächtige Barockbau hat reichen Stuck und Deckenfresken von 1754.

Nach Rovereto verlassen wir die nach Ala weiterziehende Straße und das Lagarinatal und biegen ab nach Mori, dem Ausgangspunkt der Straßen nach Brentónico. In **Lóppio,** das an einem kleinen klaren, jetzt trockengelegten Bergsee liegt, steht die *Villa Castelbarco,* vor dem Ersten Weltkrieg noch »ein schönes, neu und elegant aufgeführtes Schloß«, dann zerstört und wieder aufgebaut. Hier leben die einstigen Beherrscher der Valle Lagarina, die Grafen von Castelbarco. Die Straße verliert sich nun in wilden Felstrümmern – es sind die Reste eines gewaltigen Bergsturzes in historischer Zeit –, bis sich auf der Höhe des *Passo di San Giovanni* der Blick auf Torbole und den Gardasee öffnet.

Ehe wir aber von Rovereto oder Trient aus zum Gardasee fahren, sollte uns der Weg im Lagarinatal noch bis *Ala* führen, dem südlichsten Ort des alten Welschtirol. Etwas südlich liegt auf der anderen Seite der Etsch *Avio.* Die Ortschaft wird von der mächtigen, zum Teil gut erhaltenen **Ruine Sabbionara** beherrscht, deren ausgedehnte Mauern fast bis ins Tal herabreichen. Die 1053 erstmals erwähnte Burg, die auch Castel d'Avio genannt wird, kam Mitte des 12. Jahrhunderts in den Besitz der Castelbarco; sie war einer ihrer wichtigsten Stützpunkte. Hier residierte um 1300 Wilhelm I. von Castelbarco, ein Parteigänger Cangrandes della Scala von Verona, Freund Dantes, Wohltäter des Domes zu Trient, Soldat, Mäzen und Herrscher über das ganze Lagertal. Er ließ Sabbionara zu einem Festungs-Palast ausbauen.

Die Ruine bewahrt zwei bedeutende Freskenzyklen. Im Obergeschoß des Turmes, in der sogenannten ›Camera d'Amore‹, befinden sich Wandmalereien mit Liebesszenen, in der zweiten Hälfte des 14. Jahrhunderts entstanden und leider nur noch schlecht erhalten. *Der Schatz von Sabbionara sind die Fresken in der ›Casetta dei Soldati‹ der Vorburg, die an allen vier Wänden Kampfszenen aus dem ritterlichen Lebenskreis zeigt. Der Auftraggeber der Fresken war wohl Wilhelm von Castelbark, aber auch der Maler stand diesem ritterlichen Kreis nahe. Seine Kunst ist trotz aller Schwächen lebensfrisch, ein echtes Zeitdokument der ritterlichen Blütezeit Veronas um 1320. Die Fresken in Sabbionara lassen die Kämpfe der ritterlichen Herren um das Lagertal lebendig werden, das ihr leidgeprüfter Tummelplatz war, bis die Macht Venedigs und später die Kaiser Maximilians ihrem Traum vom Zwischenreich ein Ende setzte.* (Erich Egg)

Ein Stück weiter südlich finden wir linker Hand die winzige Kapelle **San Leonardo,** in der im Jahre 589 der Langobardenkönig Authari mit Prinzessin Theodolinde von Bayern getraut worden ist.

Das Ende des Trentino ist erreicht, wenn auch nicht das Ende des Tales der Etsch. Geben wir der schönen Schilderung der ›Etschklause‹ von Erich Egg zum Abschluß hier Raum.

Etschklause

Südlich von Ala überschreiten wir bei Borghetto die alte Grenze Welschtirols und treten in den Bereich der ›Berner Klause‹ ein, der gewaltigsten

Sperre, die die Natur zwischen den Alpen und der lombardischen Ebene errichtet hat. Eng treten an beiden Seiten die Berge zusammen, steil fallen die Felswände ins Tal der Etsch ab. Auf der Westseite ist es der Kalkstock des Monte Baldo, auf der Ostseite sind es die aus Kalkfelsen aufgebauten Lessinischen Alpen. Die Berner Klause hat ihren Namen nach Verona, das schon die Ostgoten Bern (Bearn) nannten. Hier war der gefährlichste Punkt, den die Züge der deutschen Kaiser im hohen Mittelalter vor dem Eintritt in die Poebene zu überwinden hatten. Zum Schutz dieser Sperre und zu ihrer Freihaltung für die deutschen Heerfahrten errichtete Kaiser Otto I. 952 die Berner Mark als kaiserliche Grafschaft und schloß sie an Deutschland an, um das Tor der Alpen und den Schlüssel zu Italien fest in den Händen zu halten.

Häufig kam es in der Klause zu blutigen Kämpfen. Einen davon lieferte Otto von Wittelsbach, als er 1155 das Heer Barbarossas gerade noch vor den anstürmenden Veronesern schützen konnte. Gefährlich wurde die Lage, als der junge General Napoleon 1796 ganz Oberitalien im Sturmschritt eroberte und von Verona aus zum Stoß gegen Österreich ansetzte. Mitten in der Klause, auf der strategisch beherrschenden Höhe von Rivoli, schlug er am 14. Jänner 1797 die Österreicher in blutiger Schlacht und stand nach kurzer Zeit vor Trient. Auch der moderne Mensch im Auto empfindet noch die bedrückende Stille in der drohenden Felsschlucht und kann ohne große Phantasie die Unheimlichkeit dieser Klause für die Menschen früher Jahrhunderte, die diese Straße entlanggezogen sind, erahnen.

Durch das Sarcatal

Der andere Weg zum Gardasee führt, wie schon erwähnt, durch das **Tal des Sarca,** das ebenso burgenreich und voller landschaftlicher Schönheiten ist wie die Valle Lagarina. In Trient die Etsch überquerend, windet sich die Straße am Berghang empor und gerät bald in das schluchtartig sich verengende Gebirge.

Auf der anderen Seite des Tunnels, des Buco di Vela, hat Sankt Vigilius von Trient ein Zeichen im Fels neben der Tunnelöffnung hinterlassen. Der Heilige, verfolgt von den heidnischen Judicariern, die ihn ja später im Rendenatal ermordeten, fand plötzlich seinen Weg von einer Felswand versperrt. Er legte die Hand auf den Stein, und sofort wichen die Wände auseinander, um den

Heiligen mit seinem Esel, dessen Hufabdruck ebenfalls zu sehen ist, passieren zu lassen und sich hinter ihm wieder zu schließen.

Nun öffnet sich das Tal, umstanden von fahlen oder rötlichen Bergzügen, welche schmale, fruchtbare Seitentäler umschließen. Da schimmert inmitten von Wiesen und Gärten der blaue Spiegel des **Sees von Terlago** unter den Graten des Monte Gazza und des Monte Paganella. Zur Zeit des Trienter Konzils liebten es die Konzilsväter, in dieser Gegend die heißen Sommertage zu verbringen, wo sie Gäste in den Palazzi der Tabarelli oder Cesarini-Sforza gewesen sein mögen, oder im uralten **Castel Terlago** über dem Ort, das nach Aussterben der Grafen von Terlago an die Marchese Pallavicini fiel.

Von Cadine führt eine Straße auf ein an ein bayerisches Hochtal erinnerndes Plateau mit dem Dorf **Sopramonte,** einem der vielen Südtiroler Bauernbäder, wo man im frischgeschnittenen Gras sitzt und die heilende natürliche Gärhitze auf sich einwirken läßt.

Ein anderer hübscher Abstecher läßt sich von Vezzano in das **Tal von Cavédine** machen, das beherrscht wird von der mächtigen Burg der Herren von Madruzzo, die eingedeutscht Madrutsch heißen. Sie steht inmitten hoher Föhren, Lärchen und Steineichen am kahlen Westhang des Monte Bondone und überschaut das felsige Land, die Seen von Cavédine und Toblino bis zu den weißen Zacken der Brentagruppe.

Hier also war die Familie ansässig, die einhundertneunzehn Jahre, von 1539 bis 1658, die Fürstbischöfe von Trient gestellt hat. Reichbegütert im Gebiet des Hochstifts, erwarb sie durch vorteilhafte Heiraten weiteren Besitz im Aostatal, in Savoyen, Spanien, Piemont und Lothringen, und vor allem waren ihr die Verbindungen mit dem portugiesischen Hause der Herzöge von Braganza und dem mit Papst Pius IV. nahe verwandten Hause der Grafen von Hohenems von großem Nutzen.

Der ausgezeichnetste Herr war Kardinal-Fürstbischof Christoph, dem es gelang, Trient als Konzilsort durchzusetzen. Er lebte prächtig, hielt einen großen Hofstaat, war außerordentlich gastfrei und großzügig, aber auch ein gewandter, kluger, kaisertreuer Diplomat, den der Kaiser schätzte und zu vielen wichtigen Missionen verwendete. 1549 mußte er auf Wunsch Karls V. dessen spanischen Erben, Prinz Philipp, nach Brüssel geleiten. Vorher jedoch empfing

Strohhürden trocknen; sie werden erst um Ostern gekeltert – daher der Name. Auch der preußische Feldmarschall Graf Moltke bezog seinen Wein von Toblino.

Der Dichter Viktor von Scheffel hielt sich hier mit dem Maler Anselm von Feuerbach im Sommer 1855 auf. Feuerbach berichtet von diesem Aufenthalt in seinem ›Vermächtnis‹: *Die vier Wochen in Toblino gehören zu den glücklichsten meines an Glück eben nicht reichen Lebens. Der erste Sonntagmorgen steht mir fest im Gedächtnis. Wir wurden um sechs Uhr in die Kapelle gerufen, dann saßen wir in dem sonnigen Vorsaale und sahen durch das geöffnete große Tor in den mittelalterlichen Burghof hinaus. Auf einer Eisenstange unter dem Torbogen sonnte sich ein Schwälbchen und sang mit ganzer Inbrunst, während der Kapuziner in seiner braunen Gewandung brevierlesend auf- und abging. Durch die offenen Fenster blitzte der See in hellem Sonnenschein auf, und die Berge standen in zitterndem Duft. »Wer hier nicht gesund wird, der bleibt ein kranker Mann sein Leben lang«, sagte ich zu Scheffel. Ich ward auch bald durch das Landschaftern in der köstlichen Bergluft und durch Rudern und Baden im See so stark, daß ich nur auf die Gelegenheit wartete, jemand von Herzen durchzuprügeln ...*

Nun sind wir im wilden, steinigen Tal des Sarca, immer begleitet von steilen Felswänden rechts, kahlen, buschwaldbedeckten Höhenzügen und gewaltigen Felsstürzen links der Straße. Wir befinden uns nun in **Judicarien.** Unter diesem Namen begreift man den oberen Teil des Chiesetales, das Sarcatal bis Tione und östlich von Sténico bis Ponte Arche. Dazu gehören alle Seitentäler. Der Name stammt von den ›Giudici‹, welche für die Fürstbischöfe von Trient die Rechtspflege in diesem Landesteil des Bistums ausübten. Das Gebiet hieß daher ›Giudicarie‹ und war einst in sieben Pfarreien eingeteilt: *Lomaso, Banale, Bleggio, Tione, Rendena, Bondo* und *Condino.*

Bald nach Toblino zweigt bei Sarche eine Straße in die westlichen Täler Judicariens, nach *Schloß Sténico* und nach *Tione,* ab. Südlich davon zieht das **Chiesetal** zum See von Idro hinunter. Diese viel rauhere Berglandschaft ist das ehemalige Gebiet der Grafen von Lodron-Laterano und Castelromano gewesen, einer wilden, kriegerischen Familie, die jahrhundertelang dafür gesorgt hat, daß in Judicarien keine Langeweile aufkam, die ständig mit sich selbst im Streit lag oder in Fehden mit den Grafen von Arco verwickelt gewesen ist. Sie waren auch Patrizier von Rom und führten den Namen ›Laterano‹, weil sie angeblich von der römischen Familie der Lateraner abstammten. Ihr Hauptschloß war **Santa Barbara** über Lodrone, heute eine mächtige Ruine, in der die Geister verdammter Lodrons umgehen sollen.

Zwei besonders notable Herren, beide mit dem Vornamen Paris, haben eine Rolle gespielt. Der eine war in der ersten Hälfte des 15. Jahrhunderts als Feldhauptmann Venedigs einer der bedeutenden Condottiere der Zeit, ein kluger, zäher, stets auf seinen Vorteil bedachter Mann, dem die abscheulichsten Verbrechen nachgesagt worden sind. Der andere ist bekannt geworden als opulenter Fürsterzbischof von Salzburg im 17. Jahrhundert. Ein dritter Lodron, Schwager des Landsknechtsführers Frundsberg, machte 1527 den berühmten ›Sacco di Roma‹ mit und hielt später mit seinen Tirolern – ein wahrer Leonidas – bei Esseg an der Drau die türkische Übermacht auf. Noch im Ersten Weltkrieg verteidigten zwei Lodrons erfolgreich die väterliche Burg gegen starke italienische Kräfte.

Fahren wir das Tal Richtung Idrosee hinunter, so zweigt hinter Lardaro bald eine gute Straße nach rechts ab. Sie bringt uns zum 1780 Meter hochgelegenen **Lago di Malga Bissina,** wo sich ein großartiger Ausblick auf die schneebedeckten Kare und Gipfel des Monte Caré Alto und der Crozzon di Láres bietet; beide sind über 3000 Meter hoch und bilden den Südkamm der Adamellogruppe.

Wir kommen nach **Condino,** den Hauptort des oberen Chiesetales. Hier lohnt ein Besuch der *Pfarrkirche Maria Assunta,* die ein schönes Portal und vor allem bemerkenswerte Renaissance-Fresken besitzt. Wenige Kilometer nach Condino biegt links eine Straße ab, die durch das **Ampola-** und **Ledrotal** – stille, dünnbesiedelte Gebirgstäler – nach Riva an den Gardasee führt. Auf dieser Route kommt man am *Ledrosee* vorbei, und bevor die Fahrt hinuntergeht zum Gardasee, sollte man noch den aussichtsreichen Ort **Pregasina** aufsuchen, um in der Ferne die Dolomiten und die Trentiner Alpen zu bewundern. Faszinierend ist der Blick nach unten in das Blau der Bucht von Riva.

Wieder im Chiesetal, stoßen wir bei **Lodrone,** das von der Ruine des ehemaligen Lodron-Schlosses beherrscht wird, an die Provinzgrenze des Trentino.

Zurückgekehrt ins obere Sarcatal, wollen wir einen Ausflug ins Hochtal des **Bleggio** unternehmen. Dazu biegen wir bei Ponte Arche in eine Seitenstraße ein, die uns über die beiden Ortsteile von Bleggio nach Cavrasto und Balbido bringt. Die Dörfer dieser Gegend bieten ein romantisches Erscheinungsbild, sie bezaubern durch die Vielfalt ihrer bäuerlichen Architektur. Dasselbe gilt übrigens auch für die Ortschaften des Lomaso auf den Ausläufern der gegenüberliegenden Höhenzüge. In **Santa Croce del Bleggio** sei der Besuch der Pfarrkirche empfohlen, deren romanische Krypta Fresken von 1303 – Engel, Heilige, Friese – bewahrt. Bei **Fiavè,** in dessen Nähe prähistorische Pfahlbauten entdeckt worden sind, treffen wir auf die große Straße, die weiter nach Süden über den Passo Ballino zur Burg Tenno und schließlich nach Riva an den Gardasee führt.

Wir aber folgen dem Lauf des Sarca weiter flußabwärts. Bei der schon erwähnten Ortschaft Sarche kommen wir durch die Fels- und Trümmerlandschaft der ›Marocche‹. Ein gewaltiger Bergsturz hat hier das Sarcatal zwischen Monte Casale und Monte Bondone auf einer Länge von gut zwölf Kilometern mit Geröll überschüttet. Erst allmählich wird dann die Landschaft wieder etwas freundlicher, zeigen sich Weingärten, Feigenbäume, Kastanien, Oliven und Obstbäume. Unweit von Drò ragen auf dem Bergrücken drohend und finster die Ruinen der Burg Drena in den Himmel, und bald darauf gewahren wir in der Ferne den senkrecht aufschießenden gigantischen Felsklotz von Arco.

Stadt und Burg Arco

Wie ein Halsband schmiegt sich das noch teilweise ummauerte Städtchen – die Grafen von Arco ließen die 1325 vollendete Befestigung anlegen – um den Burgberg. Es ist ein ansehnlicher alter Ort mit stattlicher Pfarrkirche und dem wappengeschmückten Arcopalais. Während der Burgfelsen steil zur Sarca abstürzt, fällt er gegen die Stadt in Terrassen ab, bedeckt mit Reben und Ölbäumen zwischen hohen grauen Feldsteinmauern, hinter denen Oleander und Herbstblumen in den Gärten blühen.

Diesen Berghang stiegen wir hinan, immer mit dem Blick auf die verschachtelten Ziegeldächer der Häuser und den See. Zypressen stehen schlank und schwarz zwischen stumpfgrünen Steineichen.

In üppiger Fülle steigen die Ölbäume wie silbriges Gewölk an den Hängen empor. Auf dem letzten Absatz des Berges, der zu einem wilden phantastischen Felsgarten geworden ist, sind die Bastionen, Mauern, Terrassen und Gebäudereste zu sehen, darunter auch der große Wohnturm der riesigen, im spanischen Erbfolgekrieg 1703 von den Franzosen zerstörten Burg, überwuchert von Efeu und Brombeerranken. Das Ganze krönt der Bergfried. Der Wind des Gardasees, die ›Ora‹, saust und heult um die Trümmer, schüttelt die Zypressen, wühlt im raschelnden Laub der Oliven, das mit tausend Blattfacetten das Sonnenlicht im silbrigen Wirbel reflektiert. Und weit unten schlagen schäumend die Wellen des Gardasees an die Kaimauern von Riva.

Dürer hat auf seiner italienischen Reise ein Aquarell des geheimnisvollen, windumsausten Burgfelsens gemalt, in dessen bizarrer Steinformation er deutlich das strenge Gesicht eines älteren Mannes sich abzeichnen läßt. Hat er vielleicht damals einen der Grafen Arco vorbeireiten sehen, der dem arbeitenden Künstler einen mißtrauischen Blick zuwarf und ihm in seinem Blatt unbewußt ein Denkmal gesetzt?

Das edelfreie Haus der noch heute in bayerischer Linie existierenden Grafen von Arco erscheint urkundlich 1124 als Eigentümer

der Burg und größeren Grundbesitzes, ist aber nach der Ansicht des ausgezeichneten Chronisten des Hauses, Grafen Waldstein, wahrscheinlich schon zur Zeit der langobardischen Landnahme im 6. Jahrhundert in Judicarien ansässig gewesen. Sie sind neben den Castelbarco und Lodron das einflußreichste Geschlecht des Trentino; seine Geschichte ist ein Beispiel für das Auf und Nieder einer kraftvollen Familie, aber auch für den ständigen Kampf um die Behauptung der Macht in ihrem Gebiet. Seit dem 13. Jahrhundert sind sie bald Vasallen der Bischöfe von Trient, bald der Grafen von Tirol, eine Zeitlang der Veroneser Stadtherren della Scala. In heftigen Fehden mit diesen Herren, mit den Nachbarn Madruzzo, Castelbarco oder ihren Vasallen, den Lodron, kämpfen sie um die Erhaltung ihrer Machtstellung. Ihnen waren die bischöflichen Burghuten in Judicarien anvertraut, wozu die hohe Gerichtsbarkeit gehörte. Ihnen gehörten die Burgen Penede, Drena, Spine, Restoro und Castelcorno im Rendenatal; sie selbst hatten Vasallen, die sie mit Land belehnten.

Mit nie erlahmender Energie, ungeachtet aller Rückschläge, suchten sie eine reichsunmittelbare Grafschaft zu gründen, was ihnen 1413 auch gelungen ist. Zwei Jahrhunderte hindurch konnten sie die Reichsunmittelbarkeit bewahren. Sie hielten stets treu zu den Bischöfen, die nur zu oft die geleisteten Dienste mit Undank vergalten; sie pflegten freundschaftliche und verwandtschaftliche Beziehungen zu den Castelbarco und zu den Gonzaga, den Herren von Mantua, doch sahen sie sich in kritischen Zeiten immer auf sich selbst gestellt, und um sich zu behaupten, war man in der Wahl der Mittel nicht gerade wählerisch. Als ihnen zeitweise die hohe Gerichtsbarkeit in Judicarien genommen worden war, versuchten sie diese mit Hilfe einer gefälschten Kaiserurkunde – ein damals häufiges Hilfsmittel – zurückzugewinnen. An diese Fälschung hängten sie seelenruhig das Siegel Kaiser Friedrichs II. von einer überflüssig gewordenen Urkunde und legten sie dem Bischof vor, der aber wohl dem Machwerk nicht traute, denn er gab die hohe Gerichtsbarkeit zunächst nicht wieder heraus.

Wenn diese streitbaren Herren nicht gerade Krieg führten oder führen mußten, kümmerten sie sich um die Verwaltung ihres großen Grundbesitzes, dessen Rentabilität sie, im Gegensatz zu vielen benachbarten Ritterfamilien, zu steigern verstanden. Ihre Hauptpassion war die Jagd, und man weiß, daß sie schon im 12. Jahrhundert bei Riva Fasanen aussetzten.

Der Verlust der Reichsunmittelbarkeit im Jahre 1614 mag für die Grafen Arco der Anlaß gewesen sein, sich nach Bayern zu orientieren, wo sie dann auch schnell in ›Amt und Würden‹ kamen. Graf Johann Baptist Arco (1650-1715) wurde bayerischer Feldmarschall und kämpfte für Kurfürst Max Emanuel im Spanischen Erbfolgekrieg; Graf Ferdinand Philipp (1651-1703), Kammerherr des bayerischen Kurfürsten, wurde beim Rückzug des bayerischen Heeres aus Tirol 1703 bei Zirl tödlich verwundet. Manch andere bedeutende Mitglieder des Hauses Arco wären noch zu nennen, es sei jedoch nur noch auf den Grafen Anton hingewiesen, der in unserem Jahrhundert für großes Aufsehen sorgte, als er am 21. Februar 1919 den bayerischen Ministerpräsidenten Kurt Eisner auf dem Weg zum Landtag erschoß und damit den Anstoß zur Ausrufung der Räterepublik gab.

Graf Nicolo – der Dichter

Auf der Burg der seit 1413 reichsunmittelbaren Grafen von Arco, die bisher mehr ein kriegerisches als das heitere Leben eines italienischen Hofes zu führen gezwungen waren, wuchs seit 1492 ein Knabe heran, der später zu den bekannteren Dichtern der italienischen Renaissance zählen sollte: *Nicolo Arco.*

Vielleicht ist Nikolaus in der berühmten Fürstenschule La Giocosa zu Mantua erzogen worden, einer Stadt, in der die den Arcos freundschaftlich verbundenen Gonzaga einen allen Künsten sehr geneigten Hof hielten. In Italien standen damals Kunst und Dichtung in voller Blüte, und noch 1443 behauptete Aeneas Silvius Piccolomini, der spätere Papst Pius II., daß die humanistischen Studien außerhalb Italiens kaum eine Wohnstatt hätten. Die Gestalten der italienischen Stadtherren, der Gonzaga, Visconti, Sforza, Medici, Bentivoglio, Malaspina, Urbino, Este, zeigen eine merkwürdige Mischung von ausgeprägt guten und bösen Eigenschaften, von abgefeimter Niedertracht und höchster Menschenfreundlichkeit und Bildung, aber allen gemeinsam war die Liebe zur Kunst. Diese Fürsten der größeren und kleineren Stadtstaaten Italiens sind im 15. und 16. Jahrhundert so gebildet wie nirgend sonstwo in Europa.

Sie lebten auch nicht isoliert, sondern bildeten eine echte Gesellschaft, und zwar in allen Schichten. In gewissen Grenzen war für alle weitgehende Freiheit erlaubt, von der fast immer mit Grazie und Geschmack Gebrauch gemacht wurde. Es ist die Zeit eines Baldassare Castiglione, eines Pietro Bembo und eines Raffael, eines Paolo Giovio und Pietro Aretino, eines Ariost, Tasso oder Pico della Mirandola, um nur einige wenige aus der ungeheuren Zahl der geistreichen Gefolgschaft der Herren zu nennen.

Damals entstand auch aus der Bewunderung für die Antike eine elegante, neulateinische Dichtkunst. In diesem lebenslustigen, bildungshungrigen, allem Schönen geöffneten Kreis der Poeten bewegte sich auch Nikolaus Arco, der in Pavia studierte, wo zahlreiche seiner Liebesgedichte entstanden sind.

Aber schon vorher hatte er in Arco als Dichter begonnen. Er schrieb damals eine ›Nänie‹ auf den Tod der Mutter und einen Dank an seinen väterlichen Freund, den Kardinal Adriano da Corneto, der seit 1511 in einer Art Exil auf dem benachbarten Tenno lebte, weil er sich mit Papst Julius II. zerstritten hatte. Der Kardinal hatte 1512 im Auftrag Kaiser Maximilians I. die Teilung der Reichslehen zwischen den arcoischen Stämmen durchgeführt. Ihm widmete der dankbare zwanzigjährige Nikolaus folgende Zeilen:

> Daß ein freundlicher Friede mir die Hausgötter pfleget,
> daß ich lebe im Glück, ist, Hadrianus, dein Werk!
> Aber mit welchen Belohnungen kann ich dir dienen?
> Feierlich will ich für dich Dankfeste halten nun hier!

Nikolaus beherrschte das Lateinische vollkommen und hat die meisten seiner Gedichte in dieser Sprache geschrieben. 1519 heiratete er Giulia Gonzaga, eine als sehr fromm bekannte Dame. Sie mag recht erstaunt gewesen sein, daß er ihren Bund dem Schutz der Venus empfahl und ihr den Namen ›Neaera‹, der horazischen Geliebten des Hirten Lygdamus gab, einen Namen, den er freigebig auch vielen seiner Freundinnen verlieh.

> Aphrodite, du cyprische Göttin im Hain von Idalium,
> gib, daß uns Eintracht wohne im Schlafgemach und allen Räumen,
> Frieden weile im Haus und die schützenden Geister.
> Fern sollen bleiben die mürrischen Mienen von Sorge und Zwietracht,
> fernhin von hier alle Arten von Streit fortgebannt sein.

Gib, daß hier ohne Zank mit mir lebe Neaera,
daß über uns dich nie eine Klage erreiche!

Aber nicht nur am Schreibtisch, im Kreise der Freunde oder an den Höfen der Gonzaga in Mantua und der Bentivoglio in Bologna verging ihm die Zeit. Er hatte sich um die Verwaltung seiner Güter zu kümmern, und als 1521 der Krieg zwischen Kaiser Karl v. und Frankreich ausbrach, mußte auch er die Waffen ergreifen.

Ach, verflucht sei der Krieg, verflucht der unstete Söldner,
weil er verwüsten will italienisches Land!
Ohne den Krieg, ach, würden wir wagen die Muße,
würde weichen die Qual, Herrin, der Ängste um dich!
Hier soll endlich aufleben unterbrochenes Lieben,
Pavia wird dann stehen edel als Schule des Geist's!

Das in der Hauptsache friedliche, mit den Glücksgütern der Erde gesegnete Dasein des Humanisten erfuhr eine unerwartete und ärgerliche Unterbrechung, als ihn 1542 seine Neffen unversehens auf Arco überfielen. Er entkam nebst seiner Familie mit knapper Not der Gefangenschaft und ließ sich in Cavriano, einem Gut seiner Frau, das er sehr liebte, nieder. Mit bitterer Beschwerde wandte er sich wegen des Bruchs des Teilungsvertrages an den Kaiser. Er reiste deshalb auch zur Regierung nach Innsbruck und klagte seinem Neffen Collalto in einer gereimten Epistel sein Leid.

Zwei Jahre später vermittelte König Ferdinand I. seine Rückkehr nach Arco, und Nikolaus, dieser Sorge ledig, konnte das gewohnte Leben fortsetzen. Bald hielt er sich in seinem Palast in Mantua, bald in Cavriano, bald in Arco oder in Bologna auf, in stetem Umgang mit den bedeutenden Geistern seiner Zeit. Von ehelicher Treue hielt er nicht viel. Hören wir, wie er das Bett seiner Freundin besingt:

Bettlein, du hegtest und wärmtest den zärtlichen Leib meiner Herrin,
ihren lieblichen Duft atmest wollüstig du aus.
Dich will ich schmücken mit Blumen und Strömen von Tränen,
Tränen feuchten den Strauß, meiner Liebe Geschenk.
Gerne nun will ich ein wenig erwecken die früheren Schmerzen,
hier mit dir über sie, Bettlein, klagen nur kurz.
Einst warst du Zeuge von unseren glücklichen Freuden,
sei auch jetzt dir bewußt meines weinenden Leids.
Du erinnerst dich gut an des teueren Mädchens Gefallen,
als noch die Liebe uns zwei innig und selig vereint:

keine war jemals wie sie in ähnlichem Bunde
  zugetan einem Mann so wie nur Flavia mir!
Bettlein, wie oft lauschtest du den Worten, die wir gesprochen.
  Himmel! Was alles hat zugesagt oft mir ihr Mund!
Wenn süßer Schlummer schon fiel auf die schläfrigen Augen,
  hat die Geliebte zu mir zögernd und leise gesagt:
Niemals soll irgend ein Tag uns zerstören die Liebe,
  auflösen wird keine Zeit unserer Treue Band!

1547 ist Nikolaus Arco gestorben. Freunde gaben schon 1542 seine Gedichte heraus unter dem Titel ›Nicolai Archii Numeri‹. Es folgten im 18. Jahrhundert noch drei Ausgaben in Verona und Padua. Seine Handschriften liegen in der ›Laurenziana‹ zu Florenz und in der vatikanischen Bibliothek. Wie verschieden von seinem Zeitgenossen Ulrich von Hutten verlief doch das Leben dieses deutsch-italienischen Edelmanns. Nahm jener leidenschaftlichen Anteil am politischen und religiösen Geschehen der Zeit, krank, verfolgt, in ärmlichen Verhältnissen lebend, so verbrachte dieser sorgenlos als großer Herr seine Tage, sein Hauptinteresse auf die geistigen und ästhetischen Probleme, die Italien damals bewegten, konzentrierend. Seine Dichtung spiegelt vor allem tiefe Liebe zur Natur wider, so die Verse an den heimatlichen Sarca, an Cavriano und die Winde am Gardasee, von denen einige wenige folgen mögen:

An die Quelle von Cavriano

Hier rufet Dryas auch dich, du strahlende Nais,
  sie, der Schutzgeist des Baums, dich, die Göttin des Quells.
Diese betreut mit schirmenden Zweigen die Scharen der Vögel,
  spendet schattigen Schutz mitten am flimmernden Tag,
jene löscht sprudelnd den Durst und locket zu friedlichem Schlafe
  bei dem raunenden Lied stetig plätschernden Quells …

Immer bleibt bei ihm die Freude an der Biegsamkeit, Klarheit und Beredtheit des Lateinischen spürbar. Graziös und elegant sind seine Liebeslieder, und hinter scheinbarem Leichtsinn klingt immer wieder auch echtes Gefühl an. Das erkannten schon seine Zeitgenossen, die nicht mit Lob geizten, darunter zwei bedeutende Fürstinnen: Isabella Gonzaga-d'Este und Vittoria Colonna, die Freundin Michelangelos.

Von der Höhe des Burgfelsens von Arco schaut man hinab in ein Land von südlicher Pracht. Alles verkündet gelassene Anmut und Freude am Dasein. Unten die vom Sarca durchflossene grüne Ebene mit ihren Dörfern, Feldern, Wiesen und Weingärten. Von allen Seiten schieben sich abenteuerlich gebildete Bergformationen ins Tal, auf deren Hänge sich Bauernhöfe, Villen, Kirchen und Kapellen angesiedelt haben. Auf der Höhe zur Linken erscheint das Dorf **Nago** mit der weitläufigen Burgruine *Penede,* um deren Besitz die Arco und Castelbarco lange gestritten haben; darunter liegt **Torbole** – aus dem kleinen Fischerdorf, das Goethe 1786 besucht hat, ist heute ein bedeutender Ferienort geworden. Zur Rechten von Arco thront klotzig *Tenno* auf der Höhe, und in der Mitte des Tals erhebt sich, geformt wie ein Schiffsbug, der grüne *Monte Brione.* Windgeschützt in seiner Bucht liegt **Riva,** das wie Arco eine eigenartige Mischung von Italienischem und Österreichischem aufweist. Hier saßen einst die Römer, und dann kamen die Trienter Bischöfe, die Scaliger, Visconti, Venezianer und Kaiser Maximilian, die sich nacheinander in der Herrschaft abwechselten. Bei Riva steigt riesengroß, rosenrot und kahl die *Giumella* aus dem Wasser auf; ihr gegenüber begleitet die Ufer der langgestreckte grauweiße *Monte Baldo,* dessen kühne Linien sich am Ende des Sees in sanft geschwungenen Hügeln verlieren. Weit dehnt sich zwischen den bergigen Ufern der See, dessen durchsichtige Bläue im Dunst der Ferne heller wird. Nach Süden zu ahnt man, im Glanz verschwimmend, die Halbinsel *Sirmione,* bewacht vom zinnenreichen *Scaligerkastell.* All das sah Nikolaus Arco, wenn er aus den Fenstern seiner Burg schaute, die so oft Zeuge Tiroler Geschichte gewesen ist.

Wir sind am Ende unserer Reise durch ein schönes Land angelangt. Wir haben es von Norden her durchfahren und sind seiner Geschichte, seiner Kunst und dem Leben seiner Bewohner nachgegangen, wo immer wir es konnten. Denn alles das müssen wir zu verstehen suchen, wenn wir wirklich in Südtirol und im Trentino reisen wollen. Einen Rat aber möchte ich meinen Lesern noch geben, ich habe ihn selbst erhalten und befolgt: Verlaßt die allzu bekannten großen Straßen, und ihr werdet ständig Entdeckungen machen: in Kirchen und Kapellen die großartigen Wandbilder, in den Burgen die Erinnerungen an ritterliche Zeiten, und Sagen und Legenden werden euch vom ›Land im Gebirg‹ erzählen, wenn ihr den Menschen in diesen Tälern begegnen werdet. Es ist, als ob in diesen Landschaften alles das enthalten sei, was in gemeinsam durchlebter Geschichte als Schicksal vom italienischen und deutschen Volke erfahren worden ist. Wie ein mächtiges Symbol für solches Schicksal stößt der Burgfelsen von Arco in den Himmel, ein geheimnisvolles Sinnbild der Verstrickung und Durchdringung deutschen und italienischen Wesens, dem Norden ebenso zugewandt wie dem Süden. Möge des humanistisch-deutschen Dichters schönes Preislied auf das Land um den Gardasee, das er seinem Freunde Johannes Fruticeno gewidmet hat, am Ende dieses Buches als ein Sinnbild gleicher Art, wenn auch poetisch umschrieben, stehen:

Blick auf den Gardasee

An Johannes Fruticeno

FRUTICENE, dich rufen die lieblichen Hügel
Cavrianos, im Überfluß prangend den Göttern
Bacchus und Pallas, im laubigen Haine erwarten
dich dieses friedlichen Tales heitere Nymphen
fröhlich im Schmucke von Kränzen aus blühendem Efeu
nah an der Quelle des silbern sich schlängelnden Baches,
wo eine alte Eiche wohltuend schattet
über dem tanzenden Spiel der Dryaden:
dich rufen Eichen und alle die Bäume des Waldes!
Hier schweift dein Blick über weithin gebreitete Äcker,
tief unter deiner Warte siehst du Verona,
kannst dort erkennen Brixias ragende Türme
und die Dächer des Po-umspülten Cremona.
Hier läßt sich auch das herrliche Mantua sehen,
um dir heiter den edlen Wein zu versüßen.
Wenn du dann lange genug hier verweiltest,
zieht es uns hin zu dem kleineren Bruder des Meeres,
hin zum See mit der seufzenden Brandung.
Schnell lockt Pischeria, führt Disentianum
unser leichtes Boot durch die Wellen,
können ihm nicht mehr das Steuer verwehren,
nicht mit dem Ruder und nicht mit dem Segel.

Schau, schon erscheint hier Catulls alte Heimat,
hier, bei Sirmione, hier bei den Fischern
suche die hundert Grotten, die steinigen Löcher,
hier ist der Ursprung, und hier sind die Quellen
vieler alter Skulpturen aus Marmor,
Plinius der Ältere hat sie beschrieben.
Dann liegt Garda vor uns in lichtgrün leuchtendem Laube,
flimmernd im Kranze unzähliger Myrten,
und voller Würde der Turm des Domitius.
Timilo flieht schnell vorbei, von Oliven
buschig und fahlgrün verborgen die Hügel,
schau, und dort fehlt nicht als Wächter der Berge
sagenumwoben Melsine, das reiche.
Wie ein Wandrer vom anderen Ufer
sehen wir staunend hoch droben im strahlenden Äther
nah gerückt Burgen, den felsigen Strand da bewohnen
tauchende Wasservögel, genannt nach Minerva, der Göttin,
alles Gestein ist zernagt von dem Wasser, dem stetigen Fluten.
Ach, wie einladend winkt dort die grünende Insel
uns, von der Mühe des Ruderns ermüdet
und in der sengenden Hitze zerfließend!
Hin nach Salò nun tragen uns weiter die Wellen,
Heimat meines Cornelius, des Redegewandten,
und schon kommen in Sicht die ländlichen Sitze der Alten
sonnenbestrahlt, und wir sehen Maternum,
sehen bei Tretti gepflegte Gewässer voll Karpfen,
sagenhaft sollen die leben vom Golde,
welches doch niemals in Weihern und Teichen,
nie in Neptuns tiefstem Schoße sich findet.
Endlich nähert Bolliacum sich, das ersehnte Gestade,
wo wir bei meinem Freunde Bosellus nun landen,
froh, hier erwünschte Ruhe zu finden.
Hier liegen Obstgärten ausgebreitet,
kunstvoll gepflegt und schöner als hesperidische Gärten,
könnten sie Neid der Phäaken erregen.
Oh, welch prächtige Äpfel kannst du da pflücken,
wie viele goldne Zitronen will dir Bosellus
wohlverpackt in den kleinen Kisten hier überreichen,

daß du sie mitnimmst dann in deine Heimat,
Freund du der Bäume, und pfropfest die Reiser!
Aber ich bitte dich, schreibe recht sichtbar die Worte
hin auf den jungen Stamm dieser duftenden Blätter,
daß mit dem wachsenden Baum auch der Name
meines Bosellus wachse nach oben,
daß er den Kommenden werde ein Denkmal:
Diese Zitronen sind Boselliana!

SCHLUSSWORT

Dies Buch will dem Leser als ein Führer durch Südtirol und das Trentino dienen. Es hat sich die Aufgabe gestellt, aus dem schier unerschöpflichen Reichtum der landschaftlichen Schönheiten, den Kunstdenkmälern und den Denkwürdigkeiten des Landes eine Auswahl zu treffen, die dem Besucher ein vielseitiges und aufschlußreiches Bild vermittelt. Auf Vollständigkeit mußte der Autor daher von vornherein verzichten, obwohl er hofft, nichts wirklich Wesentliches übersehen zu haben. Bei der Auswahl waren natürlich persönliche Vorlieben bestimmend, und er hofft, daß sein Buch sich von ähnlichen über den gleichen Gegenstand gerade dadurch unterscheidet. Wenn dem Benutzer aber empfindliche Lücken oder Irrtümer auffallen, so ist er für entsprechende Hinweise dankbar.

Bei der Überfülle an Stoff sah sich der Verfasser genötigt, immer wieder die Spezial- und Lokalliteratur um Hilfe anzugehen. Der Leser wird also öfter auf ›Zitate‹ stoßen, die entweder durch das Druckbild oder – bei längeren Zitaten – durch ausdrücklichen Hinweis auf die Verfasser gekennzeichnet sind. Außer den allgemeinen und lokalen Reiseführern fühlt sich hier der Verfasser folgenden neueren Autoren, deren Arbeiten er mehrfach benutzte, besonders verpflichtet: Willy Andreas, Hermann Delago, Erich Egg, Walter und Eva Frodl, Aldo Gorfer, Karl Theodor Hoeniger, Karl Paulin, Otto Stolz und Karl Felix Wolff. Besonders dankbar müssen dabei die Werke von Josef Weingartner und unter diesen vor allem seine berühmten ›Kunstdenkmäler Südtirols‹ hervorgehoben werden, die immer wieder benutzt wurden. Von älterer Literatur wurden die Bücher von Ludwig Steub, Heinrich Noë, Arthur Heyl, August Lehwald und Beda Weber mehrfach zitiert, doch hat der Verfasser auch viele andere ältere Werke sowie Originalquellen aus Familien und Ortsarchiven befragt.

Hierbei waren ihm vor allem behilflich:

Der Hochwürdigste Herr Abt Stephan Pamer, OSB, Stift Marienberg; Hans Graf Trapp †, der Herr der Churburg, und sein Bruder,

Dr. Oswald Graf Trapp auf Friedberg bei Hall in Tirol; Ulrich Philipp Graf Arco †; Dr. Paul Graf Toggenburg †, Bozen; Georg Friedrich Graf zu Solms in Laubach †; Gräfin A. L. Czernin-Ceschi in Povo bei Trient; Baron Salvadori, der ehemalige Besitzer der Villa Margone; Dipl.-lng. Norbert Mayer in Wien; Herr Buchhändler Josef Mayser † in München; Herr Dr. Kettmeir in Kaltern und vor allen Dingen die beiden inzwischen verstorbenen Persönlichkeiten, denen das Buch gewidmet ist. Ihnen allen verdankt der Verfasser auch manchen wertvollen mündlichen Hinweis. Mein ganz besonderer Dank aber gilt meinem Freunde Hans Melchers †, der sich um das Zustandekommen dieses Buches viele Verdienste erworben hat.

Seit Erscheinen der ersten Auflage im Jahre 1964 hat sich das Land freilich spürbar gewandelt: Kirchen und Klöster wurden restauriert, Burgen und Schlösser erneuert, zum Teil erst der Öffentlichkeit zugänglich gemacht, Museen umgestaltet oder neu errichtet; Städte und Dörfer haben ihr Aussehen verändert, und vielerorts hat der Fremdenverkehr, vor allem der Wintersport-Tourismus, neue Strukturen geschaffen, ja ganze Landschaften verändert.

Um dieser Entwicklung im vorgegebenen Rahmen Rechnung zu tragen, wurde der Text nach einer erneuten Bereisung des Landes überarbeitet und – wo es notwendig erschien – ergänzt und erweitert. Dabei erfuhren Verlag und Autor vielfältige Hilfe, deren hier dankbar gedacht wird, so vor allem von den Herren Bichler in Schenna, Dr. Günther Dankl vom Tiroler Landesmuseum Ferdinandeum in Innsbruck, Kurt Kettner vom Deutschen Alpenverein in München, Dr. Hans Nothdurfter, Leiter des Museums auf Schloß Tirol über Meran, Dr. Josef Rampold und Dr. Helmut Rizzoli in Bozen, Dr. Helmut Stampfer, Leiter des Landesamtes für Denkmalpflege in Bozen, Bezirksheimatpfleger Paul Ernst Rattelmüller in München sowie Hans Stoermer in München, dessen im selben Verlag erschienener ›Südtiroler Museumsführer‹ ein unentbehrlicher Begleiter geworden ist.

Auch der Farbbildteil wurde völlig neu konzipiert und gestaltet. Mit den neu beigegebenen 17 Tafeln nach ausgesuchten und oft weitgehend unbekannten Gemälden und Aquarellen sollte nicht nur ein Eindruck verschiedener Südtiroler und Trentiner Landschaften und Stadtbilder vermittelt, sondern auch ein Überblick über rund 450 Jahre Landschaftsmalerei in dieser Region gegeben werden. Die Bildkommentare dazu verfaßte Josef H. Biller. Für freundliche Unterstützung bei der Bebilderung ist der Verlag den bei den einzelnen Bildlegenden nachgewiesenen Museen und Fotografen zu Dank verpflichtet.

Franz Prinz zu Sayn-Wittgenstein
München, 1986

ZUR 10. AUFLAGE

Dem Autor des Prestel-Landschaftsbuches ›Südtirol und das Trentino‹, Franz Prinz zu Sayn-Wittgenstein, möchte ich mit der Überarbeitung dieser 10. Neuauflage meinen Dank dafür abstatten, daß er mir seit Jahrzehnten mit seinen großartigen und kenntnisreichen Schilderungen bedeutender Kulturregionen Freude gemacht hat. Damit meine Arbeit nicht zum Undank wird, habe ich mich bemüht, die Absicht des Autors, dem freundlichen Benützer eher eine Art Lesebuch denn einen peniblen touristischen Führer an die Hand zu geben, nicht zu zerstören. Meine Ergänzungen sollen nur den Fortgang der Zeit und das Wachsen neuen kulturellen Lebens festhalten. Es war mir am Herzen gelegen, diesem Buch seine eigene Art und jenen Sinn zu erhalten, wie ihn der Autor in seinem Nachwort darlegt.

Werner A. Widmann
Regensburg, im März 1998

REGISTER

*Seitenzahlen mit * verweisen auf Farbtafeln*